W0410400

Zu diesem Buch

Die bahnbrechenden Erkenntnisse der modernen Psychosomatik sowie die wissenschaftliche Erforschung schamanischer Heilweisen zwingen unsere Schulmedizin zum Umdenken.

Phänomene wie der Placebo-Effekt, das Biofeedback, der wissenschaftlich nachweisbare Einfluß imaginativer Techniken auf das Immunsystem und die Erfolge von Krebstherapien, die mit gelenkter Imagination den Heilungsprozeß unterstützen, zeigen deutlich, welchen entscheidenden Einfluß unsere Vorstellungskraft auf den Krankheitsverlauf und die Wiederherstellung beziehungsweise Erhaltung der Gesundheit hat.

Diese Wiederentdeckung der heilenden Kraft der Imagination – von Gedanken, Vorstellungen und inneren Bildern – ist einer der wichtigsten Aspekte des heute stattfindenden Umbruchs im Bereich der Medizin und des Gesundheitswesens. In diesem Grundlagenwerk präsentiert Dr. med. Jeanne Achterberg die naturwissenschaftlichen Beweise für ein uraltes heilkundliches Wissen: Geist und Körper sind eine untrennbare Einheit, und der Geist hat die Kraft, uns krank, aber auch gesund zu machen.

Dr. med. Jeanne Achterberg ist Professorin an der University of Texas in Dallas und Forschungsdirektorin für Rehabilitationswissenschaft am Health Science Center sowie Mitbegründerin der Professional School of Biofeedback in Dallas, USA. In zahlreichen wissenschaftlichen Publikationen und der langjährigen Zusammenarbeit mit den Krebstherapeuten Carl und Stephanie Simonton trug sie Wesentliches zur Entwicklung moderner und imaginativer Heilmethoden bei.

Jeanne Achterberg

Gedanken heilen

Die Kraft der Imagination
Grundlagen einer neuen Medizin

Aus dem Amerikanischen von
Marion B. Kroh

rororo
Rowohlt

rororo medizin und gesundheit
Lektorat Heike Wilhelmi

10. – 12. Tausend Mai 1994

Veröffentlicht im Rowohlt Taschenbuch Verlag GmbH,
Reinbek bei Hamburg, Mai 1990
Lizenzausgabe mit Genehmigung des Scherz Verlages, Bern und München
Copyright © 1985 by Jeanne Achterberg
Gesamtdeutsche Rechte beim Scherz Verlag, Bern und München
Die Originalausgabe erschien 1985 unter dem Titel
«Imagery Healing: Shamanism and Modern Medicine»
bei Shambhala Publications, Inc., Boston/USA
1987 veröffentlichte der Scherz Verlag, Bern und München,
die deutsche Erstausgabe unter dem Titel
«Die heilende Kraft der Imagination»
Umschlaggestaltung Kai Funck
Gesamtherstellung Clausen & Bosse, Leck
Printed in Germany
1490-ISBN 3 499 18548 2

Inhalt

Einleitung

Das Erzeugen von visuellen, symbolhaften inneren Bildern mittels unserer Vorstellungskraft – das ist ein Vorgang, der in der Medizin schon immer eine Schlüsselrolle gespielt hat. Gemeint ist jener gedankliche Vorgang, der unser gesamtes Sinnessystem umfaßt: Gesichtssinn, Gehör, Geruch, Geschmack, Bewegungssinn, Orientierungs- und Tastsinn; gemeint ist der Kommunikationsmechanismus zwischen Erkenntnis (Wahrnehmungs- und Empfindungsvermögen), Emotion und körperlicher Veränderung. Das Vorstellungsbild ist eine der Hauptursachen für Krankheit und Gesundheit, es ist das älteste und wichtigste Hilfsmittel im Heilungsprozeß.

Unsere Vorstellungswelt oder die Art der inneren Bilder, die wir mit unserer Einbildungskraft erzeugen, hat eine oberflächliche und zugleich eine tiefgreifende Wirkung auf den Körper. Die Erinnerung an den Geruch eines geliebten Menschen ruft Gefühle hervor, die wiederum biochemische Vorgänge auslösen. Das innere Erleben einer Verkaufspräsentation oder eines Marathonlaufs ruft Veränderungen in der Muskulatur hervor: Der Blutdruck erhöht sich, das Gehirnwellenmuster verändert sich, und die Schweißdrüsen werden aktiviert. Eben diese Wirkung auf den Körper verleiht dem inneren Bild Macht über Leben und Tod und spielt auch bei den weniger dramatischen Aspekten des Lebens eine entscheidende Rolle.

In «primitiven» Kulturen schüttelt der Medizinmann Knochen und spricht einen Fluch aus. Daraufhin beginnt das Herz des Opfers zu flattern, die Körpertemperatur fällt schlagartig, und es tritt ein schneller Tod ein. Eine Autopsie würde zeigen, daß der Fluch den Körper veranlaßte, seine lebenswichtigen Funktionen einzustellen – Tod durch Lähmung des parasympathischen Nervensystems würden es die Physiologen nennen. Das Opfer stirbt an seiner zu rege arbeitenden Phantasie, nicht aus Furcht, sondern aus Hoffnungslosigkeit.

Ein dem Tod geweihter Krebskranker im Endstadium pilgert nach Lourdes. Eine Frau mit schwerer rheumatischer Arthritis fährt nach Mexiko, um sich einer Therapie zu unterziehen, die von den amerikanischen Behörden nicht anerkannt und deshalb in den USA verboten ist. Ein Ehepaar, seit langem kinderlos, stattet einer berühmten Spezialklinik den ersten Besuch ab. In jedem dieser Fälle wurden positive Veränderungen des jeweiligen Zustandes festgestellt, die bereits vor einer Behandlung oder als Begleiterscheinung einer sogenannten medizinisch wertlosen Intervention auftraten. Bekanntlich werden immer wieder Patienten mit Placebos behandelt, und oft genug lassen daraufhin Schmerzen, Übelkeit und Beklemmungen nach; ja, es kommt sogar zur Rückbildung von Tumorzellen. Nicht nur die innere Einstellung des Patienten hat sich geändert, auch die körpereigene Biochemie hat eine Transformation erfahren. Durch Placebos und die Macht der Suggestion werden nun aber nicht etwa Gutgläubige und Simulanten an der Nase herumgeführt, es scheinen vielmehr besonders solche Menschen darauf anzusprechen, die wirklich gesund werden wollen und müssen.

Mentale Übungen, Voodooflüche, Wallfahrten zu religiösen Zentren und medizinischen Heilstätten sowie die Reaktion auf Placebos haben alle eines gemeinsam: Sie sind Mittel zu dem Zweck, die Vorstellung, das innere Bild oder die Erwartungshaltung zu ändern, die die Patienten hinsichtlich ihres Gesundheitszustandes haben. Die gewandelten Vorstellungen verursachen tiefgreifende physiologische Veränderungen, eine Tatsache, die vom Glanz der modernen Medizin nicht überschattet werden darf. Trotz unserer gewaltigen technologischen Fortschritte werden wir uns immer wieder mit dem Einfluß von Erwartungshaltungen und religiösen Überzeugungen der Menschen auseinandersetzen und die manchmal wundersame Macht der Imagination anerkennen müssen.

Die negativen Auswirkungen der Einbildungskraft auf den Gesundheitszustand sind unbestritten, nicht zuletzt aufgrund der Ergebnisse aus Streß- und Krankheitsforschung sowie aufgrund persönlicher Beobachtung und Intuition. Zumindest wird ein gewisser Zusammenhang zwischen dem jeweiligen Gemütszustand als dem ursächlichen Faktor und der daraufhin beobachteten Anfälligkeit für bestimmte Krankheiten bzw. eine verminderte Krankheitsabwehr überhaupt anerkannt. Daß das Ganze auch umgekehrt verlaufen kann, ist erst selten beachtet worden. Es gibt in der Natur aber kaum Einbahnstraßen, also müßten wir uns auch selbst heilen können, wenn wir uns durch eigenes Fehlverhalten krank machen, ja sogar an Flüchen und mitunter an gebrochenen Herzen sterben können.

Wenn wir die Imagination als überlieferten und überzeugenden Gesundheitsaspekt erneut in den Mittelpunkt rückten, würde man noch in diesem Jahrzehnt sensationelle Fortschritte auf dem Gebiet der Medizin einleiten können. Die für diesen Wandel notwendigen und verantwortlichen Kräfte entspringen der Verbindung von Theologie, Psychologie, Medizin und Anthropologie und werden getragen von der Persönlichkeit des Wissenschaftlers und des Schamanen.

Dieses neue Bewußtsein von der Macht der menschlichen Psyche, von der Imagination als dem Wesen des Universums, gewinnt selbst in konservativen akademischen Kreisen an Bedeutung. Die Medizin ist zwar weder Ziel noch Ursache dieser Veränderungen, trotzdem ist sie ihr Nutznießer, denn im Körper offenbart sich, wie nirgendwo sonst, daß Geist und Seele aus «illusionärem» Stoff sind. In seinem relativen Gesundheits- oder Krankheitszustand zeigt sich die Harmonie des einzelnen mit dem Kosmos. Der Körper hat keine Geheimnisse, er kennt keine Lügen. Weder vergangene noch gegenwärtige Gedanken lassen den Körper ohne physische Spuren zurück. Die Behandlung dieser komplexen Ideen-, Gefühls- und Seinslandschaft ist das Aufgabengebiet der Medizin, zum Guten oder zum Schlechten, und deswegen werden die neuen Entwicklungen, das neue Verständnis von der Macht der Imagination auf die Medizin ihre direkten Auswirkungen haben.

Aus der Beschäftigung mit der Imaginationskraft als Heilfaktor kristallisierten sich zwei Grundtypen der Heilungsvorstellung heraus: der *präverbale* und der *transpersonale* Vorstellungstypus. Bei der präverbalen Vorstellung wirkt die Imagination auf das eigene körperliche Sein. Innere Bilder kommunizieren mit dem Gewebe, den Organen und den Zellen, um eine Veränderung zu bewirken. Diese Kommunikation mag vorsätzlich sein oder nicht. Sie ist präverbal in dem Sinne, als sie sich wahrscheinlich geraume Zeit vor dem Entstehen der Sprache entwickelt hat und sich verschiedener Nervenbahnen für die Übermittlung von Informationen bedient. Der zweite Typus der Heilungsvorstellung, der transpersonale, beruht auf der Annahme, daß Information vom Bewußtsein einer Person auf das physische Substrat einer anderen übertragbar ist.

Nun lassen sich wissenschaftliche Methoden gegenwärtig viel eher bei der Untersuchung des präverbalen Vorstellungstypus anwenden. Die präverbalen Phänomene können mit Hilfe der Physiologie, der Anatomie, der Chemie und der Verhaltenswissenschaften beschrieben und wissenschaftlich überprüft werden. Der transpersonale Vorstellungstypus hingegen setzt die Existenz von Informationskanälen voraus, die mit wissenschaftlichen Mitteln bisher noch nicht nachgewiesen werden konnten. Seine Stichhaltigkeit muß daher aus den eher qualitativen Beobachtungswerten abgeleitet werden, die Anthropologen, Theologen, Medizinhistoriker und andere zusammengetragen haben und die auch auf intuitiven philosophischen Spekulationen beruhen. Die größte Unterstützung erfährt der transpersonale Vorstellungstypus durch die Hartnäckigkeit, mit der die Menschheit an die Möglichkeit transpersonaler Heilung glaubt – ein Glauben, in dem sie seit mindestens zwanzigtausend Jahren durch eine Vielzahl von Fallbeispielen immer wieder bestärkt wird.

Obwohl die Zweiteilung der Vorstellungskraft in eine transpersonale und eine präverbale Erscheinungsform bei der Darstellung und für das Verständnis von Heilungssystemen nützlich ist, ist sie doch nur im Groben korrekt. Die beiden Arten vermischen sich sowohl konzeptionell als auch in der Praxis, und die Bandbreite ihrer Anwendungsmöglichkeiten ist beachtlich. Die schwierige Aufgabe, das innere Bild in seiner ganzen Vielfalt zu beschreiben, endet jedoch nicht mit seiner Kategorisierung. Auf den folgenden Seiten soll daher eine unorthodoxe Verbindung von Kunst und Wissenschaft, Geschichte und Medizin vorgenommen werden. Bei der Suche nach dem Wissen um die großen Geheimnisse der menschlichen Natur und bei der Enthüllung der Dimensionen der Imagination war es notwendig, viele verschiedene Wege zu beschreiten. Einige waren einfach nur bizarr, phantastisch-wunderlich, andere erwiesen sich als dürftig, noch andere dagegen faszinierten so sehr, daß es schwerfiel, sich wieder von ihnen abzuwenden. Dieses Buch ist die Geschichte meiner persönlichen Suche, die um den Gedanken kreist, daß die Vorstellungskraft ein mächtiger Heilfaktor ist. Und in der Tat konnte ich immer wieder feststellen, welch überragende Rolle Bewußtsein und Imagination für Wohl und Wehe der menschlichen Existenz spielen.

In Kapitel 1 werde ich die Geschichte der Schamanen erzählen und versuchen, deren Sichtweise richtig wiederzugeben, wenn auch aus wissenschaftlicher Perspektive. Es schien nur logisch, das Wissen dieser seit langem anerkannten Experten auf dem Gebiet der Heilung und der Imagination zur Beschreibung eben dieser Phänomene anzuzapfen. Der Schamanismus *ist* die Wissenschaft von der Vorstellungskraft; der Schamane selbst ist allgegenwärtig in Zeit und Raum; der Schamanismus war und ist auch bei ernsten Erkrankungen noch immer die am weitesten verbreitete Methode der Heilkunst. Es sind die Schamanen, denen nachgesagt wird, daß sie die Einheit von Geist, Körper und Seele verstehen. So war es schon seit jeher ihre Hauptaufgabe, ihr Volk von den Übeln der menschlichen Natur zu kurieren, egal in welcher Form dieses Übel auftrat. Schamanen nehmen die Fähigkeit für sich in Anspruch, in jene Bereiche der Imagination vordringen zu können, wo der Körper, ja selbst der Planet geheilt werden kann.

Obwohl der größte Teil der schamanischen Lehren im Gegensatz zu den Mythen der zeitgenössischen Medizin als zu exotisch betrachtet wurde, als Zumutung für den sensiblen, zivilisierten, rationalen Menschen des 20. Jahrhunderts, haben schamanische Heilpraktiken überlebt und existieren Seite an Seite mit der modernen Medizin.

Das traditionelle Konzept des Schamanismus entspricht dem transpersonalen Heilungstypus; auf seiner – erfolgreichen – Anwendung beruht das Ansehen des Schamanen. Trotzdem spielt auch die präverbale Vorstellung eine große Rolle: Die schamanischen Rituale rufen lebhafte innere Bilder im Patienten hervor und initiieren veränderte Bewußtseinszustände, die zu einer Selbstheilung beitragen können. So haben sie eine direkte therapeutische Wirkung. Die schamanische Auffassung von Krankheit und die Einbeziehung der Gemeinschaft in das Heilritual verdienen ebenfalls besondere Beachtung, vor allem heutzutage, wo man die Krankheit oft zu einer vom Erkrankten und seinen Lebensumständen unabhängigen Größe erklärt.

Im Kapitel 2 wird die historische Beweisführung für den «Heilfaktor Vorstellungskraft» weiter fortgeführt und gezeigt, daß sich auch die Väter der westlichen Medizin seiner bedienten: Äskulap, Aristoteles, Galenus und Hippokrates – sie alle setzten bei Diagnose und Therapie Vorstellungstechniken ein. Ihre einfühlsamen Beobachtungen über die Macht des inneren Bildes, sowohl Heilung als auch Tod zu bringen, führten zu einem Wissensfundus, den die großen Ärzte der Renaissance voll auszuschöpfen wußten.

Um auch dem angelsächsischen Erbe gerecht zu werden,

dessen Einfluß nicht unbedeutend war, habe ich die Heiltraditionen in England und auf dem Kontinent, die sich mit der Imagination beschäftigen, in Form einer Diskussion miteinbezogen.

Jahrhundertelang war die katholische Kirche die Autorität in Sachen Gesundheit. Die einzigen von ihr sanktionierten Heilmethoden waren Pilgerfahrten und Rituale, denen noch unverkennbar ein heidnisch-schamanischer Zug anhaftete, auch wenn die Götter andere Namen trugen. Die frühe Kirche und die Kirche des Mittelalters übernahmen die von den Griechen überlieferte Methode der Tempelheilung, der die Überzeugung zugrunde lag, daß sich in Vision und Traum der richtige Weg zur Gesundheit offenbart.

Einige Gelehrte vertreten die Meinung, daß die wahren Wurzeln des westlichen Schamanismus in den geheimen Praktiken der weisen Frauen zu suchen sind, die einst als Träger und Mittler des Übernatürlichen und somit der Imagination galten. Bei den Kelten besaßen sie Priesterinnenstatus, doch ihre Nachfahrinnen wurden als Hexen verbrannt. Das Nachlassen und schließlich endgültige Verschwinden des weiblichen Einflusses in Medizin und Wissenschaft sind entscheidende Faktoren, die die Heilkunst den klassischen weiblichen Werten und Tugenden wie Pflege, Intuition, Einfühlungsvermögen und emotionale Spontaneität entfremdeten. Man empfand diese Qualitäten als bedrohlich und dem Fortschritt der neuen wissenschaftlichen Ordnung abträglich. Die speziellen Kenntnisse wurden jedoch adaptiert und über Generationen hinweg von Ärzten, Quacksalbern und der Kirche weitergegeben.

Die Geschichte der Gesundheitspraktiken ist aber nicht nur an sich faszinierend, vor allem gibt sie unserer These Rückhalt: Sie lehrt uns, daß die Einbildungskraft schon immer eine wesentliche Rolle im Heilungsprozeß gespielt hat, ungeachtet des kulturellen Gewandes, in das sie gekleidet war. Die Gabe der Vorstellung hatte früher auch stets Vorrang vor Arzneimitteln und chirurgischen Eingriffen, und wer die Macht des inneren Bildes zu gebrauchen wußte, dem gebührte der erste

Rang in der Hierarchie der Heilkünstler. Die wissenschaftliche Epoche bereitete dieser Einschätzung ein jähes Ende.

Erst seit kurzem ist es wieder stattfhaft, Fragen über «Geist und Medizin» zu stellen (und zu beantworten). Kapitel 3 beschreibt die Arbeit jener, die sich mit diesen schwierigen Fragen befassen und die man wohl am ehesten als «Schamanen-Wissenschaftler» bezeichnen kann. Sie haben sich weder von der Medizin abgewendet – sie haben vielmehr alte, überlieferte Erkenntnisse mit modernen Technologien kombiniert –, noch sind sie Fremde auf dem Gebiet der Bewußtseinsforschung; und dank ihrer Hilfe kehren die humanen, natürlichen Techniken und Praktiken aus den Randgebieten der Medizin wieder in den Mittelpunkt des Interesses zurück.

Unterschiedlichste Heilverfahren wie Hypnose, autogenes Training, Biofeedback und Placebobehandlung verdeutlichen, daß die Imagination Eingang in die Gesundheitspflege gefunden hat, und zwar auf Wegen, die denen nicht unähnlich sind, die in der Geschichte der Heilkunst immer wieder beschrieben werden.

Zunächst ist zu sagen, daß die Imagination ganz allgemein ein wesentlicher Bestandteil der Gesundheitsvorsorge ist, und zwar in dem Sinn, daß jede Begegnung mit ärztlichem Personal, jede Diagnose und Behandlung im Bewußtsein des Patienten ein bestimmtes inneres Bild schafft. Diese Bilder können den Krankheitsverlauf entscheidend mitbestimmen. Außerdem werden Vorstellungstechniken als Diagnosehilfen eingesetzt. Aufgrund ihres direkten «Körperkontakts» scheinen innere Bilder ein Ausdruck der «Körperweisheit» zu sein – aufschlußreiche Mitteilungen über den Gesundheitszustand des Patienten und Heilungsprognose zugleich. Dann werden Vorstellungsbilder auch therapeutisch eingesetzt – ihr umstrittenstes Anwendungsgebiet. Und schließlich wird die Imagination dazu verwendet, Ereignisse, die Angstzustände hervorrufen, wie etwa Geburtswehen oder schmerzhafte Zahnbehandlungen, systematisch und wiederholt ins Bewußtsein zu heben und «durchzuarbeiten», um so die Angst zu überwinden.

Ehe ich auf die innovative Forschung und Praxis zu sprechen komme, die mit Sicherheit die Grundlage für die Medizin der Zukunft werden wird, möchte ich den Beweis für den Zusammenhang von Einbildungskraft und Gesundheit antreten, und zwar vom Standpunkt des Wissenschaftlers aus. Die Berichte und Darstellungen der Wissenschaftler sind zwar weder mehr noch weniger wahr als jene, die uns die großen Kulturen überliefert haben, doch besteht ein Unterschied in der Methodik der Messung sowie der Auswertung der entsprechenden Ergebnisse. Basierend auf den Erkenntnissen der alten Wissenschaften erläutere ich daher in Kapitel 4 den Übergang vom mentalen Bild in seine physische Form – oder von Geist in Materie, wie manche sagen würden. Zwar sind noch längst nicht alle diesbezüglichen Fragen beantwortet, doch geben uns die Neuroanatomie, Physiologie und Biochemie genügend Aufschluß und Informationen, um die Existenz der Pforten in die inneren Räume der Imagination zu konkretisieren. Vorstellungsbilder, ja alle Gedanken sind elektrochemische Ereignisse, die auf geheimnisvolle Weise fest mit dem Hirn- und Körpergewebe verwoben sind.

Auch die Verhaltens- und die Sozialwissenschaften haben die Funktion der Imagination in Heilungssystemen untersucht, allerdings unter dem Aspekt individueller Verhaltensweisen und im Rahmen des sozialen Umfeldes. Die von ihnen bezogene Position wird in Kapitel 5 umrissen. Anstatt die Imagination mystisch zu verstehen (wie es die Schamanen tun würden) oder sie als physiologisches, biochemisches Phänomen zu betrachten, wird sie hier zur bloßen Arbeitshypothese, deren Existenz erst durch die beobachtbaren Verhaltensmuster von Menschen und deren Gesellschaftsstrukturen nachgewiesen und gemessen werden kann. Die Analyse des inneren Bildes kreist dabei mehr um psychologische als um physiologische Geschehnisse. Gerade aus den Reihen der Verhaltensforscher kommen daher beeindruckende experimentelle Arbeiten über Anwendungsmöglichkeiten der Imagination als Therapie bei psychologischen Störungen.

In Kapitel 6 schließlich berichte ich über ein neues Forschungsgebiet in der Medizin, die Immunologie. Je mehr wir über unser erstaunliches inneres Abwehrsystem wissen, um so deutlicher wird, daß die größten Geißeln der Menschheit wahrscheinlich besiegt werden könnten, wenn sich das Immunsystem darauf «trainieren» ließe, wirklich effektiv zu arbeiten. Erkrankungen des Immunsystems sind Krebs, Allergien, Infektionen, autoimmune Störungen wie die multiple Sklerose und rheumatische Arthritis, außerdem gehören dazu auch eine Vielzahl von Zuständen, die Folgeerscheinungen entweder eines faulen oder eines überaktiven Immunsystems sind.

Wissenschaftler wie Walter Cannon, Hans Selye und viele andere haben in jahrzehntelanger Forschungsarbeit aufgezeigt, daß Streß einer der Hauptfaktoren ist, der das Immunsystem in seiner Funktionsfähigkeit behindert. Gleich serienweise liegen uns die Ergebnisse von Tierversuchen aus den bedeutendsten Laboratorien der Welt vor, die nachweisen, daß in Streßsituationen das überstrapazierte Immunsystem erkrankt bzw. zusammenbricht und dadurch Krankheit oder Tod verursachen kann. Und sogar die Feststellung, daß Streß das Wachstum der Krebszellen im menschlichen Organismus fördert, bei Patienten mit rheumatischer Arthritis Schmerzanfälle auslöst und den Asthmatiker in lebensgefährliche Atemnot bringt, wird zunehmend akzeptiert. Streß gilt als Faktor bei der Auslösung und Verschlimmerung aller autoimmunen Erkrankungen, jenen Zuständen also, wo das Immunsystem nicht mehr zwischen Selbst und Nicht-Selbst, zwischen Freund und Feind unterscheiden kann.

Nach neuesten Forschungsergebnissen gibt es erfreulicherweise jedoch auch eine ganze Reihe von Techniken – bestimmte innere Bilder, positive Gefühle, Suggestion, entspanntes Reagieren auf Streßauslöser –, die alle potentiell in der Lage sind, die Abwehrkraft des Immunsystems zu stärken. Erst kürzlich wurde nachgewiesen, daß das Immunsystem direkt der Kontrolle des zentralen Nervensystems unterliegt, und zwar speziell jenen Bereichen des Gehirns, die mit der Übertragung des inneren Bildes auf den Körper in Zusammenhang gebracht werden.

Man weiß um die komplexe Verbindung zwischen Gehirn, Verhalten, psychologischen Faktoren und Immunsystem, obwohl Art und Weise dieser Verbindung noch genauer erforscht werden muß. Die neuen Verhaltenstherapien, die die Imagination in den Mittelpunkt stellen, wie zum Beispiel gelenkte Phantasien, Hypnose oder Biofeedback, und denen ein Hauch von Schamanismus anhaftet, haben in kontrollierten Testsituationen ihren Einfluß auf die Immunität bewiesen.

Nun, da sich die schwer faßbaren Geheimnisse des menschlichen Geistes zu enthüllen beginnen, spielt sich vor unseren Augen ein faszinierendes, noch nie dagewesenes Drama ab: Das wissenschaftliche Paradigma wechselt, die Metaphern vermischen sich. Es ist ein guter Augenblick zu leben.

1 Der Schamane – Meisterheiler im Reich des Geistes

«Ich weiß nicht, was ihr aus euren Büchern gelernt habt, aber das Wichtigste, was meine Großväter mir beigebracht haben, war, daß es in unserem Geist einen Bereich gibt, über den wir nicht viel wissen, und daß es eben dieser Bereich ist, der über die Gesundheit oder Krankheit jedes einzelnen entscheidet.»

Thomas Largewhiskers,
hundertjähriger Navajo-Medizinmann

Die Arbeit des Schamanen spielt sich im Reich der Imagination ab, und seine Meisterschaft darin, die Vorstellungskraft zum Wohle der Gemeinschaft einzusetzen, wird in der gesamten Überlieferung betont. «Die Grenzen von Zeit und Raum werden überschritten... Felsen und Steine sprechen. Menschen werden Tiere, und Tiere werden Menschen. Die Welt des Schamanen ist reich an archaischen Bildern, er bereist das Universum oder umkreist den Mond in Missionen, die für sein Volk von größter Wichtigkeit sind.»[1] Diese Reisen finden seit dem ersten Dämmern der Zivilisation statt, mit dem Ziel, den Schöpfer zu erfahren, Weisheit zu erlangen und die Gebrechen des Körpers zu heilen. Uns soll im folgenden vor allem der Aspekt des Heilens im schamanischen Wirken interessieren.

Wenn das Heilen mit Hilfe der Imagination jemals Einfluß auf die Praktiken der modernen Medizin gewinnen soll, muß es sich zunächst mit wissenschaftlichen Kriterien erfassen und beschreiben lassen. Nun dürfen wir jedoch nicht den Fehler begehen und dabei die dem Schamanen eigene Weisheit übersehen. Die Schamanen sind ohnehin der Meinung, daß die westlichen Erklärungen ihrer Heilkunst entweder grobe Beleidigungen sind oder gar an puren Unsinn grenzen. In Bergmans Beschreibung der Navajo lesen wir, daß die Erklärungen der Schamanen auf die Frage, warum ihre Heilkunst funktioniert – «soweit sie überhaupt geneigt sind, Erklärungen anzubieten –, für uns mehr als unbefriedigend bleiben, da sie die Existenz des

Übernatürlichen bereits als zweifelsfreie Tatsache voraussetzen»[2]. Man sollte die schamanische Heilkunst nicht ihres eigentlichen Sinnes berauben, indem man vorgibt, daß sie etwas sei, was sie gar nicht ist, oder indem man sie gar als bastardisierte, primitive Form von medizinischer und psychologischer Hilfe betrachtet, die nur den Zweck hat, die unwissenden Wilden zu beruhigen. Vielleicht richtet man keinen allzu großen Schaden an, wenn man das Tun des Schamanen als «Psychotherapie» bezeichnet oder als Ventil für verwirrte Menschen und feststellt, daß es immerhin eine Grundlage für das Funktionieren der Gemeinschaft darstellt. Eine solche Definition fördert möglicherweise die Bereitschaft, alte Praktiken zu erhalten, doch die Wege des Schamanen sind zuerst und vor allem geistige Wege. Diese «Techniker des Heiligen»[3] haben ein tiefes, gründliches Wissen über die geistigen, inneren Räume, wo ihr Erfolg mit den Maßstäben ihrer eigenen Kultur gemessen wird.

Das zur Zeit weitverbreitete Interesse an schamanischen Praktiken, das sich oft genug entpuppt als unkritische Bewunderung von allem, was auch nur entfernt mit alten Stammeskulturen zu tun haben könnte, spiegelt sicherlich die Sehnsucht nach einer humaneren, geistigeren Dimension in der modernen Medizin wider. Man könnte sagen, daß das Medizinrad der westlichen Zivilisationen zu lange gen Norden gerichtet war – viel Wissen, aber wenig Gefühl.

Was ist Schamanismus?

Das Wort *Schamane* kommt vom russischen *saman*. Weston LaBarre, ein bedeutender Anthropologe, Professor an der Duke University, meint, daß «Schamane» wohl der älteste «Beruf» ist, von dem sowohl unser moderner Arzt als auch der Priester abstammt. «Der Schamane ist der ursprüngliche Künstler, Tänzer, Musiker, Sänger, Dramaturg, Intellektuelle, Poet, Barde, Botschafter, Berater von Häuptlingen und Königen, Entertainer, Schauspieler und Clown, Heiler, Bühnenzauberer, Jongleur, Folksänger, Meteorologe, Kunsthandwerker, Kulturheld und Menschenverbesserer.»[4] Mircea Eliade, Autor vieler klassischer anthropologischer und theologischer Werke, hat die Unmenge an Literatur über den Schamanismus gesichtet und fand heraus, daß die Schamanen abwechselnd als Priester, Ärzte, Magier, Zauberer, Exorzisten, politische Führer, Geisteskranke und Scharlatane charakterisiert wurden.[5]

Das allgemeine Verständnis des Schamanismus bringt ihn mit allen möglichen nicht-medizinischen, Volks- oder geistigen Heilmethoden in Verbindung oder generell mit Heilverfahren, die wenig mit der westlichen Medizin gemein haben. Die Begriffe *Hexendoktor* und *Medizinmann* werden häufig für austauschbar sowie für Synonyme des Begriffs *Schamane* gehalten und auch so gebraucht; doch dies zeugt von einem falschen Verständnis. Ein Schamane kann zwar mit der Anwendungsweise von medizinischen Kräutern vertraut sein oder auch Kenntnisse auf dem Gebiet der Wundmedizin haben, aber im streng anthropologischen Sinn sind Schamanen jene Individuen, die sich durch bestimmte Ekstasetechniken und veränderte Bewußtseinszustände von anderen Menschen unterscheiden. Während dieser Zustände steigen sie in den Himmel auf oder reisen in die Welten der Imagination. Sinn und Ziel der schamanischen Reisen ist es, Macht oder Wissen oder Heilkräfte zu erlangen, um der Gemeinschaft zu dienen – wobei die «Krankheit» kein Leiden im Sinne der konventionellen Medizin sein muß, und damit auch das Heilmittel unkonventionell sein kann.

Eliade und andere betrachten den Schamanismus als ein Heilungssystem, das sich bestimmter Techniken bedient, mit deren Hilfe es möglich ist, die Welt der Vorstellung zu betreten und die Landschaft, die man dann bereist oder im «magischen Flug»[6] wahrnimmt, zu interpretieren. Der Eintritt in den ekstatischen Zustand (oder in einen Trancezustand oder einen veränderten Bewußtseinszustand) ist ein universeller Aspekt schamanischer Praxis – aber natürlich ist längst nicht jeder Ekstatiker auch ein Schamane. Die schamanische Ekstase ist ein besonderer, ganz spezifischer Bewußtseinszustand, in den der Schamane sich nach Belieben versetzen und den er nach Belieben wieder beenden kann.[7]

Dem Schamanen stehen außerdem Schutzgeister zur Seite (manchmal als Machttiere, Hilfsgeister, Kontrollgeister, Totem oder Fetisch bezeichnet), die ihn mit Macht und Wissen ausstatten. Auch hier gilt, daß nicht jeder, der die Hilfe von Geistern beansprucht, ein Schamane ist. Laien können durchaus mit ähnlichen Geistern in Verbindung treten, werden jedoch von ihnen nicht mit schamanischer Macht bedacht. Ihre Geister sind nicht so stark oder einfach weniger zahlreich.[8] Zwar bieten die Geister dem Laien und dem Schamanen gleichermaßen Schutz, doch für Heilungs- und Wahrsagungszwecke stehen sie nur dem Schamanen zur Verfügung.[9]

Daraus ergibt sich, daß der Schamane an seinen Praktiken und seinen Absichten erkannt wird: Die Fähigkeit, nach Belieben einen veränderten Bewußtseinszustand herbeizuführen oder ihn zu beenden, sowie der Kontakt mit einer Reihe von Schutzgeistern gehören zur schamanischen Praxis, die das Ziel hat, anderen zu helfen.[10] Im vorliegenden Zusammenhang ist das wichtigste Kriterium des Schamanismus die ihm seit jeher zuerkannte Fähigkeit, mit Hilfe der Imagination par excellence zu heilen. Was natürlich nicht heißen soll, daß ein guter Schamane, der zwischen den Schulterblättern seines Patienten einen Pfeil stecken sieht, diesem einen veränderten Bewußtseinszustand verordnen würde – jedenfalls nicht bevor er den Gegenstand des Schmerzes entfernt und blutstillende sowie entzündungshemmende und schmerzstillende Mittel, soweit vorhanden, verabreicht hat.

Die Rolle des Schamanen in den traditionellen Heilungssystemen

Aber die Schamanen, die das schwierige Amt ausüben, den Zusammenhang aller Dinge zu erforschen und die Seelen der Erkrankten oder Sterbenden zu beschützen, sind sowieso fast immer ultima ratio. Für die gewöhnlichen Krankheiten gibt es in der Natur selbst die notwendigen Heilmittel; sie sind überall zu finden und waren schon den ältesten Stammeskulturen bekannt. Die Weidenrinde linderte, als Vorläuferin des Aspirin, den Kopfschmerz, der Todeskampf wurde durch sachkundige Verabreichung von Mohnextrakten erleichtert. Selbst Menstruationsbeschwerden und Zyklusunregelmäßigkeiten konnten durch die Anwendung von Heilpflanzen behoben werden. Mit Hilfe natürlicher Mittel wurden Infektionen gestoppt, Fieber gesenkt und Wahnsinn eingedämmt.

Schon die frühen Zivilisationen verstanden sich auf die Kunst operativer Eingriffe am menschlichen Körper, ja, sie nahmen sie geradezu routinemäßig vor. Bereits vor zehntausend Jahren wurden erfolgreich Gehirnoperationen durchgeführt. Schädelfunde aus dieser Zeit weisen Spuren auf, denen man entnehmen kann, daß Knochenmaterial nicht nur sorgfältig entfernt, sondern auch ersetzt wurde und daß der Patient noch lange genug lebte, um schließlich eines Tages an einem anderen Leiden zu sterben.[11] Knochenfunde aus dem Paläolithikum, Mesolithikum und Neolithikum legen die Vermutung nahe, daß der prähistorische Mensch in der Lage war, auch die verschiedensten Wunden medizinisch zu behandeln. Seit mindestens zweitausend Jahren versteht man sich darauf, Ohren und Nasen durch plastische Chirurgie zu verschönern.[12]

Operative Eingriffe wie etwa das Entfernen von Kugeln, Tumoren, Splittern und eingewachsenen Zehennägeln erfordern ein gutes Auge und eine sichere, ruhige Hand, doch ein Philosoph muß man dafür gewiß nicht sein. Die mechanistische Heilkunst – wie auch Klempnerei und Elektronik – hängt von der genauen Kenntnis des zu behandelnden Objekts ab und nicht vom tieferen Wissen um die Rolle, die dieses Objekt oder dieser Mensch im Kosmos spielt. Für die schamanischen Kulturen ist dafür eine Hierarchie unter den Heilern kennzeichnend: So gibt es jene, deren einzige Begabung die physische Behandlung und die Verschreibung von Heilmitteln ist; dann gibt es die Diagnoseexperten, und schließlich, ganz oben, rangieren die Schamanen, die mit Hilfe der Imagination die Verbindung zum Übernatürlichen herstellen.

Es gibt noch eine vierte Kategorie Heiler im Rahmen dieser Hierarchie, die ebenfalls in dem Ruf steht, sich auf äußerst geschickte Art und Weise der Imagination zu bedienen. Die zu diesem Kreis gehörenden Personen werden oft fälschlicherweise als «Hexen» oder «Zauberer» bezeichnet. Sie erforschen die dunkle Seite der Magie und werden in solchen Fällen zu Hilfe gerufen, wo die Heilmethoden des Schamanen wirkungslos bleiben, vor allem dann, wenn der Verdacht besteht, daß die Krankheit durch einen Fluch verursacht wurde. Ihre Macht ist gefürchtet, da sie in der Lage sind, die dunklen Kräfte der Zerstörung zu aktivieren. Berichte in amerikanischen Medizinfachzeitschriften über Todesfälle aufgrund von Voodoozauber und Verfluchungen sprechen für ihre Fähigkeit, mit Hilfe der Imagination Böses zu bewirken.[13]

Der Schamane mag aufgrund seines Wissens verschiedene Rollen im Heilritual übernehmen. Es wäre jedoch undenkbar, zu einem Knocheneinrichter, der nicht zugleich auch Schamane ist, zu gehen, um sich Rat und geistige Hilfe zu holen oder um zu erfahren, was hinter dieser oder jener Krankheit steckt. Die mechanistisch-technologische Heilkunst war vor allem dann gefragt, wenn es um die Befreiung von Schmerzen und körperlichen Gebrechen ging. Den bedeutenden Beitrag zur ganzheitlichen Gesundheit, den das reiche Wissen des Schamanen seit alters her liefert, hat sie jedoch hartnäckig ignoriert. Trotzdem setzte man nicht nur die höchsten Erwartungen in ihre scheinbar unbegrenzten Heilungsmöglichkeiten, man stattete auch den Arzt mit dem schamanischen Nimbus des allmächtigen Heilers aus – eine erstaunliche Fehleinschätzung, wenn man bedenkt, daß er keinerlei Ausbildung in schamanischen Praktiken (und vielfach auch gar keine Neigung dazu) hat.

Die alte Lehre

Der Schamanismus ist die älteste und am weitesten verbreitete Heilmethode, die mit Imagination arbeitet. Archäologische Funde legen die Vermutung nahe, daß es schamanische Praktiken bereits seit 20000 Jahren gibt. Deutliche Hinweise darauf geben die Höhlenmalereien in Südfrankreich. In der Höhle von Les Trois Frères wurde eine mysteriöse, hirschähnliche, teils gemalte, teils geritzte Gestalt entdeckt, die, so wird angenommen, einen Schamanen darstellt. In Pin Hole Cave in England wurden Rentierknochen aus dem Paläolithikum gefunden, die mit Schnitzereien verziert sind, die einen mit einer Tiermaske verkleideten Schamanen erkennen lassen. Eine andere Rentierknochenschnitzerei, die großes Interesse erweckte, zeigt eine schwangere Frau, die unter einem Hirsch liegt, wohl um Kraft für die ihr bevorstehende Prüfung zu sammeln. (Auf das immer wiederkehrende Motiv des Hirsches als Heilung bringendem Hilfsgeist kommen wir weiter unten noch zu sprechen.) LeBarre faßt die anthropologischen Beweise zusammen und meint, daß der Schamanismus bis in die Ur-Kultur des Paläolithikums zurückreicht; er hält ihn für die eigentliche Ur-Religion.[14] (Die Ur-Kultur verbreitete sich im Zuge der Stammeswanderungen über die ganze Erde und ist an einigen kulturellen Praktiken noch immer erkennbar.)

Die Praktiken der Schamanen sind sich in Asien, Australien, Afrika, Amerika und selbst in Europa sehr ähnlich, was zu Spekulationen über frühe Kontakte zwischen diesen Völkern geführt hat. Harner stellt in diesem Zusammenhang die Frage, warum schamanische Praktiken 20000 Jahre lang immer weitergegeben worden sein sollen, während andere Aspekte des sozialen Lebens gänzlich vernachlässigt wurden. Als Grund hierfür nennt er das «Funktionieren» des Schamanismus, das heißt, entsprechend dem uralten Prinzip von Versuch und Irrtum werden immer wieder dieselben Heilmethoden entdeckt. Er ist weiterhin der Überzeugung, daß es nicht notwendig ist, die kulturell geprägten Ansichten des Schamanen zu teilen, um die Wirkung des Schamanismus zu spüren. «Diese alte Lehre ist ein machtvolles Werkzeug und rührt so tief an den menschlichen Geist, daß die bekannten Glaubenssysteme der eigenen Kultur und das eigene, gewohnte Realitätsverständnis im Grunde genommen unwichtig werden.»[15] Mit anderen Worten ausgedrückt: Es ist genausowenig notwendig, an die unveränderlichen Gesetze des schamanischen Universums zu glauben, damit sie funktionieren, wie es unnötig ist, an die Gravitation zu glauben, damit Gegenstände zu Boden fallen. Im Hinblick auf die schamanische Tradition können wir uns eine natürliche Umgebung vorstellen, die sofort reagiert, wenn sie auf die alte Weise, die zu verstehen sie gelernt hat, angerufen wird. Wir haben es beim Universum, wenn man so will, mit einem klassischen Fall von Konditionierung zu tun. Harners Meinung über die Funktionsweise des schamanischen Systems entspricht der Erklärung, die die Schamanen selbst dazu abgeben, und verdeutlicht, warum man überall auf der Welt ähnliche Phänomene antrifft.

Soziologen und Wissenschaftler mit eher psychiatrischer Ausrichtung haben dem Schamanismus und anderen nichtmedizinischen Heilmethoden gegenüber in der Regel eine andere Einstellung. Sie meinen, daß jedweder Nutzen, der aus solchen Heilsystemen gezogen werden kann, rein kulturspezifischer Natur ist. Dennoch auftretende Ähnlichkeiten werden mit bestimmten anthropologischen Konstanten erklärt: der starken emotionalen Beeinflußbarkeit der menschlichen Physiologie, dem nicht zu leugnenden Bedürfnis, innere Konflikte in Harmonie aufzulösen sowie einer Gemeinschaft und einer geistigen Welt anzugehören. Jerome Frank ist ein bekannter Befürworter dieser Art von Argumentation, die zu der Schlußfolgerung führt, daß die Effektivität schamanischen Heilens in der Erwartungshaltung des Kranken liegt und daß der wahre Nutzen dieser «primitiven» Techniken darin besteht, emotionale Befreiung zu bewirken und ein Gemeinschaftsgefühl hervorzurufen. Darum halten manche den Schamanismus für durchaus geeignet und erfolgreich bei der Therapie psychischer Erkrankungen wie Depressionen und Angstzuständen, Störungen also, die dem traditionellen «psychosomatischen» Bereich zugeordnet werden, die in kultureller oder familiärer Entfremdung ihren Ursprung haben. Anders sähe es dagegen bei «physischen» Krankheiten aus. Wie fließend diese angeblichen Grenzen zwischen psychosomatischer und «rein physischer» Krankheit jedoch sind, werden wir in Kapitel 5 zeigen.

Die Bedeutung von Gesundheit und Krankheit im schamanischen Universum

Es ist wichtig, die von den Schamanen angewendeten Methoden geistiger Heilung im Kontext des entsprechenden Wertesystems der betreffenden Gemeinschaft zu sehen.

Zunächst und vor allem ist es nun einmal nicht Zweck und Ziel der schamanischen Heilmethoden, den Tod zu bekämpfen. Wenn man daher feststellt, daß der Schamanismus nicht in der Lage sei, das Leben zu verlängern, trifft man an seinem Kern völlig vorbei. Heilung ist für den Schamanen eine geistige Angelegenheit. Die Krankheit hat ihren Ursprung in der und erlangt ihre Bedeutung durch die Geistwelt. Der eigentliche Sinn des Lebens ist es, über die visionären, geistigen Räume unterrichtet und in sie aufgenommen zu werden und sich selbst im Einklang mit dem Universum zu befinden. Das Allerschlimmste, was einem widerfahren kann, wäre der Verlust der Seele, denn damit würde dem Leben unwiderruflich jede Bedeutung genommen. In der schamanischen Heilung ist daher das Nähren und Erhalten der Seele, ihr Schutz vor ewiger, zielloser Wanderung, das Hauptziel.

Krankheit oder Gebrechen kommt nach unserem heutigen

Verständnis von außen, dringt in den Körper ein, muß entfernt oder zerstört werden, bzw. man muß sich davor schützen. Nach schamanischer Auffassung ist jedoch nicht dieses äußerliche Element der Krankheit das Hauptproblem, sondern der Verlust persönlicher (Widerstands-)Kraft, der das Eindringen überhaupt erst ermöglichte, ob es sich dabei nun um einen Pfeil oder einen Geist handelt. (Die Theorie der «vergifteten Wurfspeere» der Nekematigi-Papua auf Neuguinea drückt genau das aus, wenn es heißt, das die Ursache einiger Krankheiten in Zauberei liegt und das Ergebnis des «magischen Schießens mit vergifteten Speeren» eines Feindes ist.)[17] Die schamanische Behandlung setzt deshalb bei der Stärkung der persönlichen Kräfte des Erkrankten an und geht erst dann gegen den unmittelbaren Krankheitserreger vor. Während beider Behandlungsstadien werden alle verfügbaren Medikamente und Heilverfahren, auch westliche, angewendet. (Auf diese recht fortschrittliche Einstellung gehen wir in Kapitel 6 noch ausführlich ein.) Um es kurz zusammenzufassen: Die sogenannten äußeren Ursachen für schwerere Krankheiten – Viren, Bakterien und andere unsichtbare Erreger in der Umgebung – stellen nur dann eine Bedrohung für die Gesundheit dar, wenn die natürlichen Abwehrkräfte eines Menschen in irgendeiner Weise geschwächt sind.

Grossinger führt aus, daß der Schamane die Behandlung nicht auf die Krankheitssymptome beschränken kann, denn nichts rechtfertigt die Isolierung der Krankheit vom Gesamtzustand des Patienten und seiner Umwelt. Die Gefahren, die eine solche Isolierung mit sich bringt, sind erkannt worden, und das Interesse gilt nicht einfach einer Verlängerung des Lebens, sondern der Wiederherstellung der Mitte. Grossinger führt weiter aus, in einer Art Verteidigung der ganzheitlichen schamanischen Heilkunst, daß wir den Blick für das ineinandergreifende Ganze verlieren, wenn wir die Krankheit als eine unabhängige Größe sehen, die für sich behandelbar und kurierbar ist. Nach außen hin mag sich die Krankheit als pathologische Veränderung darstellen, «aber sie ist zugleich der Brennpunkt aller Krisen und Bedürfnisse des gesamten Organismus. Sie ist der persönlichste Bericht über Turbulenzen und lebensverändernde Bedingungen des einzelnen Körpers wie des Kollektivkörpers der Biosphäre. Nichts anderes, ausgenommen Visionen und Träume, zwingt den Organismus dazu, sich umgehend mit den vernichtenden, heidnischen Kräften auszusöhnen, aus denen er besteht.» Krankheit kann zu Visionen und vor allem zu persönlichem inneren Wachstum führen, und in diesem Licht betrachtet «ist die Welt steriler, chemischer Wirkstoffe und Operationstische ein verheerender Rückschritt und ein kostspieliger Witz».[18]

Der Schamanismus legt auf die Störungen des Geistes ein weitaus größeres Gewicht, als die Medizin in den Industrieländern es tut. Der Schamane ist ein Meister in der Diagnose geistiger Störungen: Eine Seele kann erschreckt werden, sie kann deprimiert sein oder, im schlimmsten Fall, verlorengehen (im Spanischen heißt dieser Zustand *susto*, «Verlust der Seele»). Sowohl bestimmte körperliche als auch geistige Symptome sind für die verschiedenen Stadien charakteristisch und werden sehr ernst genommen. Denn ohne Intervention kann es passieren, daß der Patient stirbt, bevor er das Problem gelöst hat, das der eigentliche Grund seiner Krankheit war. Dann wäre er dazu verdammt, auf ewig im Ungleichgewicht mit dem Universum zu sein.

Die augenblickliche Tendenz, die schamanische Heilkunst – oder volkstümliche Heilverfahren überhaupt – zu romantisieren, sollte und müßte gebremst werden durch die Tatsache, daß die verordneten Heilmaßnahmen im Hinblick auf das körperliche Wohl des Betreffenden oft völlig falsch, ja sogar schädlich sind. Jilek-Aall beschreibt Geburtsgebräuche, die die Überlieferung in manchen Teilen Afrikas bestimmt und die allem, was gut und natürlich genannt werden kann, klar zuwiderlaufen. Das Ergebnis ist eine hohe Kindersterblichkeit und ein vermehrtes Auftreten von Epilepsie, einer Störung, die mit dem Geburtstrauma zusammenhängt.[19] Weltweit veränderte Lebensbedingungen haben dazu geführt, daß auch dort, wo schamanische Techniken noch gepflegt werden, die importierten Hygieneeinrichtungen als wirksamer Schutz vor Infektionen und endemischen Krankheiten geschätzt werden.[20]

Unglücklicherweise hat die «Zivilisation» jedoch dort neue Gesundheitsprobleme geschaffen, wo sie alte verringert hatte. So versteht unsere westliche Medizin beispielsweise bestimmte natürliche Lebensstadien (und die Übergänge von einem Stadium ins nächste) als «Krankheiten», die einer Sonderbehandlung bedürfen: Neugeborene, kurz vor der Entbindung stehende Frauen, Frauen in den Wechseljahren und alte Mitbürger werden hospitalisiert und auf Deibel komm raus medikamentös versorgt.

In der schamanischen Kultur ist der Schamane Heiler und Priester/Philosoph, eingeweiht in die Geheimnisse des Übernatürlichen. Und die Aufgaben des Gesundheitssystems einer jeden Kultur sind immer eng mit der jeweiligen Auffassung von Sinn und Ziel des Lebens verknüpft. Im schamanischen Kulturkreis liegt der Sinn des Daseins in der Entwicklung des Geistes. Gesundheit bedeutet Einklang, Übereinstimmung mit der Welt. Gesundheit ist die intuitive Erkenntnis, daß das Universum und seine vielen Bewohner aus derselben Materie bestehen – Tiere, Pflanzen, Mineralien, Sterne. Gesundheit heißt, Tod und Leben zu kennen und als Einheit zu begreifen. Es bedeutet Verschmelzung, die Suche sowohl nach Einsamkeit wie nach Gemeinsamkeit, um die mannigfaltigen Aspekte des eigenen Wesens, seines Selbst, zu begreifen. In der schamanischen Gesellschaft heißt Gesundheit weder die Abwesenheit von Gefühl noch von Schmerz – wie anders dagegen unser Verständnis. Gesundheit heißt, alle Schöpfungserfahrungen zu erleben, sie immer wieder zu durchleben und ihr Wesen und ihre unzähligen Bedeutungen zu erfassen. Gesundheit heißt, über den eigenen beschränkten Bewußtseinszustand hinauszuwachsen, um ins Meer des Universums einzutauchen.

Wer wird ein Schamane?

Männer und Frauen verfügen gleichermaßen über das zur Ausübung der schamanischen Praktiken notwendige Potential, doch in Kulturen, wo die Aufgaben des täglichen Lebens größtenteils Frauensache sind, haben die Männer einfach mehr freie Zeit, um sich der langwierigen Ausbildung zum Schamanen zu unterziehen. Das Wissen und die Macht des Schamanen werden durch viele, viele Reisen in andere Bewußtseinswelten erlangt, und «normalerweise sind eine ganze Reihe Jahre schamanischer Erfahrung notwendig, um wirklich etwas über das kosmische Puzzle zu erfahren».[21] Motivation, Bereitschaft und Zeit zu lernen sind also unabdingbare Voraussetzungen für das Ergreifen dieses ältesten Berufes der Menschheit.

Die Praxis des Schamanismus wird immer als sehr gefahrvoll für Leib und Leben des Ausübenden erachtet, und manchmal sind Frauen eher bereit, die Wege des Übernatürlichen zu beschreiten. In China zum Beispiel wird ein besonders gefährlicher Aspekt des Schamanismus, das «Heben der Seele», fast ausschließlich von Frauen vorgenommen. Kendall, der sich mit den neueren Untersuchungen über den asiatischen Schamanismus beschäftigt hat, stellt fest, daß die Frauen, die in der chinesischen Familie nur eine untergeordnete Rolle spielen, die einzigen waren, die es wagten, mit den Vorfahren in Verbindung zu treten, da sie durch die Übernahme dieser gefürchteten Aufgabe so gut wie nichts zu verlieren hatten. Wenn sie keine andere Möglichkeit sahen, ihr Leben zu fristen, besannen sie sich auf ihre intuitiven Fähigkeiten im Umgang mit dem Übernatürlichen, um «dem wechselvollen Auf und Ab in einer von Männern dominierten Gesellschaft zu entgehen».[22] Dies gilt auch für Europa, wo noch bis in dieses Jahrhundert die Verdienstmöglichkeiten für Frauen dürftig bis gar nicht vorhanden waren.

In anthropologischen Veröffentlichungen gibt es seit geraumer Zeit eine Debatte darüber, ob der Schamanismus vielleicht nur ein Reservat für gestörte Persönlichkeiten sei. Wir werden darauf später noch zu sprechen kommen, wenn wir den Komplex «Schamanismus und Schizophrenie» erörtern. Die Tatsache, daß der Schamanismus in den Polargegenden am verbreitetsten ist, hat außerdem zu Spekulationen darüber geführt, ob es sich bei der schamanischen Trance oder vergleichbaren Zuständen nicht um die Arktische Hysterie handeln könne, ausgelöst durch extreme Kälte, Einsamkeit und Vitaminmangel. Da solche Erscheinungen jedoch auch in den Tropen auftreten, können wir diese Theorie getrost ad acta legen.[23] Andere wiederum vermuten, daß die Existenz der Schamanen sich daraus erklärt, daß die Gesellschaft unterdrückte Personenkreise – im asiatischen Schamanismus für gewöhnlich die Frauen – immer wieder ermutigt, sozusagen als indirekte «Wiedergutmachungsstrategie» göttliche Eingebung zu suchen bzw. zu nutzen.[24]

Die grundlegenden Qualitäten, die ein Schamane besitzen muß, sind unter anderen die Fähigkeit, eine Atmosphäre der Ehrfurcht, der geistigen Macht und der Allwissenheit zu schaffen, sowie die Kraft, seine Konzentration über Stunden, Tage, manchmal sogar Wochen hinweg aufrechtzuerhalten.[25] Präkognitive Träume oder hellseherische Visionen eines Aspiranten offenbaren den zukünftigen Schamanen. Der «Kandidat» zeigt außerdem eine außergewöhnliche Begabung im Umgang mit der Imagination und/oder eine ans Wunderbare grenzende Fähigkeit von bestimmten Krankheiten zu genesen – daher die Vorstellung von der «göttlichen Krankheit» und dem «verwundeten Heiler», die sich durch die gesamte schamanische Literatur zieht.[26]

Krankheit und Berufung

In der schamanischen Berufung spielt die Krankheit eine zweifache Rolle. Erstens wird der Betreffende durch die Heimsuchung von bestimmten Krankheiten automatisch in den Rang eines potentiellen Schamanen erhoben. In Sibirien beispielsweise gelten Epilepsie und andere Nervenleiden als ein deutlicher Hinweis auf schamanische Begabung. Zweitens offenbart sich die Berufung häufig durch oder während einer akuten körperlichen oder seelischen Krise. Joan Halifax schreibt in diesem Zusammenhang: «Die Krankheit wird so zum Mittel der Bewußtseinsveränderung.»[27] Sie berichtet über Matsuwa, einen Huichol-Schamanen, der erst, nachdem er seine rechte Hand verloren hatte und ein Fuß verstümmelt war, in den Stand des Schamanen erhoben wurde; erst angesichts der existentiellen Krise erkannte er seine geistigen Fähigkeiten.

Im Initiationsbericht über einen Schamanen der Avam-Samojeden heißt es, daß ein Mann, der an den Blattern erkrankt war, drei Tage lang bewußtlos dalag. Am dritten Tag sah es so aus, als sei alles Leben aus ihm gewichen, und fast hätte man ihn begraben. Er selbst hatte Visionen, in denen er zur Hölle abstieg und auf eine Insel gebracht wurde, wo der Baum des Herrn der Erde stand. Der Herr gab ihm einen Zweig dieses Baumes, aus dem er einen Trommelstab fertigen sollte. Seine innere Reise ging weiter und führte ihn zu einem Berg. Dort betrat er eine Höhle, in der ein nackter Mann saß, der ihn packte, enthauptete, den Körper zerstückelte und die einzelnen Teile drei Jahre lang in einem Kessel kochte. Danach wurde sein Körper wieder zusammengesetzt und mit Fleisch bedeckt. Während dieser Abenteuer begegnete er den bösen Schamanen und den Herren der Seuchen, die ihn über das Wesen dieser Krankheiten aufklärten. Im Land der Schamaninnen wurden seine besonderen Fähigkeiten gestärkt: Er lernte, «in seinem Kopf zu lesen», auf mystische Weise zu sehen, ohne seine Augen gebrauchen zu müssen, und die Sprache der Pflanzen zu verstehen. Als er endlich erwachte, oder vielmehr, als er wiederauferweckt wurde, konnte er beginnen, als Schamane zu wirken.[28]

Selbst die moderne Medizin und die Naturwissenschaften gestehen jenen Schamanen, die durch eine Krankheit berufen wurden, besondere Kräfte zu. Jemand, der die Pocken, die am meisten gefürchtete aller Plagen, überlebt hat, könnte sich frei unter den Kranken bewegen und sie ohne Furcht vor Ansteckung behandeln. Jede Begegnung mit dem Tod, aus der ein Mensch reifer und wissender hervorgeht, sowie eine besondere, durch diese Erfahrung gewonnene Immunität, sind ein klares Zeichen für die Berufung zum Heilen. Die Annahme, daß Schamanen besonders viele weiße Blutkörperchen haben, scheint von daher berechtigt zu sein.

Tod und Wiedergeburt als grundlegendes Thema

Berichte über furchterregende Initiationserlebnisse sind nichts Ungewöhnliches. Sie treten oft während der rituellen Suche nach dem Gesicht auf, die begleitet ist von tagelangem Fasten und selbstauferlegter Einsamkeit. Auf diese Weise werden die natürliche Veranlagung und auch die Motivation des Initianden auf die Probe gestellt.

Das immer wiederkehrende, diesen Prüfungen zugrunde liegende Thema heißt Tod und Wiedergeburt und ist häufig mit dem Erlebnis der Zerstückelung und Wiederherstellung des Körpers verbunden. Jilek berichtet über einen Todes- und Wiedergeburtsmythos der Salish-Indianer, der während des Initiationsrituals ausagiert wird. Die Salish-Indianer glauben, daß die schamanische Kraft zu heilen jedermann zur Verfügung steht und so etwas wie eine «göttliche Wiedergutmachung für den technologischen Vorteil der weißen Zivilisation» ist. Die für die Ausübung dieser Macht Erwählten werden Geistertänzer genannt und ihre Einweihung erstreckt sich über mehrere Tage. Während dieser Zeit – so heißt es in einem Bericht – «nennt man den neuen Tänzer ‹Baby›, weil er ein neues Leben beginnt . . . er ist hilflos.» Und laut einem anderen Bericht «. . . töten sie [die die Einweihung vornehmen] dich, den bösen Menschen, und rufen dich als völlig neuen Menschen ins Leben zurück. Deshalb schlagen sie dich mit Knüppeln oder Keulen, du verlierst das Bewußtsein, aber du kommst zurück . . .»[29]

Die schamanische Initiation der Salish beginnt mit Schmerz und Deprivation: Der Initiand wird geschlagen, gebissen, hin- und hergeworfen, bewegungsunfähig gemacht, gekitzelt; die Augen werden ihm verbunden, er darf keine Nahrung zu sich nehmen. Wenn er sein «Lied erhalten hat» oder nachdem sein Bewußtsein geläutert worden ist, erscheint der Schutzgeist oder das Totem. Zu dieser zweiten Phase der Initiation gehören bemerkenswerte physische Leistungen: im Schnee barfuß laufen, im Eiswasser schwimmen, bis zur totalen Erschöpfung tanzen und trommeln. Dabei kommt es zu Glücks- oder Trancezuständen, die oft mit einem Alkoholrausch oder der Wirkung von Heroin verglichen werden. Andere behaupten, daß sie während ihrer Erfahrung «einen Meter hoch sprangen und einen unbändigen Spaß hatten, ein fantastisches Gefühl der Schwerelosigkeit, als bewegte man sich mühelos in der Luft ...» – «Diese Kraft ist wie Elektrizität, deshalb ließ ich niemanden hinter mir tanzen ... Es ist eine gewaltige Kraft, sie zwingt dich zum Tanzen, es ist fast wie ein Schock ... du hörst ganz einfach dein Lied und die Trommeln ...»[30]

Die Zeremonien der Salish werden heute wieder durchgeführt, und mit jedem Jahr wächst die Zahl der Geistertänzer. Fast ein Jahrhundert lang wurden sie unterdrückt, aus Angst, sie könnten zu einer Gefahr für Religion und Regierung der Weißen werden. Nun dient das Geistertanzen wie früher dazu, die der Gemeinschaft Entfremdeten zu reintegrieren; außerdem wird es bei der Behandlung von Verhaltensstörungen und psychosomatischen Erkrankungen eingesetzt. Jileks Daten über die erfolgreiche Anwendung des Tanzes als Heilmethode bei Alkoholismus sind ebenfalls beeindruckend.

Der schamanische Bewußtseinszustand

Harners SSC (*shamanic state of consciousness*), der schamanische Bewußtseinszustand, ist das eigentliche Kernstück des Schamanismus und zugleich die entscheidende Voraussetzung dafür, daß der Schamane der Meister der Imagination als Heilkraft ist. Die Schamanen behaupten von sich, daß sie in der Lage seien, willentlich in einen anderen Bewußtseinszustand einzutreten, um auf diese Weise bestimmte Probleme zu lösen. Die schamanischen Rituale – Trommeln und monotone Gesänge, Fasten und Schlafentzug – ermöglichen es dem Schamanen, sich in einen traumähnlichen Zustand zu versetzen, der zwischen Schlaf und Wachsamkeit angesiedelt ist und in dem lebhafte innere Erfahrungen möglich sind.

Risse stellt fest, daß in dem während des schamanischen Heilungsrituals hervorgerufenen Bewußtseinszustand latent vorhandenes, geistiges Potential geweckt wird, zu dem der Mensch unserer Tage entweder keinen Zugang mehr hat oder an dem er angesichts der Vorherrschaft des kohärenten und rationalen Denkens nicht interessiert ist. Bei der Lösung schwieriger Probleme vertraut der Schamane auf seine inneren Erfahrungen; er verwendet sensorische Erinnerungen, Abstraktionen und Symbole, anstatt auf dem Weg des rationalen, logischen Denkens Antworten zu suchen. «Er überprüft die vorbeiziehenden Bilder des Unbewußten, ohne dabei die Gesetze von Kausalität, Zeit und Raum zu beachten.»[31] Tatsächlich schließt sich der Schamane an eine Datenbank an, die im normalen Wachzustand des Bewußtseins nicht angezapft werden kann.

Carlos Castaneda postuliert in seinen zahlreichen Berichten über seine Initiation durch Don Juan, den Yaki-Schamanen, einen entscheidenden Unterschied zwischen bestimmten Bewußtseinsebenen. Das heißt, es gibt eine alltägliche Realität, den alltäglichen Bewußtseinszustand (*ordinary state of consciousness* oder OSC, wie Harner ihn nennt), und die andere, nichtalltägliche Realität (den SSC).[32] Das Ziel der schamanischen Heilungsreise ist die nichtalltägliche Realität. Die Nichtbeachtung dieses Unterschieds und ein nur oberflächliches Verständnis der verschiedenen Bewußtseinsdefinitionen, hat zu falschen Schlußfolgerungen hinsichtlich schamanischer Heilmethoden geführt. Der Irrglaube, daß Schamanen sich in der Hauptsache mit Geisteskranken beschäftigen (und demzufolge mit Hilfe der Imagination nur psychische Leiden heilen) oder daß die Fähigkeiten der Schamanen auf Tricks und Halluzinationen beruhen (das heißt, daß die Schamanen selbst psychopathologische Fälle seien), entspringt dem Unvermögen des Beobachters, die vielen Spielarten und Verästelungen der unterschiedlichen Bewußtseinszustände zu erfassen.

Für den Schamanen gibt es verschiedene Realitätsebenen, und in einer mystischen Art und Weise vermag er, auf allen zu existieren, Erfahrungen auf dieser oder jener oder gleichzeitig auf mehreren Ebenen zu machen. Er mag im SSC reisen und gleichzeitig im OSC wachsam, bewußt, ja völlig geistesklar erscheinen.[33] Die Traum- oder Fantasiewelten sind nicht weniger «wirklich» als die Welt, die wir mit unserem gewöhnlichen Wachbewußtsein wahrnehmen – sie sind nur anders. Das immense Wissen des Schamanen wird in einem besonderen Zustand oder an einem besonderen «Ort» erworben und angewendet, wobei es zu einer Interaktion zwischen Lebenden und Nichtlebenden, Tieren und buchstäblich allen Teilchen des Universums kommen kann. In diesem Punkt gibt es erstaunliche kulturelle Parallelen, genug, um sich zu wundern, daß wir nicht schon viel früher versucht haben, von dieser jahrtausendealten medizinischen Lehre zu lernen.

Wenn die Welt der Gedanken als genauso wirklich zu betrachten ist wie die «scheinbare» Realität und umgekehrt (man kann auch vom ewigen Austausch von Masse und Energie sprechen), dann kann der Schamanismus, eingebettet in den besonderen Seinszustand, als ein System begriffen werden, welches Aberglauben, Quacksalberei und Leichtgläubigkeit weit hinter sich läßt. (Dennoch muß jedem klar sein, daß es auch im Schamanismus, wie überall auf dem Gebiet der Heilkunst Betrüger gibt.)

Die Folgen der Existenz einer wirklichen, aber anderen Realität sollen zunächst anhand der Rituale und Symbole überprüft werden, die in den Heilzeremonien angewendet werden. «Rituale» und «Symbole» sind Begriffe, die in unserer heutigen westlichen Kultur nur noch die Funktion von liebgewordenen Metaphern besitzen, im SSC jedoch werden sie zu dem – und *sind* das –, als was der Schamane sie ausgibt. Wenn der Schamane sich die Haut seines Machttieres umhängt und um das Lagerfeuer tanzt, ist es das Tier, welches im SSC tanzt, nicht der verkleidete Mensch in einer theaterähnlichen Vorstellung. Wenn der Schamane einen blutigen Gegenstand aus der Brust eines von Schmerzen geplagten Patienten saugt oder wenn er Druck auf dessen Gedärme ausübt, eine Spinne herausholt und behauptet, er habe die Krankheit entfernt, dann neigt der westliche Wissenschaftler leicht dazu, diese Szene vom Standpunkt der alltäglichen Realität aus zu bewerten. Hat das Heilmittel den Patienten von seinem körperlichen Leiden befreit? Stand das «Ding», welches er aus dem Körper des Patienten zog, in irgendeiner Beziehung zur Krankheit?

Für die schamanische Auffassung von Gesundheit sind solche Fragen unerheblich. Gesund zu werden muß wenig oder gar nichts mit dem Körper zu tun haben; und da es so etwas wie ein Symbol gar nicht gibt, sondern nur die Sache selbst, sind Hühnermagen und blutverschmiertes Gefieder genau das, wofür der Schamane es ausgibt – und dies wiederum wird ihm im SSC enthüllt. Die Symbole dienen dem Schamanen dazu, das Wesentliche seiner Reise zu benennen und auf eine Weise darüber zu berichten, die der Gemeinschaft nützt. Es handelt sich nicht um Lügen, sondern vielmehr um eine Methode, mit der er versucht, eine schwer zu verstehende Realität begreiflich zu machen.

Nach Charles Tarts Kategorisierung repräsentiert der SSC einen veränderten Bewußtseinszustand, dessen Realität sich von der «übereinstimmenden Realität» (Castanedas alltägliche Realität und Harners alltäglicher, normaler Bewußtseinszustand) unterscheidet, ohne jedoch bedingt mit anderen Arten von veränderten Bewußtseinszuständen gleichgesetzt werden zu können, wie etwa dem Traumschlaf (REM-Schlaf), der Hypnose, der Meditation, dem Koma oder dem Zustand nach Einnahme von psychedelischen Drogen.[34] Peters und Price-

Williams analysierten schamanische Praktiken in zweiundvierzig Stammeskulturen und kamen zu dem Schluß, daß die schamanische Ekstase eine ganz besondere Art von verändertem Bewußtseinszustand ist.[35] Die Vorstellung, daß es nur eine Realität gibt und jede andere Art der Wahrnehmung pathologisch ist, hat die Klassifizierung veränderter Bewußtseinszustände erheblich behindert. Ich behaupte, daß der SSC sich tatsächlich von den oben erwähnten Zuständen unterscheidet, daß er jedoch den Bewußtseinswelten der Mystiker entsprechen kann und daß er, wie Fachleute meinen – zum Beispiel Evelyn Underhill und William James –, ein Zustand der Erkenntnis tiefer Wahrheit ist, der dem diskursiven Intellekt verschlossen bleibt und in dem eine bewußte Verbindung mit dem Absoluten hergestellt wird.[36]

Der SSC entspricht Lawrence LeShans Begriff der «hellseherischen Wirklichkeit», den er gebraucht, um Erfahrungszustände von Mystikern und Geistheilern zu beschreiben. Er stellt die hellseherische Wirklichkeit der sensorischen Wirklichkeit gegenüber, in der Informationen über die Sinne erlangt werden, die Zeit ein unabhängiger Faktor ist und sich nur in eine Richtung bewegt und wo der Raum eine Barriere für den Informationsaustausch darstellt. Die hellseherische Wirklichkeit definiert er als zeitlos; Gegenstände existieren zwar, jedoch nur als Teile eines einheitlichen Ganzen, und weder Zeit noch Raum können den Informationsaustausch behindern.[37] Seine Definition ist demzufolge mit Castanedas Vorstellung von einer anderen, nichtalltäglichen Realität und mit dem SSC verwandt. LeShans gründliche Feldforschungen ermöglichten es ihm, verschiedene Typen von geistiger Heilung zu klassifizieren, in kontrollierten Situationen zu wiederholen und die Ergebnisse später wissenschaftlich darzulegen.

Für unser Thema ist die Arbeit LeShans von großer Bedeutung. Obwohl ich den Begriff «geistig» noch nicht genauer definiert habe, gehört die Geistheilung, wie er sie beschreibt, sehr wohl in die Rubrik der «Heilung durch Imagination» oder transpersonale Heilung. Man könnte zwar sagen, daß auch

Mystiker und Geistheiler Schamanen sind, da sie ebenfalls veränderte Bewußtseinszustände herbeiführen können, um anderen Menschen zu helfen, Geisterführer benutzen etc. Die Definition des Begriffs «Schamanismus» impliziert jedoch, daß der Schamane eine soziale Funktion erfüllt, vollkommen in die Gemeinschaft integriert ist und von ihr anerkannt wird.[38] Diese Qualifikation wird in der Regel weder von Medien noch von Mystikern erfüllt. Die psychischen Phänomene, auf die sich LeShan und andere beziehen, sind mit Sicherheit Aspekte des Schamanismus: Hellsehen, Präkognition, Telepathie, Medialität, besondere Diagnose- und Heilungsfähigkeiten. Ungeachtet unterschiedlicher Terminologie scheint es immer um das gleiche zu gehen. So zitiert LeShan den Visionär Louis Claude de Saint-Martin: «Alle Mystiker sprechen dieselbe Sprache und kommen aus demselben Land.»[39]

Laut LeShan gelangt man in die hellseherische Realität durch Gebet oder durch meditative Techniken, mit deren Hilfe man den zu Heilenden von einer geistigen Warte aus sieht. Der Heiler versucht nicht, dem zu Heilenden «etwas zu tun»; er/sie versucht lediglich, zu verbinden, zu verschmelzen, mit ihm/ihr eins zu werden. Das Herzstück des Heilungsvorgangs ist tiefe, intensive Fürsorge und Liebe, die auf den zu Heilenden ausgerichtet ist. In einem besonderen Augenblick «erkennen» beide, Heiler und zu Heilender, ihren Platz im Universum, wodurch der zu Heilende eine andere Lebenseinstellung gewinnt. «Er [der zu Heilende] war ins Universum, nach Hause, zurückgekehrt, er war nicht mehr ‹abgeschnitten› ... Er war mit seinem ganzen ‹Sein›, mit seiner ‹Einzigartigkeit› vollkommen in das Universum eingehüllt und ein Teil von ihm; die Grenzen seines Selbstverständnisses waren erweitert worden.»[40] LeShan stellte fest, daß unter diesen Bedingungen manchmal positive biologische Veränderungen eintraten.

Der SSC aus wissenschaftlicher Sicht

Die hellseherische Realität, der schamanische Bewußtseinszustand, die mystische Erfahrung, Zustände also, die Wissen und Einsichten aus jenseitigen Welten beziehen, sie alle werden nur dann möglich, wenn die Grenzen, die Selbst und Nichtselbst voneinander trennen, verfließen und die Imagination die Grenzen des Intellekts hinter sich läßt. Indirekt heißt das, daß die Grenzen auch eine Funktion der Imagination sind und daß sie während besonderer Bewußtseinszustände aufgehoben werden können. Den Berichten jener, die in diese jenseitigen Welten und Realitäten reisten, entnehmen wir, daß es ausreicht, einfach mit dem ausdrücklichen Wunsch, heilen zu wollen, «dort» zu sein, damit die Heilung stattfindet. Erinnern wir uns: In der Welt der Schamanen bedeutet Gesundheit Harmonie. Der transpersonale Heiler behauptet, daß er in der Lage sei, den Patienten zu heilen, das heißt, wieder in den Zustand der Harmonie zurückzuführen, indem er die Verbindung des Patienten mit dem Universum wiederherstellt – und zwar in einem einzigen Augenblick der Erkenntnis der kosmischen Einheit.

Wie ist das aus wissenschaftlicher Sicht zu verstehen? LeShan und in letzter Zeit vor allem Capra haben zur Verdeutlichung und Erklärung mystischer oder eben auch schamanischer Erfahrungen die Beobachtungen, Gleichungen und «gedanklichen Experimente» der Quantenphysiker herangezogen.[41] Außer den phänomenologischen Aspekten des SSC und den Analogien aus der Quantenphysik gibt es jedoch kaum Daten – weder über biochemische noch über neurophysiologische Wechselbeziehungen –, die zu einem besseren Verständnis der anderen Realitäten beitragen könnten. Kürzlich versuchte Dr. Joe Kamiya, physiologische Meßwerte von Michael Harner während einer schamanischen Reise aufzuzeichnen. Er hält die aufgezeichneten Meßwerte jedoch nur für bedingt gültig, da die meisten Apparaturen zur Überwachung physiologischer Funktionen – vor allem jene zur Aufzeichnung von Gehirnwellen – einen ganz ruhigen, sich nicht bewegenden Probanden voraussetzen.[42] Neue Aufzeichnungsgeräte könnten da vielleicht Abhilfe schaffen.

Zwei Arten von Meßwerten könnten für das Verständnis des SSC von Bedeutung sein. Ein Teil dieser Daten stammt von Versuchspersonen, bei denen während sogenannter außerkörperlicher Erfahrungen (out-of-body-experience=OOB) physiologische Parameter aufgezeichnet wurden; der andere Teil stammt aus Untersuchungen über die Auswirkungen mehr oder weniger drastischer Reizminderung.

Das erste Beispiel ist zwar ein Einzelfall, aber ein sehr genau dokumentiertes Fallbeispiel von Tart. Von einer Frau, die im Schlaf häufig außerkörperliche Erfahrungen machte, zeichnete er die Gehirnwellen (Elektroenzephalogramm = EEG), die psychogalvanische Reaktion der Haut (*galvanic skin response* = GSR) und die Herzfrequenz auf. Seine Ergebnisse überraschten. Während der Phasen, die man für den OOB-Zustand hielt, ergaben die Messungen, daß sich die Alphatätigkeit im Gegensatz zur normalen Alphatätigkeit der Versuchsperson um 1½ Schwingungen pro Sekunde verlangsamte und daß keine raschen Augenbewegungen (*rapid eye movement* = REM) registriert wurden, die normalerweise das Träumen begleiten. Andere physiologische Parameter deuteten trotz vermerkter erhöhter geistiger Aktivität das Fehlen einer physiologischen Aktivierung an. Tart stellte fest, daß ein solcher Zustand in der gesamten Schlafliteratur noch nicht beschrieben worden war: Er konnte keiner der bekannten Schlafphasen zugeordnet werden, aber auch nicht Phase I (schläfrig) oder dem Wachzustand.[43]

Obwohl nun die Schamanen oft über außerkörperliche Reisen zu fremden und exotischen Orten berichten, scheint den OOB-Zuständen jedoch eine Art von Unkontrollierbarkeit eigen zu sein, die der schamanische Bewußtseinszustand nicht kennt. Daher sind Angaben und Werte über den OOB-Zustand nicht unbedingt repräsentativ für den SSC. Größere Gültigkeit haben Angaben über luzide Träume oder Träume, deren Inhalt bewußt gesteuert wird und in denen der Träumende sich seiner Existenz im Traum und gleichzeitig in der alltäglichen Realität bewußt ist. Der luzide Traum ist mit lebhaften inneren Bildern, einer Empfindung der Auflösung (des Doppelbewußtseins) und dem Gefühl, sich vom Körper zu trennen, verbunden. Die Fähigkeit, so zu träumen, wurde von Castaneda und anderen als Voraussetzung für das schamanische «Sehen» bezeichnet.[44] Für dieses Phänomen gibt es meines Wissens noch keine physiologischen Parameter.

Die «Reisen» außerhalb des Körpers finden, so wird berichtet, oft nach langen Phasen sensorischer Deprivation, Überreizung der Sinne oder monotoner bzw. sich ständig wiederholender Reizeinwirkung statt – alles ebenfalls Auslöser des SSC. Eine der logischsten Versuchsanordnungen zur Erforschung des SSC ist daher eine Situation der kontrollierten sensorischen Deprivation oder einer Technik, die Anregungen und Reize aus der Umwelt einschränkt (*restricted environmental stimulation technique* = REST).

Die für ein solches Experiment übliche Umgebung ist meistens ein sogenannter Isolationstank (*flotation tank*) oder ein entsprechend «reizarmer» Raum. Die Ergebnisse der auf diesem Gebiet sehr intensiven Forschungsarbeit, die kürzlich in einer umfassenden Studie von Suedfeld vorgelegt wurden, zeigen, daß die Reaktion auf reduzierte oder eingeschränkte Reizeinwirkung kulturspezifisch ist und sich auf bestimmte Weise äußert bzw. verändert, wenn sich Angst, Motivation oder Versuchsanordnung ändert.[45] Die meisten Menschen nehmen nun sicherlich nicht REST zu Hilfe, um den SSC zu erreichen, und es werden kaum Experimente durchgeführt, die die Auswirkungen von REST auf die Entdeckung des Selbst oder auf transzendentale Zustände untersuchen. Verallgemeinerungen über REST und SSC dürfen daher nur mit Vorbehalt gemacht werden.

Im Isolationstank verschwimmen die «normalen» Grenzen zwischen Selbst und Nicht-Selbst sehr schnell. Der Körper scheint zu schweben, ist schwerelos, nicht durch Kleidungsstücke eingeengt, das Nervensystem, die Sinne und die Motorik können ruhen; alle vorhandene Energie kann der Produktion innerer Bilder zufließen. Dem Geist gehören Raum und Zeit, um in Gebiete vorzustoßen, die jenseits von Sinnesinformationen und motorischen Reaktionen liegen. Unter den Forschern auf diesem Gebiet herrscht übereinstimmend die Ansicht, daß unter solchen Bedingungen Kreativität und die Fähigkeit, Probleme zu lösen, gesteigert wird, und für gewöhnlich werden lebhafte innere Bilder als die Quelle neuer Einsichten angegeben.

In einigen der frühesten Arbeiten auf dem Gebiet der Deprivation berichteten Heron und Zubek, Welch und Saunders von einer ungewöhnlichen Verlangsamung der Alphaaktivität nach 96 Stunden bzw. 14 Tagen sinnlicher Wahrnehmungsdeprivation, was Tarts Erkenntnissen über die OOB-Erfahrung entspricht.[46] Suedfeld bestätigt diese Wirkung auf die Alphaaktivität durch seine Überprüfung der EEG- und REST-Ergebnisse und nennt als Beweis das Andauern dieser Veränderung noch tagelang, nachdem die Person einer REST-Situation ausgesetzt war.[47] Eine Zunahme der Thetawellen (der sehr langsamen Gehirnwellen, die mit der Kreativität assoziiert werden) wurde besonders im temporalen Bereich des Gehirns festgestellt, jedoch nicht mit der gleichen Konsistenz wie die Veränderung der Alphawellen. Die Verlangsamung der Alphaaktivität scheint also ein Spezifikum des SSC zu sein; die Bedeutung dieses Zusammenhangs bleibt vorläufig unklar.

Die Rolle der Reizminderung als Auslöser für einen veränderten Bewußtseinszustand ist bislang noch nicht gründlich untersucht worden, obwohl Verlagerungen des Bewußtseins auf andere Ebenen, außerkörperliche Phänomene und transzendente Erfahrungen häufig von den an den Forschungsarbeiten beteiligten Versuchspersonen berichtet werden.[48] Daß sie nicht Gegenstand der Forschung sind, überrascht nicht angesichts des bestehenden wissenschaftlichen Tabus, etwas anderes als die alltägliche Realität zu erforschen. Eine bemerkenswerte Ausnahme ist da die Studie von John Lilly, der im

Isolationstank die Tiefen seines eigenen Bewußtseins auslotete und mit der ihm eigenen Mischung aus wissenschaftlicher und mystischer Anschauung analysierte.[49]

Die mit REST assoziierte Vorstellungsaktivität wurde von Zuckerman überprüft, der zu dem Schluß kommt, daß die Vorstellungsphänomene primär visueller Natur sind (im Gegensatz zu den auditiven, die bei Halluzinationen auftreten) und bei längerem Aufenthalt in einer REST-Situation immer komplexer werden.[50] G. F. Reed nimmt an, daß infolge der Abnahme logischen, analytischen, begrifflichen Denkens eine Zunahme unfreiwilliger, vor allem visueller Vorstellungstätigkeit einsetzt, die mit REST assoziiert wird. Suedfeld stellt die Hypothese auf, daß Reizdeprivation vermehrt zu intuitiven, gestaltbildenden Prozessen führt (der Art von Informationsverarbeitung, die man, zu Recht oder Unrecht, der rechten Hemisphäre der Großhirnrinde zuordnet, und zwar auf Kosten der analytischen Potenz, der Sprache und der Logik (den vermeintlichen Fähigkeiten der linken Hirnhälfte). REST, so wird vorgeschlagen, ist ein «indirekter Weg, um vorübergehend eine Dominanz der Funktionen der rechten Hirnhälfte zu erzielen ... und vielleicht ein äußerlich strukturiertes Analogon zur Meditation und ähnlichen Zuständen».[51]

Schamanismus und Schizophrenie

Unter den Gelehrten gibt es eine hartnäckige Debatte darüber, ob Schamanismus nicht vielleicht doch nur ein kulturell sanktioniertes Reservat für geistig Gestörte, insbesondere für Schizophrene, sei. Bis 1940 war diese Ansicht in der Anthropologie führend und auch heute hat sie noch einige Anhänger.[52] Zu den am häufigsten zitierten Vertretern dieser These gehören Devereux, der unbeirrbar an der Meinung festhält, daß es keinen Grund dafür gibt, die Schamanen *nicht* als Neurotiker oder gar Psychotiker zu betrachten, und Silverman, für den der SSC gleichbedeutend ist mit akuter Schizophrenie.[53] Jilek hingegen, der jahrelang Erfahrungen mit Schamanen in Nordamerika, Afrika, Haiti, Südamerika, Thailand und Neuguinea gemacht hat, findet das Etikett «pathologisch» absolut unhaltbar. In Psychiatrie und Anthropologie gleichermaßen bewandert, glaubt er, daß die pathologische Position in dem Maße obsolet werden wird, als die kulturübergreifende Psychiatrie an Boden gewinnt.

Ein richtungweisender Aufsatz hierzu erschien kürzlich von Richard Noll, der das Für und Wider beider Thesen diskutiert und zu dem Schluß kommt, daß der Vergleich mit der Schizophrenie aus dem Unvermögen resultiert, die phänomenologischen Unterschiede zwischen dem SSC und dem schizophrenen Zustand zu erkennen.[55] Als wichtigsten Unterschied nennt er die freie Willensentscheidung: Der Schamane ist der «Meister der Ekstase», willentlich tritt er in den veränderten Bewußtseinszustand ein, und willentlich beendet er ihn; der Schizophrene besitzt keinerlei Kontrolle über seine Aktionen und ist das unglückliche Opfer von Wahnvorstellungen. Harner betont, wie notwendig es für den Schamanen ist, sowohl in der alltäglichen Realität wie auch im SSC vollkommen funktionsfähig zu sein, um in der Gemeinschaft glaubwürdig zu bleiben und seinen Rang zu verteidigen.[57] Für den Schizophrenen ist es unmöglich, diese beiden unterschiedlichen Realitätsebenen auseinanderzuhalten. «Der Schamane jedoch» – so Noll – «erkennt die Existenz beider Bereiche an; seine Meisterschaft liegt in seiner Fähigkeit, sie nicht durcheinanderzubringen.»[58]

Ohne nun unnötig lange bei dieser meines Erachtens unhaltbaren Theorie zu verweilen, möchte ich doch noch zwei relevante Punkte erwähnen: Zum einen fehlt der traditionellen Psychologie einfach der Hut, unter den sie das «Übernatürliche» – das Genie, den phantasievollen, kreativen Geist, die Person, die willentlich einen veränderten Bewußtseinszustand herbeiführt – bringen könnte, also wird ihm der Stempel «geistig krank» oder zumindest «unnormal» aufgedrückt. Dabei muß «normal», wie neuere Theorien zur Persönlichkeitsentwicklung von Ken Wilber, Elmer und Alyce Green sowie

James Hillman zeigen, keineswegs das am meisten anzustrebende Ziel sein.[59]

Zum andern hat es bei einigen Beobachtern eine gewisse Tendenz gegeben, den traditionellen Status, den Schizophrenie[60] und Epilepsie[61] als «bewußtseinserweiternde Krankheiten» bis dato einnahmen, zu überschätzen. Daß sich bestimmte geistige Erfahrungen von Schizophrenen und Epileptikern einerseits und Schamanen und Mystikern andrerseits ähneln, ist unbestritten.[62] Bei bestimmten Formen der Epilepsie ist das EEG des Patienten durch Ausbrüche intensivster Hirnaktivität gekennzeichnet, die zunächst lokal auftreten, sich dann ausbreiten, weitere Neuronen rekrutieren usw., bis es zu einer elektrischen Explosion kommt, einem ausgewachsenen Anfall, dem ein komatöser Zustand folgt. Auren, Halluzinationen, extreme Motorik, bizarre Sinnesvorstellungen – auch der Schizophrene ist einem solchen Ansturm von Vorstellungsaktivität ausgesetzt, dessen Auslöser er jedoch nicht kennt, so daß sein Realitätssinn schwindet, unzusammenhängend wird. Er versinkt in einem Chaos, und die innere Welt wird ein einziges, lautes Stimmengewirr. Inneres Erleben und die durch die Sinne gefilterte Wirklichkeit können nicht mehr unterschieden werden.

Im Hinblick auf den Schizophrenen sagt Wilber: «Durch die Unterbrechung der Verarbeitungs- und Filterfunktionen der eigenen Wirklichkeitsinterpretation (Sekundärprozeß, Wirklichkeitsprinzip, Satzstruktur usw.) ist die betreffende Person schutzlos den niederen und höheren Bewußtseinsebenen preisgegeben.» Und indem er den mystischen Zustand von der Phänomenologie des Schizophrenen unterscheidet, gesteht er dem Mystiker zu, einige der höheren Bewußtseinsbereiche, die den Schizophrenen überwältigen, meistern und erforschen zu können. Ja, «der Mystiker *sucht* geradezu die Grenzüberschreitung. Er trainiert auf dieses Ziel hin ... Der Mystizismus ist nicht etwa ein Rückschritt im Dienst des Ego, sondern eine Entwicklung zur Transzendierung des Ego.»[63]

Da nun soweit feststeht, daß der Schamane doch ein eher zurechnungsfähiger Mensch ist, wollen wir uns jetzt jenen

Verhaltensweisen und Praktiken zuwenden, die zur Aktivierung der imaginativen Heilkräfte beitragen.

Rituale und Symbole

Die schamanischen Rituale und Symbole sind ein faszinierendes Zeugnis für den Versuch des Menschen, mit dem Übernatürlichen in Verbindung zu treten, um – im weitesten Sinne – die Voraussetzung für Gesundheit zu schaffen. In diesem Zusammenhang wollen wir uns vor allem auf vier Punkte konzentrieren:

Erstens – und das kann nicht nachdrücklich genug betont werden –: Die Rituale und Symbole haben in der anderen, nichtalltäglichen Welt zwar eine völlig andersartige, aber nichtsdestoweniger wirkliche Bedeutung. Zweitens: Viele Rituale und Symbole sind kulturspezifisch und entsprechen nur den Bedürfnissen dieses oder jenes Volkes oder Stammes. Drittens: Einige Symbole und Rituale sind jedoch überall auf der Welt in ähnlicher Form zu finden, was die Annahme eines kollektiven Unbewußten nahelegt. Und schließlich viertens der für dieses Buch wichtigste Punkt: Obwohl diese Hilfsmittel vom Konzept des Schamanismus nicht getrennt werden können, sind nicht sie es, die heilen, sondern die Kraft, die durch die Imagination auf sie übertragen wird.

Zunächst wollen wir uns die allgemein üblichen schamanischen Praktiken etwas näher anschauen.

Rituale für den Eintritt in den schamanischen Bewußtseinszustand

Schamanen üben ihre Heilkunst nicht im Zustand des normalen Wachbewußtsein aus, dem lineares Denken und Beta-Gehirnwellen entsprechen. Um in einen anderen Zustand zu gelangen, müssen sie zunächst die Schranken des Alltagsbewußtseins durchbrechen.

Damit beginnt das eigentliche Heilritual, auch wenn die rituellen Vorbereitungen dafür bereits tagelanger Vorarbeit bedurften. Praktisch ist alles, was jemals dazu verwendet wurde, in einen anderen Bewußtseinszustand zu gelangen, auch in dem einen oder anderen schamanischen Ritual enthalten, und die meisten Techniken sind darauf ausgerichtet, eine Hypostimulierung oder eine Hyperstimulierung der verschiedenen Sinnessysteme zu bewirken:

1. *Extreme Temperaturbedingungen.* Die Schwitzhütte ist eine saunaähnliche Konstruktion und ein weitverbreitetes Mittel, einen veränderten Bewußtseinszustand hervorzurufen. Eine typische Schwitzhütte kann zum Beispiel aus Weidengeflecht bestehen, das mit einer Plane oder einem anderen wärmestauenden Material überdeckt wird. Bereits Stunden vor dem Schwitzbad werden Steine im Feuer erhitzt und zum Zeitpunkt des Schwitzbades in der Mitte der Hütte plaziert. Normalerweise sind bestimmte Regeln einzuhalten, wie man die Hütte betritt und wieder verläßt, es werden Bitt- und Danklieder intoniert und Gesänge vorgetragen, die die Einheit aller materiellen und nichtmateriellen Aspekte des Universums beschwören. Die Hitze wird in regelmäßigen Abständen durch Besprenkeln der heißen Steine mit Wasser intensiviert. Wegen ihres Aromas und ihrer geheiligten Bedeutung können auch Kräuter wie Salbei und Süßgras verbrannt werden.

Wie jedes normale Schwitzbad wirkt auch das rituelle Schwitzbad massiv auf den Körper ein – es kann zu beschleunigtem Puls, Übelkeit, Schwindelgefühl und Ohnmacht kommen. Bei etlichen Gelegenheiten habe ich mich mehr auf das Durchhalten bis zum Ende der feurigen Prozedur konzentriert als auf das Eintreten von Visionen. Die Indianer teilen meine Bedenken über die möglichen schädlichen Nebenwirkungen des Schwitzbades nicht und verschreiben es oft als Heilmittel bei schweren Erkrankungen, selbst den Jungen und den Alten. Auch in Europa ist die Sauna altbekannt; die Skandinavier bedienen sich ihrer schon seit Jahrhunderten, um die Gesundheit von Körper und Geist zu fördern. Es steht außer Frage, daß die Fähigkeit, dergleichen Hitzezustände auszuhalten, bis zu einem gewissen Grad erlernbar bzw. Gewohnheitssache ist.

Naturwissenschaftlich gesehen tritt mit erhöhter Temperatur jene biochemische Komponente in Erscheinung, die der natürlichen Reaktion auf Toxine entspricht und in Wechselbeziehung zum aktivierten Immunsystem steht. Die mittels Sauna herbeigeführten hohen Temperaturen können dieses Aktivwerden nachahmen oder auslösen. Das Schwitzbad hat außerdem eine sterilisierende Wirkung, indem es Bakterien, Viren und andere Organismen tötet, die sich bei normaler Körpertemperatur vermehren, großer Hitze jedoch nicht standhalten können. Auch das Wachstum von Tumoren kann verhindert werden, wenn die Körpertemperatur deutlich erhöht wird. Die Hitzebehandlung von Tumoren wurde in den USA in etwa fünfzig Kliniken durchgeführt. Dr. Seymour Levitt, Leiter der Abteilung für therapeutische Radiologie an der Universitätsklinik in Minneapolis, hat die Behandlung insofern perfektioniert, als er sich einer japanischen Hitzequelle bedient, die durch die Haut hindurchdringt und den Tumor auf 37,8 Grad Celsius erhitzt. Die Hitze hat offensichtlich nicht nur eine tödliche Wirkung auf Krebszellen, sondern schwächt zugleich auch die noch überlebenden Krebszellen, macht sie «verwundbarer» für Bestrahlungen und Chemotherapie. Auf jeden Fall steht fest, daß durch Flüssigkeitszufuhr und anschließenden Saunabesuch Körper und Geist entgiftet und «entschlackt» werden. Die Hitze allein kann schon dazu beitragen, einen anderen Bewußtseinszustand hervorzurufen und jene Art von Konzentration zu fördern, die für eine Heilung notwendig ist.

Zusätzlich zu diesen äußerlichen Hilfsmitteln – Sauna oder Schwitzhütte – ist die Fähigkeit, selbst innere Hitze erzeugen zu können, für schamanische Heilungen unerläßlich. Das vedische *sram,* was soviel wie «selbst innere Hitze erzeugen oder Genügsamkeit üben»[64] bedeutet, ist möglicherweise der Ursprung des Wortes «Schamane». Ein Schamane der Eskimos drückt es so aus: «Jeder wirkliche Schamane muß im Innern seines Körpers, seines Kopfes oder seines Geistes eine Erleuchtung fühlen, etwas, das wie Feuer glüht, etwas, das ihn befähigt, mit geschlossenen Augen die Dunkelheit zu durchdringen, Verborgenes, die Zukunft oder die Geheimnisse eines Menschen zu sehen.»[65] Evans-Wentz weiß in seinen berühmten Werken über tibetische Yogis von ganz ähnlichen Fähigkeiten zu berichten.[66] Fortgeschrittenen Yogis sagt man nach, daß sie in der Lage seien, auf psychischem Wege soviel Körperwärme zu erzeugen, daß auch extreme Temperaturen ihnen nichts anhaben können – sie werden unempfindlich gegen Schnee und Kälte und lassen sich sogar ungerührt in eiswassergetränkte Tücher hüllen.[67]

Um diesen besonderen Zustand zu erzeugen, wenden die Yogis eine bestimmte Visualisierungstechnik an, bei der sie in verschiedenen Körperteilen eine Sonne «sehen» und sich die Welt von Feuer durchdrungen vorstellen. Man sagt, daß ein Yogi, der diese Übung lange Zeit hindurch praktiziert, die Fähigkeit erlangt, in die Vergangenheit, Gegenwart und Zukunft zu schauen.

Die Beziehung zwischen dem hypermetabolischen Zustand, hervorgerufen durch erhöhte Temperatur, und der Erlangung von ungewöhnlichen Kenntnissen sprengt den Rahmen jeder wissenschaftlichen Interpretation. Man stelle sich nur die unglaubliche geistige Kontrolle über die Physiologie vor, die nötig ist, um derartig dramatische Temperaturveränderungen zu bewirken. Die Regelung der Temperatur ist eine der komplexesten autonomen Funktionen im menschlichen Körper. Allein die Aufrechterhaltung der homöostatischen Temperatur erfordert ein ständiges Wechselspiel zwischen Lufttemperatur, Hauttemperatur und einem Regelzentrum im präoptischen Hypothalamus im Gehirn. Dieser Steuervorgang ist selbst dann nötig, wenn man unbekleidet in einem geheizten Zimmer sitzt, denn der Körper verliert unter diesen Bedingungen sehr schnell 12 Prozent seiner Eigenwärme.

Um die notwendige Körpertemperatur auch unter ungewöhnlichen klimatischen Bedingungen, wie sie etwa im Himalaya herrschen, aufrechtzuerhalten oder auch um sie deutlich zu erhöhen, wie es von den Schamanen berichtet wird, verfügt der Körper nur über drei uns bekannte Möglichkeiten: Zittern oder andere Muskeltätigkeiten; Reizung jener Stoffe, die den Pegel des zirkulierenden Noradrenalins und Epinephrins erhöhen und somit den Zellstoffwechsel anregen; gesteigerter Schilddrüsenhormonausstoß, der ebenfalls den Zellstoffwechsel beschleunigt.[68]

Die Außentemperatur der Haut kann erhöht werden, wenn durch bessere Durchblutung der Haut Körperwärme von innen nach außen gelenkt wird. Dies wiederum wird durch Anwendung verschiedener geistiger Techniken wie der visuellen Vorstellung, Entspannung oder auch Temperaturbiofeedback erreicht, wie die gesamte Biofeedbackliteratur dokumentiert. Diese Techniken werden bereits erfolgreich zur Linderung von unzähligen Leiden eingesetzt, unter anderem bei Migräne, Kreislaufstörungen, Arthritis, Schmerzzuständen und durch Streß hervorgerufenen Krankheiten.[69] Erhöhte Hauttemperaturen deuten auf eine verminderte Aktivität des symphatischen Nervensystems hin und somit auf reduzierte Streßreaktion. Yogis und Schamanen können aber noch weit mehr: Sie haben offenbar einen Weg gefunden, auf dem ein uneingeschränkter Wärmeaustausch stattfinden kann. Was nichts anderes heißt, als daß sie in der Lage sind, die entsprechenden chemischen Wirkstoffe über lange Zeit hinweg immer wieder zu regenerieren. Wir können nur zu dem Schluß gelangen, daß da eine ungewöhnlich starke Fähigkeit vorhanden ist, die Wärmereaktion selbst zu regulieren, und wir fügen hinzu, daß jene, die sie beherrschen, die innere Hitze als Mittel zur Erkenntnis betrachten.

2. *Physische oder sensorische Deprivation.* Es gibt die verschiedensten Spielarten physischer Deprivation, und die durch sie herbeigeführte mystische Erfahrung ist nicht auf den schamanischen Kulturkreis beschränkt. Für uns, die wir alles andere als ein karges Leben führen und Entbehrungen kaum kennen,

muß dieser Überfluß fast ein Unglück genannt werden, da ein bequemes Leben selten ein guter Nährboden ist für mystische Erfahrungen oder Erleuchtungserlebnisse. Unter Bedingungen der Isolation und Einschränkung erzeugt der menschliche Geist jedoch machtvolle innere Bilder.

Ein Schamane fastet, wenn er vor einer schwierigen Aufgabe steht. Dabei verzichtet er entweder auf Nahrung, auf Salz oder sogar auf Wasser. Bei anderen Arten der Deprivation verbringt er mehrere Nächte hintereinander schlaflos, wozu ein langwieriges Ritual ohnehin oft zwingt. In Europa wurde den Hexen, den europäischen Schamanen, vorgeworfen, daß sie nur Rüben, Wurzeln und Beeren aßen (das heißt, sie mieden tierische Proteine und Milchprodukte), um sich auf ihre schamanischen Reisen vorzubereiten. Die Huicholes fasteten während ihrer zwanzigtägigen Reise ins Land des Peyote, ihrem Ort der Kraft. In einigen Kulturen wird der zu Heilende ebenfalls aufgefordert, einige Tage zu fasten.

Die sexuelle Enthaltsamkeit ist ein universelles Mittel zur Veränderung des Bewußtseinszustands. Der Jìvaro-Schamanennovize beispielsweise muß mindestens fünf Monate lang sexuell enthaltsam bleiben, um genügend Heilkräfte anzusammeln, und mindestens ein Jahr lang, um wirklich erfolgreich heilen zu können.[70]

Das schamanische Bewußtsein erfährt während sensorischer und physischer Deprivation eine Erweiterung. Zeremonien werden vorwiegend in der Dunkelheit oder mit bedeckten Augen durchgeführt, um die alltägliche Wirklichkeit auszuschalten. Aufenthalte in der Einsamkeit einer Höhle oder in den eintönigen Landschaften der Tundra oder Wüste dienen der Suche nach Gesichten. Nordland stellte fest, daß Untersuchungen über sensorische Deprivation (wie wir sie an anderer Stelle in diesem Kapitel bereits erwähnt haben) Aufschluß über den Schamanismus geben können: «Monotonie scheint eindeutig ein zentrales Moment des Schamanismus zu sein: eintöniger Gesang, Trommeln, Musik, Tanz, ständige rhythmische Bewegungen oder andrerseits unbewegliches Starren in die Flammen bzw. in die Dunkelheit sowie das Tragen von Masken mit Spezialvorrichtungen für die Augen.»[71]

Um es zusammenzufassen: Die Schamanen kennen und gebrauchen eine Vielzahl kulturell sanktionierter Arten der Deprivation, um in den SSC einzutreten. Ihre Methoden können bestimmte körperliche und geistige Veränderungen bewirken, da sie ein Elektrolytungleichgewicht, Hypoglykämie, Dehydration und Ausfall der Sinneseindrücke verursachen. Kurz, die Schamanen scheinen willens, ihren Körper bis an seine physiologischen Grenzen zu treiben, um das Bewußtsein zu erwecken. Maßnahmen, die unsere fortschrittliche Zeit für gesundheitsschädlich, ja sogar lebensgefährlich hält, sind für den Schamanen Wege zur Erkenntnis.

3. *Der Gebrauch magischer Pflanzen.* Halluzinogene werden in allen schamanischen Heiltraditionen angewendet; sie sind das am schnellsten wirkende Mittel, um eine Begegnung mit dem Übernatürlichen herbeizuführen. Man muß jedoch wissen, daß sie für die Arbeit des Schamanen im Prinzip nicht erforderlich sind. Prem Das, ein junger Mann, der sowohl mit den Praktiken des Yoga als auch mit den Huichol-Traditionen vertraut ist, sieht in den heiligen Pflanzen eine Art Sprungbrett oder Einstiegshilfe und erklärt, daß der Fortgeschrittene ihrer nicht mehr bedarf. Seit in den sechziger Jahren in den USA das Interesse an Drogen wuchs, hat dieses Thema die Anthropologen beschäftigt: Die Bedeutung der Halluzinogene in einigen nord- und südamerikanischen und europäischen schamanischen Traditionen wurde von Harner erforscht; Gordon Wasson hat den Gebrauch des Fliegenpilzes bei sibirischen Stämmen, in Ostindien und Skandinavien untersucht; Weston LaBarre ist dem Geheimnis des Peyote nachgegangen, und Peter Fürst hat über den rituellen Gebrauch von Halluzinogenen gearbeitet – um nur einige Beispiele aus der umfangreichen Literatur zu nennen, die es zu diesem Thema gibt.[72]

Der Anthropologe Carlos Castaneda hat ebenfalls ausführlich über seinen Gebrauch psychotroper Pflanzen berichtet, die ihm, dem Schüler des Yaqui-Schamanen Don Juan, zunächst beim «Sehen» halfen. Die Reaktionen auf Castanedas Erfahrungen sind zwar zwiespältig, und immer wieder wird ihre Echtheit angezweifelt, aber man ist sich darin einig, daß sie – auch wenn sie nur «gut erfunden» sein sollten – doch repräsentativ sind für kulturübergreifende Begegnungen mit dem Übernatürlichen.[73]

Ein Großteil der Erfahrungen Castanedas gehört nicht in die schamanische Heiltradition, sondern kann bestenfalls als Zauberei oder Suche nach Macht gelten. Auf der Suche nach dem «Ort zwischen den Welten» wendet er jedoch auch Vorstellungstechniken an, die denen von Heilerschamanen entsprechen. Castaneda behauptet zwar, daß er die Gültigkeit seiner Erfahrungen unter dem Einfluß psychotroper Pflanzen bezweifele und die letzte Phase der Bewußtseinserweiterung – die reine, staunende Wahrnehmung der Welt, ohne sie zu interpretieren – nach Einnahme von Drogen für unmöglich halte, doch da es eine Verbindung zwischen schamanischer Tradition und dem Gebrauch von magischen Pflanzen gibt, müssen wir uns mit ihrem Gebrauch auseinandersetzen und uns fragen, welche Rolle sie in einer Renaissance des Schamanismus spielen würden.

Zunächst sind sie, wie wir bereits festgestellt haben, ein schnell wirkendes Mittel, um den Normalzustand zu verändern. Zweitens kündeten in schriftlosen Gesellschaften Tod und Träume von anderen Seinszuständen, und die Antworten auf dieses größte aller Mysterien wurden durch Erfahrung gesucht, nicht durch intellektuelle Anstrengung. Die psychotropen Wirkungen der magischen Pflanzen, wie etwa der Verlust der Grenzen des Selbst, erhöhtes Bewußtsein der Kontinuität allen Seins und aller Dinge, die Empfindung von Ehrfurcht und Staunen, vermittelten den Schamanen jene Erkenntnisse und Einsichten, nach denen sie strebten. Wegen dieser Eigenschaften werden die Pflanzen universell als «Medizin», als «Heilmittel» im weitesten Sinne, bezeichnet und «heilig» genannt. Sie aus Zeitvertreib, zum bloßen Vergnügen zu nehmen, wäre undenkbar.

Der Schamane sucht die Erleuchtung nicht aus Selbstzweck, nur um der Erleuchtung willen, wie es bei einigen mystischen Richtungen der Fall ist, sondern mit dem ausdrücklichen Ziel, der Gemeinschaft zu dienen. Sein Pfad führt ihn in die anderen Welten, aber er kehrt mit Wissen und Macht zurück. Wenn die magischen Pflanzen im Heilritual eingesetzt werden, muß ihre Wirkung so subtil bleiben, daß der Schamane agieren kann. Der Schamane nimmt daher nur so viel von der Substanz, daß er sich hinterher an seine Erfahrungen erinnern kann und ein Bewußtsein der vielfältigen Realitäten, denen er begegnet ist, bewahrt. Man könnte sagen, daß er mit einem Bein in der alltäglichen Realität bleibt.

Die Natur hält eine Fülle dieser «Medizinen» bereit, besonders in Amerika. Der Gebrauch von Banisteriopsis zum Beispiel (auch Yagé oder Ayahuasca genannt) ist in ganz Mittel- und Südamerika üblich.[75] Die Erweiterung des psychischen Fassungsvermögens durch die Einnahme von Ayahuasca resümiert Michael Harner zum Beispiel folgendermaßen:

1. Man fühlt, wie sich die Seele vom physischen Körper trennt und durch die Luft fliegt.
2. Es treten Visionen von Jaguaren, Schlangen und anderen Tieren auf.
3. Man tritt mit übernatürlichen Wesenheiten in Kontakt.
4. Es erscheinen Visionen von Personen, Städten und Landschaften, die weit entfernt sind.
5. Man kann Diebstähle und kriminelle Taten beobachten.
6. Man kann wahrsagen.[76]

Auch der Gebrauch von Peyote findet in der Neuen Welt mehr und mehr Verbreitung – man glaubt, daß Peyote imstande ist, die «Dachluken des Bewußtseins» zu öffnen: «In unserem Bewußtsein gibt es eine Pforte, die uns gewöhnlich verschlossen bleibt bis zum Zeitpunkt unseres Todes. Die Huicholes nennen sie *Nierika.* Nierika ist eine kosmische Pforte oder Schwelle zwischen der sogenannten alltäglichen Wirklichkeit und der nichtalltäglichen Realität. Sie ist sowohl ein Durchgang wie auch eine Barriere zwischen den Welten.»[77]

Die bloße Einnahme einer psychoaktiven Droge genügt jedoch noch nicht, um eine mystische Erfahrung zu machen. So sagen die Anhänger der Native American Church of Peyote, ohne ein dazugehöriges Ritual – etwa bestimmte Gesänge, meditative Einstimmung oder dergleichen – und ohne vorbereitende physische und psychische Reinigung sei das Kauen des Peyote-Kaktus zwecklos.[78]

Amerikanische Schamanen und Schamanen der Alten Welt gebrauchen verschiedene Arten der Daturapflanze und Pilze mit halluzinogenen Eigenschaften, vor allem die Psilocybe.[79/80] «Die Mazateken behaupten, daß die Pilze sprechen. Wenn du einen Schamanen fragst, woher er sein Wissen hat, wird er wahrscheinlich antworten: Ich hab nichts gesagt, das waren die Pilze ... Die Schamanen, die sie essen, haben die Aufgabe zu sprechen, sie sind der Mund, der die Wahrheit singt, sie sind die Dichter ihres Volkes, die Meister des Wortes, die uns erklären, was krank und falsch ist und wie es geheilt werden kann; sind Seher und zugleich Orakel; sie sind die von der Stimme Besessenen.»[81]

Das Lied einer mazatekischen Medizinfrau zum Beispiel lautet folgendermaßen: «Medizinfrau und Heilerin, sie bewegt sich mit ihrem Körper und ihrer Seele ... sie ist die Frau der Medizin und beseitigt Übel. Sie ist die Frau, die spricht. Sie fügt alles zusammen. Arztfrau. Frau der Worte. Weise Frau, wenn Rat vonnöten ist.»[82] So singt sie, spricht von einer Welt der Gemeinschaft, ist dem Sinn der Dinge auf der Spur und heilt im Zuge der chemischen Umwandlung, die der magische Pilz bewirkt hat.

Auch in Europa transformierten die Hexen ihr Bewußtsein mit Hilfe halluzinogener Substanzen.[83] Die hier von der Natur bereitgestellten psychedelischen Pflanzen waren jedoch um einiges stärker in ihrer Wirkung als die sanften Pilze der mazatekischen Medizinfrau. Das tödliche Nachtschattengewächs Belladonna, die Mandragorawurzel, Bilsenkraut und Datura wurden in verschiedenen Kombinationen zu einer Flugsalbe vermischt. «An bestimmten Tagen und Nächten reiben sie einen Stab ein und fliegen auf ihm zu einem verabredeten Ort, oder sie schmieren sich selbst unter den Armen und an anderen behaarten Stellen des Körpers ein.»[84]

Der hohe Atropingehalt der Arzneien der europäischen Schamanen garantierte eine schnelle Absorption durch die Haut, insbesondere im empfindlichen Vaginalbereich. So wurde ein derart präparierter Besenstiel zum Streitroß für schamanische Reisen, und die gefährliche Straße der Drogen führte oft in tagelanges Vergessen, gefolgt von einer Erinnerungslücke. Aus diesem Grund glaubt Harner, daß die Hexen die Pflanzen nicht zum Heilen verwendeten, sondern nur, um Kontakt mit dem Übernatürlichen zu suchen.[85]

Wir müssen den Aspekt der «magischen Pflanzen» bei der Heilung mit Vorsicht behandeln. In der modernen Medizin gäbe es ein kollektives Frösteln, würde ein Heiler zu so starken, gefährlichen chemischen Stoffen greifen, wenn dieselben Zustände auch ohne deren Einsatz hervorgerufen werden könnten. Gleichzeitig ist es jedoch üblich, den *Patienten* mit eben diesen Wirkstoffen zu versorgen, obwohl sich mehr und mehr gezeigt hat, daß die Vorstellungskraft allein jede denkbare körperliche Veränderung zu bewirken vermag.

Zu diesem Thema möchte ich ein Letztes erwähnen: Wenn der Pfad des Übernatürlichen einem Kreislauf ähnelt, wie es bei den Schamanen der Fall ist, die Reisen in andere Realitäten unternehmen und wiederkommen, um zu heilen, so bringen sie etwas von dem Glanz des Gesehenen mit zurück. Unter diesem Gesichtspunkt ist zum Beispiel die wunderschöne, heilige Kunst der schamanischen Stammeskulturen zu verstehen. Die Garnbilder, die Perlenstickereien und die Sandmalerei sind Versuche, die Welt des Geistes mit den Mitteln dieser Welt zu veranschaulichen. Visionäre Erfahrungen sind auch im Medizinbündel des Schamanen festgehalten: Federn, Perlen, Tierskelette, Steine, Muscheln, getrocknete Pflanzen, selbst europäischer «Abfall» haben ihren Weg in das heilige Bündel der nordamerikanischen Indianer gefunden. Manchmal symbolisieren diese Gegenstände besondere Geschenke, die der Schamane im SSC erhalten hat. Grossinger stellt fest, daß die Neigung zu «Anhängseln», die die Weißen in dem Sinn nie hatten, mit dem symbolischen Gewand der visionären Erfahrung zu tun hat. «Mehrere Generationen nach der Vision ist das Medizinbündel so etwas wie eine objektive Technik geworden. Dazu gehören die Gesänge, Kräuter, Amulette, Geschichten; alles Verschlüsselungen der ursprünglichen Offenbarung, ergänzt von denen, die die Medizin angewendet haben.»[86]

Kürzlich betrat ich zufällig ein altes Haus, das ein Anthropologe, der völlig in seinen Studien über die Indianer aufgegangen war, 1920 errichtet hatte. Es war ein Adobehaus, um halbrunde Feuerstellen herumgebaut, ganz im indianischen Stil jener Region. Als ich den Raum betrat, in dem eine Badewanne stand, einziges Zeugnis modernen Komforts im ganzen Haus, beschlich mich plötzlich ein ungutes Gefühl, als wäre da etwas, das das Gleichgewicht störte: Eine Hippiekommune hatte für immer ihre Spuren in Form von Hunderten von kleinen, aber groben Kacheln hinterlassen, mit denen das Innere der Badewanne jetzt ausgekleidet war. Die chaotischen, grellen Muster und künstlichen Farben wirkten in dieser sonst ruhigen, schlichten Umgebung ausgesprochen häßlich. Sie hatten, wie man so zu sagen pflegt, «keine guten Schwingungen». Aha, dachte ich, als ich begriff, daß dies die Vorstellung der Drogengeneration von heiliger Kunst war, ein Versuch, sich auf dem kreisförmigen Pfad der Schamanen zu bewegen, ein Versuch, die Drogen als Arznei, als Medizin, zu nehmen. Aber ohne einen Führer auf diesem Pfad konnten sie lediglich den Mißklang ihres eigenen, chaotischen Bewußtseins illustrieren.

Die Drogen, die in Einklang mit der spirituellen Tradition gebraucht wurden, wirkten wie Medizin und waren es auch – sogar die allerbeste, die der Welt jahrtausendelang bekannt war. Einer Kultur jedoch, die sich immer weiter von allem Spirituellen entfernt und mit allen Mitteln versucht hat, Geist und Körper zu trennen, geben die Drogen nur den quälenden Geschmack eines Mystizismus, den unser Kulturmythos weder erklären noch verarbeiten kann.

4. *Akustische Hilfsmittel für das Erlangen veränderter Bewußtseinszustände.* Wiederholte, monotone Reizeinwirkung auf die Sinne verändert den Mittelpunkt des Bewußtseins. Die klanglichen Stimuli, deren sich der Schamane für gewöhnlich bedient, sind Trommeln, Rasseln, Stöcke oder andere Perkussionsinstrumente. Andere Töne, wie das hohe Surren der in Peru und Mittelamerika gefundenen Pfeifgefäße, wurden von den Schamanen jedoch möglicherweise auch eingesetzt.[87] Gesänge und Lieder sind natürlich für alle Heilrituale der verschiedenen Kulturen von Bedeutung.

Normalerweise bestehen die Gesänge aus aneinandergefügten Phonemen. In der Sprache der alltäglichen Realität gibt es dafür keine Interpretation oder Übersetzung, sie lassen sich nur «erfühlen». Vielleicht ist ihre Funktion, den logischen, sprachorientierten Teil des Gehirns auszuschalten oder zu umgehen und den intuitiven zu erwecken. (Ein katholischer Freund von mir stellte einmal fest, daß die Messe viel von ihrer Wirkung verloren habe, seit sie nicht mehr auf lateinisch gehalten wird. «Solange man kein Wort verstand, kommunizierte man viel direkter mit Gott.»)

Die Gesänge gelangen während der einsamen Suche nach dem Gesicht in das Bewußtsein des Schamanen oder werden ihm von einem vorbeifliegenden Adler geschenkt oder im Traum gehört. Es können auch traditionelle Heil- und Machtgesänge sein, deren Ursprung unbekannt ist. Der Rhythmus der Gesänge und der Trommeln synchronisiert die Körperfunktionen- und bewegungen. Die Schamanen kennen und singen auch Lieder mit ganz spezieller Bedeutung. Zum Beispiel sind die Lieder des Navajo-Schamanen derart kompliziert, daß ein Autor ihre Wiedergabe mit dem Aufsagen des gesamten Neuen Testaments verglich.[88] Die meisten dieser Lieder sind jedoch Heilgesänge, keine Einstiegshilfen für den schamanischen Bewußtseinszustand.

Die Trommel des Schamanen ist das wichtigste Vehikel für den Eintritt in andere Realitäten und eines der universellen Kennzeichen des Schamanismus. Die Trommel kann so ziemlich aus allem bestehen, was einen halbwegs vernünftig tiefen Ton hergibt. Laut Drury wird sie aus dem Holz des Weltenbaums hergestellt, und das Fell steht manchmal in direkter Beziehung zu dem Tier, das der Schamane benutzt, um den «Ort der Geister»[89] zu besuchen. Die Wassertrommeln, die hervorragende Resonanzkörper abgeben, werden aus alten, metallenen Kochtöpfen hergestellt, die mit etwas Wasser gefüllt und mit Tierhaut umwickelt werden – eine zeitaufwendige Prozedur, die während eines langen Rituals noch dazu oft wiederholt werden muß.[90]

Die Klänge von Perkussionsinstrumenten und Rasseln, eine altehrwürdige Methode, um das Bewußtsein zu beeinflussen, sollen auch eine betäubende und schmerzlindernde Wirkung haben. Drury stellt fest, «daß die Trommel auf der kontemplativen Ebene so etwas wie ein Brennglas ist für den Schamanen. Sie schafft eine Atmosphäre der Konzentration und Auflösung und befähigt ihn, tief in Trance zu fallen, während er seine Aufmerksamkeit auf die Reise seiner Seele richtet.»[91] Einige physiologische Faktoren unterstützen dabei die Wirkung des Klanges: Erstens führt der Hörtrakt direkt in das retikuläre Aktivsystem (RAS) des Gehirnstamms. Das RAS ist ein massives «Nervennetzwerk» und hat die Aufgabe, die Sinneseindrücke und den motorischen Tonus zu koordinieren und die Hirnrinde auf eingehende Informationen vorzubereiten. Klang, der auf diesem Weg, über diese Bahnen aufgenommen und weitergeleitet wird, vermag das gesamte Gehirn zu aktivieren.[92] Starke, wiederholte Neuronenentladungen in diesen Hörkanälen und schließlich in der Großhirnrinde, wie sie von den Trommeln verursacht würden, könnten theoretisch das kognitive Bewußtsein «erobern». Andere sensorische Reizeinwirkungen aus der alltäglichen Wirklichkeit inklusive Schmerzempfindungen könnten auf diese Weise umgeleitet oder herausgefiltert werden. Dann wäre der Geist frei, um sich in andere Bereiche hinein auszudehnen.

In diesem Zusammenhang könnte das Schmerzmodell von Melzack und Wall zur Erklärung des Phänomens beitragen: Da die Nachricht vom Schmerz über kleine, langsam transportierende Fasern geleitet wird, muß man versuchen, die Schmerzwahrnehmung wirksam durch andere eingehende Informationen, die auf schnelleren Leitfasern transportiert werden, zu blockieren.[93] Damit ließe sich, so meinen manche, auch die schmerzlindernde Wirkung der Akupunktur, milder, perkutaner elektrischer Stimulierung und der Massage erklären. Starke Klänge, wie das Trommeln, die die Fähigkeit besitzen, alle Zentren im Gehirn zu aktivieren, könnten sehr wohl die Forderung nach einer solchen schnelleren, konkurrierenden Reizeinwirkung erfüllen.

Bei der Behandlung von Babys, die schwere Verbrennungen erlitten hatten, verwendete ich im Uterus aufgezeichnete Herztöne – die denen der Trommeln recht ähnlich sind –, um einen Zustand der Anästhesie zu erzeugen. Die Herztöne waren so wirkungsvoll, daß die Kleinen sogar während der äußerst schmerzvollen Umziehaktionen einschliefen. Nachdem die Kinder sich an den Kassettenrecorder in ihrem Bett gewöhnt hatten, fielen sie schon wenige Minuten, nachdem er eingeschaltet worden war, in tiefen Schlaf. Ein Herz schlägt durchschnittlich 72mal pro Minute, langsamer also als der Theta-Gehirnwellenrhythmus, aber es ist möglich, daß die Töne Delta-Gehirnwellenmuster stimuliert haben, die zwischen .5 und 4.0 Schwingungen pro Sekunde liegen. Jedenfalls stand außer Frage, daß sie eine sehr wirksame sensorische Blockade bildeten, welcher Mechanismus auch immer daran beteiligt war.

Die direkte Wirkung akustischer Reize auf das Gehirn wurde in der Untersuchung von Neher gezeigt. Er zeichnete EEGs von gesunden Probanden auf, die einen Trommelton von niedriger Frequenz mit großer Lautstärke hörten. Der Zweck, den die Studie verfolgte, war, herauszufinden, ob das Trommeln eine «auditive Triebreaktion» *(auditory driving)* bewirken würde (so genannt, da man von einigen Reizeinwirkungen weiß, daß sie in den umliegenden Gehirnzentren bestimmte Entladungsfrequenzmuster provozieren bzw. aktivieren).[94]

In der Arbeit Nehers traten *auditory driving*-Reaktionen 3-, 4-, 6- und 8mal pro Sekunde auf, und die Versuchspersonen berichteten über visuelle und akustische Vorstellungsaktivitäten. Er schloß daraus, daß die Empfänglichkeit für rhythmische Reizeinwirkung durch Streß und Stoffwechselstörungen (Hypoglykämie, Erschöpfung etc., die man alle als Bestandteile des schamanischen Rituals wiederfindet) erhöht wird. Des weiteren kam er zu der Ansicht, daß akustische Reize, die mit 4–7 Schwingungen pro Sekunde auftreten, für die rituelle Arbeit am geeignetsten wären, da sie die in den temporalen Hörregionen der Hirnrinde vorkommenden Thetarhythmen anregen. Ich möchte hinzufügen, daß die Thetarhythmen mit der Kreativität in Verbindung gebracht werden, desgleichen mit ungewöhnlichen Problemlösungen, lebhafter Imaginationstätigkeit und Traumzuständen.[95] Obwohl Nehers Prämisse korrekt war, hatte seine Versuchsreihe doch einen entscheidenden Makel: Er hatte keinerlei Kontrolle über die Bewegungen der Probanden. Das EEG kann nicht zwischen Augenzwinkern, Kopfnicken und Gehirnwellen unterscheiden, und Neher hat wahrscheinlich alles – im Rhythmus der Trommeln – mitaufgezeichnet.

Auch Jilek hat Erkenntnisse gewonnen über die Fähigkeit der Trommel, Theta-Gehirnwellenmuster hervorzurufen, und zwar aus seiner Arbeit mit den Salish-Indianern während ihrer Geistertanzzeremonie. Durch die Analyse seiner Aufzeichnungen fand er heraus, daß die Rhythmen sich in einem Häufigkeitsbereich von .8 bis 5.0 Schwingungen pro Sekunde bewegen. Davon lagen ein Drittel im Bereich über 3.0 Schwingungen pro Sekunde, nahe an der Frequenz der Thetawellen.[96] Außerdem fiel ihm auf, daß während der Zeremonie viel mehr

Trommeln benutzt wurden, als Neher dies bei seinem Experiment getan hatte, daß also die rhythmische, akustische Reizeinwirkung in Wirklichkeit noch viel intensiver ist.

Wir wollen uns nun den Mechanismus, durch den die akustischen Reize imstande sind, die Gehirnfunktionen zu verändern, etwas näher anschauen. Ein Neuron, das eine Information durch die Sinneskanäle des Nervensystems transportiert, entlädt sich – oder auch nicht; in allen Systemen jedoch beruhen die Botschaften auf der Häufigkeit eben dieser Entladungen (siehe dazu Kapitel 4). Nehmen wir beispielsweise an, eine Sinnesinformation konnte das gesamte motorische Kortexzentrum aktivieren. Dann wäre die neuronale Entladungsrate im motorischen Kortexzentrum mit der im Sinnesnervensystem identisch – was zu extrem bizarren Resultaten führen würde, wie etwa in Fällen schwerer Epilepsie. Bei Untersuchungen mit Tieren, Epileptikern und gesunden Versuchspersonen führte ein sich dauernd wiederholender visueller Reiz, zum Beispiel durch das Stroboskop, zu «Licht-Reaktionen» in weiten Bereichen des Kortex.[97]

Es wurde bewiesen, daß noch lange, nachdem der Originalreiz aufgehört hat, die Hirntätigkeit andauert und die dadurch verursachte Nervenentladung zu Verhaltensweisen führt, als bestünde der Lichteffekt noch.[98] Den scheinbar halluzinierten Erfahrungen entspricht also tatsächlich eine neurologische Komponente im visuellen System. Im Licht dieser Erkenntnisse ist es denkbar, daß das Hörzentrum sich bei einem vergleichbaren Test ähnlich verhalten würde bzw. sicherlich in der Lage wäre, die Hirnrindenfunktion zu kontrollieren. (Die Untersuchungen über das Sehzentrum bieten ebenfalls eine neurologische Grundlage für die Veränderung des Bewußtseinszustandes durch Starren ins Feuer oder Kerzenlicht während eines Rituals.)

Aus der Meditationsforschung wissen wir, daß vieles darauf hindeutet, daß der akustische Reiz keineswegs von außen kommen muß, um eine physiologische Veränderung herbeizuführen, ein vorgestellter Reiz hat dieselbe Wirkung.[99] Bei der transzendentalen Meditation und anderen Adaptionen des Raja-Yoga wiederholt man innerlich, im Geist, ein Wort oder einen Ton (ein Mantra), immer und immer wieder. Man könnte es einen vorgestellten oder inneren Gesang nennen. Zu den physiologischen Reaktionen, die man daraufhin festgestellt hat, gehören ein verlangsamter Herzrhythmus, niedrigerer Blutdruck und Muskeltonus, erhöhte Alpha- und Thetaaktivität beim EEG. Diese Techniken gelten als eine wichtige Methode zur Streßkontrolle und als Mittel, einen «wachen hypometabolischen Zustand herzustellen»,[100] der den Körper zu einem angenehmen, gesunden homöostatischen Gleichgewicht zurückführen kann.

5. *Hilfsgeister.* Der letzte Aspekt der Imagination, mit dem wir uns hier befassen wollen, gehört zu den zentralen Merkmalen des Schamanismus: Es sind die Hilfsgeister – jene Erscheinungen, für gewöhnlich Tiererscheinungen, die den Schamanen bei gefährlichen Unternehmungen beschützen und die er als Quelle seines Wissens angibt. Sie sind gleichsam die Gelehrten der medizinischen Fakultät des Jenseits. Für den japanischen Schamanen nehmen sie die verklärte Form einer Buddhaverkörperung an.[101] Ein Netsilik-Eskimo – der bedeutendste Schamane seiner Zeit – hatte nicht weniger als sechs Hilfsgeister: einen Skorpion, einen Killerwal, einen schwarzen Hund, der keine Ohren mehr hatte, und die Geister von drei Verstorbenen.[102] Bei den nordamerikanischen Indianerstämmen sind die Hilfsgeister oft Tiere mit kulturspezifischer Bedeutung – Bären, Adler, Wölfe.

Hirsche werden weithin mit schamanischen Praktiken assoziiert. In Sibirien nahmen lebendige Rentiere an den Fliegenpilzreisen des Schamanen teil.[103] Im Iran und in China spricht man dem Hirschgeweih magische und heilende Kräfte zu, und die pulverisierten Hörner werden als Aphrodisiakum gehandelt.[104] In der Überlieferung der Huicholes hinterläßt der Hirschgeist die heiligen Peyoteknöpfe als Orientierungsmarken für die Schamanen auf ihren Reisen ins Übernatürliche.

Aufgrund der Mensch/Hirsch-Schamanendarstellungen, deren Ursprünge man bis zu den Anfängen der Geschichte zurückverfolgen kann, wird angenommen, daß der Hirsch bereits in vorgeschichtlicher Zeit für die schamanische Heilung von Bedeutung war. Wir haben das weiter oben bereits erwähnt.

In Europa waren die Machttiere der Hexen – von denen man annimmt, daß sie einige Aspekte schamanischer Heilung praktizierten – sehr gefürchtet. In einer im Jahre 1618 gedruckten Ausgabe eines Werkes mit dem Titel *The County Justice* von Michael Dalton, einem Gentleman aus der Grafschaft Lincoln, beziehen sich zwei der sieben Methoden, mit deren Hilfe man Hexen entlarven konnte, auf deren Beziehung zu ihren Tieren: «Sie haben für gewöhnlich einen Geist oder Schutzgeist, der ihnen erscheint», und «der besagte Schutzgeist sitzt auf einer bestimmten Stelle des Körpers und saugt».[105] Eine Frau, die nur ein Haustier hatte, machte sich bereits verdächtig, und während der Regierungszeit von Ludwig XV. wurden in Frankreich zum Tode verurteilte Katzen gleich sackweise auf dem Marktplatz verbrannt, wo auch Hexen gefoltert wurden. Die Schnelligkeit und Heftigkeit, mit der sich damals die Seuchen ausbreiteten, führte man zum Teil auch auf diese Massentötung des natürlichen Feindes der infizierten und zur Plage gewordenen Ratten zurück.

Nicht immer sind die Hilfsgeister Tiere – manchmal nehmen sie auch menschliche Gestalt an. Ein indianischer Schamane vom Stamm der Savara beschreibt einen Geistführer, der die Gestalt eines jungen Mädchens annahm, das ihm vorschrieb, wen er in der alltäglichen Wirklichkeit zu heiraten hätte, und der Frau dann Anweisungen gab, wie sie für ihren Mann sorgen solle. Der Geistführer selbst gebar dem Schamanen zwei Kinder, die er/sie später mit in die Geistwelt nahm.[106]

Schutzgeister können auch Personen sein, die tatsächlich einmal auf Erden lebten. Krippner und Villoldo berichten in ihrem Buch *The Realms of Healing* von Doña Pachita, einer mexikanischen «Geistheilerin», deren Geistführer Cuahutemoc, der letzte große Aztekenherrscher, war, und Arigo, dem brasilianischen Heiler, dessen Begleiter der deutsche Arzt «Dr. Fritz» ist, den er seit seiner Jugend in Visionen immer wieder sieht.[107] Nun könnte man darüber diskutieren, ob diese beiden Fälle unter die Definition «echter Schamanismus» fallen oder nicht, festzuhalten bleibt jedoch, daß imaginäre Führer bei traditionellen Heilungen häufig eine Rolle spielen.

Obwohl alles andere um uns herum sich dauernd verändert, herrscht der allgemeine Glaube, daß die Geister immer gegenwärtig sind, aber von ihren irdischen Schutzbefohlenen meist nicht bemerkt werden. Der Schamane jedoch hat nicht nur außergewöhnlich starke Verbündete, sondern auch die Fähigkeit, mit ihnen in Verbindung zu bleiben – was ihn von all den Laien unterscheidet, die ebenfalls Hilfsgeister haben. Der Schamane wird von den Geistern nach einer Phase der Drangsal erwählt, die, je nachdem welchen Standpunkt man vertritt, als «akute, psychische Krise, als wahre, mystische Erfahrung, als schwere Krankheit oder als Psychose bezeichnet werden kann».[108] Die «Besessenheit durch einen Geist», wie sie in der anthropologischen Literatur häufig beschrieben wird, muß genauestens von der «Besessenheit durch Dämonen» unterschieden werden. Die Geister veranlassen den Schamanen niemals dazu, Böses zu tun – vielmehr sind sie seine Lehrmeister. Die Zeiten des Schmerzes, der Krankheit, in denen die Geister «Besitz ergreifen», sind eine notwendige Erfahrung für den zum Heilen Berufenen. Noll hat sich eingehend mit diesem Thema befaßt und festgestellt, daß «vieles, was bei Beobachtern unter dem Sammelbegriff Besessenheit läuft, für den Schamanen eher eine vorsätzliche, visionäre Erfahrung ist».[109]

Es ist gewiß möglich, das Phänomen der Geistführer mit wissenschaftlichen Mitteln zu analysieren und höchst vernünftige und akzeptable Gründe für jede Erkenntnis, die sich aus der Kommunikation mit den Geistern entwickelt, abzuleiten. Wenn die Geister lediglich Symbole für das Intuitive sind, dann wäre die Kommunikation der linken Hirnhälfte zugeordnet, die die rechte fragt: «Was ist los, was geht da vor?» Demzufolge müßten die Schamanen Logik und Intuition bestens miteinander vereinbaren können. Im Schamanismus haben die Menschen noch eine natürliche Einstellung und Beziehung zu Tieren, Geistern, sogar zu Steinen und Felsen, da sie eins sind mit allem und jedem. Schamanen können sich in Einklang mit dem Universum und seiner Materie bewegen und werden auf ihrem Pfad des Heilens von Wesen angeleitet, die man als weise Geistführer bezeichnet. Die Qualifikation des Schamanen beruht zweifellos auf seiner besonderen Fähigkeit zu lebhafter Imagination – und der Fähigkeit, jederzeit die Kontrolle über eine Situation zu behalten, unabhängig davon, woher er seine Informationen bezieht.

Kulturspezifische Praktiken

Die Praktiken des Schamanen sind eingebettet in das Glaubenssystem der jeweiligen Kultur. Er oder sie muß die Fähigkeit besitzen, eine Atmosphäre des Vertrauens, der Glaubwürdigkeit, Kreativität und produktiven Spannung zu erzeugen, in der der Patient spürt, daß etwas Machtvolles passieren wird.

Die Jakut-Schamanen Sibiriens tragen Umhänge aus klirrendem Metall; sie singen, schlagen ihre Trommeln, und sobald auf diese Weise ein hohes Maß an emotionaler Spannung aufgebaut wurde, versuchen sie, den Geist mit furchterregenden Gebärden zu erschrecken und auszutreiben. Afrikanische Schamanen verwenden dazu ein Schwein aus Stroh. Während der Zeremonie befreien sie den Patienten von der Krankheit und treiben sie in das Schwein. Das Tier wird dann auf die Straße geworfen, damit ein ahnungsloser Passant, der es zur Seite tritt, die Krankheit «übernimmt».[110]

In ernsten Fällen, zum Beispiel beim Verlust der Seele, verwenden die Puget Sound Indianer der Westküste Kanadas ein Geisterkanu-Ritual. Es werden etwa sechs bis zwölf Schamanen zusammengerufen, und während sie sich in parallelen Reihen aufstellen, werden im Geist Kanus geschaffen. Jeder

Schamane hat eine Stange oder ein Paddel, um das Kanu vorwärts zu bewegen, und zwischen ihnen liegen die magischen Zedernholzbretter, die mit den visionären Zeichen des ersten Geisterkanu-Abenteuers bemalt sind. Unter der akustischen Begleitung von Rasseln, Trommeln und Gesängen versinken die Geister der Schamanen in die Erde und durch sie hindurch, wobei jeder Schamane sein eigenes Schutzgeistlied singt. Die Reisen können zwischen zwei und fünf Nächten dauern oder solange, bis die Seele des Patienten zurückgeholt wurde.[111]

Die Schamanen Guatemalas praktizieren eine Mischung aus christlichen und traditionellen indianischen Gebräuchen, obwohl die Spanier wirklich nichts unversucht gelassen haben, Mittel- und Südamerika von allem Heidnischen zu säubern. In Fällen der Fürbitte, bei Weissagungen und Heilungen rufen die Schamanen Heilige und Geister an. Ihr Kommunikationsmittel sind magische Steine, für gewöhnlich Fragmente alter Mayaskulpturen. Die Dienstleistungen dieser Schamanen und auch die der «Hexen», die für die dunklere Seite der Magie zuständig sind, kostet den Hilfesuchenden nicht wenig – umgerechnet etwa fünfzig bis hundert Dollar. Die Gebühr für die Zeremonie deckt auch die Kosten für die notwendigen Vorbereitungen und alles, was sonst noch so dazugehört, wie Weihrauch, Kerzen, Blumen, ein Abendessen und eine ungeheuere Menge Branntwein, dem der Schamane kräftig zuspricht, damit seine Zunge sich löst.[112]

Bei den kanadischen Eskimos fällt der Schamane in Trance, begibt sich in die Unterwelt am Meeresboden und stattet der Meeresgöttin Sedna einen Besuch ab, um die Ursachen für die Krankheit zu erfahren oder um Fürbitte für andere Lebensbedürfnisse einzulegen. Von Sedna glaubt man, daß sie nicht nur die Nahrungsquellen kontrolliert, sondern auch alles Unheil, das den Eskimo heimsucht. Zu anderen Zeiten werden großartig geschnitzte und bemalte Masken von Machttieren getragen, um die Imaginationskraft des Schamanen zu aktivieren und den Kontakt mit den Tiergeistern zu erleichtern.[113]

Die Crow-Indianer verwenden bestimmte Steine als Medizin, ähnlich wie die Guatemalteken. Diese Steine, die aufgespürt werden müssen und deren Heilkräfte man intuitiv erkennt, sind ein Werkzeug zur Visualisierung. «Ein-Kind-Frau», die vernachlässigte Ehefrau eines Spitzbuben namens «Er sieht den lebendigen Büffel», fand den wohl berühmtesten Medizinstein. Im Zustand tiefster Depression verließ sie ihr Dorf und ging in die Berge, wohl um zu sterben. Doch es sollte ein neues Leben für sie beginnen, als sie dort auf einen Felsen stieß, der mehrere Gesichter trug. Auf einer Seite sah sie ihren Mann, auf der anderen die Umrisse eines Büffels, dann einen Adler und auf der vierten Seite ein Pferd. Sie entdeckte auch Spuren von Büffeln und Pferden am Stein selbst. Später wurden diesem Felsen große Wunderkräfte zugeschrieben: Er bescherte Glück im Spiel, führte Kriegsheere zum Sieg, brachte seinen Besitzern langes Leben und sah sogar die kommenden Viehherden und Häuser der Weißen voraus.[114]

Die Medizinkunst der Navajo erwies sich als eines der reichsten, wenn auch letzten Gebiete für das Studium des amerikanischen Schamanismus. Zentrales Element in der Heilkunst der Navajo ist die Sandmalerei. Sie stellt die geistige und körperliche Landschaft, in der Patient und Krankheit leben, dar sowie die Krankheitsursachen und die für die Heilung auserwählte Mythologie. Gladys Reichard beschreibt das Ritual als eine Verbindung von vielen Elementen, wie etwa dem Medizinbündel mit seinem geheiligten Inhalt, Gebetsstöckchen aus Holz und Federn, Steine, Tabak, Wasser aus heiligen Quellen, Schnur und komplizierte Sandmalereien.[115] Gesang, Gebete, Körpermalerei, Schwitzen, Brechmittel (Reinigung) und (Nacht-)Wachen, die der Konzentration und der Klarheit der Gedanken förderlich sind, spielen eine bestimmende Rolle. Während der Heilzeremonie sitzt der Kranke neben dem Sänger, inmitten der anderen Navajo, die für die Zeremonie zusammengekommen sind. Die Kraft überträgt sich vom Mittelpunkt aus auf alle Anwesenden. Während des lang andauernden Rituals wird der Patient in ein symbolisches Drama verwickelt und immer wieder angehalten, persönliche

Vorstellungen über den Heilungsprozeß zu entwickeln. Lieder, Gesänge und Malereien sind keineswegs Darbietungen, denen passiv beigewohnt wird. Ihrem mythologischen Inhalt muß mit äußerster Konzentration gefolgt werden, damit die Kraft des Heilrituals freigesetzt werden kann.

Nach Reichard verbinden die Navajo den Vorgang des Wahrsagens mit Visualisierung. Diese Fähigkeit zu intuitiver Erkenntnis ist auch bei der westlichen Diagnostik erforderlich, allerdings in anderer Form. Für die Navajo mag die Information aus der Natur selbst oder von den Geistern kommen. Sie bestimmen Krankheiten durch Anstarren der Sonne, des Mondes und der Sterne, durch Hören oder Zittern. Zittern, oder Händezittern, wird während des dazugehörigen Rituals herbeigeführt. Das Zittern erfaßt schließlich den ganzen Körper, und der Wahrsagende geht in einen anderen Bewußtseinszustand über – den Zustand der Kraft. Während eines solchen Zustands visualisiert der Wahrsagende die Heilungssymbole durch *gazing,* den starren Blick, der zusammen mit dem Zittern auftreten kann und den Reichard beschreibt als «Schau des Himmelskörpers».

Kräuterspezialisten werden von den Navajo lediglich zur Behandlung von Symptomen herangezogen. Die eigentliche Heilung wird von den Sängern und den Zeremonieteilnehmern bewirkt. Der Verzicht auf den Gebrauch organischer Substanzen ist bei diesen Heilern eine Sache des Ansehens, der persönlichen Kraft. Bergman, ein Arzt, der an einer Navajoschule für Medizinmänner studierte, stellte beeindruckt fest, was für ein immenses Erinnerungsvermögen und welche Zähigkeit dazu gehören, fünfzig bis hundert Stunden rituellen Gesangs zu absolvieren.

Bergman lud die Heiler, mit denen er studierte, zu einer Hypnosedemonstration ein. Er berichtete, daß sie, anstatt wie sonst in ihren Versammlungen wie im Halbschlaf versunken dazusitzen, diesmal mit weitaufgerissenen Augen in die Gegend starrten (er bemerkte auch, daß sie kaum zu atmen schienen). Thomas Largewhiskers, ein ehrwürdiger, hundert

Jahre alter Medizinmann, zeigte sich überrascht darüber, daß der weiße Mann ein so wertvolles Wissen besaß! Die Heiler stellten eine Ähnlichkeit zwischen dem hypnotischen Zustand und dem Zittern fest und baten Bergman, seiner Versuchsperson zu suggerieren, daß sie nun eine Diagnose stellen solle. Bergman war der Meinung, daß die Angelegenheit zu ernst wäre, um damit zu spielen, doch er war bereit, seine indianische Versuchsperson um eine Wettervorhersage für die kommenden sechs Monate zu bitten. Der Mann sagte leichte Regenfälle voraus, gefolgt von einer Trockenperiode, die einige Monate andauern würde, und dann gäbe es einen angenehmen, feuchten Spätsommer. «Ich erhebe keinerlei Ansprüche außer dem einen, daß ich die Wahrheit berichte», schreibt Bergman. «Die Vorhersage traf in allen Einzelheiten zu».[116]

Zusammenfassung

Das Schema der verschiedenen schamanischen Heil- und Diagnosemethoden ist im Prinzip immer das gleiche: Der Schamane «tritt in den Patienten ein», wird eins mit ihm und stellt schließlich dessen verlorengegangene Verbindung mit dem Universum wieder her. Bei allen traditionellen Techniken geschieht dies in einem Bewußtseinszustand, der sich von unserem alltäglichen Bewußtseinszustand, in dem man Auto fährt oder ein Rezept ausstellt, grundlegend unterscheidet.

Die kulturell unterschiedlichen Ausprägungen der Symbole und Rituale werden weitgehend bestimmt von dem, was die jeweilige Region als «Medizin» zu bieten hat. Medizin kann auf zweierlei Weise definiert werden: erstens als Hilfsmittel für den Schamanen (oft auch für den Patienten), um den erforderlichen Bewußtseinszustand zu erlangen, und zweitens als die materiellen Symbole des Heilungsprozesses: Medizinbündel, heilige Kunst, Gegenstände, die aus dem Körper des Patienten entfernt werden, das Machttier, heilende Steine usw. Wie wir bereits an anderer Stelle festgestellt haben, braucht der vollendete Schamane nichts von alledem – nur seine außerordentliche Fähigkeit der Imagination. Die Rituale und Symbole, denen bestimmte Kräfte zugeschrieben werden, sind nötig, um die Heilmechanismen des Patienten zu aktivieren, der in geistigen Belangen natürlich nicht annähernd so geschult ist wie der Schamane.

Und schließlich und endlich kennt der Schamane keine Trennung von Körper, Geist und Seele. Körper ist Geist, und Geist ist Seele. Obwohl die Terminologie, die ich verwenden mußte, anzudeuten scheint, daß der Schamane sich doch mit Körper, Geist und Seele als separaten Entitäten beschäftigt, ist dem nicht so. Sie reisen auch nicht im technischen Sinn von physischen Orten zu geistigen Welten, da sie bereits dort sind, alles sind und mit allem eins sind. Der Stein ist das eigene Selbst und zugleich das Universum. Der Schamane überlegt nicht: «Hier wird der Geist zu Materie» oder «Hier tritt er in die Materie ein», sondern «geht davon aus, daß der Geist bereits in der Materie ist, selbst die Materie ist – nicht nur während der Krankheit, sondern vom Augenblick der Verkörperung an, sogar seit Anbeginn der Schöpfung».[117] Es ist dennoch kein Widerspruch, zugleich auch die individuellen Ausprägungen von Körper, Geist und Seele zu sehen. In diesem System werden sie als Teile verstanden, die gleichzeitig eins und voneinander getrennt sind, wie der Baum, der ein Teil der Erde und des Himmels ist, ja auch gleichzeitig von Erde und Himmel getrennt ist.

Um diese totale Einheit erfassen zu können, müssen wir zunächst erkennen, wie sehr wir durch die Anwendung der Sprache behindert sind. Die Aktivität von Bewußtsein und Imagination läßt sich eher mit Poesie als mit Prosa vergleichen und entzieht sich weitgehend begrifflicher Formulierung. Der Physiker greift bei der Beschreibung unsichtbarer Phänomene auf mathematische und visuelle Analogien zurück; auf ähnliche Weise bemüht der Schamane Symbole und Rituale. In einem Buch wie diesem müssen wir uns jedoch mit dem Korsett der

Sprache abfinden, die sich aus einer bestimmten Sicht der Realität heraus entwickelt hat. Doch ist die hier verwendete Sprache lediglich als Versuch zu betrachten, auf die nichtverbale Dynamik der Imagination hinzuweisen.

2 Der goldene Faden in der Geschichte der Heilkunst: Die Kraft der inneren Bilder

Es mag für manche so aussehen, als sei das schamanische Modell der Heilung durch Imagination für unsere moderne Sicht der Dinge ohne jede Bedeutung. Ich möchte daher in diesem Kapitel die Geschichte der westlichen Medizin näher betrachten und durch die Epochen zurückverfolgen.

Beginnen wir am besten gleich mit dem Eid des Hippokrates, jenem ethischen Ehrenkodex, auf den sich noch heute jeder praktizierende Arzt verpflichten muß. Er schwört dabei im Namen jener Gründerfamilie der Medizin, deren Beitrag zur ärztlichen Kunst in der Methode des Heilens durch Imagination bestand: «Ich schwöre bei Apollon, dem Arzt, und bei Asklepios, bei Hygieia und Panakeia und bei allen Göttern und Göttinnen, die ich zu Zeugen anrufe, daß ich diesen Eid und diese Verpflichtung nach meinem besten Vermögen und Gewissen erfüllen werde.»

Obwohl Träume und Visionen von jeher die gebräuchlichste Methode waren, um Krankheitsursachen und Heilmittel festzustellen,[1] hat man dabei doch nie zuvor derart hartnäckig nach der *Ursache* einer Krankheit geforscht wie zur Zeit der griechischen Antike.

Der Halbgott Äskulap (Asklepios) wird in Homers *Ilias* als Aristokrat dargestellt, als Arzt und König, der Schiffe und Heere für den Trojanischen Krieg lieferte. Laut Mythos ist er das Produkt einer romantischen Begegnung zwischen dem Gott Apollo und einer sterblichen Schönen namens Coronis.

Coronis hinterging ihn jedoch und nahm einen anderen, obwohl sie das Kind Apollos unter dem Herzen trug. Apollo verurteilte daraufhin die beiden Liebenden zum Tod auf dem Scheiterhaufen, rettete jedoch seinen Sohn Äskulap und brachte ihn bei Chiron in Sicherheit. Chiron, ein Zentaur, hatte nicht nur die Aufgabe, die unehelichen Kinder der Götter zu erziehen, er war auch ein Meister der Heilkunst – und Äskulap sein begabtester Schüler. Schließlich war er so geschickt im Retten von Menschenleben, daß Zeus sich ernsthafte Sorgen über das Bevölkerungswachstum auf Erden machte. So vernichtete Zeus den Menschen Äskulap mit einem Blitz und nahm ihn als Gottheit in den Olymp auf.

Äskulaps Familie war berühmt für ihre Heiler: Epione, seine Frau, linderte Schmerzen; seine Töchter Hygieia und Panakeia waren die Göttinnen der Gesundheit; sein Sohn Telesphoros repräsentierte Genesung und Rehabilitation. Jahrhundertelang war Äskulap, der Halbgott, Schirmherr und wichtiger Vertreter des Heilwesens, sein Mythos verschmolz schließlich mit dem des ägyptischen Gottes der Gesundheit, Imhotep, und mit dem des ptolemäischen Vegetations- und Totengottes Serapis. Die Historiker meinen dazu: «Offensichtlich war der Mythos so attraktiv und überzeugend, daß Äskulap, wo auch immer sein Kult eingeführt wurde, die Kraft und den Einfluß jeder lokalen Heilgottheit erbte, verdrängte oder absorbierte.»[2] Selbst das Christentum adaptierte den Mythos in Gestalt der Heiligen Damian und Kosmas, die die Heiltradition fortführten.

Die Traumtherapie des Äskulap oder der Tempelschlaf

Die etwa zweihundert «Tempel des Äskulap» in Griechenland, Italien und der Türkei, die man ihm und seinen Heilmethoden zu Ehren errichtet hatte, waren die ersten ganzheitlichen Gesundheitszentren. Sie lagen in landschaftlich wunderschönen Gegenden, waren mit Bädern ausgestattet, verfügten über

Mineralquellen, Theater und Räume zur Entspannung und Anbetung. Alle, die dort Hilfe suchten, wurden aufgenommen, unabhängig von ihrer Zahlungsfähigkeit. Diese Richtlinie entsprang Äskulaps innerster Überzeugung, daß der Arzt ein Mensch sein sollte, an den sich jeder mit seinen Leiden und Problemen wenden kann. Die berühmtesten dieser Tempel werden auf Kos (dem Geburtsort des Hippokrates) und in Epidauros ausgegraben.

In diesen Tempeln wurde die Traumtherapie oder der Tempelschlaf (die Christen nannten ihn später Inkubationsschlaf) als Heiltherapie vervollkommnet. Die Traumtherapie ist ein wichtiges Beispiel für die Bedeutung der Imagination in Diagnose und Heilprozeß. Die meisten der damit behandelten Patienten waren schwer krank, und die sonst gebräuchlichen Behandlungsmethoden hatten sich als unwirksam erwiesen. In der Nacht begaben sich die Kranken in den Tempel oder in eines der umliegenden Gebäude, um die Götter zu erwarten. Als vorbereitende Maßnahme «fastet der Suchende auf Geheiß des Priesters einen Tag lang und enthält sich drei Tage lang des Alkohols, um so vollkommene geistige Klarheit und Schärfe für die Kommunikation mit den Göttern zu erlangen».[3]

Diagnose und Heilung fanden in jenem besonderen Bewußtseinszustand unmittelbar vor dem Einschlafen statt, wenn Vorstellungsbilder ganz von selbst auftauchen, wie Gedanken, die auf eine Leinwand projiziert werden (wir nennen das den «hypnogogischen Schlaf»). Diesen sensiblen Augenblick wählte Äskulap, um als gutaussehender, sanfter und starker Heiler aufzutreten, der entweder direkt heilte oder eine bestimmte Therapie verschrieb. In der Hand hielt er einen einfachen Stab, um den sich eine Schlange wand – jene Schlange, die noch heute das Symbol des Arztberufs ist: der *caduceus*. Während der traumähnlichen Erfahrungen in den Tempeln des Äskulap krochen die Schlangen, so wird berichtet, über den Patienten hinweg und leckten seine Wunden und Augenlider – eine Vorstellung, die bei uns zumindest die Adrenalinausschüttung ganz schön aktivieren würde!

Da sich die Tempel erst lange nach dem Tod Äskulaps etablierten, wurden die Rituale von Priesterärzten durchgeführt, die sich wie Äskulap kleideten und stets begleitet waren von einem Gefolge, das die Familie des Halbgottes darstellen sollte, zu dem aber auch Gänse gehörten, die, ähnlich wie die Schlange, in dem Ruf standen, Heilkräfte zu besitzen. Die Gruppe war mit Medikamenten und chirurgischen Instrumenten ausgestattet, ging von Patient zu Patient und führte medizinische Standardbehandlungen und magische Riten aus – oder tat so als ob. In diesem Halbdunkel, bei Anwesenheit der irdischen Vertreter der Heilgötter und dem Klang leiser Musik, eingebettet in die ehrfurchtgebietende Atmosphäre dieser der Heilung geweihten Stätte und nicht zuletzt im Angesicht der schweren Krankheit mußten einfach die den Patienten innewohnenden eigenen Heilkräfte freigesetzt werden. Es war eine mehr als perfekte Show, um der Imagination auf die Sprünge zu helfen – und offensichtlich mit Erfolg.

Es wird die Geschichte einer blinden Frau erzählt, die, nachdem sie in den Zustand des «göttlichen Schlafes» gefallen war, Äskulap visualisierte, der sie wegen ihrer Kleingläubigkeit tadelte. Noch immer im traumähnlichen Zustand, spürte sie, wie ihr Tropfen in die Augen geträufelt wurden. Als sie aufwachte, hatte sie ihr volles Sehvermögen zurück. Es gibt Anhaltspunkte dafür, daß auch größere operative Eingriffe in diesem Zustand vorgenommen wurden. Den Praktiken des Äskulap werden noch viele andere Heilungen zugeschrieben: Blinde, Lahme, Taube, Impotente und Unfruchtbare, Menschen mit Krampfadern, Kopfschmerzen, Beulen und Erkrankungen aller möglichen Organe haben Steinbilder, geweihte Gegenstände und schriftliche Berichte über ihre Heilung zurückgelassen und die alten Tempelmauern damit geschmückt.

Aristoteles, Hippokrates und Galenus waren in der Heiltradition des Äskulap ausgebildet worden und wußten daher um die Bedeutung der Imagination für die Gesundheit. Aristoteles war der Überzeugung, daß das emotionale System ohne Vorstellungsbilder überhaupt nicht auskommen kann. Sie verursachen Veränderungen in den Körperfunktionen und beeinflussen sowohl den Heilungsprozeß als auch die Entstehung der Krankheit. Aristoteles war außerdem der Meinung, daß manche Traumbilder sogar von lebenswichtiger Bedeutung sind: «Auch wissenschaftlich arbeitende Ärzte bestätigen, daß man Träume aufmerksam beobachten sollte – dies gilt nicht nur für Praktiker, sondern auch für den Denker, den Philosophen.»

Hippokrates, der Vater der Medizin, verkörpert den Übergang von mystischen zu naturalistischen Prinzipien in der medizinischen Praxis. Für ihn bestand die Aufgabe des Arztes in erster Linie darin, die Natur zu verstehen und ihr beizustehen, das Zusammenspiel von Mensch, Nahrung und sinnvoller Tätigkeit zu erkennen und zu begreifen, wie diese Faktoren sich gegenseitig beeinflussen. Auch er übernahm das von Äskulap geprägte Ideal des freundlichen, gütigen und fürsorglichen Arztes, der Liebe und Würde ausstrahlt.

Galenus (Galen), dessen Lehren die medizinische Praxis für nicht weniger als fünfundvierzig Generationen bestimmten, war der letzte Vertreter griechischer Vorherrschaft auf dem Gebiet der Medizin. Seine Heilkunst basierte auf der Theorie des Hippokrates von den vier Temperamenten (bzw. Säften), auf dem Konzept, daß es für die Gesundheit kritische Tage gibt (dem Vorläufer des Biorhythmus), und auf falschen Theorien über Puls- und Harnfunktion.

Galen war jedoch der erste überhaupt, der eine ausführliche Beschreibung von der Wirkung der Imagination auf die Gesundheit anfertigte, aus der hervorgeht, daß er ein fast modernes Verständnis vom Wechsel- und Zusammenspiel

Körper – Geist hatte. Auch ohne Labortests war man zu der Überzeugung gelangt, daß Vorstellungs- oder Traumbilder klinisch wichtige Informationen für die Diagnose beinhalten. Verlust- oder Kummerträume waren zum Beispiel ein Hinweis auf Melancholie (schwarze Galle), während Angst- oder Schreckensbilder eine eher cholerische, zornige Verfassung reflektierten. Galen betonte jenen stark ausgeprägten Temperamenten eigenen Kreislauf, der bestimmte Vorstellungsbilder nährt, die ihrerseits ein Übermaß des entsprechenden Saftes produzieren. Er gab zu, daß die Therapie hier mit einer Art Teufelskreis konfrontiert wurde, den es zu durchbrechen galt, damit die Gesundheit wiederhergestellt werden konnte.[4]

Osler schreibt: «Die griechische Auffassung vom Menschen stand dem, was der Apostel Paulus der christlichen Welt predigte, geradezu diametral entgegen. Von Homer bis Lukian ist das griechische Denken beherrscht von der Idee, daß der Körper ein Ganzes und der ganze Stolz des Menschen ist. In der Überzeugung, daß ‹unserer Seele in ihrem fleischlichen Gewand durch das Fleisch ebenso geholfen wird wie dem Fleisch durch die Seele›, sang der Grieche sein Loblied auf den Körper: ‹Denn eine wahre Freude ist das Fleisch›.» Und im 5. Jahrhundert v. Chr. behauptete Prodicus schlicht und kühn: «Das, was dem Menschen nützt, ist Gott!»

Die charakteristische Aufmerksamkeit, die die Griechen dem Körper, seinen Bedürfnissen, seiner Schönheit und Gesundheit zollten, sollte dank christlichem Bekehrungseifer auch auf nichtreligiösen Gebieten im Laufe der folgenden Jahrhunderte ganz ans Ende der Prioritätenliste rutschen. Nichtsdestotrotz überlebte Äskulap als respektierte Heilerpersönlichkeit die christlichen Säuberungsaktionen unter den heidnischen Göttern – die Christus-Parallelen waren wohl zu deutlich, als das man ihn so einfach hätte verteufeln können. Und so haben sich über die Jahrhunderte hinweg bis in unsere Tage Äskulapschlange und Eid des Hippokrates erhalten und erinnern an die eine große Aufgabe der Heilkunst von Anfang an: dem Menschen zu helfen und ihm mit Liebe und Respekt zu begegnen. Wie Hippokrates sagte: «Wo Liebe zum Nächsten ist, da ist auch Liebe zur Heilkunst.»

Angelsächsische Medizin im Mittelalter

Im Mittelalter wurden außerhalb der traditionellen religiösen Heilkunst und der Volksheilkunde keine ernst zu nehmende medizinische Forschung betrieben oder neue Heilverfahren angewendet. Dies gilt fast für die ganze westliche Welt. Ein chronologischer Abriß über die Rolle und Bedeutung der Imagination in der Medizin ist für diesen Zeitraum nach der griechischen Antike bis zur Renaissance deshalb mehr als schwierig, obwohl die Imagination wahrscheinlich für eine Vielzahl von Heilerfolgen in dieser Zeit verantwortlich war. Erschwerend kommt außerdem hinzu, daß man in jenen Tagen die Heilzeremonien und Riten wie Mysterien geheimhielt und nur auserwählten Eingeweihten mitteilte, sie also mündlich überlieferte. Während die religiösen Methoden, die von der katholischen Kirche sanktioniert waren, durch die Jahrhunderte bis in unsere Zeit verfolgt werden können, läßt sich daher über die Praktiken der verbotenen Volksmedizin, die von den angelsächsischen Frauen im geheimen weiter ausgeübt wurden, kaum etwas sagen. Ihre Spuren finden sich nur noch in den Gerichtsakten, die es von den Verhandlungen zur Zeit der Hexenverfolgungen gibt.

Doch wenn man sich die Mühe macht, alles Vorhandene durchforstet und die einzelnen Fragmente zusammenstellt, wird klar, welch große Rolle die Imagination in der Heilkunst der Zeit von 500 v. Chr. bis etwa 1300 n. Chr. gespielt haben muß. Die in den Heilzeremonien beschworenen Gottheiten haben ihre Entsprechung in den griechischen und römischen Mythen, doch jahrhundertelang war das angelsächsische Heilwesen die ausschließliche Domäne der weisen Frauen und der katholischen Kirche.

Es waren die weisen Frauen jener Zeit, die die rational nicht faßbaren, intuitiven Aspekte des Geistes in der Heilung einsetzten. Sie waren es auch, die die Bevölkerung medizinisch versorgten und doch wurden ihre Heilmethoden geächtet – zuerst von der Kirche, später von den Regierungen Kontinentaleuropas, Englands und Amerikas. In der gesellschaftlichen Schlacht um die Zuständigkeit für das Wohlbefinden des menschlichen Körpers waren die weisen Frauen und ihre Fähigkeiten die großen Verlierer. Seltsamerweise gibt es in den Berichten ihrer Zeitgenossen keinerlei Hinweis darauf, daß sie etwas anderes als einfach nur starke und erfolgreiche Persönlichkeiten waren.

Paracelsus, der große Arzt der Renaissance und Begründer der modernen Chemie, führt sein Verständnis für die Gesetze und Praktiken der Gesundheit und der Medizin auf seine Unterhaltungen mit den weisen Frauen zurück. Er hauchte den Heilkünsten neues Leben ein, indem er sich über das veraltete Diktat der griechischen Medizin hinwegsetzte, seine Bücher ins Feuer warf und sich dem Wissen dieser weisen Frauen zuwandte. Matilda Gage schrieb im 19. Jahrhundert über Paracelsus: «Es steht außer Frage, daß seine bewundernswerte und meisterhafte Arbeit über Frauenkrankheiten, die allererste Studie dieser Art, so ausführlich, so gründlich, so einfühlsam, wie sie ist, das Resultat seiner besonderen Erfahrungen mit den weisen Frauen ist, jenen Frauen, zu denen andere Frauen hilfesuchend kamen, den Hexen, die auch als Hebammen fungierten, denn zu jener Zeit war es keinem Arzt erlaubt, eine Frau zu behandeln.»[5]

Ungeachtet des Respekts, den Paracelsus und andere den weisen Frauen zollten, war den Hexen, wie sie meistens genannt wurden, kein gutes Schicksal beschieden. Einige Gelehrte erklären die Bedeutung des Wortes *Hexe* mit «überlegenem Wissen» oder «Weisheit». Henry More, ein Gelehrter des 16. Jahrhunderts und Absolvent der Cambridge University, meint, der Begriff deute an, daß eine Frau über ungewöhnliches, *aber nicht ungesetzliches* Wissen verfügt. Die Ableitung des englischen Wortes ist strittig, doch *wekken,* «prophezeien», oder *witan,* «wissen», sind aussichtsreiche Anwärter. Die slawische Bezeichnung für Hexe heißt *vjedma,* abgeleitet von «wissen». Ein russisches Wort für Hexe ist *zaharku,* ebenfalls abgeleitet von «wissen» *(znat).* Entsprechend dem überwältigenden Beweismaterial, welches belegt, daß die Hexe mit großem Wissen und der Kenntnis uralter Heilpraktiken in Verbindung gebracht werden muß (und nicht mit Satansanbetung oder bösen Werken), werde ich das Wort *Hexe* voller Respekt und als Synonym für *weise Frau* gebrauchen.

Die in der heidnischen Denkweise verwurzelten weisen Frauen waren in ihrer Auffassung vom Leben und der Einheit aller Dinge sowie in ihrem Versuch, die natürlichen Heilkräfte in die Heilbehandlung zu integrieren, durchaus schamanisch zu nennen. Sie kannten die heilenden Kräuter und die magischen Gesänge, und ihre Fähigkeit, Schmerz zu lindern und zu heilen, überlebte das Mittelalter. Der Gebrauch natürlicher Betäubungsmittel war ein Segen in einer Zeit, wo der größte Teil der Menschheit unter Schmerzen irgendwelcher Art litt. Die Kräuter, die zur Familie der Nachtschattengewächse gehören, insbesondere Belladonna, linderten Geburtsschmerzen. «Bei der Geburt flößte eine fürsorgliche Hand der Mutter das milde Gift ein, das sie in einen tiefen Schlaf sinken ließ und den Eintritt des Kindes in die Welt erleichterte – so wie es heute das Chloroform tut.»[6]

Die aktiven Wirkstoffe von einigen der uns fremden Arzneien konnten identifiziert werden. Bufotenin, eine blutdruckerhöhende Substanz, die aus dem Gift bestimmter Kröten gewonnen wird, ist ein überaus starkes Halluzinogen, ein bei den Hexen nie aus der Mode gekommenes Heilmittel. Die weitverbreiteten und geheimnisumwitterten Mandragorawurzeln enthalten Skopolamin, das sich mit Morphium zu einem bei Operationen einsetzbaren Narkotikum verbinden läßt. Knoblauch war für seine kräftigende Wirkung auf das Herz-

Kreislauf-System bekannt. Die Frauen gebrauchten ganz eindeutig empirisch erprobte Medikamente, die wieder und wieder für wirksam befunden worden waren. Gage schrieb über ihren wissenschaftlichen Scharfsinn: «Das überlegene Wissen der Hexen spiegelte sich wider in dem weitverbreiteten Glauben, daß sie Wunder wirken können. In Wirklichkeit waren sie die klügsten Köpfe, die klarsten Denker und die kühnsten Forscher jener Zeit.»[7]

Bei der Bestandsaufnahme der Medizinen der weisen Frauen kommen wir jedoch zu dem Schluß, daß so manche Heilung doch eher der Wirkung von Ritualen und magischen Gesängen auf die Imagination des Patienten zuzuschreiben war als der Wirkung eines Arzneitrankes. So befreite zum Beispiel die Berührung der Hand eines Toten von Pickeln, Zysten, Furunkeln und Kröpfen; sein frisch abgenommenes Blut half angeblich bei Epilepsie. Ein hochgehandeltes Allheilmittel war das Moos vom Schädel einer Person, die eines sehr ungewöhnlichen Todes gestorben war, mit dem passenden Namen *usnea* (Bartflechte). Um grauen Star und andere Linsentrübungen zu heilen, wurde einem Fuchs die Zunge herausgeschnitten, in rotes Tuch gewickelt und um den Hals getragen. Drachenblut – oder was immer es gewesen sein mochte – wurde in vielen Stimulanzien verwendet.

Als die fürchterlichen Seuchen über Europa und England hereinbrachen und die Bevölkerung drastisch reduzierten, suchten selbst die «besseren Kreise» Hilfe bei den Hexen, wenn auch heimlich. Kein einziger der mit Theorie vollgepackten Kurse, die an der Universität gegeben wurden, hatte die Ärzteschaft auf Seuchen und Epidemien vorbereitet. Überall war man der Meinung, daß nur die weisen Frauen die tödliche Flut eindämmen könnten. Offensichtlich *glaubte* jeder an die magischen Kräfte der weisen Frauen, sie *auszuüben* war jedoch sehr riskant geworden. Alles und jedes, was irgendwie nach «Übernatürlichem» aussah, wurde von der Kirche zur Ketzerei ersten Ranges erklärt und mit den schwersten Strafen belegt. Der Heiler mußte ständig mit neuen Spielregeln rechnen und auf der Hut sein. Paradoxerweise zählten Astrologie und Alchemie zu den natürlichen Heilmethoden, die von den Ärzten jener Zeit ausgeübt wurden – sie fanden Platz im Rahmen der christlichen Lehre. Die Kräuter und Segnungen der Hebammen wurden jedoch als Teufelswerk bezeichnet. Die Frau mußte für Evas Sündenfall immer wieder neu bestraft werden, und die Geburtsschmerzen waren nur eine gerechte Folge dieser Tat. Jeder Versuch, diese Schmerzen zu lindern, galt als schweres Vergehen gegen die Kirche. Ketzerei wurde anscheinend dadurch definiert, wer was an wem ausübte.

Weise Frauen als Schamanen

Anthropologen mit Kenntnissen über schamanische Gesundheitspraktiken sind der Ansicht, daß die weisen Frauen (Hexen) entsprechend der alten heidnischen Tradition europäischer Stämme handelten, deren Methoden im Grunde genommen schamanischer Natur waren. (An dieser Stelle sei kurz angemerkt: Es waren bei weiten nicht alle Frauen, die der Hexerei bezichtigt wurden, tatsächlich Hexen. Ganz frühe Opfer wurden möglicherweise allein wegen ihres heidnischen Glaubens beschuldigt, und als die Hexenverfolgung ihren Höhepunkt erreichte, waren viele Denunziationen von Frauen als Hexen durch Folter erpreßt worden.)

Margaret Murray war die erste, die mit ihrem klassischen, wenn auch umstrittenen Werk *The Witch Cult in Western Europe* ein einfühlsames wissenschaftliches Auge auf das Material warf. Sie behauptet, daß die Hexerei bis in die vorchristliche Zeit zurückverfolgt werden könne, zu einer Religion, in deren Mittelpunkt eine altehrwürdige Gottheit stand, die häufig die Gestalt eines Mannes oder eines Tieres annahm, meistens jedoch als Frau inkarnierte. Es war Diana, die weibliche Entsprechung des römischen Gottes Janus, auf die sich die meisten der europäischen Kulte beriefen. Murray meint, daß die Kulthandlungen jener Religionen Fruchtbarkeitsriten für Ernte und Viehbestand waren.[8] Mircea Eliade war nach dem Studium indischer und tibetischer Dokumente überzeugt, daß die Zauberkraft der Hexen eine kulturübergreifende Tatsache ist: «Alle typischen Merkmale, die man einer europäischen Hexe zuschreibt, existieren, mit Ausnahme des Satans und des Hexensabbats, auch in den Systemen der indotibetischen Yogis und Zauberer. Sie fliegen ebenfalls durch die Luft, machen sich unsichtbar, herrschen über Dämonen und Geister . . .»[9]

Eliade lenkt die Aufmerksamkeit auch auf die *Benandanti*-Kulte in Italien und die rumänische Volksreligion. Auch dort gab es Personen, die im Trancezustand geistige Kämpfe ausfochten, zu Versammlungen flogen, ihre äußere Erscheinung ändern und auf magische Weise heilen konnten. Beide Gruppen erkannten Diana als ihre Gottheit an, doch im Unterschied zu den Hexen konnten sie, da sie nie massiv verfolgt wurden, überleben.

Michael Harner, Anthropologe und Schamane, glaubt ebenfalls, daß die Hexen der schamanischen Tradition zuzurechnen sind.[10] Er weist auf ihre Reisen in die höheren Bereiche der Imagination hin, auf ihre Besenstielritte zum Kamin hinaus. Des weiteren vermutet er, daß die europäischen Märchen Relikte schamanischer Abenteuer sind: Mutter Gans, die auf einer Gans reitet, und der Nikolaus, der auf einem Schlitten fährt, den Rentiere ziehen, passen zum Beispiel in dieses Schema. Da der Hirsch (Rentier) universell als Geistführer in die unbewußten Bereiche gilt, mußte der Nikolaus, der gleich acht dieser Tiere besaß, ein überaus mächtiger Schamane sein.

Schamanen und Hexen haben gleichermaßen eine tiefe Achtung vor der Natur; sie glauben an die wechselseitigen Beziehungen aller Dinge als unerläßlichen Bestandteil des Heilrituals. Zu den Praktiken beider gehört die Vorstellung, in einem anderen Bewußtseinszustand in Welten zu fliegen, wo die Imagination nicht eingeengt ist, wo rituelle Handlungen ausgeführt werden können, die sowohl zur Gesundung der Gemeinschaft als auch zur Heilung von Körper und Seele führen. Doch wie immer, wenn eine alte Religion einer neuen weichen muß, werden die ehemaligen Gottheiten zu Teufeln der neuen Ordnung. Und die modernen Religionen haben dem «Gehörnten», dem Hexengemahl, die Rolle des Teufels übertragen. Dabei repräsentierte er wahrscheinlich den Hirschgeist, und seine Hörner gehörten zu jenen heiligen Insignien, die für Schamanen aus praktisch jedem Kulturkreis typisch sind. (Interessanterweise wurde im mittelalterlichen England die Christusfigur häufig im Gewand eines Hirschs dargestellt.)

Eine weitere Parallele zwischen Hexen und Schamanen ist der Gebrauch von Drogen. Von den Hexen nimmt man an, daß sie ihre Heilrituale nicht in von Drogen herbeigeführten Trancezuständen durchführten wie viele andere Schamanen. Die Drogen, mit denen sie arbeiteten, waren für ihre starke und gefährliche Wirkung bekannt. Aus Inquisitionsberichten wissen wir, daß die Frauen oft tagelang in komatösem Zustand lagen, nachdem sie sich mit ihrer Flugsalbe eingerieben hatten, einer Mischung aus Bilsenkraut, Datura, Belladonna oder Mandragorawurzel. Todesfälle aufgrund einer Überdosis scheinen an der Tagesordnung gewesen zu sein. Harner, der sich einen Überblick über dieses Gebiet verschafft hat, ist der Meinung, daß die Trancezustände oft so tief gewesen sein müssen, daß die Vornahme ritueller Handlungen unmöglich war und auch die Nachwirkungen des langen, tiefen Schlafes, dem eine Amnesie folgte, Heilungen nicht zuträglich war. Er ist der Meinung, daß die Hexen – wie auch die Jìvaro, seine Lehrmeister – die Kräuter, die zur Familie der Nachtschattengewächse gehören, nur dazu verwendeten, dem Übernatürlichen zu begegnen, nicht aber um bestimmte Handlungen, wie etwa Heilzeremonien, vorzunehmen, die zugleich auch ein Bewußtsein der alltäglichen Realität erfordert hätten.[11]

Die wenigen Berichte, die es über die Wirkung der Flugsalbe oder einer ihr entsprechenden Salbe gibt, stammen aus Selbstversuchen und bestätigen die Erfahrung, daß sie Gefühle des Schwebens und lebhafteste Vorstellungsaktivitäten auslöst. Professor Will-Erich Peukert und seine Kollegen, die nach einer Formel aus dem 17. Jahrhundert Belladonna, Bilsenkraut und Datura mischten, fielen, nachdem sie die Stirn damit eingerieben hatten, «in einen vierundzwanzigstündigen Schlaf, in dem sie von wilden Ritten, ekstatischem Tanzen und anderen seltsamen Abenteuern träumten, ganz in der Art mittelalterlicher Orgien».[12]

Quacksalberei

Im Mittelalter und noch während der Renaissance fanden die Quacksalberei und verbotene medizinische Praktiken viel Beachtung. Man unterschied genauestens zwischen Quacksalbern und Ärzten, und die zuerst Genannten waren nicht weniger in Verruf als die Hexen. Die Standardheilpraktiken, die von ihnen angewendet wurden – Drachenblut, *usnea,* magische Gesänge und rituelle Fürbitten –, haben wir bereits erwähnt, aber wer waren diese Quacksalber nun eigentlich? Quacksalberei bezog sich damals – wie auch heute – nicht auf die Anwendung bestimmter Techniken, da es bei den Heilmethoden viele Überschneidungen gab. Quacksalber und Arzt können sich derselben Behandlungsweisen bedienen bzw. die jeweils bekannten Methoden aus dem Repertoire des anderen «borgen».

In seinen Schriften über die Geschichte der Medizin in jener Zeit stellt Eric Maple fest, daß «Quacksalberei» damals wie heute nichts über Motivation, Ausbildung oder Praktiken der so Beschimpften aussagt, sondern vielmehr einen bestimmten sozialen Status ausdrückt: Quacksalber = Außenseiter.[13] Dabei waren jene Laien, die sich im Mittelalter Ärzte und Chirurgen nannten, oft die eigentlichen Könner auf ihrem Gebiet, während die in Gilden organisierten Barbiere, Chirurgen, Ärzte und Apotheker größtenteils ungebildet und dem Magischen noch zutiefst verhaftet waren. Sie waren jedoch die Etablierten und gesellschaftlich Anerkannten. Man muß also Vorsicht walten lassen, wenn man entscheiden will, was Medizin und was Quacksalberei ist.

Schrein- und Reliquienheilungen

Außer den weisen Frauen, den Laienärzten und -chirurgen sowie den verschiedenen Quacksalbern gab es noch eine weitere Gruppe, die sich um die Gesundheit ihrer Mitmenschen bemühte, die Priester nämlich – und die bestanden unerbittlich darauf, daß die Religion zur Heilung ausreiche. Der Siegeszug des Christentums hatte für die Medizin derart katastrophale Folgen, daß einige Gelehrte behaupten, er sei verantwortlich für die dunkelste Epoche des Gesundheitswesens. Die «Heiden» (Griechen, Römer und besonders die Ägypter) hatten die Heilkünste zu einer Blüte gebracht, die noch jahrhundertelang nicht wieder erreicht werden sollte, denn im Zuge der Verkündigung des Evangeliums mußte alles, was heidnisch war, inklusive der heidnischen Heilverfahren, weichen.

Die Kirche verbreitete die Ansicht, daß hinter den Krankheiten der Teufel und nicht heidnische Geister steckten und daß aus diesem Grund heidnische Heilmethoden bei der Austreibung ohne Erfolg wären. Mit anderen Worten, die Kirche strich chirurgische Maßnahmen und pflanzliche Arzneimittel von der Liste der zur Verfügung stehenden Heilverfahren und ersetzte sie durch die oft brutalen Praktiken der Kasteiung des Fleisches. Ein Vorgehen, das die somatische Medizin auf einen noch nie dagewesenen Tiefpunkt brachte. (Zu Beginn des 13. Jahrhunderts änderte sich die Sachlage etwas, und zwar aufgrund der Schriften des heiligen Thomas von Aquin, der das aristotelische Gedankengut neu formulierte und es für die Dauer des Mittelalters zu einer unanfechtbaren Doktrin machte. Seine Lehren über die Gesundheit – wie auch die von Hippokrates und Galen – konnten so langsam wieder Fuß fassen.)

Auf der anderen Seite begann mit dem Abstieg der somatischen Medizin die Imagination in der Heilkunst eine größere Rolle zu spielen. Die Behandlungsmethoden, die die Kirche zur Wahl stellte, waren geradezu prädestiniert dafür, die

Imagination in jeder Hinsicht zu fördern: heilige Schreine, Prozessionen und Wallfahrten zu heiligen Orten und zu Reliquien von Heiligen und Märtyrern. Die Reliquien wurden mit beträchtlichem Gewinn für die Kirchenkasse verkauft, da sie offenbar Heilkräfte besaßen, ungeachtet der Tatsache, daß es sich bei den meisten von ihnen schlicht und ergreifend um Fälschungen handelte. So wird zum Beispiel berichtet, daß «der Schrein der heiligen Ursula in Köln seine Popularität keineswegs einbüßte, als bekannt und bewiesen wurde, daß die Skelette der dort begrabenen elftausend Jungfrauen eigentlich Männerskelette waren», und «die wunderwirkenden Knochen der heiligen Rosalia in Palermo sich später als die Knochen einer Ziege herausstellten».[14]

Gegen Ende des Mittelalters übernahmen die Heiligen in zunehmendem Maße einzelne Krankheitsbereiche. So wurde zum Beispiel die heilige Terese von Avila die Schutzheilige der Herzkranken, weil ein Engel ihr angeblich einen Pfeil durchs Herz geschossen hatte. Es gab Fruchtbarkeits-, Lepra- und Seuchenspezialisten. Die Funktion von Drogen erfüllten, wenn man so will, Staub, der von den Grabsteinen der Heiligen gekratzt wurde, Wasser aus Quellen und Brunnen in der Nähe von religiösen Stätten oder gar Schmutz von den Pfaden, auf die Heilige ihre Füße gesetzt hatten. Diese Substanzen wurden als Mixtur getrunken oder als Amulette getragen. Die Zahl der Heilungen soll beträchtlich gewesen sein.

Inkubation oder der göttliche Schlaf der Heiligen

Der goldene Faden in der Heilkunst, die Kraft der Imagination, blieb stets deutlich sichtbar – trotz des großen Einflusses, den Kirche, organisierte Ärzte und Volksheiler besaßen. Die wundersamen Heilungen wurden nun nicht mehr Äskulap und seiner Gefolgschaft zugeschrieben, sondern den Ärzten und Heiligen Kosmas und Damian, einem Zwillingspaar, das während der Diokletianischen Verfolgung (278 n. Chr.) ein furchtbares Martyrium erlitt. Später wurden sie in der westlichen Welt zu Schutzgottheiten der Heilberufe erklärt, Kirchen wurden ihnen geweiht, die für die Kranken Tag und Nacht offen waren und wo die *incubatio,* der Inkubationsschlaf, nach dem Vorbild des griechischen Tempelschlafs gepflegt wurde.

In der Dämmerphase zwischen Schlaf und Wachen hatten die Patienten Erscheinungen ihrer verehrten Heiler, die die Diagnose stellten und Heilmittel verordneten bzw. verabreichten. Es entstanden Legenden, die den Glauben an diese Technik stärkten, was wiederum zur Folge hatte, daß die Erwartungshaltung der Patienten und ihre Bereitschaft, am Heilprozeß mitzuwirken, wuchsen.

Eine der berühmtesten Legenden (die ein anonymes Kunstwerk im Prado in Madrid wiedergibt) erzählt die Geschichte eines Mannes, der ein verkrebstes Bein hatte und von den Heiligen ein Wunder erhoffte. Er ging in eine Kirche, die Kosmas und Damian geweiht war, und fiel, während er betete, in jenen heilsamen Halbschlaf. Kosmas und Damian erschienen ihm, wie im Traum. Nachdem sie die Diagnose gestellt hatten, amputierten sie das nekrotische Glied; als sie nach einem Ersatz suchten, konnten sie nur einen Farbigen, der in der Kirche begraben lag, als potentiellen Spender ausmachen. Der Empfänger der heiligen Behandlung erwachte, bemerkte, daß er zwar zwei verschiedenfarbige, jedoch voll funktionsfähige Beine hatte, und ging weiter seinen Geschäften nach. Ungeachtet der Übertreibungen solcher Wunder-Berichte bekam der Name der Heiligen in kürzester Zeit überall einen guten Klang, und ihre Werke gewannen für Ärzte, Chirurgen, Apotheker und Barbiere an Bedeutung.[15]

In England wurde der Inkubationsschlaf noch bis in unsere Tage hinein gepflegt und stand in dem Ruf, ungewöhnliche Heilungen zu bewirken. So hatten die Methoden der Schamanen und der weisen Frauen – Heilungen in der nichtalltäglichen Realität und durch Anrufung und Beschwörung der Geistführer – ihren Anteil an der christlichen Heilkunst seit ihren Anfängen. Lediglich die Namen änderten sich.

In Rußland, dem östlichen Europa, in Asien und natürlich in Mittel- und Südamerika sind schamanische Traditionen noch immer lebendig. Dies trifft nicht auf die Entwicklung der Medizin in den USA zu, die sich im allgemeinen an westeuropäischen und englischen Traditionen orientiert.

Im Jahre 1518 gründeten Ärzte und Chirurgen das Ärztekolleg. Die Satzungen regelten genauestens, wer einen medizinischen Beruf ausüben durfte und wer nicht. Zu den davon Ausgeschlossenen gehörten die Handwerker, zum Beispiel «Schmiede und Weber und die Frauen», die man grober Ignoranz bezichtigte und des Gebrauchs von Zauberei und Hexerei sowie abscheulicher Medikamente, zum Mißfallen des Allerhöchsten. Man bemerke, daß Männer aufgrund ihrer beruflichen Tätigkeit vom Arztberuf ausgeschlossen waren, Frauen aufgrund ihres Geschlechts.

Die lizenzierten Ärzte und Chirurgen waren jedoch an einer wohltätigen Ausübung ihres Berufes wenig interessiert. König Heinrich VIII. griff schließlich zugunsten der mittellosen Massen ein und dekretierte, daß nichtlizenzierte Heiler alle äußeren Krankheiten behandeln durften, allerdings nur mit Pflastern, Packungen und Salben. Damit wurden den Volksheilern Magie, operative Eingriffe und die Verschreibung von Medikamenten ausdrücklich untersagt. Dieser Erlaß wurde als *Quack's Charter,* als «Quacksalbersatzung», bekannt.

Da England sich von der Kirche Roms getrennt hatte und daraufhin die Mönche, deren Klöster geschlossen wurden, anderweitig ihr Leben fristen mußten, wurde es immer schwieriger, die Exklusivität der medizinischen Berufe zu wahren. Einige der Laien brachten brauchbare Erfahrungen und Kenntnisse in der Krankenpflege mit, einige waren mit der «Glaubensheilung» vertraut und einige nur verzweifelt. Einer von den Letztgenannten, ein gewisser Thomas Paile, gab zu: «Ich habe keine andere Wahl, ich muß Arzt werden. Gott allein weiß, wie viele Menschenleben es kosten wird.»[16]

Das Schicksal der weisen Frauen

In dieser Atmosphäre des gesellschaftlichen Umbruchs bahnte sich eines der traurigsten Kapitel in der Geschichte der Frau und der Heilkunst an: die große Hexenverfolgung. Bis zum heutigen Tag hat sie erfolgreich den weiblichen Einfluß auf die Medizin ausradiert, ja, sie radierte die Frauen erfolgreich aus, punktum. Schätzungen ergaben, daß in den Jahren von 1500 bis 1650 von einigen hunderttausend an bis zu neun Millionen Frauen umgebracht wurden, viele wegen angeblicher Ausübung medizinischer Praktiken. In der ruhigen Universitätsstadt Würzburg wurden in einem Jahr 900 Frauen umgebracht und in Como, Italien, 100. In Toulouse wurden an einem einzigen Tag 400 Frauen umgebracht und im Bistum der Stadt Trier gab es im Jahre 1585 in zwei Dörfern nur noch je eine Frau.

Die Frauen wurden für alle Krankheiten Europas, Englands und Amerikas verantwortlich gemacht. War ein lizenzierter Arzt mit seiner Behandlung nicht erfolgreich, gab man einer Hexe die Schuld. Wenn eine Kuh keine Milch mehr gab, war es die Schuld einer Hexe. Frauen wurden mit den einfallsreichsten Foltern gepeinigt, die die Inquisition vervollkommnet hatte und die mit kalvinistischem Eifer angewendet wurden, bis die Frauen alle jene furchtbaren und schrecklichen Schandtaten zugaben, die man ihnen anlastete: Geschlechtsverkehr mit dem Teufel höchstpersönlich; das Herbeirufen von Unwettern und den Verzehr toter Kinder. Die angeblichen Verbrechen der Hexen können grob in drei Kategorien eingeteilt werden: Erstens, sexuelle Verbrechen gegen die Männer. In der Abhandlung, die in den Prozessen am häufigsten konsultiert wurde, dem *Malleus Maleficarum,* (*Der Hexenhammer,* 1486) heißt es, «daß alle Hexerei aus der Fleischeslust der Frau herrührt, die in ihr unersättlich wohnt». Der zweite Anklagepunkt warf ihnen vor, organisiert gewesen zu sein – dies mag richtig sein oder auch nicht. Vielleicht führten sie rebellische Bauern an – es gibt Anhaltspunkte dafür, daß sie in Dörfern

Versammlungen abhielten. Der dritte und zutreffendste Punkt der Anklage lautete, daß sie Macht über die Gesundheit des Menschen hätten, und zwar sowohl Heilung als auch Krankheit und Tod bewirken könnten.[17]

Einen Unterschied zwischen guten und bösen Hexen zu machen, oder zwischen «weißer» und «schwarzer» Magie, stand nicht zur Debatte. Im Jahre 1563 wurde in Schottland der dort bestehende gesetzliche Unterschied sogar wieder aufgehoben, da man die gute Hexe für eine ebenso große Gefahr hielt wie die böse. William Perkins, ein führender Hexenjäger, erklärte, daß «die gute Hexe ein noch viel schrecklicheres und verabscheuungswürdigeres Ungeheuer sei als die böse», und «wenn jemand des gerechten Todes zu sterben hätte . . . dann müßte die gute Hexe eines tausendfältigen Todes sterben».[18] Weiterhin wurde erklärt, daß es für das Land tausendmal besser sei, wenn alle Hexen, aber besonders die guten, den Tod erleiden würden. Auch im *Hexenhammer* heißt es, daß die Hebammen wie niemand anders sonst der katholischen Kirche schadeten.

Ehrenreich und English legen in *Witches, Midwives and Nurses: A History of Women Healers (Hexen, Hebammen und Krankenschwestern)* dar, daß die Kirche ihren Angriff gegen die Hexen nicht als eine Attacke auf die Medizin, sondern auf die Magie und ihre Anwendung verstand. «Je größer die Teufelskräfte waren, mit denen sie sich selbst helfen konnten, um so unabhängiger waren sie von Gott und der Kirche und um so mehr waren sie in der Lage, ihre Kräfte gegen die Ordnung Gottes einzusetzen.» Magischer Zauber und Amulette wurden nicht etwa als wirkungslos verpönt, «aber während Gebete von der Kirche sanktioniert und kontrolliert waren, lagen magische Gesänge und Zauber außerhalb ihrer Macht und Reichweite». Es sieht so aus, als ob man Gottesheilungen von Teufelsheilungen dadurch unterscheiden konnte, daß Gott durch Priester und Ärzte heilte und nicht durch Frauen.

Als die ursprünglichen Anklagen mit der Zeit in Vergessenheit gerieten, wurden die Frauen generell des einen Verbrechens bezichtigt, nicht als Mann geboren worden zu sein. Es ging so weit, daß schließlich nur noch Frauen aus adligem Geschlecht halbwegs sicher waren.

Ungelöste Rätsel

Das Schicksal der Hexen und ihrer Praktiken ist für die Beurteilung der Imaginationskraft in der Heilkunst gleichermaßen von Interesse: Ihr Schicksal ist deswegen von Belang, weil es für immer die Einstellung der westlichen Welt Frauen und ihren imaginativen Heilmethoden gegenüber geprägt hat; ihre Praktiken sind von Bedeutung wegen ihrer Überlebenskraft und ihrer nach wie vor bestehenden Reputation.

Bei weitem nicht alle Gelehrten stimmen darin überein, daß die Frauen wirksame Arzneimittel anwendeten oder daß sie überhaupt medizinisch tätig waren. Gregory Zilboorg sichtete das vorliegende Material über die Hexen und kam zu dem Schluß, daß man die ursprünglichen Anschuldigungen gegen sie durchaus ernst nehmen sollte, daß sie wirklich «ketzerisch waren, sich in der Tat gegen die Sakramente versündigten und gegen das Kreuz rebellierten und sich vor seinem Anblick fürchteten – und obendrein waren sie natürlich geisteskrank».[19] Dieser Standpunkt wird nicht nur von der Kirche bevorzugt eingenommen – vielleicht um sich von der historischen Schuld freizusprechen –, sondern auch von modernen Psychiatern unterstützt. Niemals jedoch wird in der modernen psychiatrischen Literatur Geisteskrankheit im Zusammenhang mit dem Verhalten der Verfolger in Erwägung gezogen.

Andere Historiker, insbesondere Marvin Harris, sind der Meinung, daß es weder echte Vergehen noch echte Hexen gab und daß die Anklagen, die gegen die Frauen erhoben wurden, Vorwände seitens der Adligen waren, die dringend ein schwarzes Schaf, einen Schuldigen für die Probleme finden mußten, denen sich Europa zur Zeit der Bauernaufstände, der messianischen Bewegungen und der Reformation gegenübersah.[20]

Mary Daly, eine radikale Feministin, stellt zur Debatte, daß der Hexenwahnsinn eine sexistische Bewegung war und in dieselbe Kategorie gehört wie Wickelfüße, Klitoridektomie und unnötige verstümmelnde Eingriffe, die an Frauen in der zivilisierten Welt vorgenommen werden.[21]

Wirtschaftliche Gründe schürten den Unmut gegen die Hexen. Zunächst einmal muß man die ökonomische Bedrohung sehen, die der etablierten Ärzteschaft aus einem mit Heilern überschwemmten Arbeitsmarkt erwuchs. Durch gesellschaftliche Ächtung waren die Frauen sehr viel leichter zu treffen als die Priester. Und obwohl die Frauen viel schlechter bezahlt wurden (wenn überhaupt), sah man in ihrem überlegenen Wissen und ihrem Ruf eine große Gefahr. Außerdem hatten die angeklagten Frauen dem Gericht aus ihrem Besitz eine saftige Gebühr zu entrichten, um die Verfahrenskosten zu decken, die schon eher einem Lösegeld gleichkam, und die Hexenjäger verdienten jedesmal enorme Summen, wenn sie eine Hexe identifiziert hatten, die schließlich angeklagt wurde. Folterknechte und Scharfrichter verdienten ebenfalls nicht schlecht.[22] Und letztendlich gingen alle weltlichen Besitztümer der Hexen in den Besitz der Kirche über.

Frau und Natur

Mit dem Heraufdämmern des wissenschaftlichen Zeitalters wurde alles, was auch nur entfernt nach Irrationalität und Intuition aussah, verfemt. Die Hauptangriffsziele waren dabei Wissen und Heilkunst der Frauen, denn von jeher glaubte man, daß die Frau, die Spenderin des Lebens, auch die Hüterin der Geheimnisse des Lebens ist. Besaßen die Frauen wirklich ein so großes intuitives Wissen um die natürlichen Gesetze, daß sie den Verlauf eines Unwetters oder gar des Lebens beeinflussen konnten? Die kirchlichen Würdenträger jedenfalls waren davon überzeugt und große Teile der Bevölkerung ebenfalls.

Frau und Natur – «Mutter Natur» – wurden als eine Einheit

betrachtet, und so war es nur logisch, daß die Wissenschaft der Renaissance *beide* zwang, sich zu «entblößen» und ihr innerstes Wesen offenzulegen. (In England wurden die Frauen vor der Anhörung von den Geschworenen und anderen Anwesenden oft mehrfach vergewaltigt, ohne daß ein Wort darüber im Folterprotokoll verloren wurde. Es handelte sich um ein allgemein üblich gewordenes Verhandlungsvorspiel.) Die Natur/Frau wurde gezwungen, ihr Wissen preiszugeben.

Sir Francis Bacon, der große Empiriker, verrät dieses Ziel ganz deutlich bei der Beschreibung seiner neuen Forschungsmethode: die «unstete Natur» müsse «gejagt», «zum Dienst verpflichtet» und «versklavt» werden, das Ziel der Wissenschaft sei es, «die Geheimnisse der Natur aus ihr herauszufoltern».[23] Bacon scheint von den Verhandlungen gegen die Hexen geradezu inspiriert worden zu sein – immerhin saß er vielen Prozessen als Generalstaatsanwalt des Königs vor. Capra behauptet: «Seine Sicht von der Natur als einem Weib, aus dem die Geheimnisse mit Hilfe mechanischer Vorrichtungen herausgefoltert werden müssen, spricht Bände über die weitverbreiteten Frauenfolterungen des frühen 17. Jahrhunderts. Die Arbeit Bacons stellt deshalb ein herausragendes Beispiel für den Einfluß patriarchalischer Denkweisen auf die wissenschaftliche Denkweise dar.»[24]

Es war nicht einfach nur «Weiblichkeit» oder «das Weibliche» schlechthin, das im Hinblick auf die Rolle der Frau in Wissenschaft und Medizin in so eklatanter Weise herausgefordert wurde. Vielmehr waren es die Qualitäten, die traditionellerweise mit den Frauen in Verbindung gebracht wurden und angeblich eine Gefahr für das waren, was schließlich als die Newtonsche Weltsicht bekanntwerden sollte, das heißt das Konzept von Körper und Universum als einer großen Maschine. Für Intuition, Gefühle, Imagination und ganzheitliches Denken ist in einem Universum, bestehend aus Rädern und Zahnrädern, kein Platz. Ja, man glaubt sogar allgemein, daß die Wissenschaft ihren gegenwärtigen Stand nur erreichen konnte, weil dieser ganze «Ballast» über Bord geworfen wurde.

Und doch weist das sich zur Zeit andeutende wissenschaftliche Verständnis in den Bereichen der Physik, Biochemie und Physiologie auf etwas ganz anderes hin. Es sieht nun vielmehr so aus, als würden die verbliebenen Geheimnisse des Lebens und, auf der praktischen Seite, die erforderliche Verbesserung der Lebensbedingungen auf diesem Planeten so lange unerreichbar bleiben, bis wir eine neue Ära einläuten, die eben jene weiblichen Qualitäten als geeignet für das Erreichen wissenschaftlicher Ziele anerkennt.

Die Ächtung des schamanischen Aspekts der «weiblichen» Medizin, die zunächst wirtschaftlicher und politischer Natur war, wurde bald zu einer Notwendigkeit, da die Wissenschaft die transpersonalen Phänomene nicht zu integrieren vermochte. Sie wurden daher ignoriert, als gäbe es sie nicht. Die aktuellen Entwicklungen in der Wissenschaft deuten an, daß diese Entscheidung falsch war. In Kapitel 4 werde ich Beweismaterial für die Wirksamkeit der Imagination vorlegen, das wissenschaftlich haltbar ist und keine Zuflucht zu übernatürlichen Interpretationen zu nehmen braucht.

Die Renaissance des Paracelsus

Obwohl es für Frauen außerordentlich gefährlich war, als Heilerinnen zu wirken, war doch die Imagination, von der ihre Heilmethoden bestimmt wurden, in die Medizin der Renaissance weiterhin integriert. Vor allem durch die Arbeit von Paracelsus wurde sie mit fortschrittlichen, aber lizenzierten medizinischen Praktiken assoziiert. Er war einer der bedeutendsten Ärzte aller Zeiten, und seine Biographen bezeichnen ihn als «Sturmschwalbe der Medizin», «Luther der Medizin», «Erzscharlatan», «betrunkenen Quacksalber», «Begründer der modernen Chemie» und «wiedergeborenen Christus der Heiler». Er heilte und stritt und gab seinen Mitmenschen Stoff zum Nachdenken. Wie Osler sagte: «Er wirbelte Staub auf, wie es fünfzehn Jahrhunderte lang niemand getan hatte.»[25]

Paracelsus beging das barbarische und unverzeihliche Verbrechen, seine Vorlesungen auf deutsch, in seiner Muttersprache, abzuhalten und nicht, wie üblich, auf lateinisch. Er verbrannte den *Canon,* die Bibel der Medizin der damaligen Zeit, und meinte, daß Ärzte sich ein eigenes, unabhängiges Urteil bilden sollten und daß die Medizin durch Pflege am Krankenbett erlernt werden sollte. Seine Zeitgenossen beschimpften ihn, seine Patienten liebten und bewunderten ihn – aus gutem Grund: Das Opium mit seinen anästhesierenden Eigenschaften, aus dem Orient eingeführt, war im Kopf seines Spazierstocks versteckt, um damit die teilweise unaussprechlichen Schmerzen seiner Patienten zu lindern. Anstatt die Volksmedizin lächerlich zu machen, sprach Paracelsus mit den weisen Frauen und den Volksheilern und nutzte deren Kenntnisse für seine eigenen medizinischen Methoden, insbesondere bei der Geburtshilfe, einem Gebiet, wo die Ärzte im wahrsten Sinne des Wortes im Dunkeln tappten, da ihnen nur selten einmal ein Blick auf die Anatomie der werdenden Mutter während der Wehen und der Entbindung gestattet wurde.

Paracelsus griff jenes Thema wieder auf, das schon die alten Griechen beschäftigte: daß nämlich drei *principias* den Menschen bestimmen – das geistige, das physische und das seelische Prinzip. «Der Mensch ist sein eigener Arzt und findet die richtigen Heilpflanzen in seinem eigenen Garten. Der Arzt ist in uns selbst, und in unserer eigenen Natur liegt alles verborgen, des wir bedürfen.»[26]

Und über die Imagination sagte Paracelsus: «Der Mensch besitzt eine sichtbare und eine unsichtbare Werkstatt. Die sichtbare, das ist sein Körper, die unsichtbare, das ist seine Imagination (Geist) ... Die Imagination ist die Sonne in der Seele des Menschen ... Der Geist ist der Meister, die Imagination sein Werkzeug und der Körper das formbare Material ... Die Macht der Imagination ist ein bedeutender Faktor in der Medizin. Sie kann Krankheiten verursachen ... und heilen. Krankheiten des Körpers können mit Hilfe von Arzneien geheilt werden oder dank der Macht des Geistes, der durch die Seele wirkt.»[27]

Theoretisches über die Imagination: Prä-Descartes

Um die Theorien der vorkartesianischen Ärzte zu verstehen, muß man sich daran erinnern, daß für sie – wie auch für die schamanischen Heiler und die weisen Frauen – Vorstellungsbilder ebensosehr physiologische Wirklichkeit waren wie andere Körperfunktionen auch. Außerdem verfügten sie nicht über direkte Kenntnisse der Anatomie und Physiologie, da sie, ohne technologische Hilfsmittel zur Messung und Beobachtung, gezwungen waren, zu spekulieren. McMahon, der sich gründlich mit der Rolle der Imagination in den verschiedenen Epochen beschäftigt hat, sagt über das Glaubenssystem jener Tage: «Wenn ein inneres Bild zur Besessenheit wurde, durchdrang es den Körper, ergriff vom Herzen Besitz, klammerte sich an Sehnen und Gefäße und dirigierte das Fleisch nach seinem eigenen Gutdünken. Bald darauf wurde sein Wesen in Hautfarbe, Miene, Haltung und Gang des Opfers offenbar. Die Imagination besaß eine größere Macht als das Erlebnis selbst, daher war die Erwartung eines gefürchteten Ereignisses verhängnisvoller als das Ereignis selbst, die Angst vor dem Tod tötete mit derselben Präzision wie eine dem Körper von außen zugefügte Wunde. Eine starke Vorstellung von einer bestimmten Krankheit wie Fieber, Lähmung oder Ersticken reichte aus, um die entsprechenden Symptome hervorzurufen.»[28]

Vorkartesianische medizinische Denkweisen waren ausnahmslos holistischer Natur, und der Grundsatz der Untrennbarkeit von Geist, Körper und Seele in bezug auf die Gesundheitsfürsorge stimmte mit der bestehenden Weltanschauung überein. Als das kartesische Modell des Dualismus das herrschende Weltbild wurde – die Trennung von Geist und Körper –, war die holistische Sicht der Dinge damit logischerweise nicht mehr vereinbar. Descartes behauptete, daß es absolut nichts am Körper gäbe, das etwas mit dem Geist zu tun hätte, und umgekehrt.[29] Dies war gleichsam die Erlaubnis, den Körper zu sezieren, zu zerlegen, gründlich zu durchleuchten oder sonstwie in ihn einzudringen, ohne sich darum sorgen zu müssen, daß der Seele irgendein Schaden zugefügt wurde. Um so größerer Schaden wurde jedoch der Imagination als Heilkraft zugefügt: Sie verlor ihren Status als zentrales Moment der medizinischen Praxis.

3 Der «Schamanen-Wissenschaftler»: Vorstellungstechniken in der modernen Medizin

«Es ist das Schicksal allen Wissens, als Ketzerei zu beginnen und als Dogma zu enden.»

Thomas Huxley

Seit Ende der Renaissance und noch bis vor kurzem war die systematische Anwendung von Vorstellungstechniken nach Ansicht der etablierten Medizin eine absolute Randerscheinung. Heute können in modernen Kliniken Praktiken beobachtet werden, die Spuren schamanischen Wissens aufweisen. Die Techniken, die auf der Kraft der Vorstellungsbilder beruhen, werden selten als wesentliches Moment der «eigentlichen», der technologischen Medizin gewürdigt, doch man betrachtet sie immerhin als nützlich für das psychische Wohlbefinden des Patienten.

Damit sich die Imagination aus ihrer untergeordneten Rolle in der Medizin befreien kann und ihr der Platz zuerkannt wird, den sie im schamanischen Heilsystem eingenommen hatte, müssen zwei Dinge eintreten. Erstens muß eine solide und überzeugende Forschungsgrundlage geschafffen werden, die die Bedeutung der Imagination für die Gesundheit unterstreicht. Die Last der Beweisführung und die Verantwortung für die Forschung liegen bei denen, die die Wiedereingliederung der Imagination in das Gesundheitswesen befürworten und unterstützen, nicht bei denen, die eigentlich dem Status quo der Schulmedizin den Vorzug geben würden. Zweitens müssen jene, die mit Hilfe der Imagination heilen, auch die Sprache der Wissenschaftler sprechen und verstehen, um glaubwürdig zu sein und in die medizinische Gemeinschaft aufgenommen zu werden. Die beste Form der Medizin werden jene praktizieren, die das Beste der Schamanen mit dem Besten der Wissenschaftler zu verbinden wissen.

Dieses Kapitel beschreibt einige der Techniken, die von denen angewendet wurden, die versucht haben, beide Welten zusammenzubringen – man könnte diese Ärzte praktizierende «Schamanen-Wissenschaftler» nennen. Wo immer möglich, wird dabei für die wissenschaftliche Dokumentation der Fallbeispiele gesorgt. Diese modernen Ärzte bedienen sich der Vorstellungstechniken auf dreifache Weise: zur Diagnose, zur Therapie und als mentales Training, um Schmerzen und Ängste zu lindern, die immer mit Krankheitszuständen verbunden sind.

Der typische moderne Schamanen-Wissenschaftler sieht sich nicht als transpersonaler Heiler, sondern eher als Lehrer und Führer; jede Heilung oder Zustandsverbesserung versteht er als aus dem Patienten selbst kommend. Verallgemeinernd kann man sagen, daß sie die präverbalen Heilungsgedanken als eine natürliche, aber oft verschüttete menschliche Fähigkeit betrachten.

Das innere Bild als Bestandteil der Gesundheitsvorsorge

Ehe ich die besonderen Mittel und Wege der praktischen Anwendung von Vorstellungstechniken erläutere, möchte ich die Rolle betonen, die die Imagination stillschweigend selbst in den orthodoxesten medizinischen Therapien des Westens spielt. Man mag ihm die Anerkennung versagen, es manipulieren oder systematisch nutzen – das innere Bild ist da, und es ist von entscheidender Bedeutung für die Gesundheit. Vorstellungsbilder sind nicht nur ein ganz natürlicher Begleitumstand der Heilung, sondern spielen bei jeder Interaktion zwischen Ärzten, Pflegepersonal und Patient eine Rolle.

Wenn Körperempfindungen bewußt werden, und besonders wenn sie alarmierender Art sind, entsteht das Bild einer inneren Landschaft. So wie die Ärzte des 15. Jahrhunderts (die keine Apparaturen hatten, um das Gehirn zu erforschen, Knochen zu röntgen oder die Zusammensetzung des Blutes zu bestimmen), so formen auch wir geistige Bilder aufgrund einer Art kognitiver Einschätzung der Symptome. Beschäftigen wir uns kurz mit einer ziemlich vertrauten Situation, wo relativ harmlose Symptome zu Anzeichen nahenden Verderbens werden – als Ergebnis unserer allzu lebhaften Imagination:

«Na, ich spüre so ein Kratzen im Hals, das war vorhin noch nicht da. Was das wohl zu bedeuten hat? Ob ich eine Erkältung kriege? Ich erinnere mich, als ich das letzte Mal eine hatte, fühlte ich mich genauso, bevor mein Hals völlig zu war. Ich werde lieber mal nachsehen lassen.» An diesem Punkt konzentrieren wir uns normalerweise sehr intensiv auf die Empfindung, lokalisieren sie, stellen fest, wie unangenehm das Gefühl wirklich ist, und schätzen die Situation ein. «Na ja, es tut nicht richtig weh, aber irgend etwas muß es ja bedeuten.» Und schon versuchen wir, die Sache anders zu erklären. «Vielleicht hab ich ja gestern einfach nur zu lange in diesem rauchigen Zimmer gesessen. Oder ich habe mich am heißen Kaffee verbrannt. Oder es ist einfach nur das Wetter. Eine Allergie. Wahrscheinlich ist es gar nichts. (Pause.) Es könnte auch Krebs sein. Was, wenn es Krebs ist?» Hier kommt es normalerweise zu einer ganzen Lawine beängstigender Vorstellungen, die wir schnellstens zu verdrängen suchen. «Vielleicht sollte ich einfach noch einen Tag abwarten und dann nachsehen lassen.»

Nehmen wir nun an, das Kratzen wird zu einem Brennen. Die Kehle scheint sich zu verengen, Schluckbeschwerden treten auf, und Fieber hat sich eingestellt. Nichts Ungewöhnliches, aber nach drei Tagen ist immer noch keine Besserung eingetreten. Du schleppst dich zum Arzt, der dir mit seiner Stablampe routiniert in den Rachen schaut. «Hm», sagt er. Und noch einmal «Hm». Du fragst dich in deinem geschwächten und äußerst verwundbaren Zustand: «Warum sagt er bloß nichts? Ich weiß schon, er hat bei einem Erwachsenen noch nie Diphterie gesehen.» Schließlich gibt er seiner Vermutung Ausdruck: «Es sieht ganz so aus, als hätten Sie vereiterte

Mandeln.» «Dummes Zeug», denkst du, «ich wußte gar nicht, daß ich noch Mandeln habe, geschweige denn vereiterte!» Nun schaltet sich die visuelle Komponente dazu. Die letzte Eiterwunde, die du gesehen hast, war eine Eiterbeule am Nacken des Jungen, der während der Staatsbürgerkunde in der neunten Klasse vor dir saß. Du erinnerst dich genau, als sei's gestern, daß du mit wachsendem Widerwillen beobachtetest, wie sie sich rötete, wuchs, schließlich ausbrach und einen solchen Krater hinterließ, daß es Monate dauerte, bis er verheilt war. Du faßt dir an den Hals und fragst dich, welches abscheuliche Eiterstadium deine Mandeln wohl schon erreicht haben mögen.

Das Bild ergreift Besitz von dir. Die Kehle verengt sich spürbar, Speichel wird vermehrt produziert. Dein Herz flattert ängstlich. Möglicherweise wirst du nie wieder schlucken können. Vielleicht wird das verdammte Ding so groß, daß du einfach daran erstickst. Krampfhaft versuchst du, nicht daran zu denken, daß es vielleicht platzen und der Eiter auslaufen könnte. Übelkeit überfällt dich, während du die Kanten des Untersuchungstisches umklammerst. Der Arzt fährt fort: «Nichts Schlimmes, in einem oder zwei Tagen haben wir's im Griff», und greift zum Rezeptblock. Du lächelst schwach, schluckst und bemerkst leicht verwirrt, daß deine Knie ganz weich sind. Innerhalb von Sekunden bist zu zurückgekehrt – ein Fuß stand ja bereits im Grab, und nun bist du fast schon wieder genesen.

Wären die Bemerkungen des Arztes ernsterer Natur gewesen, hätte die Situation alle potentiellen Züge eines Voodootodes aufgewiesen. Vorstellungen werden so bereitwillig in ihre physische Entsprechung umgesetzt, daß Tod aufgrund einer gefürchteten Diagnose, von einem glaubwürdigen Arzt gestellt, ebenso denkbar ist wie Tod durch Zauberfluch für einen Haitianer. Solche Fälle werden von Ärzten und Medizinern schon längst nicht mehr angezweifelt.

Mein Mann machte eine seiner frühen Erfahrungen mit der mörderischen Macht der Imagination, als er Zeuge wurde, wie eine Frau, bei der die Probeexzision des Brustgewebes den Verdacht auf Krebs bestätigt hatte, innerhalb von Stunden starb. Die Familie und der Ärztestab standen fassungslos an ihrem Bett. Was war die Todesursache? Mit Sicherheit nicht der Krebs. In seinen frühen Stadien ist Krebs nicht tödlich. Es war mehr als wahrscheinlich, daß die Todesursache nie im Bericht des Leichenbeschauers auftauchen würde: Tod aufgrund zu lebhafter Vorstellungskraft. Diese Frau hatte ihre Mutter eine lange, qualvolle Zeit gepflegt – sie litt an derselben Krankheit – und sich geschworen, daß sie selbst es nie soweit würde kommen lassen. Während sie die Diagnose geistig verarbeitete, stellte der Körper seine lebenswichtigen Funktionen ein.

Andererseits kennt jeder, der mit der Welt der Medizin Kontakt hat, wenigstens eine Geschichte von einem Patienten, der vom Chirurgen wieder «zugenäht» und nach Hause geschickt wurde, um dort sterben zu können. Und einfach nicht starb! Aus irgendwelchen Gründen gibt es gelegentlich Menschen, die nicht begreifen, daß ihre Diagnose Tod heißt. Entweder weigern sie sich, zuzuhören, oder sie mißverstehen ganz einfach, was man ihnen erklärt, oder aber ihr Glaube an die heilenden Kräfte einer Operation ist so felsenfest, daß er Berge, sprich: Krankheiten, versetzt. Diese Menschen kehren einfach ins Leben zurück – bis sie Jahre später vielleicht wegen anderer Probleme wieder einmal medizinische Hilfe brauchen.

Ein Beispiel hierfür war eine Frau aus Dallas, die ins dortige Kreiskrankenhaus eingeliefert wurde. Bei der Einlieferung befand sie sich in einem komatösen Zustand, war paralysiert, und die Diagnose lautete auf schweren Gehirntumor. Ihr dreizehnjähriger Sohn hatte wochenlang versucht, sie allein zu pflegen, bis jemand die Notlage erkannte und die Ambulanz rief. Der Tumor wurde so weit wie möglich entfernt, da man aber trotzdem mit ihrem Tod rechnete, wurde weder Bestrahlung noch Chemotherapie verordnet, sondern nur – mehr aus psychologischen Gründen – eine Heilgymnastik.

Anstatt zu sterben, erholte sich diese todkranke Frau und

wurde zusehends kräftiger und munterer. Als es so aussah, als könne sie wieder nach Hause gehen, wurde ihr Biofeedback verordnet, um die Funktionsfähigkeit ihres Beins zu erhalten. Als ihre Biofeedbacktherapeutin konnte ich ihre Fortschritte eineinhalb Jahre lang beobachten. Am Ende dieses Zeitraums war auch nicht die Spur eines Tumors mehr vorhanden. Was operativ nicht hatte entfernt werden können, war von ihrem eigenen Immunsystem fein säuberlich beseitigt worden. Sie ging am Stock und mit einer kurzen Beinprothese, wenn sie in die Klinik kam. Zu Hause, wo sie sich genau auskannte, benutzte sie keines von beiden.

Obwohl ohne höhere Schulbildung, war sie eine intelligente Frau mit einem ausgeprägten Realitätssinn. Das Wort «Tumor» war für sie weder gleichbedeutend mit einem tödlichen Krebs oder einer bösartigen Geschwulst, noch war es etwas, dem nicht mit derselben Entschlossenheit begegnet werden konnte, mit der sie ihr Leben lang ihren Weg in dieser Welt verfolgt hatte. Sie war gut in den Fünfzigern und die einzige Stütze ihres Sohnes und einer invaliden Mutter. Schwierigkeiten und Probleme waren keine Fremdworte für sie. Ihre Vorstellungsbilder drehten sich um Genesung, nicht um Tod, und sie trotzte den widrigen Umständen. Als ich sie das letzte Mal sah, war sie ganz von ihrem Biogarten in Anspruch genommen und sogar schon einige Male zum Tanzen gegangen.

In der Einleitung zu Norman Cousins Buch *The Healing Heart (Der Arzt in uns selbst)* berichtet Bernard Lown über seine Erfahrungen als Herzspezialist und betont dabei, welche Macht dem Wort zukommt, das nicht nur vernichten, sondern auch heilen könne. Er verdeutlicht dies am Beispiel eines schwerkranken Patienten, dessen Herzmuskel unheilbar angegriffen war und auf keine therapeutischen Maßnahmen mehr ansprach. Während der Visite bemerkte Lown zu seinem Mitarbeiterstab, daß der Patient einen «ordentlichen Galopp» aufweise, womit ein galoppierender Herzschlag gemeint war, Anzeichen für eine ernst zu nehmende Pathologie und für gewöhnlich auch der Hinweis auf ein bevorstehendes Herzversagen. Einige Monate später kam der Patient zu einer Nachuntersuchung in die Klinik, und seine Genesung war bereits erstaunlich weit fortgeschritten. Er vertraute Dr. Lown an, er wisse, was ihm geholfen habe, er erinnere sich sogar noch genau an den Tag: «Donnerstag morgen, als Sie und ihre Leute hereinkamen, geschah etwas, das alles veränderte. Sie hörten mein Herz ab. Sie schienen mit dem Ergebnis zufrieden und teilten allen, die um mein Bett standen mit, daß ich einen ‹ordentlichen Galopp› hätte.» Also dachte sich der Gute, daß eine ziemliche Kraft in seinem Herzen stecken müsse, und im selben Augenblick wußte er, daß er nicht sterben würde.[1] Die Worte des Arztes, die dem Patienten die Vorstellung von einem robusten Pferd vermittelten, das einen kräftigen Tritt hat, waren offensichtlich für seinen neuen Gesundheitszustand verantwortlich.

Weitere Belege für die Bedeutung der Imagination in Krankheitsfällen liefern Untersuchungen, die zeigen, daß Personen, die die von der Gesellschaft und ihrer Medizin übermittelten Botschaften nicht verstehen, aus anderen Gründen sterben als jene, die sie verstehen. Ira Collerain, Pat Craig und ich führten vor kurzem anhand von Computerlisten eine Untersuchung über die Todesursachen bei geistig Behinderten und Gemütskranken in Texas über einen Zeitraum von vier Jahren durch. In dieser Gruppe kommt Krebs als Todesursache kaum vor, nur etwa 4 Prozent sterben daran, während die Todesrate in der Bevölkerung immerhin bei 15 bis 18 Prozent liegt.[2] Weitere Studien in den USA, England und Griechenland kamen zu ähnlichen Ergebnissen. Die allerneueste Untersuchung aus Rumänien bestätigt dieses Ergebnis ebenfalls: 7 Prozent der Todesfälle in einer psychiatrischen Anstalt waren auf Krebs zurückzuführen, im Vergleich zu 13 Prozent in der Bevölkerung sonst[3] (Statistisch gesehen, hätten solche Unterschiede nur einmal in tausend Fällen auftreten können.) Außerdem wurde in den Jahren von 1925–1978 nicht ein einziger Fall von Leukämie registriert.

Die medizinischen Beobachtungen aus den Anstalten, in denen diese Personen leben, legen nahe, daß sie zwar häufig Knötchen entwickeln, doch wenn dann Gewebeproben untersucht werden, stellt man fest, daß diese harmlos sind. Nachdem meine Untersuchung veröffentlicht worden war, schrieb mir ein Bestrahlungsspezialist und bestätigte meine Ergebnisse aus seiner medizinischen Erfahrung. Er arbeitete in einer neuen Krebsklinik an der Ostküste, die eröffnet worden war, um die dort lebenden geistig Behinderten zu versorgen. Er berichtete, daß zu aller Erstaunen die Klinik keineswegs ausgelastet war, weil es einfach keine krebskranken geistig Behinderten zu behandeln gab.

Seit 1976 wurde eine ganze Reihe von Untersuchungen veröffentlicht, die zeigen, daß das Immunsystem Schizophrener sich in vieler Hinsicht von dem Nichtschizophrener unterscheidet.[4] Bestimmte Aspekte ihres Immunsystems scheinen leistungsfähiger zu sein, andere weniger leistungsfähig. Die Annahme einer biochemischen Grundlage, die vor Krebs und anderen Immun- und Autoimmunkrankheiten schützt, negiert nicht die Möglichkeit, daß auch kognitive Faktoren mitspielen; genausowenig erklärt sie ähnliche Befunde bei geistiger Behinderung und anderen Arten geistiger Störungen.

Ist der natürliche Krankheitsverlauf ohne Todesfurcht und entsprechende Vorstellungsbilder ein anderer? Unsere Untersuchungen könnten diese Annahme nahelegen. Es stellt sich nun die ethische Frage: Wenn Menschen bereits an der Diagnose einer Krankheit sterben können, gar nicht einmal an der Krankheit selbst, sollte man sie dann nicht vielleicht über ihren Zustand im unklaren lassen? Wäre es besser, wenn Informationen unter Verschluß gehalten würden, so daß zum Beispiel nur die Chefärzte Zugang dazu hätten? Kann man eine Teilschuld an Seuchen und Plagen der Menschheit den Massenmedien und Lehrern, wie auch ich einer bin, geben, die fortwährend versuchen, ihren Mitmenschen klarzumachen, daß jeder selbst für seine Gesundheit verantwortlich sein sollte? Die Antwort lautet eindeutig: «Nein!» Diagnosen sind launische, willkürliche, kulturspezifische Etiketten, die in sich selbst sehr wenig absolute Bedeutung oder Kraft haben. Nicht die Diagnose verursacht Tod oder Genesung, sondern die damit verknüpften Erwartungen und Vorstellungsbilder. Nicht *was* den Patienten mitgeteilt wird, ist kritisch für ihre Gesundheit, sondern *wie* man es ihnen mitteilt, wie man ihnen hilft, mit der Diagnose fertig zu werden, und wie sie die Botschaft entsprechend ihrem eigenen Glaubens- und Wertesystem aufnehmen und verstehen wollen.

Meine eigenen Patienten haben es mir immer wieder klargemacht: Der Arzt ist allmächtig, wenn es um das Erzeugen von inneren Bildern geht. Völlig unabhängig von medizinischen Eingriffen können sie über Tod oder Leben entscheiden, und es ist eigentlich überflüssig zu betonen, daß die Verantwortung dafür nicht leichtgenommen werden darf. Und dennoch scheint das oft der Fall zu sein.

Eine meiner Patientinnen war eine achtunddreißigjährige Frau mit Brustkrebs. Der erste Chirurg, den sie konsultiert hatte, riet ihr, «ihren Frieden mit sich und der Welt zu machen» und den Rest ihrer Tage voll auszukosten. Diese Frau war eine ausgebildete Krankenschwester und Familientherapeutin. Sie wußte, mit dieser Art von Einstellung konnte und wollte sie nicht leben. Sie beschloß daher, sich einen anderen Arzt zu suchen, einen, der ihr das Leben und nicht den Tod vor Augen führte. Sie fand einen Arzt, der sie nicht nur in ihrer Hoffnung, zu leben, unterstützte, sondern auch in der Suche nach alternativen Heilverfahren. Er sagte ihr: «Sie und ich, wir werden diese Sache zusammen in den Griff bekommen. Sie sind jung und gesund und haben alle Chancen auf der Welt, wenigstens noch vierzig Jahre zu leben.» Einfache Sätze nur, doch sie vermögen es, das furchtbare Gefühl, der Tod sei schon nah, zu vertreiben.

Der Arzt ihrer Wahl praktizierte selbst keine alternativen Heiltherapien. Er verstand auch nicht unbedingt die Technik der Vorstellungsbilder, auf die sie schwor. Er erkannte jedoch, wie wichtig sie ihr war, und unterstützte sie darin. Sie teilte ihm mit, daß sie mit Dr. Linus Pauling in Kalifornien und dessen

Kollegen in Schottland telefoniert hätte und deren Rat, eine Vitamin-C-Therapie zu beginnen, befolgen wolle. Er unterstützte sie dabei genauso wie bei der darauffolgenden hochtoxischen Chemotherapie, die außer Haarausfall keine der sonst üblichen Nebenwirkungen verursachte. Eine zweite, «prophylaktische» Mastektomie wurde angesichts ihrer chronischen Brusterkrankung mit erhöhtem Krebsrisiko angeraten. Sie stimmte zu, und in nur drei Tagen war sie völlig wiederhergestellt. Arzt und Patientin blieben auch weiterhin Partner in dem gemeinsamen Bemühen um Heilung, und niemals machte er auch nur eine Andeutung, daß sie vielleicht all ihren Anstrengungen zum Trotz der Krankheit unterliegen könnte.

Vorstellungsbilder werden auch durch Statistiken ausgelöst, wie sie zum Beispiel von der American Cancer Society, dem National Cancer Institute und von öffentlich finanzierten Forschungsprojekten veröffentlicht werden. Fast immer fragen Patienten, deren Diagnose auf Krebs lautet: «Wie lange habe ich noch?» Zunächst einmal ist das keine faire Frage; kein Mensch kann sie beantworten. Und zweitens müssen Antworten sehr sorgfältig formuliert werden, um der Wahrheit so nahe wie möglich zu kommen. Der für gewöhnlich angegebene Zeitraum wird von der durchschnittlichen Lebenserwartung oder einem Erfahrungswert abgeleitet (bis dann und dann starben 50 Prozent der Patienten und 50 Prozent überlebten), unter Berücksichtigung der speziellen Faktoren des vorliegenden Falles. «Sie haben sechs Monate, vielleicht ein Jahr...», ist eine der häufigsten Antworten. Nach meiner Erfahrung arrangieren sich Patienten mit ihrem Los in der Regel recht gut. Die Tragödie liegt darin, daß ein gewisser Spielraum um den Mittelwert herum ein völlig falsches Bild ergibt. Die zur Veröffentlichung gelangenden Statistiken werden oft unter Mitwirkung von Patienten der Wohlfahrtsämter erstellt, die sich für die Untersuchungen zur Verfügung stellen, um freie medizinische Versorgung zu erhalten. Krebskranke, die arm sind, leben nun einmal nicht so lang wie Reiche, und deshalb geben die Statistiken ein schiefes Bild.[5]

Eine meiner Patientinnen, nennen wir sie Jan, ist eine Medizinjournalistin mit großem Interesse an Immunologie und Krebsforschung. Vor nicht allzulanger Zeit entdeckte man einen Gehirntumor bei ihr und gab ihr nur noch sechs Monate. Nun, tatsächlich ist dies die durchschnittliche Lebenserwartung nach den Tabellen, die das National Cancer Institute veröffentlicht. Doch basierend auf denselben Tabellen liegt die Lebenserwartung von 38 Prozent aller Patienten ihrer Altersgruppe bei wenigstens drei Jahren, und 27 Prozent leben sogar mindestens noch zehn Jahre und haben längst den Punkt erreicht, wo sie als geheilt betrachtet werden können. Als wir uns diese Zahlen gemeinsam betrachteten, rief sie ungläubig aus: «Ich hab's geschafft!» Zuvor war sie so ängstlich geworden, daß ihre Gemütslage ihr mehr schadete als der Tumor selbst. Wegen ihrer Angst vor Anfällen bat sie um hohe Dosen Dilantin, bis sie toxisch und verwirrt war. Sie trug ein gigantisches blaues Sedativum mit sich herum, an dem sie immer dann nuckelte, wenn sie einen Anfall kommen spürte. Obwohl sie nur allzugut wußte, daß die Wirkstoffe gar nicht schnell genug ins Blut gelangen konnten, um den Anfall abzufangen, funktionierte es doch. Ihr unkontrolliertes Weinen und die schweren Depressionen waren eher auf die massive Einnahme von Valium als auf ihre eigentliche Krankheit zurückzuführen. Sie krempelte ihr Leben völlig um, wollte es «richtig» leben. Die Überbelastung durch so viele Veränderungen, die Übermedikation und die Angst waren hoffnungslos mit den Auswirkungen des Tumors verknüpft.

Nachdem sie nun diese Statistiken kannte, begann sie, mit Unterstützung unseres Klinik-Teams, wieder wie ein gesunder Mensch zu denken und zu handeln. In nur zwei Tagen wurde ihre Sprache klar, ihr Erinnerungsvermögen besserte sich, und ein hartnäckiger Husten verschwand. Sie bestand auf einer Physiotherapie, die helfen sollte, ihren geschwächten Arm und die Hand zu stärken; außerdem verlangte sie, daß die hohen Dosen von Beruhigungs- und Schlaftabletten reduziert würden. Der Neurologe, der sie zusammen mit uns behandelte, war über ihre Fortschritte baß erstaunt: «Es ist erstaunlich, was passieren kann, wenn die Angst unter Kontrolle gebracht wird», sagte er. Wir wissen nicht, ob der Tumor ebenfalls schrumpfte, da die Gehirnwellenaufzeichnung nicht sehr präzis ausfiel. Auf alle Fälle verringerten sich die Probleme, von denen man glaubte, daß sie mit dem Tumor und den umliegenden Ödemen zu tun hätten.

Dann beschloß Jan, versuchsweise bei einem neuen medizinischen Experiment mitzumachen. Dazu wurde sie herzlich von einer wohlmeinenden Familie und einem Arzt, der von den anderen Behandlungen nichts wußte, ermutigt. Die Therapie wurde ihr als ihre einzige Hoffnung geschildert. Sie stellte sich vor, um einen Test zu absolvieren, und die Ärzte waren bereit, sie teilnehmen zu lassen. Ich machte ihr klar, wie wichtig es für sie sei, daß sie sich mit der Behandlungsmethode gründlich auseinandersetzte, Artikel darüber las, wo immer sie welche finden konnte, und den Ärzten die wichtigen Fragen über Nachbehandlung und deren Chancen, über Komplikationen etc. stellte. Ich bot ihr an, bei der Beurteilung der Unterlagen behilflich zu sein. Daraufhin rief sie in der Klinik an, wo der Arzt, der die erste Untersuchung geleitet hatte, jetzt tätig war. Ihre Hoffnung, mit ihm selbst zu sprechen, erfüllte sich nicht. Ihr Anruf wurde von einer Assistentin entgegengenommen, die selbst keine Ärztin war und Jan versicherte, sie würde sich sozusagen nur Zeit kaufen. Obwohl sie Jan nicht kannte, nichts über ihre medizinischen Befunde wußte, fuhr sie fort, mit Jan die Qualität ihres Lebens zu diskutieren und ihr in allen Einzelheiten zu schildern, wie ihr Tod aussehen würde: schmerzlos, ohne bewußte Wahrnehmung der Umgebung.

Das war eine kriminelle Handlung, wenn auch nicht böse gemeint. Wäre diese Assistentin in Jans Augen eine Autorität gewesen, hätte es für sie entsetzliche Folgen haben können. Trotzdem fiel sie in sich zusammen, nachdem sie aufgelegt hatte. Ihre Art und Weise, mit ihren Ängsten umzugehen, war es, alle nur erreichbaren Leute unseres Teams anzurufen und stundenlang über diese Ängste zu sprechen. Als sie mich am

Apparat hatte, fragte sie als erstes, ob ich irgend jemanden mit ihrer Krankheit kennen würde, der sie überlebt hatte. Es war die alte Frage, und sie kannte die Antwort, trotzdem wollte sie die «Geschichten von unerwarteten Heilungen» immer wieder hören, um damit die dunklen Wolken des Zweifels zu verjagen. Nach stundenlangem inneren Aufruhr erinnerte sie sich glücklicherweise an den Namen eines Mitarbeiters, der in der Klinik arbeitete, wo die Therapie stattfinden sollte. Nachdem sie seine Telefonnummer herausgefunden hatte, ließ sie sich versichern, daß ihr Tumor sehr klein und von jener Art sei, die gut auf die Behandlung anspräche. Das hatte ihr noch niemand gesagt, und sie traf in jenem Augenblick die Entscheidung, teilzunehmen.

Später schickte Jan einen langen Brief an die Assistentin, die sie per Ferngespräch zum Tode verurteilt hatte. Jan schrieb, sie hätte keineswegs die Absicht zu sterben, doch sollte der Tod unabwendbar sein, wäre er gewiß weder leicht noch schmerzlos, wie behauptet. Das Leben, an dem sie hing, ihre kleine Tochter, ihre Hoffnungen und Träume aufzugeben, dies alles würde sicherlich größte seelische Qualen verursachen. Ohne die immer bereiten Ansprechpartner unseres Teams und ohne ihre Entschlußkraft wäre Jan wohl schon längst gestorben – nicht am Tumor, sondern entweder aus Angst oder aus Hoffnungslosigkeit.

Der Placebo-Effekt

Immer wenn von der Imagination als Heilmethode die Rede ist, bringt irgend jemand auch den «Placebo-Effekt» ins Gespräch. *Placebo-Effekt* ist lediglich eine Umschreibung für eine physische Veränderung, die ohne jegliche bekannte oder anerkannte medizinische Intervention eintritt. Er tritt ein aufgrund von Imagination, ist jedoch nicht identisch mit ihr. Seine ständige Präsenz in medizinischen Untersuchungen über Arzneimittel und chirurgische Eingriffe sorgt für reichlich Beweismaterial im Hinblick auf den Wirkmechanismus Geist – Körper.

Der Ausdruck *Placebo* kommt aus dem Lateinischen und heißt soviel wie «Ich werde gefallen». Theoretisch eignet sich dafür jedes als harmlos und unwirksam erkannte Mittel oder Verfahren. Die Definition ist allerdings lächerlich, da absolut nichts, was man bewußt einnimmt, chemisch inaktiv ist. Jeder Gedanke wird von einer elektrochemischen Reaktion begleitet, denn der Vorgang des Denkens ist gleichbedeutend mit elektrochemischen Prozessen. Wenn man also eine Pille einnimmt und der Überzeugung ist, daß man durch sie gesund wird, wirkt sie, da in einer anderen «Umgebung» reagierend, anders, als wenn man sie für Gift halten würde. Dies ist nur eine sehr grobe Skizzierung der wirklich aufregenden Forschungsarbeiten hinsichtlich der biochemischen Wirkung von Placebos (mehr darüber in Kapitel 4). Was die Schmerzen angeht, so waren die Erkenntnisse eindeutig: Die schmerzlindernde Funktion der verabreichten Placebos liegt in ihrer Fähigkeit, die Produktion der körpereigenen, schmerzlindernden chemischen Stoffe anzuregen, der Endorphine und Enkephaline. Der aktive Mechanismus ist natürlich die Imagination des Empfängers, und die Magie steckt nicht in der Zuckertablette oder der Wasserlösung, sondern in dem Glauben, der in sie gesetzt wird.

Die Anwendung von Placebos funktioniert auch bei anderen Problemen, obwohl über die dafür verantwortlichen biochemischen Mechanismen wenig bekannt ist. Etwa 30 bis 70 Prozent der Heilungen durch Arzneimittel und chirurgische Eingriffe gehen auf das Konto von Placebos. Sogar die Heilung von verletztem Gewebe wurde durch die Verabreichung von Scheinmedikamenten vorangetrieben.[10] Ohne Zweifel ist der Placebo-Effekt zum Beispiel für die Besserung eines krankhaften Zustandes verantwortlich, wenn die falschen Medikamente verabreicht wurden, aber auch für die Wirkung der richtigen Medikamente ist er teilweise zuständig. Es verhält sich mit den Placebos wie mit den Vorstellungsbildern, der Hypnose und dem Biofeedback: Sie alle haben eine direkte Wirkung auf das

Immunsystem, ihre einzelnen Komponenten müssen jedoch noch sehr sorgfältig untersucht werden.

Man kann sagen, daß das Placebo grünes Licht für die Heilung gibt. Es ist ein Symbol, das die Imagination in wundersame biochemische Reaktionen umsetzen kann, die bislang noch immer das Verständnis der besten wissenschaftlichen Köpfe übersteigen. Der weise Arzt in uns weiß genau, wie man Schmerzen und Tumore verschwinden läßt. Er weiß, wann T-Zellen oder Histamine oder Endorphine gebraucht werden – in der richtigen Reihenfolge und in der richtigen Kombination. Das Placebo kurbelt den Prozeß lediglich an: «Fertigmachen, los!» Sicherlich werden wir den künstlichen Stimulus bald nicht mehr brauchen, und der gesamte Prozeß kann einfach willentlich ausgelöst werden.

Jerome Frank ist der Meinung, daß das Placebo seine Wirksamkeit dadurch erhält, daß es ein greifbares, fühlbares Zeichen des Arztes als Heiler ist. «In unserer Gesellschaft bestätigt der Arzt seine Macht durch die Verschreibung von Medikamenten; in einer primitiven Stammeskultur bestätigt der Schamane die seine, indem er im richtigen Augenblick ein Stück blutiges Gefieder ausspuckt.»[7] Hoffnungen und Ängste, frühere Erfahrungen, archetypische Glaubenssysteme und vor allem die Erwartungshaltung, sie alle bilden die Ausgangsbasis für Qualität und Grad der Reaktion.

Die Wirkung von Scheinmedikamenten ist experimentell ausreichend nachgewiesen, und wann immer ein neues Arzneimittel getestet wird, werden einer Gruppe von Versuchspersonen Placebos, das heißt täuschend echt aussehende Nachbildungen des betreffenden Medikaments verabreicht, um festzustellen, was wirkt: das Arzeneimittel oder die Imagination des Patienten. Im Rahmen einer solchen Untersuchung besserten sich Stimmung und Verhalten psychiatrischer Patienten, solange sie eine bestimmte Kapsel erhielten. Der «Inhalt» war unwichtig, lediglich die Kapsel zählte.[8] Die Tatsache, daß der Placebo-Effekt im Zuge Tausender von Arzneimitteluntersuchungen nachgewiesen werden konte, ist ein starker Beweis für die Bedeutung der Imagination. Das Seltsame ist nur, daß die Wissenschaftler so viele Anstrengungen unternommen haben, um ihn per Kontrolle wieder und wieder nachzuweisen, und so wenige, um herauszufinden, wie man ihn in der Gesundheitsvorsorge am vorteilhaftesten einsetzen könnte.

Die Effektivität des Placebos variiert jedoch entsprechend den daran geknüpften Erwartungen des Patienten. Im Jahr 1954 berichtete beispielsweise Volgyesi über Patienten, die mit blutenden Magengeschwüren ins Krankenhaus eingeliefert wurden. Man behandelte sie mit Wasserinjektionen und erklärte ihnen entweder, daß 1. die Injektion sie heilen werde; oder 2. die Wirksamkeit der Injektion noch nicht genau bekannt sei. 70 Prozent der ersten Gruppe zeigten positive Reaktionen, die noch ein Jahr später anhielten. In der zweiten Gruppe wurde nur bei 25 Prozent eine Verbesserung des Gesundheitszustandes registriert.[9]

Auch die aktiven Eigenschaften von Arzneimitteln können von der Imagination außer Kraft gesetzt werden. Wolf schildert den Fall einer schwangeren Frau, der man, da sie an Morgenübelkeit litt, Brechwurz verschrieb und ihr versicherte, es werde ihr helfen. Brechwurz ist ein wohlbekanntes Brechmittel und wird normalerweise angewendet, um Erbrechen zu erzeugen, wenn bestimmte Gifte mit der Nahrung aufgenommen wurden. Es wirkt eigentlich immer. Die Frau erlebte jedoch, daß ihre Übelkeit aufhörte, obwohl die Einnahme desselben Medikaments zu einem früheren Zeitpunkt und ohne die Instruktion des Arztes Erbrechen und Reizkrämpfe verursacht hatte.[10] Obwohl diese Art von Fallstudie eine Reihe wertvoller Informationen liefert, ist sie – und viele andere ebenso – moralisch zweifelhaft. Der augenblickliche Trend geht dahin, nichts zu verschweigen, über alle möglichen Nebenwirkungen ausführlich zu informieren – eine schwierige Sache bei der natürlichen Neigung vieler Patienten, stets das Schlimmste zu befürchten. Mehrere Onkologen, die ich befragte, sind der Überzeugung, daß diese neue Ehrlichkeit die Nebenwirkungen der Chemotherapie erhöht habe.

Das letzte Wort zu den Placebos kommt von Norman Cousins: «Das eigentlich Bedeutende an den Placebos ist nicht einmal so sehr das Urteil, das sie über die Wirksamkeit neuer Medikamente fällen, sondern der klare Beweis, den sie dafür erbringen, daß das, was der Geist verarbeitet, in der Körperchemie zu Veränderungen führt. Außerdem lassen diese Tatsachen vermuten, daß dieselben Bahnen und Verbindungen, die durch den Gebrauch von Placebos ins Spiel kommen, auch ohne sie aktiviert werden können. Die wichtigste Komponente ist der Glaube des Menschen. Das Vertrauen in die Fähigkeit, die eigenen Ressourcen mobilisieren zu können, ist bereits eine Wunderwaffe. In der Evolution des Menschen könnte der nächste Sprung nach vorn in seiner Fähigkeit bestehen, mit Hilfe eines neu gewonnenen Verständnisses der Chemie des Gehirns sein Selbst im Griff zu haben.»[11]

Die Bedeutung der Imagination in den verschiedenen geistigen Strömungen

Theodore X. Barber und andere Hypnotiseure behaupten, daß die Wirksamkeit der Hypnose eigentlich in den geistigen Bildern liegt, die in der Versuchsperson durch die hypnotischen Suggestionen geschaffen werden. Für Forscher und Ärzte, wie zum Beispiel Elmer und Alyce Green, Steve Fahrion und Pat Norris vom renommierten Biofeedbacklabor der Menninger Foundation, ist die Vorstellung das entscheidende Element des Lernprozesses, der durch Biofeedbacktraining zu bewußt herbeiführbaren Änderungen einer Körperfunktion führen soll. Psychotherapie, Psychosynthese und Verhaltenstherapie arbeiten mit Vorstellungsbildern, um Verhalten und Einstellung des Patienten zu verändern. Für sie alle gilt, wie auch für die schamanische Heilung, daß die Fähigkeit, Körper- oder Geistesfunktionen zu beeinflussen, in erster Linie von der Art der Vorstellungsbilder des Patienten abhängt und erst in zweiter Linie von der Imagination des Therapeuten. Anstatt dem

Patienten etwas «anzutun», agieren die Therapeuten als Führer durch die Bereiche des Bewußtseins, geben Anregungen und nutzen ihre eigenen inneren Erfahrungen als Vor-Bilder für dieses Gebiet.

Auf den nächsten Seiten und in Kapitel 5 werde ich die vielen verschiedenen Methoden nur kurz anführen. Der interessierte Leser findet über diese Themen eine Unmenge an Literatur. Die unterschiedlichen Pfade führen jedoch alle zu ein und demselben Ziel: Bei allen handelt es sich um systematische Manipulationen der Imagination – und für jeden ist das Richtige dabei. Wir wenden die inneren Bilder an zusammen mit Biofeedback, Gruppentherapie, Einzelberatung und körperlichen Übungen; Larry LeShan arbeitet in Psychotherapie und Meditation mit der Imagination; Larry Dossey und andere Ärzte erzeugen durch eine bestimmte Dialogführung Vorstellungsbilder in ihren Patienten. Joe D. Goldstritch und Dean Ornish nutzen die Kraft der Vorstellung bei Ernährungslehre, Gymnastik und anderen Programmen für Herz-Kreislauf-Kranke; Carl und Stephanie Simonton verwendeten als erste innere Bilder bei der Krebstherapie in Verbindung mit medizinischer Versorgung, Psychotherapie und einer Änderung der Lebensweise.

Autogene Techniken

Die von J. H. Schultz und Wolfgang Luthe entwickelte Technik, das «autogene Training», ist die direkte Vorläuferin der heutigen Anwendung von Visualisierung oder geleiteten Phantasien in der Medizin.

Typisch für das autogene Training sind eine Reihe abgestufter Übungen, die eine sukzessive Konzentration auf verschiedene körperliche Zustände erfordern. Sätze wie: «Mein rechter Arm ist schwer» (der für Rechtshänder verwendet wird) werden zunächst nur für kurze Zeitspannen wiederholt. Wenn der Schüler fortgeschritten ist, kommen ausführlichere Sätze hinzu, die sich mit dem Wärmegefühl in den Armen, Beinen und im Rumpf oder mit dem Abkühlen der Stirn usw. befassen. Schüler, die sich ein Jahr oder noch länger einem autogenen Training unterzogen haben, werden gelehrt, durch Konzentration bestimmte psychische oder auch physische Zustände hervorzurufen. Diese geistigen Übungen werden «Meditationen» genannt; sie unterliegen jedoch einer viel strikteren Kontrolle als die üblichen Meditationsformen. Der Schüler erhält genaue Anweisungen; so wird er zum Beispiel aufgefordert, sich bestimmte Farben in einer bestimmten Reihenfolge vorzustellen. Man bezeichnet sie besser als «gesteuerte Imagination» *(guided imagery)* und nicht als Meditation.

Regelmäßiges autogenes Training hat jedoch vieles mit den meditativen Zuständen gemeinsam. Die Übungen müssen in einem ruhigen Raum bei gedämpftem Licht stattfinden, wobei die Kleidung gelöst, der Körper entspannt und die Augen geschlossen sein sollen. Der Schüler liegt auf dem Rücken, lehnt sich in einen Sessel zurück oder sitzt in lässiger Haltung auf einem Hocker.

Schultz und Luthe führten das autogene Training in Krankenhäusern und Kliniken Europas, vielen Teilen Asiens, Australiens und Kanadas ein. In den letzten Jahren hat das autogene Training auch in den Vereinigten Staaten begonnen, Interesse zu wecken, insbesondere seitdem man es mit dem Biofeedback-Training kombiniert.

Autogenes Training wurde bei akuten wie bei chronischen Krankheiten erfolgreich eingesetzt, einschließlich Asthma, Kopfschmerzen, Diabetes, Arthritis, Schmerzen im unteren Teil des Rückens oder Rückgrates, Gastritis, Operationen und in der Zahnheilkunde. Weitere körperliche Veränderungen, die gemessen wurden, waren unter anderen eine positive Wirkung auf die Entwicklung der Muskulatur, Hauttemperatur, Blutzucker, Anzahl der weißen Blutkörperchen, Blutdruck, Herzfrequenz, Hormonabsonderungen und Gehirnwellenmuster.

Schultz und Luthe erkannten die Heilkraft dieser Techniken bei richtiger Anwendung, gleichzeitig waren sie sich auch der Gefahren bewußt, die falsche Visualisierungen verursachen könnten. Ein Satz beispielsweise, der in Verbindung mit der Entspannung des Solarplexus (Sonnengeflecht) gebraucht wird, lautet: «Mein Solarplexus ist ganz warm.» Sie machen unmißverständlich klar, daß dieser Satz von Personen mit Gastritis gemieden werden muß, da diese Patienten bereits an erhöhter gastrischer Motilität leiden. Das Gefühl der Wärme (das von der erhöhten Blutzufuhr herrührt) käme in diesen Fällen einer Gegenindikation gleich.

Geburt

Vorstellungsbilder werden während der Geburt systematisch eingesetzt, um verschiedene Ziele zu erreichen: Entspannung, Befreiung von Angst und Erregung, Schmerzlinderung, Sensibilisierung der Mutter für die Funktionen ihres Körpers und geistiges Training der Geburt. Die von dem englischen Arzt Grantly Dick-Read in den dreißiger Jahren vorgeschlagenen Methoden der natürlichen Geburt haben seit damals eine Reihe von Nachkömmlingen gezeugt, die alle darauf abzielen, die werdende Mutter darin zu üben, ihre Physiologie und ihre Gefühlsreaktionen auf die Schwangerschaft und die Geburt bewußt zu kontrollieren. Dick-Read glaubte, daß der exzessive Schmerz, der gemeinhin mit der Geburt verbunden wird, im Grunde das Ergebnis von Leidenslegenden ist, die von Generation zu Generation weitergegeben wurden. Die Schmerzen müßten und würden sich entscheidend reduzieren lassen, so meinte er, wenn man die Angst beseitigen und die verdrehten Vorstellungen richtigstellen könnte, die jahrhundertelang den Geburtsvorgang begleitet haben.

So begann er, der Tradition zu widersprechen und die «Gebärmutterschmerzen» in «Gebärmutterkontraktionen» umzubenennen. Er ermutigte die Väter, bei der Geburt eine aktive Rolle zu übernehmen. Es wurden Übungen entwickelt, um während des Geburtsvorgangs die Beckenmuskulatur zu entspannen. Dick-Read war der Ansicht, daß Angst eine direkte Wirkung auf die Durchblutung der Gebärmutter habe, eine Anhäufung von Abfallstoffen verursache und das sympathische Nervensystem aktiviere. Er vermutete weiterhin, daß durch eine aus Furcht aufgebaute Spannung die untere Muskulatur der Gebärmutter sich gegen den Gebärmutterhals schließen und dadurch den Geburtsvorgang aufhalten oder verlangsamen würde. Auf alle Fälle war er der Überzeugung, daß die Angst einen unnormalen und qualvollen Zustand schafft.

Dick-Read wollte, daß die Geburt für die Frau ein spirituelles, bewußtes Erlebnis würde, bei dem sie sich voll engagieren könne, ohne jedoch der Vorteile der Geburtshilfe beraubt zu sein. Heutzutage sind seine Methoden weit verbreitet und werden allgemein gut geheißen – ihm selbst wurde vom englischen National Health Service verboten, sie zu praktizieren. Wir wissen heute, wie sehr er mit seinen Annahmen bezüglich der körperlichen Auswirkungen der Angst recht hatte.

Das zweite Kapitel seines klassischen Werks *Childbirth Without Fear (Mutterwerden ohne Schmerz)*, 1942 erstmals veröffentlicht, war der Diskussion über die Bedeutung der Vorstellungen gewidmet. «Die Erinnerung oder Visualisierung eines Vorfalls vermag eine natürliche Körperfunktion mit einer Aura von Furcht oder Vergnügen zu umgeben, die so stark sein kann, daß normale Reflexe gestört werden ... Angst vor der Geburt ist also ein ernsthafter Störfaktor für die neuromuskuläre Harmonie der Wehen.»[14] Die Botschaft ist unmißverständlich: Wenn Einstellung und innere Bilder geändert werden, werden die Körperprozesse auf dramatische Weise beeinflußt und die Geburt erhält eine völlig neue Perspektive.

Russische Ärzte, die sich an der Arbeit des großen Physiologen Iwan Pawlow orientierten, näherten sich dieser Prämisse mit Hilfe seiner Idee von der konditionierten Reaktion. Reaktionen auf Reizeinwirkungen sind erlernbar oder können konditioniert werden – sie treten dann mit einiger Regelmäßigkeit auf: Aber genauso kann man sie wieder verlernen. Im konkreten Fall der Einstellung zur Geburt war man der Meinung, daß eine abgeänderte «kulturelle Information» die Reaktion selbst verändern würde. Diese Methode nannte man *Psychoprophylaxe*, was soviel heißt wie «geistige Vorsorge». Es bedeutete, daß man den Frauen beibrachte, sich auf geistiger Ebene von der Vorstellung extremen körperlichen Schmerzes abzuwenden und ihn auf diese Weise tatsächlich weniger stark zu spüren.

Im Jahr 1949 gebaren die ersten Frauen, die sich nach dieser Methode vorbereitet hatten, und erregten die Aufmerksamkeit des französischen Gynäkologen Fernand LaMaze. Er reiste nach Leningrad und war fassungslos vor Staunen, als er mitansah, wie eine Mutter während der sechsstündigen Geburt nicht nur bei vollem Bewußtsein blieb, sondern diese auch genoß (und das zur Blütezeit der starken Beruhigungsmittel). Er übernahm die Ideen der Russen, modifizierte sie, und sie verbreiteten sich als «sanfte Geburt» über ganz Europa und in Amerika. Seine Methode beruhte auf der Übung von Entspannung und regelmäßiger Atmung während der Wehen und dem Geburtsvorgang. Die konzentrierte Atmung dient einem dreifachen Zweck: Sie unterstützt die Geburt durch ausreichende Sauerstoffversorgung, sorgt für korrekte Muskelarbeit während der Kontraktionen und der Phasen dazwischen und (hierin liegt die Psychoprophylaxe) ist eine geistige Ablenkung vom Schmerz.

Eine der modernen Geburtsmethoden, die «natürliche Geburt», eine Kombination aus den Methoden von Dick-Read und LaMaze, hat bei den Frauen besonders viel Anklang gefunden. Sie hat einen feministischen, holistischen und homöopathischen Charakter. Ihre Begründerin, die Engländerin Danae Brook, sagt über den Aspekt der Psychoprophylaxe bei der Geburt: «Atmung ist Ablenkung. Wenn man die Atmung bewußt lenkt, kann man sich von den Turbulenzen im eigenen Körper loslösen. Wenn man sich ablenken will, während einen die Wehen überrollen, soll man es tun. Ähnlich wie eine Meditationstechnik vermittelt diese Art der Atmung eine Ruhe, wie sie im Zentrum eines Wirbelsturms herrscht.» Das vorbereitende Training für die natürliche Geburt beinhaltet

Wer Bücher schenkt . . .

… schenkt Wertpapiere, heißt es bei Stendhal. Denn: Bücher sind Geschenke ganz besonderer Art; sie verwelken nicht, sie zerbrechen nicht, sie veralten nicht, und sie gleichen dem Kuchen im Märchen, den man ißt und der nicht kleiner wird.

Man könnte hinzufügen, etwas prosaischer: Und sie tragen Zinsen wie ein klug angelegtes Kapital.

Wer Bücher schenkt, schenkt Wertpapiere.

Pfandbrief und Kommunalobligation

Meistgekaufte deutsche Wertpapiere - hoher Zinsertrag - bei allen Banken und Sparkassen

Verbriefte Sicherheit

gründliche Vorstellungsübungen im Hinblick auf das große Ereignis; es macht die Frauen mit ihrem Körper vertraut, damit sie in der Lage sind, «bestimmte Muskeln bewußt zu erfühlen und zu kontrollieren, vor allem jene, die während der Wehen zum Einsatz kommen, deren sich jedoch nur wenige vor der Geburt bewußt sind».[15] Die Frauen üben das Loslassen negativer Gefühle wie Schmerz, Anspannung, Scham und Verlegenheit, die während der Wehen nur dazu führen, die Schmerzen zu verstärken und den Vorgang zu behindern. Während der Trainingsstunden sitzen die Frauen mit gespreizten Beinen, laut grunzend und stöhnend, da. Wenn sich eine dadurch entwürdigt fühlt, wird sie ermahnt und daran erinnert, wie absurd es ist, sich wegen natürlicher Funktionen zu schämen.

Im Bereich der Medizin ist das geistige Üben eines gefürchteten Ereignisses, um seine nachteiligen Wirkungen auf die Physiologie zu verringern, einer der am besten dokumentierten Aspekte über den Gebrauch der inneren Bilder. Es kann mit den mentalen Ritualen verglichen werden, in denen sich der Hochleistungssportler die vor ihm liegenden Bewegungsabläufe intensiv vorstellt.[16] Durch Übung lernt der Körper, richtig zu reagieren, wenn das tatsächliche Ereignis eintritt.

Die gründliche Vorbereitung ermöglicht es, ein Ereignis ohne unnötige Ablenkung zu erleben, und hält sowohl die Aufmerksamkeit als auch die Energie am Punkt. «Wenn Geist und Körper durch eine Erfahrung, so total wie ein Orgasmus oder eine Geburt, in eine andere Realitätsempfindung gewirbelt werden, in eine andere Dimension, sollten die Grenzen zwischen Bewußtem und Unbewußtem, dem körperlichen, fühlenden Selbst und dem intellektuellen Selbst, welches die Empfindung beurteilt, verschmelzen.»[17]

Die Forschungen, die eine gut vorbereitete Geburt für Mutter und Kind unterstützen, sind umfangreich. Bereits die reduzierte Einnahme von Schmerztabletten kann zu einem besseren Saugreflex und Puls, zu besserer Herz- und Atmungstätigkeit führen und ganz allgemein ein gesünderes und muntereres Baby sowie eine intensivere Mutter/Kind-Beziehung zur

Folge haben. Besonders in den Vereinigten Staaten sollte vermehrt nach Mitteln und Wegen gesucht werden, um die Gesundheit von Säuglingen zu fördern, da hier, laut Informationen des Statistical Office of the United Nations, eine unentschuldbar hohe Säuglingssterblichkeit zu verzeichnen ist. Im Jahr 1950 rangierten die USA unter den industrialisierten Ländern an 6. Stelle; 1973 jedoch (nach den aktuellsten Statistiken, die erst vor kurzem veröffentlicht wurden) waren sie auf den 16. Platz abgerutscht – und hinkten nicht nur hinter den auf dem medizinischen Sektor fortschrittlichen skandinavischen Ländern, sondern auch hinter Hongkong, Neuseeland und Kanada her. Irgend etwas läuft da mehr als verkehrt.[18]

Die weltweite statistische Erhebung über die Säuglingssterblichkeit, die 1973 durchgeführt wurde, zeigte, daß in den Vereinigten Staaten auf 1000 Geburten 28,3 Todesfälle von Säuglingen und Kleinkindern kommen, im Gegensatz zu Schweden mit der niedrigsten Sterberate von 9,6. Die Ursache für diese höchste Sterberate sind Zustände wie Asphyxia, Ersticken unmittelbar nach der Geburt, und Geburtsverletzungen, die immer dann vermehrt auftreten, wenn der Mutter Schmerzmittel verabreicht wurden.[19] (Nach einer unabhängigen Erhebung von Carl Haub aus dem Jahr 1980 waren die USA im Hinblick auf ihre Säuglingssterberate auf Platz 19 abgerutscht, die Zahl der Todesfälle war jedoch auf 12,5 zurückgegangen.)

Das Vorstellungsbild in der Krankenpflege

Die Anwendung von Vorstellungsbildern stieß bei den Krankenschwestern auf größtes Interesse. Sie suchen nach und sind offen für gesunde und brauchbare ärztliche Hilfsmittel, um einerseits Identität und Unabhängigkeit als Berufsgruppe zu betonen, aber auch, um die Effektivität ihrer Arbeit zu steigern. In der Krankenpflege wird das Vorstellungsbild eher als «sensorische Information» bezeichnet, obwohl die Art und

Weise der Anwendung sehr an die Methode der geleiteten Phantasien erinnert, worauf wir an anderer Stelle in diesem Kapitel noch eingehen werden.

Anerkennung gebührt in diesem Zusammenhang Jean Johnson für ihre Forschungsarbeiten auf diesem Gebiet. Sie wagte sich über die Grenzen der üblichen «Patientenerziehung» hinaus (in deren Rahmen mit dem Patienten über den medizinischen Sachverhalt der Behandlung gesprochen wird) und erörterte mit dem Patienten auch die sensorischen Aspekte der Behandlung. Die Patienten werden a priori auf eine Phantasie-Reise mitgenommen und stellen sich mit allen ihren Sinnen die Behandlung und alles, was sie sonst noch erfahren werden, vor. Menschen, die sich in medizinischer Behandlung befinden, interessieren sich zumeist primär dafür, wie ihre eigene Erfahrung aussehen könnte, und erst in zweiter Linie vielleicht auch für die technischen Details ihrer Behandlung. Als bei einigen Untersuchungen die Patienten, denen eine Gallenblasenoperation, die Entfernung eines Gipsverbandes, eine Beckenuntersuchung oder eine Endoskopie bevorstand, vorher über die sensorischen Aspekte informiert wurden, waren die Ergebnisse beeindruckend. Jene Patienten, die entsprechende Informationen erhalten hatten, reagierten im allgemeinen besser auf die Behandlung als jene in einer Kontrollgruppe, was sogar zum Teil zu erheblich kürzeren Krankenhausaufenthalten führte. Patienten, denen vor der sensorischen Information auch noch Anweisungen zur Entspannung gegeben worden waren, erzielten noch bessere Ergebnisse.[20]

Johnson und andere Anwender der sensorischen Information wählen, wenn möglich, immer Synonyme für das Wort *Schmerz* und legen viel Wert darauf, Begriffe und Konzepte im Rahmen des Wortschatzes der Patienten zu verwenden. Johnson betont außerdem, wie wichtig es sei, den Patienten vorher nicht etwa zu erzählen, daß durch die sensorische Information ihre Schmerzen vermindert oder sie nun besser mit allem fertig würden.

Die Theorie der sensorischen Information bietet eine abgemilderte Form der geleiteten Phantasien (oder gesteuerten Imagination) an, eine Version, die der Standardgesundheitsfürsorge weniger suspekt erscheint als verschiedene andere Vorstellungstechniken. Die Strategie wurde entwickelt, um den Patienten bei der Bewältigung von technologischen Behandlungsmethoden zu helfen, und je besser ein Patient damit zurechtkommt, um so kürzer oft auch die Heilphase – eine Begleiterscheinung, die bewußt heruntergespielt wird, um das System nicht zu alarmieren. Außerdem klingt «sensorische Information» nüchterner als Bezeichnungen wie «Heilungsvisualisierung», «Meditation» und «geleitete Phantasie», denen die meisten Ärzte noch immer mit allergrößtem Mißtrauen begegnen.

Bei der sensorischen Information sehen wir wieder die starke Wirkung eines vorbereiteten Geistes auf einen zu heilenden Körper. Die Wirkung geistigen Übens ist frappierend, obwohl die Erwartungshaltung, der wichtigste Aspekt der Heilung, in diesem Fall vorsätzlich außer acht gelassen wird. Auch diese Tatsache macht das Verfahren für die Ärzte akzeptabler, die, als Körperschaft, «das Vortäuschen falscher Hoffnungen» als eine Form von Quacksalberei betrachten.

Die Medizin auf der einen Seite, die vorbereitete Geburt, die sensorische Information und die gesteuerte Imagination auf der anderen haben doch alle die gleiche erzieherische Grundlage. Thomas Edison sagte einst: «Der Arzt der Zukunft wird keine Arznei verschreiben; er wird das Interesse seiner Patienten auf die Fürsorge für ihren Körper, ihre Ernährung und die Ursachen sowie die Verhütung von Krankheiten lenken.» Die Bezeichnung *Doktor* kommt vom lateinischen *doceo*, «lehren, beibringen», und erst durch unsere moderne Technologie wurde sie mit der Praxis des Tablettenverschreibens und Operierens gleichgesetzt.

Pat Heidt, Gretchen Randoph und andere Ärztinnen, die in der Methode der therapeutischen Berührung ausgebildet sind, haben die Technik des Vorstellungsbildes in ihre Arbeitsweise aufgenommen. Die therapeutische Berührung ist eine wissenschaftliche Form des Handauflegens, die von Dr. Dolores Krieger entwickelt wurde, die an der Universität von New York den Fachbereich Krankenpflege unterrichtet. Die Technik wurde zahlreichen experimentellen Analysen unterworfen, und man fand heraus, daß in Verbindung mit ihr Veränderungen in der Blutzusammensetzung und geringfügige physische Veränderungen auftraten. Die Untersuchung des therapeutischen Handauflegens hat ergeben, daß es keine blitzartigen, dramatischen Genesungswunder herbeizaubert, sondern eher eine stabilisierende, entspannende Technik darstellt, die bei der Erlangung der physiologischen Homöostasis unterstützend wirkt.[21]

Von allen Techniken, die gegenwärtig praktiziert werden, entspricht die des therapeutischen Handauflegens eindeutig am meisten der Vorstellung von transpersonalen Mechanismen bei der Heilung durch Imagination. Die ausübenden Ärzte sind darin ausgebildet, ihre eigenen Gedanken zu zentrieren und sensibel auf durch die Hände empfangene oder gesendete nonverbale Botschaften oder «Energien» zu reagieren. Blockaden, Widerstände, die die Ursache oder das Ergebnis von Krankheiten sein können, werden durch Veränderungen des den Patienten umgebenden Energiefeldes identifiziert. Die therapeutische Handauflegung soll, wie das Vorstellungsbild, ein ergänzendes, zusätzliches Werkzeug in der Krankenpflege sein, das auch heilkräftige Krankenschwestern selbständig anwenden können. Außerdem ist sie ein Bestandteil der intuitiven, «sanften» Heilmethode, die von Frauen schon immer praktiziert wird. Dr. Randolph hat das therapeutische Handauflegen und die inneren Bilder mit Biofeedbackübungen verknüpft, und Dr. Heidt hat sie in ihre Psychotherapien integriert. Die Krankenschwestern, die die verschiedenen Behandlungsmethoden kombinieren, sind der Meinung, daß sie eine wechselweise potenzierende Wirkung aufeinander haben, vor allem natürlich, weil die anderen Methoden die aktive Teilnahme des Patienten erfordern, während er bei der therapeutischen Handauflegung passiver Empfänger ist. Man glaubt jedoch, daß sie ihre Wirkung auf keinen Fall verfehlt, egal ob der Patient nun darum weiß oder nicht.

Dr. Heidt entwarf nach einer Theorie, die wir für unsere Krebspatienten entwickelt hatten,[22] ein Diagnose- und Behandlungskonzept und wendete es zusammen mit der therapeutischen Handauflegung an. Sie gab den Patienten Kassetten mit Anweisungen für die Entspannung und die geistige Reise durch ihren Körper. Sodann wurden sie gebeten, Bilder von ihrer Vorstellung der Krankheit zu zeichnen, wie sie glaubten, sich davon befreien zu können, und darüber, wie die Behandlung den Heilprozeß unterstützen könnte. Um das Ganze zu vertiefen, wurde ein Interview durchgeführt. Bei ihrer Arbeit mit den Patienten eines allgemeinen Krankenhauses fand Dr. Heidt heraus, daß das Vorstellungsbild drei wesentliche Funktionen erfüllte: 1. Es erleichterte ihr, in kürzester Zeit eine enge Beziehung zum Patienten herzustellen; 2. dem Patienten fiel es leichter, seinen Gefühlen über seine Rolle als Kranker Ausdruck zu verleihen, und 3. half es ihr, etwas über den Glauben des Patienten an seine eigene Fähigkeit, zur Heilung beizutragen, zu erfahren – Informationen, die für die Genesung lebensnotwendig sind, durch die gewöhnliche Krankengeschichte jedoch nicht herauszubekommen sind.[23]

Es war ihre Erfahrung, daß eigentlich jeder seine Geschichte einem Arzt erzählen möchte, wenn dieser Interesse dafür zeigt. «Es sieht so aus, als wollten sie dem Arzt bewußt oder unbewußt verständlich machen, wie sie ihre Krankheit ‹sehen›, um dann darauf basierend die Behandlung festzulegen.»[24]

Das Vorstellungsbild in der allgemeinen ärztlichen Praxis: Michael Samuels und Irving Oyle

Es ist nach wie vor eine Herausforderung, überzeugende Forschungsarbeit über die Anwendung des Vorstellungsbildes in der allgemeinen ärztlichen Praxis zu leisten. Zunächst einmal sind Ärzte in der Regel nicht für eine Forschungstätigkeit ausgebildet, und die wenigen, die dazu befähigt sind, haben es bisher beharrlich vermieden, sich mit der komplizierten Materie der Geist-Körper-Interaktionen zu beschäftigen. Ärzte, die sich für den Einsatz innerer Bilder in der Therapie interessieren, sind mit der Behandlung ihrer Patienten voll ausgelastet und verfügen selten über die Finanzen oder die Neigung, selbst Forschung zu betreiben. Regierungsgelder oder private Stiftungsgelder, die es den Ärzten ermöglichen würden, ihre Zeit und Kraft solchen Untersuchungen zu widmen, waren noch nie vorhanden. Eines der größten Hindernisse für ein Verständnis der Wirkung von Imagination *allein* ist, daß sie nie unabhängig von anderen Behandlungsmethoden angewendet wird, nicht einmal unabhängig von nicht-operativen und arzneilosen Therapien wie dem Biofeedback. Ergebnisse, die *nur* der Imagination zuzuschreiben wären, sind schwer zu isolieren, wenn der Patient die bestmögliche Pflege in jeder Hinsicht erhalten soll.

Es gibt mittlerweile jedoch eine ganze Reihe beliebter Gesundheitsmagazine, verfaßt von Ärzten, die über das Einmaleins der Vorstellungsbilder informieren und Anleitungen geben. Zwei dieser Ärzte, Dr. Irving Oyle und Dr. Michael Samuels, berichten über medizinische Verfahren, die mit schamanischen Traditionen arbeiten. Sie stehen damit nicht allein, aber ich habe gerade diese beiden ausgewählt, weil sie Allgemeinmediziner und keine Spezialisten auf diesem Gebiet sind und weil ihre Bücher für jedermann zugänglich und verständlich sind. Die Doktoren Dean Ornish, Tom Ferguson, Robert Swearingen, Bernard Siegel, Norman Shealy, Carl Simonton, Joe D. Goldstritch, die vielen Ärzte, die unsere Workshops besucht und über die Anwendung von Imagination in ihrer ärztlichen Praxis berichtet haben, unsere lieben Freunde, die Doktoren Larry Dossey, Edmund Tyska und Rafael Toledo – sie alle zusammen verhelfen der seit langem entthronten Imagination wieder zu ihrem Recht.

Michael Samuels, Co-Autor der Bücher *The Well Body Book (Das Körperbuch)*, *Seeing with the Mind's Eye* und *Be Well*, liefert einen wahren Schatz an Informationen über die historischen Aspekte der Imagination wie auch ihrer therapeutischen Anwendung. Er erhielt seine ärztliche Ausbildung an der New York University; er arbeitete am San Francisco Hospital, in einem Hopi-Indianer-Reservat, in einer staatlichen Gesundheitseinrichtung und in einer holistischen Klinik. Bei der Behandlung von Patienten aus den verschiedensten Bevölkerungsgruppen erschreckte ihn immer wieder der absolute Mangel an Verständnis für den eigenen Körper. Er glaubte, daß die Menschen anhand richtiger Informationen lernen könnten, für ihre Gesundheitsbedürfnisse größtenteils selbst Sorge zu tragen. Zwar schließt er keine Kompromisse hinsichtlich guter, bewährter medizinischer Verfahren, aber er hat das innere Bild zur Grundlage seiner Gesundheitserziehung und Gesundheitsfürsorge gemacht.

Samuels unterscheidet zwischen dem, was er rezeptive und programmierte Visualisierung nennt und bietet Übungen für beide Arten. An und für sich ist es der gleiche Unterschied, den ich hinsichtlich des diagnostischen und des therapeutischen Vorstellungsbildes gemacht habe. Der rezeptive Vorstellungstypus umfaßt Entspannen und Auf-Empfang-Gehen und gibt so den spontan auftretenden inneren Bildern Gelegenheit, für die Diagnose nützliche Hinweise zu geben, während das programmierte Vorstellungsbild die heilende Komponente repräsentiert. Er behauptet ferner, daß die programmierte Visualisierung durch Lektüre medizinischer, biologischer oder wissenschaftlicher Fachliteratur bestimmt werden könne, ja, sogar aus Röntgenaufnahmen und Laboruntersuchungen ableitbar wäre.

Einige von Samuels' Vorschlägen für Heil-Vorstellungen umfassen «die Auslöschung von Bakterien und Viren; die Bildung neuer Zellen, um beschädigte zu ersetzen; die Glättung rauher Flächen; die Kühlung heißer Körpergegenden; die Heilung wunder Stellen; die Entspannung verkrampfter Teile; das Abklingen von Schwellungen; Druckfreisetzung in angespannten Körpergegenden; Blutversorgung an Körperstellen, die Nährstoffe benötigen oder gereinigt werden müssen; Befeuchtung trockener Gebiete (oder die Trockenlegung feuchter Gebiete); Versorgung ermüdeter Körpergegenden mit Energie.»[25]

Zu den speziell programmierten Vorstellungsbildern gehört das folgende: Im Fall einer Virusinfektion rät Samuels, sich die Viren als kleine Flecke auf einer Tafel vorzustellen, die man dann wegwischt. Im Fall eines Knochenbruchs oder einer Schnittwunde stelle man sich einen Spalt vor, der von einem Maurer zugekleistert wird. Bei Kopfschmerzen lokalisiere man den Schmerz, stelle sich dann in seiner Nähe ein Loch im Kopf vor und atme den trüben, diffusen Schmerz dort hinaus. Bei einer Eileiterentzündung rät er, die Umgebung der Eileiter zu entspannen, sie als warm und voller Energie pulsierend zu erfühlen und sich sodann die Eileiter selbst als offen und abfließend, umgeben von gesunder, rosiger Schleimhaut, vorzustellen.[26]

Das letzte Beispiel aus Samuels' Arbeit wird als «Visualisierung der Endphase» bezeichnet. Sie beinhaltet die Visualisierung einer bereits erfolgten Heilung und umgeht so das Problem potentieller Schädigungen, die das Ergebnis eines falsch visualisierten Heilungsprozesses sein könnten. Wir müssen dieses Problem ernsthaft in Betracht ziehen: Wenn bestimmte Vorstellungsbilder zu einer entsprechenden positiven körperlichen Veränderung führen, kann es versehentlich oder aus Unachtsamkeit auch zu Schädigungen kommen (vgl. Anhang A, Beispiel für eine von Samuels' Visualisierungsübungen).

Irving Oyle ist ein Facharzt für Knochenerkrankungen, der seit über fünfundzwanzig Jahren als Hausarzt praktiziert; er ist der frühere ärztliche Leiter des Headland Healing Service, der 1971 in Bolinas, Kalifornien, gegründet wurde. Dieser Hilfsdienst war ein Projekt des Church World Interaction Committee of the Synode of the Golden Gate United Presbyterian Church. Er sollte nicht nur als Prototyp eines experimentellen Gesundheitsdienstes für eine Gemeinde mit einer größtenteils ländlichen Bevölkerung dienen, sondern auch ein Ort sein, an dem wegbereitende Versuche mit neuen Heilmethoden durchgeführt werden konnten. «Die Praxis des Headland Healing Service bestand darin, sich dem menschlichen Organismus auf der physischen, psychologischen und psychischen Ebene zu nähern und – wenn richtig ausgeführt – auf der physischen Ebene Heilung zu erzielen.»[27] Die Patienten, die sich in der Klinik meldeten, wurden von Dr. Oyle und seinem Mitarbeiterstab entsprechend wissenschaftlichen Kriterien beurteilt. Die Aufzeichnungen, so Oyle, stehen interessierten Kollegen zur Verfügung.

Oyle behauptet: «Jede Heilung ist Magie. Der indianische Heiler und der westliche Heiler haben einen gemeinsamen Nenner, nämlich das Vertrauen und die Zuversicht des Patienten sowie des Heilers. Beide müssen an die Magie glauben, sonst funktioniert es nicht. Westliche Ärzte kritzeln geheime Formeln auf ein Stück Papier und fordern den Patienten auf, es dem Orakel in der Apotheke zu geben, ein Opfer darzubringen, und dafür würde er einen magischen Heiltrank erhalten.» Keiner versteht so recht, wie die Arznei wirkt, meint er, «aber wenn beide daran glauben, funktioniert es oft».[28]

Sehr wohl wissend, daß die Magie viele Formen kennt, hat Oyle alles ausprobiert: Exorzismus, I Ging, Sonopunktur (eine Form von Akupunktur mit der Stimmgabel), Pyramidenkraft, Biofeedback, Marihuana etc. Er hat Nutzen aus der buddhistischen Lehre gezogen, von Lao Tse geborgt, Anleihen bei

Paracelsus, Maharishi Mahesch Yogi, der Quantenphysik und Rolling Thunder, dem Medizinmann, gemacht. In der Hauptsache arbeitet er jedoch mit der Imagination nach den altbekannten Methoden. Seine Heilverfahren sind mit dem Inkubationsschlaf der alten Griechen und der frühen Christen und mit schamanischen Methoden identisch. Jeder Patient kommt in eine der Genesung förderliche Umgebung und wird ermutigt, sich zu entspannen und in jenen veränderten Bewußtseinszustand einzutreten, der kurz vor dem Einschlafen liegt. In diesem Zustand tauchen Vorstellungsbilder auf, die die Diagnose enthalten und manchmal mit erstaunlichen Heilungen assoziiert werden (vgl. Anhang B, Oyles grundlegende Imaginationsübungen).

Einer von Oyles interessantesten Fällen ist eine Frau, die er Lillian nennt. Ihre Diagnose lautete auf unspezifischen Scheidenkatarrh, unspezifische Harnröhrenentzündung und chronischen Blasenkatarrh, was nichts anderes hieß, als daß die Ursache ihrer dauernden, hartnäckigen Beckenentzündung und des starken Brennens unbekannt war. Lillian begann, sich einen Strom kühlen Wassers vorzustellen, der in ihrem Becken zirkulierte, sowie verknotete Seile, die entwirrt würden. Das, was sich in ihrem unteren Rückenbereich wie ein Sack Zement anfühlte, wurde in der Vorstellung aufgelöst. Sie sagte, sie fühle sich besser; das Brennen sei noch da, aber nur noch in einem kleineren Bereich.

Eines Nachts, als Lillian zu Hause ihre Vorstellungsbilder übte, erschien ihr plötzlich ein Coyote namens Wildwood. Er riet ihr, in seiner Nähe zu bleiben und genau zu beobachten, was sich ereignen würde, da das, was sie zu sehen bekäme, in direkter Beziehung zu dem Brennen in ihrem Körper stünde. Als nächstes fühlte sie die Nähe eines Lagerfeuers und sah sich selbst als Gefangene eines feindlichen Stammes. Sie erlebte den Horror einer mehrfachen Vergewaltigung und wurde anschließend ermordet. «Im Augenblick meines Todes... erwachte ich und war wieder in meinem Körper, in meinem Zimmer, aber die Schmerzen waren vollständig verschwunden und sind seither nicht wieder aufgetreten.»[29] Oyles Patientin führte ihre Erfahrung auf ein früheres Leben zurück, obwohl sie vorher niemals an Reinkarnation geglaubt hatte. Doch was auch immer die Erklärung sein mag, ihre eigene Imagination hatte mit großer Kraft die Diagnose und Heilung ihrer Krankheit bewirkt.

Wenn die Imagination derart dramatische Ergebnisse bei allgemeinen Krankheitszuständen erzielt, fühlen sich die von der modernen Technologie, Medizin und Psychologie des 20. Jahrhunderts geprägten Fachleute für gewöhnlich aufgerufen, eine plausible Erklärung zu finden. Entweder behaupten sie, daß die Krankheit sowieso vor allem im Kopf des Patienten existierte (das heißt er/sie entweder hysterisch oder hypochondrisch oder beides war) oder daß aufgestaute Energien (für gewöhnlich sexueller Natur) durch die Therapie freigesetzt wurden. Drei weitere, häufig abgegebene Erklärungen für ungewöhnliche Heilungen sind: 1. die Medikamente haben doch noch gewirkt; 2. die Zeit war einfach reif für die Heilung und die Imagination nur zufällig, und 3. dem Patienten war eine falsche Diagnose gestellt worden. Wenn wir uns jedoch an den «rationalen» Erklärungen für solche Heilungen festhalten, haben wir unsere Wurzeln aus den Augen verloren, und es ist sehr gut möglich, daß wir auch einige aktuelle Tatsachen ignorieren.

Biofeedback: Das schamanische Selbst

Im Jahr 1975 erschien im *Journal of the American Medical Association* ein Artikel, der sich auf den «*furor therapeuticus*» bezog, der «in einem Forschungsbereich, dessen klinische Anwendungsmöglichkeiten noch nicht geklärt sind, der aber erstaunliche Heilungsaussichten aufzeigt»,[30] aufgetaucht war. Seit jener Zeit hat sich Biofeedback – der nämliche Forschungsbereich – zu einer der glaubwürdigsten medizinischen Verhaltenstechniken gemausert. In der Anwendung bei Störungen und Erkrankungen wie Migräne und Spannungskopfschmerzen, Magen- und Darmkrankheiten, dem Raynaud-Syndrom, chronischen Schmerzen, bei der Rehabilitation nach Schlaganfällen und Verletzungen und für die Verhütung und zur Linderung von vielen, durch dauernde Überbelastung bedingten Gesundheitsproblemen ist es schon längst mehr als ein bloß experimentelles Verfahren.

Die bisher veröffentlichten, ermutigenden Ergebnisse stützen die Bedeutung von Biofeedback bei der Behandlung zahlreicher Krankheitszustände. Dazu gehören Arthritis, Diabetes, Herz- und Kreislaufkrankheiten (besonders die Hypotonie), Sprachstörungen und Ohrensausen, um nur einige wenige zu nennen. Die Forschungsgrundlage ist umfassend. Biofeedback ist noch gründlicher überprüft und dokumentiert worden als die meisten ärztlichen Protokolle, einschließlich der Arzneimittel- und Operationsberichte. Von allen Heilmethoden, die mit der Imagination arbeiten, ist Biofeedback die einzige, deren Kosten von der Krankenkasse übernommen werden.

Biofeedback bezieht sich im allgemeinen auf jede Technik, die sich irgendwelcher Apparaturen bedient, um Körperfunktionen in Signale umzuwandeln. So gesehen, könnte man auch bei einer Waage oder einem Spiegel von Biofeedback sprechen. In der Regel jedoch impliziert und erfordert technisches Biofeedback den Gebrauch ausgeklügelter, hochspezialisierter Instrumente, die exakte Messungen durchführen und in Sekundenschnelle Rückmeldungen über die Gehirnwellenmuster, Muskelentladungen, Blutkreislauf, Hauttemperatur, Herzrhythmus, Blutdruck etc. liefern. Die medizinische Bedeutung von Biofeedback liegt darin, daß jede auf diese Weise meßbare Körperfunktion bis zu einem bestimmten Grad *bewußt kontrolliert oder reguliert werden kann*. Die Implikationen für die medizinische Praxis sind ungeheuer, und bislang wurde nur an der Oberfläche des eigentlichen Biofeedbackpotentials gekratzt.

Mittlerweile ist sicher deutlich geworden, daß die Menschheit nicht auf die Neuerungen der modernen Technologie warten mußte, um lernen zu können, wie man die Physiologie beeinflußt. Yogis und Schamanen haben genau dies schon immer getan, jedoch als Ergebnis jahrelanger Sammlung und ruhigen Konzentrierens auf die innere Mitte. Als Folge ihrer Disziplin sind sie in der Lage, sich vollkommen auf innere Abläufe und Ereignisse einzustimmen und sie zu kontrollieren. Die Biofeedbackapparaturen machen das Verfahren lediglich effizienter.

Die klinischen Aspekte von Biofeedback erfordern, daß der Patient lernt, «etwas» mit seinem Geist zu tun, um eine bewußte Kommunikation mit dem Körper zu erreichen. Dieses «etwas» bezieht sich nicht auf Worte, sondern auf Vorstellungsbilder, die die verschiedenen sensorischen Systeme und die Motorik (Seh- und Hörsysteme, Bewegungsgefühl und Tastsinn) beschäftigen. In Kapitel 4 werden wir sehen, daß die Vorstellungsbilder genau die Sprache sprechen, die der Körper, vor allem im Hinblick auf das vegetative Nervensystem, versteht. Die Biofeedbackinstrumente zeigen dem Patienten an, ob das innere Bild die gewünschte Wirkung hatte oder nicht, das heißt, ob die Temperatur gestiegen oder gefallen ist, die Spannung der Muskulatur oder die Gehirnwellen sich verändert haben. Biofeedback ist für jede Art des Lernens wichtig. Ohne Rückmeldung über unsere Leistung würden wir nie lernen, wie man Fahrrad fährt oder eine mathematische Aufgabe löst, geschweige denn, wie wir unsere Physiologie verändern können.

Biofeedback enthält auch schamanische Aspekte: Rituale werden durchgeführt, die Versuchsperson tritt in einen veränderten Bewußtseinszustand ein, unternimmt eine Reise in andere Realitäten und betritt einen Bereich, in dem Informationen über die Heilung zugänglich sind. Die Reise ist jedoch ausschließlich eine innere und führt nicht zur Unter- und Oberwelt der Schamanen.

Die Nutzung der Technologie auf dem Gebiet der imaginären Heilung gibt dem Schamanismus eine völlig neue Perspektive. Schon immer waren es nur wenige kühne Menschen, die

Schmerzen und Gefahren mutig die Stirn boten, sich ganz ihrer Berufung verschrieben und mit ihrer Fähigkeit der transpersonalen Heilung anderen halfen. Nun jedoch scheint es, als könnten wir mit unserem neuen Wissen über das Kommunikationssystem Körper – Geist und mit Hilfe der richtigen Übung – wie sie durch die neuen technologischen Entwicklungen möglich wird – willentlich einen veränderten Bewußtseinszustand herbeiführen und unsere eigenen Heilmechanismen in Gang setzen. Der traditionelle Heilungsschamanismus ist möglicherweise nach über 20000 Jahren überholt.

Nun spricht nicht jeder Mensch gleich gut auf die Biofeedbacktherapie an. Die Überprüfung der Gründe in den Fällen mit negativem Ergebnis deutete auf menschliche, nicht auf technologische Schwierigkeiten hin. Bei allen Diagnosen läßt sich eine durchschnittliche Erfolgsquote von etwa 60 Prozent feststellen. Die Kliniken und Laboratorien, die diese Ergebnisse ermitteln, arbeiten mit bestens ausgebildeten Ärzten und einer kombinierten Behandlungsmethode, bestehend aus Biofeedback, Patientenerziehung und Meditation. Einen Menschen einfach nur an eine Maschine anzuschließen, wird keine Resultate bringen. Der Therapeut oder behandelnde Arzt muß – wie auch der Schamane – selbst durch seine eigenen, inneren, imaginären Landschaften gereist sein, um diesen «Weg ohne Worte» lehren zu können.

Bei Untersuchung der Charakteristika jener Personen, die nicht auf Biofeedback ansprechen, ergaben sich gleich mehrere Gemeinsamkeiten: Biofeedback erfordert die Mitarbeit von hochmotivierten Personen, die bereit und fähig sind, viel Zeit und persönliche Anstrengung auf ihre Gesundheit zu verwenden – und dies ist weder einfach noch billig. Zuversicht, Glaube und Vertrauen in den Lehrer sind notwendig. Doch diese grundlegenden Voraussetzungen einmal postuliert, scheint die Fähigkeit zur Erlangung der bewußten Kontrolle über die Physiologie, wie auch jede andere Fähigkeit, in allen Bevölkerungsschichten gleichmäßig vertreten zu sein.

In einer unserer kürzlich durchgeführten Untersuchungen

wollten wir feststellen, worauf die individuellen Unterschiede bei der Erlernung der Biofeedbackmethoden beruhen, und es sieht so aus, als lägen sie an der Fähigkeit, die Imagination zu gebrauchen.[32] Menschen, die ihrer Phantasie nicht freien Lauf lassen konnten, sich selten an ihre Träume erinnerten und als eher unkreativ bezeichnet wurden – sie hatten die meisten Schwierigkeiten mit Biofeedback-Reaktionen. Diese Erkenntnisse waren bei unserer Untersuchung jedoch zufälliger Natur, da es unsere eigentliche Absicht war, Biofeedback mit den üblichen Modalitäten der Physiotherapie zu vergleichen, und zwar mit Hilfe einer Gruppe von Frauen, die an rheumatischer Arthritis litten. Durch die Anwendung von Biofeedback sollten sie hauptsächlich lernen, sich zu entspannen. Die Biofeedbackgruppe war überaus erfolgreich mit Maßnahmen, die zur Verminderung von Schmerzen, Ängsten und Schlafstörungen führten. Doch die erfreulichsten und ermutigendsten Ergebnisse stammen aus der Analyse der Senkungsgeschwindigkeit des Blutes, die erstellt wird, um die Krankheitsaktivität zu messen: Am Ende der Untersuchungsperiode waren die Blutsenkungswerte aller Biofeedback-Versuchspersonen wieder normal.

Die Frauen, die ihre Imagination einsetzen konnten, erzielten die besten Ergebnisse, besonders wenn es um die Vorstellung des gewünschten Heilungsergebnisses ging. Dies, und die allgemeinen Resultate auf diesem Sektor, lassen den Schluß zu, daß die eigentliche Funktion von Biofeedback darin liegt, die Imagination zu schulen. Als Folge davon ist dann die Kommunikation mit den Systemen des Körpers über die imaginären Bahnen möglich. Es folgen Techniken für die direkte Arbeit mit dem Vorstellungsbild.

Das Vorstellungsbild als Diagnose- und Therapieinstrument

Im Laufe des letzten Jahrzehnts haben Dr. G. Frank Lawlis und ich den Einsatz von Vorstellungsbildern in vielen verschiedenen Heilstätten erforscht und praktiziert. Die Vorstellungstechnik, so wie wir sie gebrauchen, verbindet das Verständnis des 20. Jahrhunderts von Gesundheit und Krankheit mit den alten, ehrwürdigen schamanischen Praktiken. Wir nennen unsere Technik den Körper-Geist-Vorstellungstypus. Seine Gültigkeit hat sich an Patienten mit chronischen Schmerzen, rheumatischer Arthritis, Krebs, Diabetes, schwerem orthopädischem Trauma, Verbrennungen, Alkoholismus und durch Überbelastung verursachten Störungen wie Migräne und Hypotonie sowie während des Geburtsvorgangs erwiesen. Die Arbeit wurde in Fachzeitschriften veröffentlicht, den Kollegen im Rahmen von Forumsdiskussionen vorgestellt und stand für zahlreiche, noch unveröffentlichte Dissertationen Pate. Der Körper-Geist-Vorstellungstypus unterscheidet sich von anderen durch seine Forschungsgrundlage und die besondere Betonung, die dabei auf die Physiologie gelegt wird. Er entstand aus der Überzeugung, daß die schamanischen Techniken, die der Welt seit Beginn der Geschichte als Heilmethoden gedient haben, nun nicht verdrängt werden dürfen, sondern erneuert werden sollten.

Im folgenden gebe ich allgemeine Richtlinien für den Einsatz des Vorstellungsbildes in Diagnose und Therapie. Danach soll die Anwendung des Körper-Geist-Vorstellungstypus als einer Form der geistigen Übung diskutiert werden.[33]

Vorbereitungen für die Anwendung des Vorstellungsbildes als Heilmittel

Wir raten dem zukünftigen Anwender des Vorstellungsbildes (Patient und Therapeut), sich ein solides Wissen über die Funktionsweise des Körpers im allgemeinen und den Gesundheitszustand des jeweils Betroffenen anzueignen. Physiologie, Neuroanatomie, grobe Kenntnisse der Anatomie kann man einer Reihe von allgemeinverständlichen Büchern, die es auf dem Markt gibt, entnehmen. Speziellere Informationen findet man in Fachbüchern und medizinischen Fachzeitschriften. Wenn man sich übrigens einmal mit dem Fachvokabular vertraut gemacht hat, sind auch sie für den Laien recht gut lesbar.

Es ist wichtig, sich über die neuen Behandlungsmethoden auf dem laufenden zu halten und sich gründlich mit noch im Forschungsstadium befindlichen auseinanderzusetzen. Dadurch wird sichergestellt, daß der Patient ein informierter Partner ist und fähig, selbst zu urteilen. Es ist zum Beispiel ausgesprochen hilfreich, wenn der Patient darüber Bescheid weiß, wie diese oder jene Tabletten wirken und, im Falle einer Operation, wie diese zur Heilung beitragen soll. Solche Informationen, so simpel sie auch erscheinen mögen, sind eine große Hilfe bei der Vorstellungsbildung, stärken die gegenseitige Vertrauensbasis und unterstützen die Therapie.

Für den Therapeuten ist ein tieferes Verständnis der Krankheit seines Patienten für die Anwendung des inneren Bildes von entscheidender Bedeutung. Der Krebskranke etwa ist mit vollkommen anderen Lebensumständen konfrontiert als der Infarktpatient – und aktuelle Untersuchungen deuten darauf hin, daß sie bereits vor der Erkrankung bzw. Diagnose über eine unterschiedliche Persönlichkeitsstruktur verfügten. Wissen um die Überlebenschancen und der Wunsch nach Genesung bestimmen die therapeutische Interaktion. Wenn für den Patienten ungünstige Voraussetzungen herrschen, muß eben härter gekämpft werden. Trotzdem muß die Programmierung der Vorstellungsbilder realistisch bleiben. Es gibt Dinge, die

Körper und Geist einfach noch nicht heilen können und wo auch die moderne Medizin noch nicht weitergekommen ist, wie zum Beispiel Rückenmarksverletzungen oder die fortschreitende und unwiderrufliche Zerstörung lebenswichtiger Organe, die nicht ersetzt werden können. Oft genug wird jedoch die Möglichkeit der Genesung von einer schweren Krankheit heruntergespielt. Grob geschätzt bessert sich der Zustand bei einem Drittel aller Patienten mit Krebs, rheumatischer Arthritis, Magengeschwüren, Asthma und selbst schizophrenen Symptomen.

Die nützlichsten Informationen über Krankheiten haben wir von Personen erhalten, denen eine Diagnose gestellt wurde und die dann sagen konnten, wie sie ihre Krankheit überwinden oder trotz der Krankheit ein erfülltes Leben führen wollten. Besonders aufschlußreich sind dabei die Details der eigentlichen Heilung: Wie man sie spürte, welche Empfindungen, Gedanken oder Verhaltensweisen den Heilprozeß begleiteten oder ihm vorangingen. Meine Patienten wußten mir Faszinierendes darüber zu berichten, und zumeist hatten diese Dinge mit einer besonderen geistigen Verfassung zu tun.

Ich erinnere mich an einen jungen Mann, der auf einem Baugerüst gearbeitet hatte, als ein Kran das Gerüst traf und ihn zwei Stockwerke tief hinunterschleuderte. Ein Arm wurde fast abgerissen, beide Knie waren zertrümmert, er erlitt mehrere komplizierte Brüche und eine Rückenverletzung. Für sein Überleben gab es keinen logischen Grund, außer dem einen: Er verfügte über einen stahlharten Willen. Als ich ihn fragte, wie es ihm gelungen sei, gab er zur Antwort, daß ihm klar war, daß er unbedingt seine Augen offenhalten mußte, denn wenn er bewußtlos würde, wäre es aus mit ihm. Er schaffte es tatsächlich, während der ganzen Zeit bei vollem Bewußtsein zu bleiben, bemerkte unter fürchterlichen Schmerzen, wie Blut und «weißes Zeug» aus seinem Arm flossen, und erlitt doch keinen Schock. Er konzentrierte sich ganz auf die Atmung, hielt den Atem solange wie möglich an und atmete möglichst flach aus. Ein Kumpel vom Bau half, seinen Arm zu retten, indem er an den richtigen Stellen Druck ausübte. In einer Operation, die Stunden dauerte, konnte er wieder angenäht werden und ist auch erneut funktionstüchtig. Er selbst kämpft zwar noch gegen eine allgemeine Gefühllosigkeit und in zahlreichen Situationen auch um die Aufrechterhaltung der Selbstkontrolle, die ihn gerettet hat. Dann hält er den Atem an und rüstet sich für die nächste Krise, aber er lebt.

In Berichten über spektakuläre, unverhoffte Genesungsfälle ist oft die Rede von extremer Hitzeempfindung, Prickeln, Taubheit oder Jucken im Bereich des Krankheitsherdes – Zeichen erhöhter Aktivität des Immunsystems. Manchmal erhält der Patient einen ersten Hinweis darauf, daß die Krankheit abklingt, in einem Traum oder einem traumähnlichen Zustand. Auch eine Art von «Wissen» wird als Begleiterscheinung einer erfolgreichen Behandlung genannt (das Wort «Behandlung», so wie ich es hier gebrauche, umfaßt auch nichtmedizinische Heilverfahren wie zum Beispiel religiöse Erfahrungen, Vitamintherapien, geistige Übungen und Meditation). Oft wird berichtet, daß die Behandlung ein Gefühl ruhiger und alles durchdringender Wärme und Behaglichkeit hervorruft. Manche Personen haben das Gefühl, von einem weißen Licht erfüllt zu sein, oder sehen ein weißglühendes Licht über sich schweben, kurz bevor sie ganz intensiv spüren, geheilt zu sein. Patienten, die sich außerordentlich schnell von Operationen erholen, berichten oft, daß sie während ihrer Bettlägrigkeit beachtliche geistige Arbeit geleistet hätten. Sie haben mit ihrer Imagination den Heilprozeß beschleunigt. Eine Krankenschwester, die sich beim Skifahren etliche Knochenbrüche zugezogen hatte, stellte sich zum Beispiel vor, daß diese Brüche von einem neuen Knochen überbrückt würden, und war über die Schnelligkeit ihrer Genesung selbst überrascht.

Erzählungen von Patienten über ihre Krankheit und Beschreibungen ihrer Vorstellungsarbeit enthalten meistens mehr Informationen über das Kranksein als darüber, wie sie gesund wurden oder wie es ihnen gelang, am Leben zu bleiben. Eine solche Sichtweise fesselt uns an die Welt der Schmerzen, Furcht und Ungewißheit und ist ab einem bestimmten Punkt für die Erlernung positiver Heilvorstellungstechniken eher hinderlich.

Das Vorstellungsbild als Form der Diagnose

In der Geschichte der Medizin, der schamanischen Heiltraditionen, der griechischen Tradition des Äskulap, Aristoteles und Hippokrates sowie bei den Volksheilern und den religiösen Heilern ist die Imagination immer wieder in der Diagnose eingesetzt worden. Unsere Anwendung des Vorstellungsbildes folgt diesem Beispiel.

Zunächst ist es immens wichtig, die richtige Entspannung zu erlernen, damit motorische Reaktionen, Gedanken und äußere Reizeinwirkungen nicht mit der Entstehung von inneren Bildern konkurrieren. Die Jacobsensche Methode der Entspannung (Anspannen und Entspannen eines jeden Muskels) ist für die Auslösung von Vorstellungsbildern nicht geeignet (das von mir verwendete Entspannungskonzept wird in Anhang C wiedergegeben). Zu empfehlen ist fast jede Art der Entspannung, die nicht länger als zwanzig Minuten dauert und ohne viel Worte auskommt, da beim Sprechen die linke Hirnhälfte aktiv ist und ständig um Aufmerksamkeit buhlt. In allen Heiltraditionen gibt es diesen ersten, kritischen Schritt – in einigen ist er mit mehr, in anderen mit weniger Ritualen verbunden. Wichtig ist der Ort des Ereignisses: Er sollte, wie auch das Ritual selbst, darauf ausgerichtet sein, den Glauben zu stärken, nicht die Angst zu schüren. Viel zu oft ist der Schauplatz ein Krankenhaus, eine Klinik oder ein Biofeedbacklabor – die Schreine der modernen Zivilisation. Mit ihnen werden ganz bestimmte Erwartungen und auch eine Art Kraft assoziiert. In einigen Fällen hielte ich es für empfehlenswert, für die Heilung einen Platz in der Natur aufzusuchen – einen Ort der Kraft, wie die indianischen Heiler sagen würden: den Frieden der Wüste oder die reinigende Bewegung des Meeres oder die Höhenluft und Schönheit der Berge. Stunden- oder tagelanges Verweilen in ruhiger Betrachtung, den gleichzeitigen Einsatz von Feuer, Kerzen oder Kristallen als Konzentrationsverstärker, andauerndes Trommeln oder eine besondere Art von Musik – all dies sind Wege, um sich selbst in die Tiefen des Bewußtseins gleiten zu lassen. Die für den Gesundheitszustand aufschlußreichen Vorstellungsbilder scheinen immer kurz vor dem Einschlafen oder im Traum aufzutauchen (die Anleitung für eine geistige Reise, um die einzelnen Komponenten der Krankheit und das körpereigene Abwehrsystem zu identifizieren, findet sich in Anhang D).

Beurteilung der Vorstellungsbilder

Das Ziel des Therapeuten ist es nun, einen Hintergrund vorzubereiten, nicht etwa um Vorstellungsbilder zu programmieren oder zu suggerieren, sondern um darauf das innere Wissen über die Krankheit zu projizieren, denn die Therapie beruht auf den ursprünglichen (Vor-)Ahnungen und Emotionen, auf der Kraft, die der Krankheit zugeschrieben wird, und den Verteidigungsmechanismen, die gegen sie mobilisiert werden. Da auch der präverbale Vorstellungstypus mit im Spiel ist, wird die Beurteilung der inneren Bilder außerordentlich erleichtert, wenn während der therapeutischen Interaktion so wenig wie möglich gesprochen wird. Die Patienten werden deshalb gebeten, drei Hauptbestandteile des Vorstellungsprozesses zeichnerisch darzustellen: die Krankheit, die Behandlung, das Abwehrsystem. Diese Bilder werden dann wie folgt geprüft und bewertet:

1. Die Vorstellung von der Krankheit wird nach der Lebendigkeit des Bildes beurteilt und auf Stärke und Durchsetzungsvermögen hin überprüft.
2. Die Vorstellung von der Behandlung wird auf Lebendigkeit und Effektivität des Heilungsmechanismus hin überprüft.

3. Die Vorstellung des Abwehrsystems wird auf die Lebendigkeit der Beschreibung und Effektivität ihrer Funktionsweise hin überprüft.

Der Gesamtzusammenhang dieser drei Komponenten, die Art und Weise, in der das Bild integriert wurde, und der Grad an Symbolik haben sich ebenfalls als wichtige Faktoren erwiesen. Die symbolhaften Bilder sind, im Gegensatz zu den eher realistischen oder anatomisch korrekten Bildern, die besseren Propheten für einen Heilerfolg.[34]

Einige der an das Vorstellungsbild zu richtenden Fragen mögen lauten: Wie gut kann diese Person mit ihrer Krankheit umgehen? Verdrängt oder leugnet sie den ernsten Charakter ihrer Krankheit? Stimmen die Bilder mit den medizinischen Fakten überein? Wer wird gewinnen – die Krankheit, die Behandlung oder das Abwehrsystem? Wen oder was macht dieser Mensch für eine möglicherweise eintretende Heilung verantwortlich? Gibt das Vorstellungsbild Hinweise auf einen Heilerfolg? Die Auswertung der Antworten erfordert gesunden Menschenverstand, und außerdem man muß wissen, welche Bedeutung der Betreffende den Vorstellungsbildern überhaupt beimißt.

Schamanische Weisheit ist erforderlich, wenn bei der Diagnose der Beschwerden Traumbilder miteinbezogen werden. In den Kapiteln 1 und 2 habe ich zahlreiche Beispiele dafür angeführt, wie im Verlauf der Geschichte der Medizin immer wieder Vorstellungsbilder induziert und zur Diagnose herangezogen wurden. Normalerweise ging die Diagnose jedoch über die Einschätzung und Bewertung der rein physischen Aspekte der Krankheit hinaus. Sie umfaßte unter anderem auch ein Verständnis der Krankheit im kulturellen und individuellen Kontext und die Klärung der Frage, warum diese Person einen Verlust an «persönlicher Macht» erlitten hatte, die es der Krankheit überhaupt erst ermöglichte, in den Körper einzudringen. Es mußte also eine seelische Krise vorliegen, und die mußte gefunden werden. Wir haben versucht, diese zentralen

Aspekte schamanischer Heilmethoden mit den gegenwärtigen Gesundheitskonzepten zu kombinieren.

Beispielsweise kann man sich, nachdem das diagnostische Vorstellungsbild betrachtet wurde, an die Bedeutung der Krankheit und der Symbole, die zu ihrer Beschreibung verwendet wurden, halten. Krankheiten haben eine idiosynkratische, kulturelle Bedeutung und sind individuelle Reaktionen auf eine ganz bestimmte Lebensweise. Wir fragen nach den Gründen, warum das Leben mit einem Mal weniger oder gar nicht mehr lebenswert erscheint, was die Person über ihre Belastbarkeitsgrenze hinaus erleben und ertragen mußte (das heißt die Ursachen für den Verlust an «persönlicher Macht»), und suchen nach einer Deutungsmöglichkeit für die Probleme im Rahmen des Wertesystems des Patienten. Krankheiten – und besonders schwere oder unheilbare Krankheiten – provozieren wie kein anderes Ereignis Gedanken über den Sinn des Lebens und verdienen daher, entsprechend untersucht zu werden. Die medizinische Praxis unserer Tage begeht hier grobe Unterlassungssünden.

Das Vorstellungsbild als Therapieform

Die Diskussion des «Diagnose-Bildes» ist der Beginn der Therapie. Es kann eine sehr aufschlußreiche Erfahrung sein, die Bedeutung der Krankheit aus der Perspektive des Patienten zu sehen und zu verstehen. Zum Beispiel können die Vorstellungsbilder von der Behandlung weitgehend falsch oder unklar sein. Die Idee des persönlichen Abwehrmechanismus ist möglicherweise neu, und es bedarf einiger Aufklärung über seine Natur. Die Vorstellungsbilder sollten den Fakten entsprechen, auch wenn diese symbolisch «verfremdet» sind. Eine Patientin mit rheumatischer Arthritis hatte gelesen, daß Krebskranke sich ihre weißen Blutkörperchen als weiße Ritter vorstellten. Sie fand, daß dies auch in ihrem Fall funktionieren müßte, und stellte sich gleich ganze Bataillone vor, die ihrer Arthritis den

Garaus machen sollten. Doch rheumatische Arthritis ist eine Autoimmunstörung, die sich durch Hyperaktivität der weißen Blutkörperchen verschlimmert! Personen, die an Diabetes leiden, sind oft der Meinung, daß ihr hoher Blutzuckerspiegel das Problem sei und es genüge, ihn einfach zu normalisieren. Dabei ist das eigentliche Problem ein Defekt des Transportmechanismus: Anstatt den Zucker in die Zellen zu leiten und in Energie umzuwandeln, bleibt er im Blut. Aufklärung über die Krankheit ist deshalb in diesem Stadium des Vorstellungstrainings besonders wichtig, denn die Krankheit verstehen zu lernen, ist manchmal bereits der Beginn der Genesung. Bilder und Zeichnungen aus Textbüchern, Zeitschriften, Arzneimittelwerbung und anatomische Modelle sind dabei hilfreich. Wir hatten zusätzlich das Glück, einige Zeichner zu finden, die komplizierte Sachverhalte in einfache, verständliche Bilder umsetzen können, die der Vorstellung dienlich sind.

Nun werden Anregungen zur Korrektur des Vorstellungsbildes gegeben, das ja mit den bekannten Gegebenheiten der menschlichen Anatomie in Einklang stehen muß, und Anleitungen zum Ersinnen einer imaginären Situation, in der die Krankheit sowohl durch die Behandung als auch durch die natürlichen Mechanismen angegangen wird. Personen, die mit Hilfe der Imagination ihre Gesundheit wiederherstellen, verwenden eine Menge Energie auf diesen Prozeß. Sie nehmen die Sache sehr ernst und widmen ihrem geistigen Heiltraining täglich mindestens eine halbe Stunde. Immer ist die Entspannung der erste Schritt, auf den die Vorstellungstätigkeit folgt. Die meisten empfinden dabei bestimmte Sensationen in den Körpergegenden, auf die sie sich konzentrieren. Sie «probieren» verschiedene Vorstellungsbilder aus, bis sie eines oder mehrere passende gefunden haben, und beschreiben spontane Veränderungen dieser Bilder, häufig Vorboten entscheidender physischer Veränderungen. Sie trainieren ihre Imagination beim Joggen genauso wie beim Warten an der Ampel.

Die Art von Vorstellungstypus, die ich eben beschrieben habe, verändert Körperfunktionen und Einstellungen aus

Gründen, die ich in den Kapiteln 4 bis 6 erläutern werde. Er reizt das Verantwortungsbewußtsein, und man ist bereit, die Kontrolle über die Physiologie zu erlernen. Erst aufgrund epochaler Entdeckungen auf dem Gebiet der modernen Medizin und in der Wissenschaft konnte er zum Einsatz kommen – und ist dennoch durch unser Unvermögen gehandikapt, zu begreifen, was denn nun eigentlich die Selbstheilung im Körper auslöst. Unter Berücksichtigung moderner Erkenntnisse der Physiologie können Vorstellungsbilder jedoch zu einem modernen Ritual werden, das für uns faßbar wird.

Das Vorstellungsbild als geistige Übung

Die Idee, schmerz- oder angstvolle Zustände oder Ereignisse im Geist durchzugehen, zu üben, ist eine der am ehesten akzeptierten Anwendungsmöglichkeiten der Imagination in der modernen Medizin. Wie wir bereits gesehen haben, bildet sie die Grundlage für die Methoden der natürlichen Geburt. Auf das Konto geistigen Übens gehen auch die positiven gesundheitlichen Auswirkungen, die bei Patienten beobachtet wurden, die imaginäre Reisen durch furchterregende Diagnose- und Behandlungsverfahren als Teil ihres Trainings unternommen hatten.

Es gibt Berichte, besonders über Sportler, die die physischen Auswirkungen geistigen Übens hervorragend dokumentieren. Kiester beschreibt die geistige Vorbereitung des Läufers James Robinson, der sogar die Bruchteile jeder Sekunde seines Achthundertmeterlaufs für die Olympiade mental trainierte, bis hin zum «Pfeifen des Atems und dem Knirschen unter den Füßen»,[35] in der Hoffnung, das würde den Unterschied zwischen erstem und zweitem Platz ausmachen. Robert Nideffer, einer der Sportpsychologen im olympischen Trainingslager, empfahl, nicht nur Vorstellungs- und Visualisierungsarbeit zu leisten, sondern auch den Gefühlen und Emotionen besondere Beachtung zu schenken und selbst den Bruchteil jeder Sekunde in der «Ist»-Zeit, der Realzeit, zu üben. Der Weltmeister im Kunstspringen, Greg Louganis, visualisiert seine Kopfsprünge und koordiniert jede seiner Bewegungen zum Klang von Musik und nach kinästhetischen und visuellen Stimuli. Dennis Golden, der Vorsitzende des sportwissenschaftlichen Komitees für den Tauchsport, führt seinen Tauchern immer wieder Videoaufzeichnungen vor, bis die Visualisierung ihnen zur zweiten Natur geworden ist.

Die beschriebenen Vorstellungstechniken haben zahlreiche Vorteile. Die Sportler lernen, ihre Ängste und Selbstzweifel zu überwinden, und absolvieren zugleich ein für die Koordination und die zu erbringende Höchstleistung förderliches Muskeltraining. Ein weiterer Vorteil der Übung liegt in der antrainierten Automatisierung von bestimmten Bewegungen und Reaktionen und in der ebenfalls erworbenen Fähigkeit, sich von Emotionen und anderen Ablenkungen, die die Leistung beeinträchtigen könnten, unabhängig zu machen.

Personen, für die eine Krankheit und deren Behandlung zu Herausforderungen werden, befinden sich in einer ähnlichen Lage wie Athleten, die sich dem Kampf um den Meistertitel stellen. Sie müssen alle physischen und geistigen Ressourcen mobilisieren. Normalerweise werden die Schmerzen durch Ängste noch verschlimmert – deshalb sind Mut, seelische Kraft und die Fähigkeit, dem Unbekannten gegenüberzutreten, unabdingbar. Wie nirgendwo sonst wird dies bei Patienten mit schweren Verbrennungen deutlich.

Während der vergangenen drei Jahre haben Cornelia Kenner und ich die Wirkung des Vorstellungsbildes als geistiges Training an Personen mit schweren und schwersten Verbrennungen untersucht.[36] Die Patienten, mit denen wir arbeiteten, haben mehr Schmerzen ertragen, als man für menschenmöglich halten würde. Während und unmittelbar nachdem sie sich die Verbrennungen zugezogen hatten, zeigten sie eine Tendenz dazu, ihren Geist vom Körper loszulösen. Sie berichteten häufig, daß ihr Geist zur Decke schwebte und sie, ohne emotional beteiligt zu sein, die Vorgänge unter sich verfolgen konnten. Die meisten meinten auch, daß die Behandlung, nicht die Verbrennungen das schlimmste gewesen seien.

Auf der Station, auf der wir unsere Untersuchung durchführten, gehörte – mindestens einmal am Tag – der Gang zu den Duschen oder Tanks, wo die abgestorbene Haut entfernt und die Wundtoilette vorgenommen wurde, zur Behandlung. Die Patienten bekamen dabei keine Schmerztabletten, damit sie in der Lage waren, selbst bei der Behandlung mitzuwirken. Dieser Prozedur mußten sich manche monatelang wieder und wieder unterziehen, je nach Größe und Schwere der Verbrennungen. Oft wurde uns berichtet, es habe sich angefühlt, als würde man bei lebendigem Leibe gehäutet.

Im Rahmen der Vorbereitungen für unsere Untersuchung beobachteten wir die Patienten während der Behandlung sehr aufmerksam, überwachten ihre Physiologie und sprachen mit ihnen über ihre Erfahrungen. So bemerkten wir unter anderem, daß die Temperatur ihrer Hände und Füße innerhalb von fünf Minuten, nachdem sie den Instrumentenwagen auf dem Gang gehört hatten, um 20 Prozent sank. (Der Wagen wurde von einem Mitarbeiter oder einer Krankenschwester geschoben und enthielt die Schneideinstrumente zum Wechseln der Wundverbände.) Ein derart rapider Temperaturabfall weist auf ernste Flucht- oder Kampfreaktionen bzw. eine plötzliche Aktivierung des sympathischen Nervensystems hin (vgl. Kapitel 4). Auch Blutdruck, Atmung und Herzfrequenz erhöhten sich deutlich.

Nachdem die alten Bandagen entfernt worden waren (eine äußerst schmerzhafte Prozedur, da sie an der Haut kleben), mußten alle Patienten, bis auf die am schwersten und frisch Verwundeten, den langen Gang entlang bis zu den Tanks und Duschen gehen. Bei vielen Patienten waren 25 Prozent und mehr ihrer Körperoberfläche verbrannt, deshalb war Bewegung für sie, obwohl schwierig, doch außerordentlich wichtig, da es bei längerer Bettlägrigkeit zu Blutgerinnseln kommt. Nachdem sie ins Wasser eingetaucht waren, wurden sie mit groben Bürsten abgebürstet, und große Hautfetzen wurden mit der Pinzette entfernt. Nachdem die Patienten wieder in ihren Betten lagen, mußten sie oft noch fünfzehn Minuten bis eine Stunde unbekleidet und unbedeckt warten, während die Ärzte, Medizinstudenten, Heiltherapeuten und Sozialarbeiter Visite machten. In einer solchen Situation reagiert der Körper mit intensivem Zittern, um Wärme zu erzeugen. Die Schmach und Demütigung, die die Patienten auf dieser Station erlitten, läßt sich gar nicht in Worte fassen. Die Unklarheit darüber, welche neue Behandlungsmethode nach der Visite angesetzt werden würde, war ein weiterer, beunruhigender Faktor: Transplantation, Amputation, plastische Chirurgie oder ein strafferes Programm unangenehmer, mit Schmerzen verbundener Physiotherapie. Der Visite folgte eine Ruhezeit, in der die Wunden mit schmerzlindernden antibiotischen Salben versorgt und neue Verbände angelegt wurden. Diese Patienten durchlebten unvorstellbare Schmerzzustände, und erklärlicherweise befanden sie sich in ständiger, intensiver Angst.

Das Institute of Nursing und das National Institute of Health in Washington, D. C., stimmten uns darin zu, daß unbedingt Methoden der Schmerz- und Angstkontrolle entwickelt werden sollten, die später vom Pflegepersonal auf anderen Stationen mit Verbrennungspatienten übernommen werden könnten. Für dieses Projekt wurden uns drei Jahre lang Gelder zur Verfügung gestellt. Während dieser Zeit testeten wir drei Methoden der Schmerz- und Angstkontrolle und verglichen die Ergebnisse mit denen einer nicht in Behandlung stehenden Kontrollgruppe (um sicherzugehen, daß die Resultate nicht von einer bestimmten Erwartungshaltung verfälscht wurden). Bei den Methoden handelte es sich um: 1. Entspannung; 2. eine Verbindung von Entspannung und Vorstellungsbildern; und 3. eine Kombination, bestehend aus Entspannung, Vorstellungsbildern und Biofeedback. Da die zweite Methode am erfolgreichsten war und dem zentralen Thema dieses Buches am nächsten kommt, werde ich mich in der Hauptsache auf sie konzentrieren.

Wir untersuchten vier Gruppen mit insgesamt 149 Patienten.

Im Durchschnitt waren 25 Prozent der Körperoberfläche verbrannt, wobei die meisten Patienten sowohl Verbrennungen zweiten als auch dritten Grades erlitten hatten. Zu den Parametern, die wir auswählten, um über den Erfolg unserer Methoden entscheiden zu können, gehörten die Lebenszeichen (Herzschlag, Atmung und Blutdruck); die Schmerzeinschätzung des Patienten; ein Standardangstmesser; die Menge der verabreichten Schmerz-, Beruhigungs- und Schlafmittel; die Muskelanspannung (EMG-Aufzeichnungen) und die periphere Temperatur (ein weiterer Angstmesser).

Die Patienten wurden in mehrere Gruppen aufgeteilt und entweder in einer der drei Methoden trainiert oder, wenn sie der Kontrollgruppe angehörten, nur beobachtet, aber auch ihre Reaktionen wurden gemessen. Alle Patienten nahmen an nur drei Sitzungen teil, denn unsere Zeit war knapp bemessen, da wir mit den Patienten nur kurz, nämlich vor Einsetzen der Wundtoilette (was für gewöhnlich bereits wenige Tage nach der Verletzung der Fall war), arbeiten konnten. In diesem Zeitraum konnten wir unser Training durchführen. Auch hier war die Absicht, den Angst- und Schmerzpegel vor, während und nach der Wundtoilette abzubauen.

Der Entspannungsgruppe brachte unser Heiltraining keinen besonderen Nutzen. In den beiden anderen Gruppen war eine Schmerz- und Angstreduzierung zu verzeichnen; die Hinzunahme von Biofeedback erwies sich als nicht besonders nützlich, und für einige Messungen war die Kombination Entspannung-Vorstellungsbild vorteilhafter. So gab es beispielsweise in der Gruppe, die diese Kombination übte, weniger Muskelverspannungen, und es mußten auch weitaus weniger Schmerz- und Beruhigungsmedikamente verabreicht werden als in der Gruppe, die zusätzlich noch Biofeeedback praktizierte. Wir schlossen daraus, daß es während akuter Schmerzzustände wichtiger ist, mentale Techniken zu beherrschen, mit deren Hilfe die Streßsituationen gemeistert werden können, als eine Kontrolle über Körperfunktionen auszuüben (was ja der Sinn des Biofeedbacktrainings ist).

Das verwendete Vorstellungsbild sollte eine geistige Übung mit Blick auf die Wundtoilette sein, sollte informieren, desensibilisieren, Angst abbauen und hilfreiche Anregungen zur Entspannung sowie für den Gebrauch des Geistes in schwierigen Situationen und Krisenzeiten geben. Ich sprach alle Informationen und Anweisungen auf ein Band, das von den wissenschaftlichen Mitarbeitern vorgespielt wurde, die auch die Meßergebnisse sammelten. (Das verwendete Manuskript ist in Anhang E wiedergegeben.)

Diese komplexe Studie mit ihren verschiedenen Untersuchungsgruppen und zahlreichen Meßergebnissen kann dennoch kurz und präzise zusammengefaßt werden. Sie demonstrierte die Wirksamkeit bestimmter Verhaltensmethoden bei der Handhabung und Behandlung akuter Angst- und Schmerzzustände, wobei die geistige Übung oder die Arbeit mit dem Vorstellungsbild am besten abschnitt. Unter den gegebenen Umständen wurden teilweise überraschend gute Resultate erzielt. Unsere wissenschaftlichen Mitarbeiter hatten keine therapeutische Ausbildung, die personelle Fluktuation war wegen der extremen Arbeitsbedingungen auf der Station beachtlich, und das Forschungsprojekt war so angelegt, daß eine individuelle Behandlung, die auf die Bedürfnisse eines einzelnen Patienten zugeschnitten gewesen wäre, verboten war. Die Behandlung wurde primär per Kassette vermittelt, und man sollte meinen, daß diese Methode einer persönlichen Unterweisung unterlegen wäre. Und doch waren die Patienten fähig, trotz minimaler Anleitung, ihre körperlichen Beschwerden erheblich zu verringern – ein weiterer Triumph der menschlichen Psyche.

Zusammenfassung

Zusammenfassend ist zu bemerken, daß die Heilung mit Hilfe der Imagination – lange Zeit Domäne des Schamanen – eine ungewöhnliche, neue Richtung eingeschlagen hat. Diese Fähigkeit ist nicht mehr das Privileg einiger weniger; die Entwicklungen in Wissenschaft und Technologie und Neuerungen in der medizinischen Praxis haben sie allen zugänglich gemacht. Das gemeinsame Element aller in diesem Kapitel diskutierten Techniken ist die aktive Teilnahme des Patienten. In den modernen Heilstätten wird der zu Heilende auch zum Heiler, während dem Schamanen die Rolle des Mentors zukommt.

Die Techniken und Verfahren, die sowohl die Wissenschaft als auch den Schamanismus berücksichtigen und das Wissen beider Bereiche vereinen, kommen ohne die Voraussetzung der transpersonalen Heilung aus, lehnen sie aber auch nicht ab: die Voraussetzung nämlich, daß das Bewußtsein einer Person auf die Gesundheit einer anderen einwirken kann – auf Informationskanälen, die uns noch ein Rätsel sind. Es ist auch nicht nötig, eine spirituelle Interpretation darüber, wie es zur Heilung kommt, zu akzeptieren, damit diese Techniken funktionieren. Die in den nachfolgenden Kapiteln erklärten Mechanismen untermauern das präverbale Konzept der imaginären Heilung.

Trotz der verschiedenen Grundannahmen, die den traditionellen schamanischen Methoden und den Techniken des Schamanen-Wissenschaftlers zugrunde liegen, gibt es Gemeinsamkeiten bzw. Ähnlichkeiten: Beide stützen sich in ihrem Bemühen um die Gesundheit auf eine Atmosphäre voller Vertrauen und positiver Erwartung, ein Verständnis der Krankheit im sozialen und individuellen Umfeld und den Gebrauch von kulturell sanktionierten Ritualen und Symbolen (Näheres dazu siehe Kapitel 5). Die Entmystifizierung der Heilkraft des Schamanen wurde sicherlich durch das Hinzuziehen wissenschaftlicher Erkennisse wieder aufgewogen.

4 Wissenschaft und Imagination

> «Das Gehirn ist gleichsam wie ein verzauberter Webstuhl, auf dem fortwährend sich gegenseitig aufhebende, aber immer bedeutungsvolle Muster entstehen, die, obwohl ohne Bestand, dennoch sich verändernde Harmonien, bestehend aus kleineren Mustern, bilden.»
>
> C. S. Sherrington, 1940

Nachdem wir nun die verschiedenen Formen der Heilung mit Hilfe der Imagination in Vergangenheit und Gegenwart diskutiert haben, soll jetzt das dazugehörige wissenschaftliche Material präsentiert werden, um zu zeigen, wie die Sache funktioniert.

Die Vorstellung macht es möglich

Wir gehen davon aus, daß Vorstellungsbilder auf physische Reaktionen eine direkte und eine indirekte Wirkung haben und umgekehrt ebenfalls von ihnen beeinflußt werden. Die Vorstellungsbilder können unter Beteiligung aller Sinnesorgane entstehen, aber ebensogut auch ohne entsprechenden äußeren Reiz (das heißt Lichtwellen, Schallwellen, Geruchsmoleküle) auftreten. Man nimmt an, daß die Vorstellungsbilder zwar nicht notwendigerweise identische, aber ähnliche innere Reaktionszustände auslösen wie die eigentlichen Stimuli. Bei Visualisierungserlebnissen beispielsweise ist für gewöhnlich die Sehrinde aktiviert. Die peripheren Sehbahnen, wie die Pupille, können ebenfalls beteiligt sein, müssen es aber nicht. Einige Forscher nehmen sogar an, daß das Vorstellungsbild ein besonderer Kode sein könnte und die meisten Sinnesbahnen transzendiert.[1]

Menschen mit sehr intensiven inneren Bildern erleben ebenso ausgeprägte physiologische Reaktionen. Sie werden auch «Eidetiker» genannt, das heißt, sie haben die Fähigkeit, früher Geschehenes oder Vorgestelltes so anschaulich und präzise zu vergegenwärtigen, als sei ihr Erinnerungsvermögen durch die verflossene Zeit oder auch durch Emotionen nicht im geringsten beeinträchtigt. Einer der bekanntesten Fälle, von dem Alexander Luria berichtet, war ein Mann, der seinen Herzschlag allein durch die Vorstellung, daß er renne, beschleunigen konnte, die Größe seiner Pupillen verändern konnte durch die Vorstellung bestimmter Bilder und die Reflexe seiner Ohrschnecke manipulieren konnte durch die Vorstellung von Klängen.[2]

Im Jahr 1929 führte Jacobsen vor, daß der intensive Gedanke an eine bestimmte Körperbewegung die dazugehörigen Nervenzellen (motorische Neuronen) aktiviert. Die Entladungsquote ist zwar extrem niedrig und die Muskelaktivität nur mit empfindlichen Aufzeichnungsinstrumenten wahrnehmbar. Dennoch bedeutet der Gedanke an das Schwingen eines Golfschlägers, daß die entsprechenden Muskeln tatsächlich aktiviert werden. Auf diese Art und Weise wird der Schwung bis zur Perfektion trainiert – übrigens eine gängige Übung unter Profisportlern. Die Vorstellung vom Verzehr einer Zitrone oder auch schon der Gedanke an eine vermehrte Speichelproduktion hat eine direkte Wirkung auf die Speicheldrüsen.[3]

Intensive sexuelle Phantasien oder angstbesetzte Vorstellungen werden von dramatischen physiologischen Veränderungen begleitet.[4] Physiologische Erregungszustände werden mit der Vorstellung schädlicher Reize in Verbindung gebracht, meßbar an Herzfrequenz, Muskelanspannung und Grad des Hautwiderstands.[5] In einer frühen Studie auf diesem Gebiet wurden die Versuchspersonen gebeten, im Geiste verschieden schwere Gewichte zu heben. Die Muskelanspannung nahm zu bzw. veränderte sich, je nachdem welches Gewicht der Leiter des

Experiments nannte. Größere Muskelanspannung war mit äußerst lebhaften Vorstellungsbildern verbunden.[6] Barbers Studie zeigt, daß Vorstellungsbilder Veränderungen des Blutzuckers, der Magen-Darm-Peristaltik und der Bläschenbildung bewirken können.[7] Durch die bahnbrechenden Forschungsarbeiten von Schneider und Smith und ihren Kollegen sowie von Hall wurde festgestellt, daß das Vorstellungsbild sogar in der Lage ist, Bereiche des Immunsystems zu kontrollieren.[8]

Um ein hämmerndes, pochendes Herz zu beruhigen, um den Blutdruck zu senken und ganz allgemein, um ein homöostatisches Gleichgewicht zu erzielen, stellt man sich eine angenehme Situation vor. Die Desensibilisierung, eine gängige Methode zur Behandlung von Ängsten, beruht auf der Anwendung von Vorstellungsbildern: Im Zustand *tiefer Entspannung* stellt man sich *unerfreuliche Ereignisse* vor, wodurch die Assoziation Angst = hohe physiologische Erregung «entlernt» wird. Da man annimmt, daß es unmöglich ist, in einem entspannten Zustand Furcht oder Erregung zu verspüren, glaubt man, mit der Desensibilisierung eine sichere Methode der Angst-Dekonditionierung gefunden zu haben. Hunderte von Berichten über diese Technik haben sie zu einer der am besten untersuchten und dokumentierten therapeutischen Methode und zu einem Zeugnis für die Bedeutung der Imagination beim Erlernen von Verhaltensweisen gemacht.[9]

Jordan und Lenington demonstrierten, daß intensive Vorstellungsbilder von negativen Kindheitserinnerungen Veränderungen der Herzfrequenz, der psychogalvanischen Reaktion, der Atmung und Augenbewegung hervorrufen.[10] Gary Schwartz und seine Kollegen entdeckten, daß Vorstellungen, verbunden mit Trauer, Wut oder Angst, aufgrund ihrer differierenden Herz- und Kreislaufwerte unterschieden werden konnten.[11]

Alle Untersuchungen zusammengenommen zeigen, daß Vorstellungsbilder eine direkte Wirkung auf den Körper ausüben. Diese Wirkung wird nicht nur an der Skelettmuskulatur sichtbar, sondern auch am vegetativen Nervensystem. Bestimmte Veränderungen, die das Vorstellungsbild hervorruft (Herzfrequenz, Muskeltonus), sind möglicherweise dem Atmungsapparat oder den Skelettbewegungen zuzuschreiben, die an und für sich der Kontrolle durch das Bewußtsein unterstehen. Andere Reaktionen, wie vermehrte Speichelbildung, Veränderungen im Immunsystem oder Haut- und Gefäßveränderungen, scheinen dem Vorstellungsbild über das vegetative Nervensystem direkt zugänglich zu sein.

Die Forschungsergebnisse über Vorstellungsbild und Physiologie sind wie folgt zusammenzufassen:

1. Vorstellungsbilder stehen in Beziehung zu physiologischen Zuständen.
2. Vorstellungsbilder können physiologischen Veränderungen entweder vorangehen oder ihnen folgen, was sowohl auf eine ursächliche wie auch auf eine reaktive Bedeutung hinweist.
3. Vorstellungsbilder können sowohl durch bewußte, vorsätzliche Verhaltensweisen herbeigeführt werden wie auch durch unbewußte Vorgänge (elektrische Reizung des Gehirns, traumähnliche Zustände und Träume etc.).
4. Vorstellungsbilder können als das hypothetische Bindeglied zwischen bewußter Informationsverarbeitung und physiologischer Veränderung betrachtet werden.
5. Vorstellungsbilder können sowohl das periphere als auch das vegetative Nervensystem beeinflussen.

Das Nervensystem

Unser Wissen über die Funktionsweise des menschlichen Gehirns stammt größtenteils aus den Untersuchungen verletzter Gehirne: Gehirne, die von einem Tumor oder infolge eines Schlaganfalls geschädigt sind, durch Schüsse oder Stiche verletzte oder genetisch abnorme Gehirne. Andere Informationen stammen aus der Forschungsarbeit in Tierlaboren, wo Gehirnveränderungen vorsätzlich entweder durch Zerstörung bestimmter Hirnareale, elektrische Stimulierung oder auf chemischem Weg verursacht werden. Natürlich sind diese Forschungsmethoden über Bedeutung und Funktionsweise verschiedener organischer Strukturen nicht nur moralisch fragwürdig, ihre Ergebnisse sind auch nicht ohne weiteres auf das normale oder unverletzte menschliche Gehirn zu übertragen.

Eine neue Generation von Technologen plaziert Aufzeichnungselektroden – manchmal Hunderte – überall im Gehirn und verwendet chemische Spurensuchtechniken, die den gedanklichen Prozeß bzw. die Übertragung von Gedanken buchstäblich überwachen. Wenn man dieses Verfahren auch im Hinblick auf die Imagination anwenden könnte, würde praktisch ein neues Zeitalter der Entdeckungen anbrechen. Doch auch durch eine Verbindung der existierenden Forschungszweige ist es möglich, die Bedeutung der Imagination als Bindeglied zwischen Gedankenprozeß und physischer Veränderung herauszuarbeiten.

Ehe wir den Weg des Vorstellungsbildes vom Gehirn zur Verhaltensweise verfolgen, möchte ich noch kurz das Nervensystem «vorstellen»:

Das Nervensystem ist aufgeteilt in das *zentrale Nervensystem* und das *periphere Nervensystem* (vgl. Schema S. 162/3). Das zentrale Nervensystem wird wiederum in zwei Hauptkomponenten unterteilt: *Gehirn* und *Rückenmark*. Das Mark leitet Impulse vom und zum Gehirn und ist für den Rest des Körpers der einzige Weg oder Zugang zum Gehirn.

Das Gehirn setzt sich aus zirka hundert Milliarden bis zu einer Billion Neuronen oder Nervenzellen zusammen, die in ein unterstützendes Netzwerk von Gliazellen eingebettet sind. Diese Gliazellen bilden den einzigen Zugang, den das Neuron zu den Nährstoffen des Blutes hat, und sie filtern, synthetisieren und lagern Materialien zum Verbrauch für die Neuronen. Das Gehirn ist dreigeteilt in *Vorhirn, Mittelhirn* und *Rautenhirn*. Das Vorhirn besteht aus *Telencephalon* und *Diencephalon*. Die Areale des Telencephalons, die uns hier vor allem

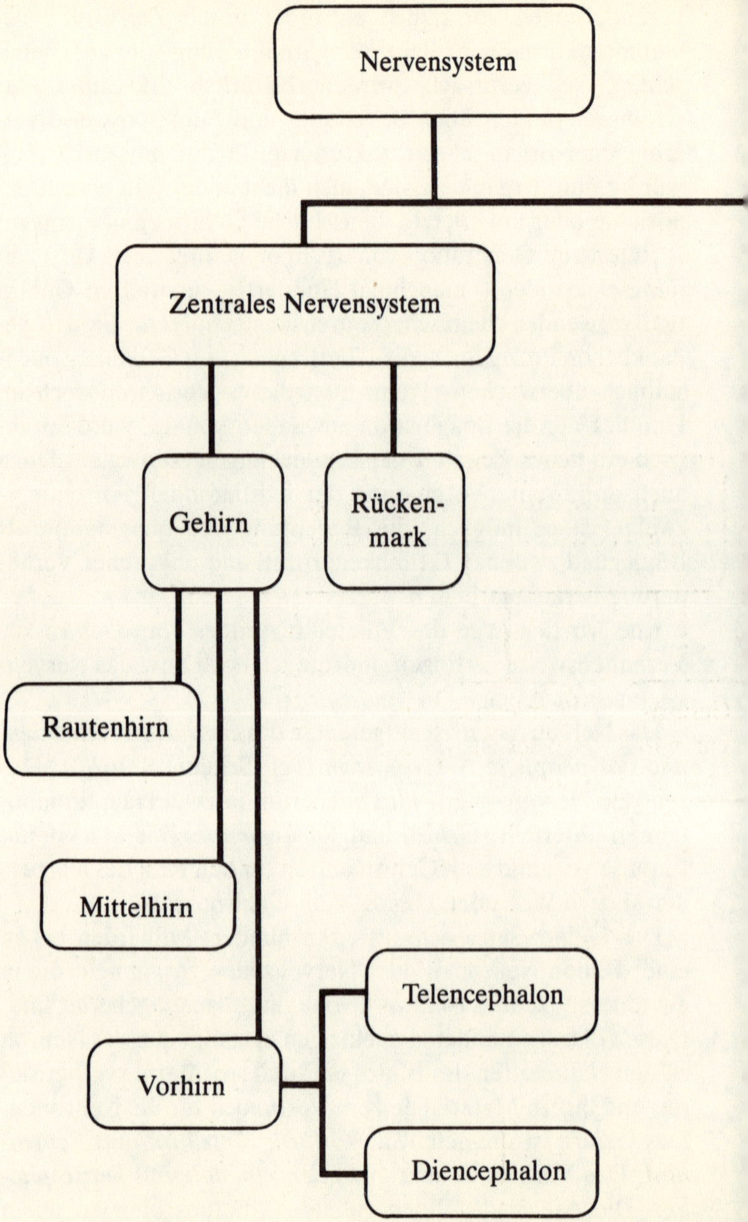
Nervensystem
Zentrales Nervensystem
Gehirn
Rücken-
mark
Rautenhirn
Mittelhirn
Telencephalon
Vorhirn
Diencephalon

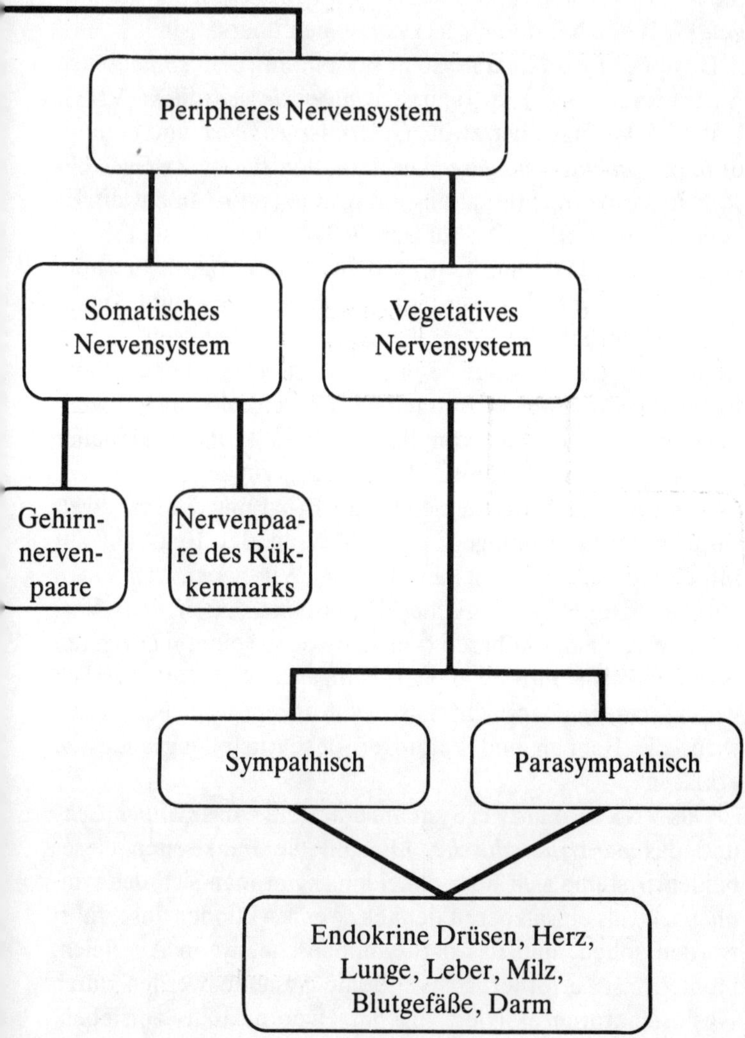
Peripheres Nervensystem
Somatisches Nervensystem
Vegetatives Nervensystem
Gehirn-nerven-paare
Nervenpaa-re des Rük-kenmarks
Sympathisch
Parasympathisch
Endokrine Drüsen, Herz, Lunge, Leber, Milz, Blutgefäße, Darm

interessieren, sind *Großhirnrinde* und *Limbisches System.* Das Diencephalon umfaßt unter anderem *Thalamus, Hypothalamus* und *Hypophyse (Hirnanhangdrüse).* Das Mittelhirn enthält die *Seh- und Hörbahnen* und Bereiche zur Muskelkontrolle. Das Rautenhirn enthält das *Kleinhirn* oder *Cerebellum,* die *Pons* (Brücken) und das *verlängerte Mark (Medulla oblongata)* – Bereiche, die mit Nervenbahnen übersät sind.

Das periphere Nervensystem besteht aus dem *somatischen Nervensystem*(SNS) und dem *vegetativen Nervensystem* (VNS). Das SNS verfügt über zwölf *Gehirnnervenpaare* und einunddreißig *Spinalnervenpaare.* Die Funktion dieses Zweiges besteht in der Aufrechterhaltung des Kontakts zur Außenwelt. Er liefert Impulse des ZNS zu den willkürlichen Muskeln, den gestreiften Skelettmuskeln, wodurch überlegte, bewußte Handlungen möglich werden. Das VNS, so glaubte man, stünde außerhalb der Kontrolle durch das Bewußtsein. Heute wissen wir, daß dies nur bedingt zutrifft. Herz, Leber, Milz, Pankreas, Eingeweide, Blutgefäße, Drüsen und das Urogenitalsystem werden alle von ihm beeinflußt und sind daher durchaus für eine bewußte Manipulation zugänglich.

Das VNS ist im allgemeinen für die Erhaltung der Innenwelt verantwortlich, wohingegen das SNS an der Reaktion auf Impulse der Außenwelt beteiligt ist. Wir haben hier einen vorgefertigten physiologischen Dualismus, der sich der Vorstellung von einer höheren (kortikal) versus einer niedrigeren (subkortikal) Kontrolle anpaßt. Natürlich ist dies ein ziemlich vereinfachtes, aber nicht falsches Konzept, welches helfen wird, die Bahnen und Leitungen des Vorstellungsbildes zu erklären.

Das VNS wird in zwei Systeme unterteilt – das *sympathische* und das *parasympathische.* Obwohl die Funktionen dieser beiden Systeme sich überschneiden, kann man sich das symphatische als einsatzbereit denken, wenn Aktionen ausgeführt werden sollen, und das parasymphatische, wenn Ausgleich, Homeostasis erforderlich ist. Beide Systeme werden durch Auslösefaktoren aktiviert, die im Hypothalamus entstehen.

Diese wiederum geben das Signal für die Produktion und Ausschüttung der Hormone in der Hypophyse und nachfolgend für die Sekretion aller endokrinen Drüsen.

Informationsübertragung

Im ZNS werden Informationen auf Faserkanälen (oder Neuronenbündeln) mit elektrochemischen Eigenschaften von einer Struktur zur anderen transportiert. Man kann sich das Neuron als einen mit Flüssigkeit gefüllten Beutel vorstellen, der einen Informationsempfangsbereich (Dendrit) und einen Sendebereich (Neurit) hat, oft ein längliches, filamentöses, schlangenartig aussehendes Gebilde. Ein Neuron feuert oder wird aktiv, wenn in seiner Umgebung chemische Reize auftreten (Transmittersubstanzen), die die Dendriten stimulieren. Wenn genügend Transmittersubstanzen freigesetzt sind, öffnet das Neuron Kanäle von innen nach außen und umgekehrt. Es findet ein Austausch elektrisch geladener Teilchen statt; das Neuron verliert seine negative elektrische Ladung, da positiv geladene Ionen, vornehmlich Natriumionen, durch die Kanäle in die Zellen eindringen. Die positive Ladung reist durch das ganze Neurit, und es kommt zur Ausschüttung weiterer chemischer Stoffe. Innerhalb von Tausendsteln von Sekunden kehrt das Neuron in seinen normalen Ruhezustand zurück. Damit die Information von einem Neuron zum nächsten weitergegeben werden kann, muß dieser Vorgang wiederholt werden. Die soeben ausgeschütteten Chemikalien sammeln sich in dem Bereich zwischen den Neuronen, dem *synaptischen Spalt (Synapse),* die umliegenden Dendriten nehmen die Information auf, und die Nachricht wird weitergeleitet.

Nun scheint dies ein ziemlich komplexer Vorgang zu sein, doch *nur* so werden die Neuronen zum Feuern gebracht. Ausnahmsweise kann das Ganze auch mal rein zufällig gestartet werden oder die Nachricht einiger Neuronen an ihre Nachbarn «Nicht feuern» lauten. (Aus offensichtlichen Gründen spricht man jeweils von Hemmungsneuronen bzw. Erregerneuronen.)

Ein Neuron feuert entweder, oder es feuert nicht – «Alles oder nichts» ist seine Devise. Auch eine besonders starke Reizung oder eine Vielzahl von Chemikalien, die die Dendriten umspülen, bringt das Neuron nicht dazu, sich anders zu verhalten – es feuert nur öfter. Alles, was wir sehen, riechen, hören – all die Vorstellungsbilder, die in unserem Erinnerungsvermögen gespeichert sind –, basiert auf der Häufigkeit, mit der die Neuronen sich entladen (oder auch nicht entladen), und wieviele und welche gleichzeitig feuern. Es geht um Quantität, nicht um Qualität. Im Gehirn, diesem erstaunlichen Biocomputer, sind Leitungen und Strukturen logischerweise durch die Informationsübertragung der Neuronen verbunden. Ein Austausch läßt sich nicht vermeiden, und so haben alle Systeme einen modulierenden Einfluß aufeinander.

Diese Wechselbeziehung zwischen den Neuronen und ihren Aktivitäten ist entscheidend für die Annahme, daß dem Vorstellungsbild die Rolle eines integrierenden Mechanismus zwischen mentalen und physischen Vorgängen zukommt. Die Bereiche des Gehirns, die mit der Speicherung von Vorstellungsbildern in Verbindung gebracht werden, können theoretisch genügend Neuronen dazu veranlassen, sich wiederholt zu entladen, damit die Nachricht durch das ganze Gehirn gestrahlt wird – wenn nur der Gedankenimpuls stark genug ist, sie zu aktivieren (wie es der Fall ist, wenn lebhafte Vorstellungen erzeugt werden). Deshalb aktiviert die Vorstellung vom Aufschlag in einem Tennismatch alle dafür benötigten Muskeln, und die Vorstellung vom Verzehr einer Zitrone führt zu Drüsensekretion, Schluckbewegungen und Grimassen.

Für das Verständnis des nun Folgenden ist es wichtig, sich immer wieder klarzumachen, auf welche Weise Neuronen Informationen übertragen. Die Verbindung der Strukturen untereinander wird dann plausibler werden. Einen Haken hat die Sache jedoch: Das menschliche Gehirn speichert und verarbeitet ungleich mehr Informationen als mit diesem einen Mechanismus allein möglich wäre. Es würde uns im wahrsten Sinn des Wortes zerreißen, wenn alle Nervenschaltstellen so aktiv wären, wie sie es aufgrund der normalerweise in unserem Gedächtnis gespeicherten Informationsfülle sein müßten. Auf dieses Problem werden wir später noch eingehen.

Darstellung des Vorstellungsbildes: Vorschlag eines neuroanatomischen Modells

Der Kortex

Die Großhirnrinde besteht aus vielschichtigen Lagen von Nervenzellen, die nach dem Zeitpunkt ihres Auftretens im evolutionären Prozeß angeordnet sind und auch danach unterschieden werden. Die Hirnrinde besteht aus zwei Hälften, die durch ein großes Faserbündel, den Balken *(Corpus callosum)* verbunden sind. Die Bereiche der Hirnrinde, die an den Funktionen des Sinnesnervensystems und der Motorik der linken Körperseite beteiligt sind, sitzen auf der rechten Seite des Kortex und umgekehrt. Zwischen diesen beiden Hemisphären wird die Verständigung von Neuronen, die den Balken durchqueren, und von Fasern, die als vordere und hintere Verbindungen bekannt sind und die Sehhügel überbrücken, aufrechterhalten.

Die rechte und die linke Hemisphäre haben spezialisierte Funktionen entwickelt – als Ergebnis und Konsequenz der menschlichen Evolution sowie der Entwicklungsgeschichte des jeweiligen Individuums. Das Wissen darüber wurde durch die Arbeit von Sperry und Gazzaniga, Bogen und anderen, die die Ergebnisse von «Split-brain»-Operationen untersuchten,[12] vertieft: Wenn die Faserstränge, die die beiden Hirnhälften miteinander verbinden, durchtrennt werden, verringert sich in schweren Fällen von Epilepsie die Anfallintensität, doch nun können auch bestimmte Arten von Informationen nicht mehr hin und her wandern. Allerdings ist es so möglich, die einzigartigen Funktionen jeder Hemisphäre zu untersuchen.

Unsere Spezies hatte offenbar einen großen Bedarf an Hirnrindenfläche, um den komplexen Vorgängen der Sprache gerecht werden zu können, und rekrutierte immer mehr Synapsen. Schließlich enthielt ein beträchtlicher Teil der linken Hemisphäre die sprachverarbeitenden Bereiche bei etwa 87 Prozent der Rechtshänder und zirka 50 Prozent der Linkshänder (die Linkshänder und beidhändig Schreibenden haben möglicherweise eine weniger lateral festgelegte Sprachfunktion, das heißt, die sprachverarbeitenden Bereiche sind bei ihnen auf beide Hemisphären verteilt).

Normalerweise enthält die rechte Hemisphäre jene besonderen Komponenten, die für die Speicherung von Vorstellungsbildern und ihre Abrufung von Bedeutung sind. Statt der Worte werden hier für die Verarbeitung von Gedanken nichtverbale Vorstellungsbilder verwendet. Die Art der Informationsverarbeitung scheint außerdem eher nichtlinear und weniger analytisch zu sein als die der linken Hemisphäre.[13]

Es ist noch nicht lange her, da bezeichnete man die rechte Hemisphäre durchweg als die «nichtdominante» oder «untergeordnete». Dieser Meinung bin ich durchaus nicht; vielmehr gelten ihre Funktionen weniger, weil derzeit rationales, lineares Denken und sprachliche Fähigkeiten höher im Kurs stehen. Ein sehr junger Trend, offenbar eine Art Gegenbewegung, geht dahin, die Funktionen der rechten Hirnhälfte als kreativer, natürlicher, sensibler und eindeutig erstrebenswerter einzustufen als die intellektuelle «Begabung» der linken Hälfte. Man kann aber nicht die eine Hirnhälfte für wichtiger oder lebensnotwendiger als die andere erachten; andernfalls würde man die Tatsache ignorieren, daß die Menschen, die am besten «funktionieren», beidseitig geschickt sind und sich der Attribute beider Hemisphären zu bedienen wissen. Dennoch ist es richtig, daß die Überlebenschance und die Wahrscheinlichkeit einer positiv verlaufenden Rehabilitation größer sind, wenn bei einer Verletzung des Gehirns die linke statt der rechten Hemisphäre geschädigt wird – was vermuten läßt, daß das Leben mehr von den Funktionen der rechten Hirnhälfte abhängt.

Andere Forschungsarbeiten deuten darauf hin, daß der Durchschnittsmensch, obwohl er Zugang zu beiden Hemisphären hat, einer meist den Vorzug gibt oder einfach geschickter ist im Umgang mit der einen als mit der anderen. Man würde zum Beispiel annehmen, daß Anwälte mehr Gebrauch von der linken, verbalen Hälfte machen, wohingegen Künstler, deren Tätigkeit vor allem von ihrer Fähigkeit, Vorstellungsbilder zu erzeugen, abhängt, eher «Rechtshirnler» sind.[14]

Die beiden Hemisphären

Die speziellen Funktionen, die der rechten Hemisphäre zugeordnet wurden, und die Verbindungen zwischen ihnen und anderen Hirn- und Körperkomponenten, stützen die Prämisse, daß Vorstellungsbilder Informationen vom bewußten vorderen Teil zu den hintersten Zellen transportieren können und es auch tun.

Folgende Erkenntnisse gilt es festzuhalten:

1. Nichtverbale Vorstellungsbilder sind die Spezialität der rechten Hemisphäre. Noch wichtiger für unsere These ist jedoch, daß das *Körperbild* im allgemeinen in der rechten Hemisphäre angesiedelt ist. Wenn der Scheitellappen der rechten Hemisphäre durch einen Schlaganfall oder eine Verletzung Schaden nimmt, kann es sein, daß der Patient sich eines Teils seines Körpers nicht mehr bewußt ist, sich nicht mehr an ihn erinnert. Das kann dazu führen, daß dieser Körperteil regelrecht ignoriert wird, zum Beispiel nicht mehr gewaschen oder angezogen wird.
2. Die rechte Hemisphäre spielt eine überlegene Rolle bei der Verarbeitung emotionaler Informationen sowie bei der Urteilsbildung und wird in Streßsituationen aktiviert.[15] Die außerordentliche Bedeutung der Beziehung zwischen Vor-

stellungsbild und Emotionen wurde kürzlich von Lyman, Bernadin und Thomas demonstriert, die deutlich machten, daß innere Bilder in emotional geladenen Situationen (verglichen mit neutralen oder emotional kaum belasteten Situationen) eine dominante Rolle spielen. In der Diskussion ihrer Ergebnisse meinten sie, man habe die Bedeutung des Vorstellungsbildes in den Theorien über die Emotionen unterschätzt und es könne sehr wohl der ausschlaggebende Faktor für unterschiedliche Reaktionen in ähnlichen Situationen sein.[16]

3. Wegen der Bedeutung der rechten Hemisphäre für den emotionalen Bereich vermutet man einen direkten Zusammenhang zwischen ihr und dem vegetativen Nervensystem. Diese Vermutung wird durch die Existenz eines umfangreichen Netzwerks von Nervenverbindungen zwischen der rechten Hemisphäre und dem Limbischen System unterstützt. Die sprachlichen Funktionen der linken Hemisphäre sind von den autonomen Prozessen ein Stück abgesetzt, und zwar sowohl in ihrer evolutionären Entwicklung als auch in ihrer tatsächlichen Funktion. Deshalb behaupte ich, daß *Botschaften von der rechten Hemisphäre in eine nichtverbale oder imaginäre Terminologie übersetzt werden müssen, damit das vegetative Nervensystem sie verstehen kann.*

4. Ehe das Vorstellungsbild, das für die Funktion der rechten Hemisphäre charakteristisch ist, zu bedeutungsvollen logischen Gedanken verarbeitet werden kann, muß es der linken Hemisphäre zugänglich gemacht und übersetzt werden.[17] *Die Vorstellungsbilder, die so eng mit der Physiologie, mit Gesundheit und Krankheit verknüpft sind, sind präverbaler Natur oder haben keine sprachliche Grundlage* außer der Verbindung mit der linken, der sprachlichen Hemisphäre. Würde diese Verbindung durchtrennt und die linke Hemisphäre zerstört oder unzugänglich gemacht, würden die nichtübersetzten Vorstellungsbilder dennoch fortfahren, auf die Emotionen und die Physiologie einzuwirken, allerdings ohne eine intellektuelle Interpretation.

Eine Krankheit mit dem Namen Alexithymie (Unfähigkeit, Gefühle zu äußern) unterstreicht diese Annahme. Alexithymie gilt als hypothetische Ursache für die sogenannten psychosomatischen Störungen. Es bleibt eine strittige Bezeichnung, doch die Forschungsgrundlage wird immer breiter.[18] Man glaubt, daß bei dieser Störung zwar Emotionen und Vorstellungsbilder erlebt, jedoch nicht übersetzt werden. Da nun auch nicht ihnen entsprechend gehandelt werden kann, können sie sich nicht auflösen. Also suchen sich diese Gefühle einen anderen Ausgang und verteilen sich auf die verschiedenen Körpersysteme. Die dadurch verursachten Störungen und Schäden sind uns wohlbekannt – sie heißen zum Beispiel rheumatische Arthritis, Asthma, Ausschlag, Migräne etc. Die Ätiologie der Alexithymie ist noch immer reichlich unklar, ja spekulativ, aber zu den vermuteten Ursachen gehören funktionelle und strukturelle Schädigungen der zur Hirnrinde gehörenden Nervenbahnen oder Unterbrechungen zwischen dem Limbischen System und Bereichen des Kortex sowie Ausfallerscheinungen in den Basalganglien.

5. Die linke Hemisphäre kann – und tut es – eine vorsätzliche und bewußte Kontrolle über das die Skelettmuskulatur betreffende System ausüben. «Arm ausstrecken», «mit dem Kopf nicken», «Fuß abstellen», sind Beispiele für verbale Befehle, die der Körper hört und die er problemlos befolgen kann außer im Fall einer Pathologie oder Verletzung. Das Vorstellungsbildsystem der rechten Hemisphäre kann dieselbe Kontrolle ausüben, indem es innere Bilder an die entsprechenden Muskeln weitergibt, zum Beispiel durch die Vorstellung einer Hand, die sich wie eine Blume öffnet.

Die sprachorientierte linke Hemisphäre kann als Berührungspunkt mit der Außenwelt begriffen werden und zwar kraft des zwischenmenschlichen Sprachaustausches und des Muskeltonus, der uns aufrecht hält. Die Vorstellungsfähigkeit der rechten Gehirnhälfte ist das Medium zur Kommunikation zwischen dem Bewußtsein und der Innenwelt, dem seelischen Bereich unseres Körpers. Beide Systeme sind für Gesundheit und Wohlergehen unerläßlich (vgl. unten stehendes Schema zu diesen Ausführungen).

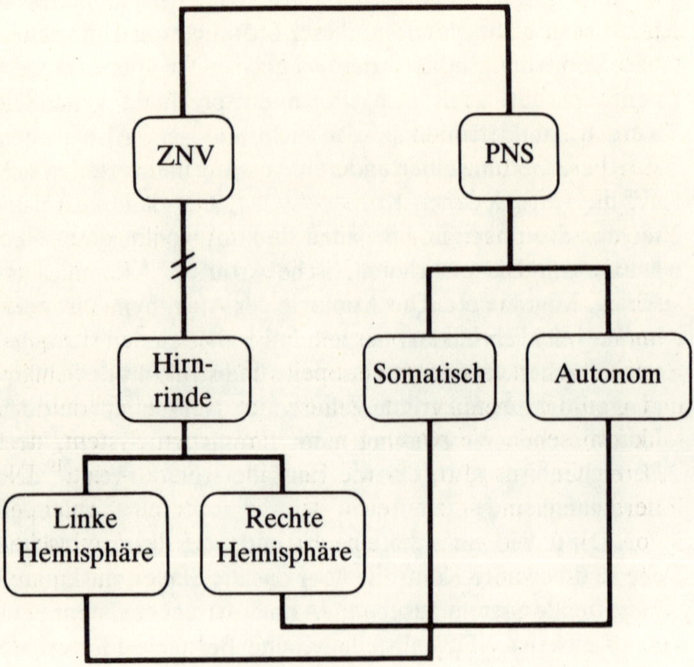

Autonom/*rechte Hemisphäre* = «unbewußte» oder unwillkürliche Funktionen

Somatisch/*linke Hemisphäre* = «bewußte» oder willkürliche Funktionen

Genauere Betrachtung des Schauplatzes

Die rechte Hemisphäre beansprucht ein ziemlich großes Gebiet im Gehirn – welcher Teil dient denn nun als Speicher für die Vorstellungsbilder? Der Diskussion über die holographische Theorie des Gehirns werden wir entnehmen, daß Vorstellungsbilder in vielen Bereichen redundant gespeichert werden. Es gibt jedoch Orte, die primär für die Speicherung von Vorstellungsbildern zuständig sind.

Die beiden Hemisphären sind in je vier Lappen unterteilt: vorderer (Stirn-)Lappen, Schläfenlappen, Scheitellappen, Hinterhauptlappen. Es gibt Anzeichen dafür, daß Vorstellungen in jedem dieser Bereiche gespeichert werden können, vor allem aber im vorderen Bereich der Stirnlappen, der noch immer etwas Geheimnisvolles hat. Die bisherige Forschung hat jedoch ergeben, daß er an der Speicherung von Erinnerungen und Gefühlen beteiligt ist. Zudem hat er eine überaus gut funktionierende Verbindung zum Limbischen System, dem Teil des Gehirns also, der die Emotionen verarbeitet.[19] Die Faserbahnen sind so zahlreich, daß die vorderen Stirnlappen schon selbst wie ein Teil, eine Erweiterung des Limbischen Systems erscheinen. Dies ist eine relativ neue Vermutung.

Beschädigungen der vorderen Stirnlappen erzeugen seltsame Ausfallserscheinungen. Bei nichtmenschlichen Primaten verursachen Verletzungen in diesem Bereich eine Schwächung jener Funktion, deren Aufgabe die Reaktionsverzögerung ist. Aufgrund von Experimenten folgerte Jacobsen, daß die vordere Seite des Stirnlappens für unmittelbare Erinnerungen notwendig sei oder zur Anwendung von symbolischen Erinnerungsbildern.[20] Man stelle sich vor, was alles dazu nötig ist, um eine Reaktion zu verzögern: Es muß ein inneres Bild von der Reaktion existieren und abrufbereit gehalten werden; außerdem muß klar sein, unter welchen Umständen es abgerufen werden soll. Andere Untersuchungen untermauern die Annahme, daß dieser spezielle Bereich des Gehirns der einzige für die Reaktionsverzögerung gänzlich unerläßliche Teil ist.

Die wissenschaftlichen Erkenntnisse über die Bedeutung der vorderen Stirnlappen sind nicht auf Affen beschränkt. Bei einem veralteten Verfahren, welches angewendet wurde, um Geisteskrankheiten zu behandeln, wurden die Stirnlappen durch einen chirurgischen Eingriff vorsätzlich beschädigt, oder man durchtrennte die Faserbahnen zwischen Stirnlappen und dem Rest des Gehirns (Stirnlobotomie oder Lobektomie). Die Opfer dieser Eingriffe waren anschließend nicht nur unfähig zu Emotionen, sie konnten auch keine Zukunftsphantasien mehr entwickeln, das heißt, sie hatten keinerlei Fähigkeit mehr, symbolische Vorstellungsbilder im Kopf zu behalten.[21]

Schädigungen des linken Stirnlappens führen eher zu einem Verlust der sprachlichen Funktionen; Schädigungen des rechten Stirnlappens beeinträchtigen das Speicherungs- und Abrufvermögen.[22] Der Intelligenzquotient leidet unter dieser Art von chirurgischem Eingriff nicht, wie aus entsprechenden Tests ersichtlich ist.

Humphrey und Zangwill liefern Hinweise darauf, daß die anderen Lappen der rechten Hemisphäre ebenfalls an der Vorstellungstätigkeit beteiligt sind. Sie berichteten über Patienten, die eine Verletzung an der rechten Parietalregion (Scheitelgegend) erlitten hatten, mit dem Ergebnis, daß wenig oder gar nicht mehr geträumt wurde, unklare Vorstellungsbilder beim Erwachen die Regel waren und alle Aufgaben, die in irgendeiner Form die Fähigkeit der Visualisierung erforderten, nicht mehr wahrgenommen werden konnten: riechen, sehen, hören etc.[23]

Eine klassische Störung ist das sogenannte Charcot-Wibrand-Syndrom. Es handelt sich dabei um eine allgemeine Unfähigkeit, visuelle Vorstellungen zu erzeugen.[24] Im von Charcot geschilderten Fall geht es um einen Mann mit einem wahrhaft photographischen Gedächtnis. Eines Tages erkannte er keine Gesichter mehr, nicht einmal sein eigenes; er konnte sich nicht mehr an Farben erinnern und träumte ohne visuelle Vorstellungen: sein Hörerinnerungsvermögen war zeitweise ebenfalls gestört, das visuelle Erinnerungsvermögen blieb dauernd geschädigt. Critchley behauptet, daß diese Art von Schädigung in der Gegend des Scheitelbeins und des Hinterhauptbeins sitzt und normalerweise doppelseitig ist.

Andere Anzeichen sprechen dafür, daß eben diese Funktionen in der rechten Hemisphäre angesiedelt sind. Milner, DeRenzi und andere haben zum Beispiel über das Gesichtserinnerungsvermögen und das Erinnerungsvermögen für bedeutungslose Muster berichtet.[25] Beide zählt man zu den «rein visuellen» Erinnerungen insofern, als zu ihrem Abruf kein sprachlicher Vorgang nötig ist. In beiden Fällen wird die Funktion durch eine Schädigung des rechten Schläfenlappens unterbrochen. Bei Epileptikern wird die Nervenentladung im rechten Schläfenlappen oft mit traumähnlichen Vorstellungsbildern oder Auren verglichen, die einem epileptischen Anfall vorangehen.[26]

Ähnliche Beobachtungen machte Wilder Penfield, ein Chirurg, der bestimmte Hirnareale von Epilepsiepatienten während einer Operation elektrisch stimulierte.[27] Durch Stimulierung des rechten Schläfenlappens könnten Visualisierungen reproduziert werden, die für den Zustand vor einem epileptischen Anfall charakteristisch sind.

Die weite Streuung der Gehirnbereiche, die an der Vorstellungstätigkeit – und besonders an der visuellen – beteiligt sind, zeigt, wie wichtig das Vorstellungsbild für das Überleben der Spezies Mensch ist. Denn normalerweise sind die besonders wichtigen Fähigkeiten dadurch geschützt, daß sie – wie auch in diesem Fall – redundant gespeichert werden.

Jenseits des Kortex

Offensichtlich sind außer den Hemisphären des Kortex noch andere Gehirnbereiche nötig, um das Bewußtsein nach unten zu lenken und die Physiologie zu beeinflußen. Das *Limbische System,* dessen Erweiterung die mit Vorstellungsbildern beladenen Stirnlappen sind, eine Ansammlung von Knoten, die ein

Drittel des Gehirns ausmachen. Bei den «niederen» Tiergattungen besteht seine Funktion in erster Linie darin, auf Gerüche zu reagieren. Bei Säugetieren ist das Limbische System auch in die Gefühlswelt verwickelt – Vergnügen und Belohnung, Schmerz und Bestrafung, Furcht, Wut, sexuelles Verhalten und gewaltsame Aktionen Geisteskranker. Alle diese Handlungen sind mit dem vegetativen Nervensystem verknüpft, und wir werden bald feststellen, daß es auch für den Weg des Vorstellungsbildes von entscheidender Bedeutung ist.

In funktioneller und struktureller Hinsicht ist der Hypothalamus eng verwandt mit jenen Nervenbereichen, die Gedanken verarbeiten und Vorstellungsbilder erzeugen. Der Hypothalamus reguliert verschiedene Körperfunktionen wie Essen, Schlafen, Körperrhythmen, Temperatur, Sex; insbesondere wirkt er auf den Herzrhythmus, die Atmung, die Zusammensetzung des Blutes und die Drüsenfunktion. Vor allem seine Steuerfunktion für das Immunsystem ist von großer Bedeutung.

Schließlich und endlich besitzt die Hauptdrüse des Körpers, die *Hypophyse,* sowohl neutrale als auch chemische Verbindungsbahnen zum Hypothalamus. Über eben diese Verbindungsbahnen gelingt es dem Hypothalamus, auf das Hormonsystem einzuwirken, und zwar nicht nur auf die Drüsen wie Eierstöcke, Hoden, Nebennieren, Schilddrüse, Nebenschilddrüse, sondern auch auf jedes nur denkbare Organ, Gewebe und jede Zelle.

Es gibt tatsächlich einen soliden Beweis für die neuroanatomische Brücke zwischen Vorstellungsbild und Zelle, zwischen Geist und Körper, einen Beweis, den man sehen kann, wenn man Gehirngewebe unter dem Mikroskop anschaut. Doch im Moment wollen wir uns noch mit dem Rest der Geschichte beschäftigen, die die Beziehung zwischen diesen sichtbaren Strukturen und ihren Funktionen verdeutlicht.

Das vegetative Nervensystem

Das *sympathische Nervensystem* (SNS) und das *parasympathische Nervensystem* (PNS), diese beiden Zweige des VNS, unterstehen beide der direkten Kontrolle durch das Gehirn. Alle oben erwähnten Bereiche – Kortex, Limbisches System, Hypothalamus und Hypophyse – sind daran beteiligt. Die wichtigsten Organe werden auf S. 178 dargestellt.

Im Zusammenhang mit Streßreaktionen wird oft auf die Bahnen des VNS verwiesen, die für eine Verbindung zwischen Gehirn und Verhalten sorgen, obwohl ebensogut andere, ähnliche Bahnen – allerdings unter Mitwirkung anderer chemischer Reize – für Zustände sexueller Erregung, Angst und Wut, Depression und guter Laune verantwortlich sein könnten. Wichtig ist jedoch, daß Körper und Geist als eine Einheit reagieren. Es gibt keinen Gedanken, kein Gefühl ohne elektrochemische und biochemische Aktivität, an der nicht jede einzelne Zelle beteiligt ist – das ist die logische Konsequenz aus der Funktionsweise des VNS. Außerdem sind die wichtigsten Organe und Drüsen in der Lage, durch Ausschüttung ihrer Hormone den Gefühlszustand zu beeinflussen.

Wir wollen den Bahnen vom Gehirn zur Verhaltensweise in Streßsituationen folgen und fangen deshalb mit Wahrnehmung und bewußter Erkenntnis einer drohenden Gefahr an. Diese Gefahr muß natürlich nicht wirklich irgendwo lauern, es reicht vollkommen, sie sich einzubilden. Die lebhafte Vorstellung von einem Atomangriff genügt, um eine Angstreaktion zu bewirken. (Oder, um ein freundlicheres Beispiel zu wählen, die Vorstellung einer Liebesszene kann dieselben hormonalen Reaktionen auslösen wie die tatsächliche Begegnung.)

Bei Krankheiten, die auf Streß zurückzuführen sind, sind es nicht die gelegentlichen Gedanken an recht unwahrscheinliche Gefahren, die den heimtückischen, schleichenden, körperlichen Verfall bewirken, sondern die dauernden Nörgeleien, Streitereien, Aufregungen und das immerwährende Unter-Druck-Stehen, die hartnäckigen Vorstellungen quälender,

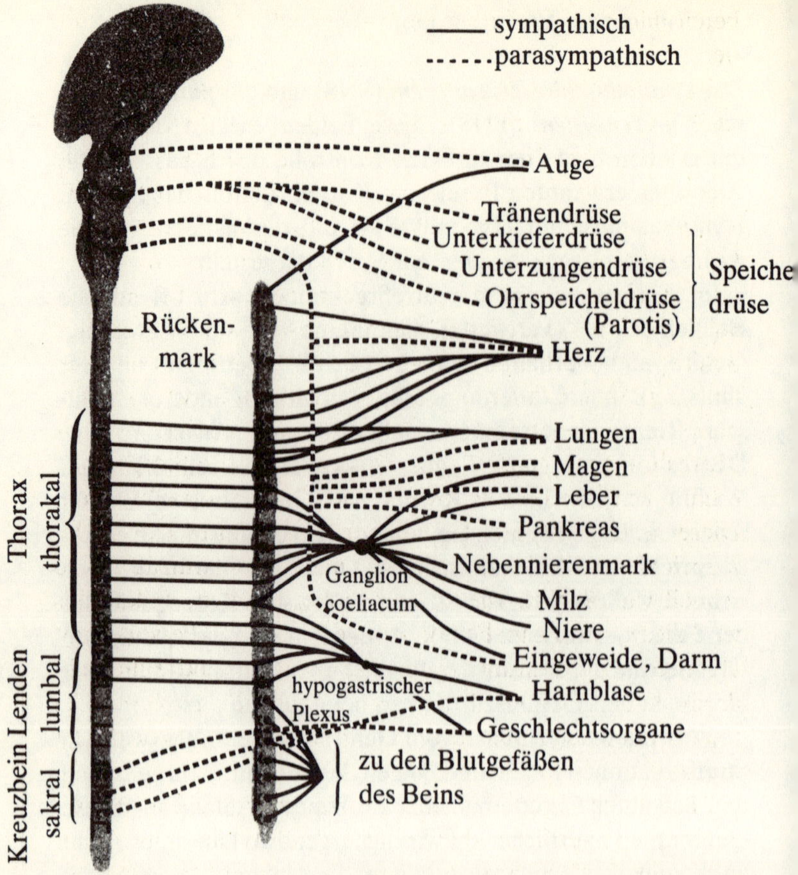

sympathisch
parasympathisch
Auge
Tränendrüse
Unterkieferdrüse
Unterzungendrüse
Ohrspeicheldrüse
(Parotis)
Speiche
drüse
Rücken-
mark
Herz
Lungen
Magen
Leber
Pankreas
Nebennierenmark
Ganglion
coeliacum
Milz
Niere
Eingeweide, Darm
Harnblase
hypogastrischer
Plexus
Geschlechtsorgane
zu den Blutgefäßen
des Beins
Thorax
thorakal
Lenden
lumbal
Kreuzbein
sakral

beunruhigender Ereignisse und einschneidender Lebensveränderungen.

Ein einfaches Modell für Reaktionen, ausgelöst durch punktuellen und/oder chronischen Streß, liefert uns die Arbeit von Hans Selye.[28] In Notsituationen dominiert das sympathische Nervensystem und agiert in Einklang mit den Nebennierendrüsen. Die von diesen Drüsen abgesonderten Hormone, Adrenalin und Noradrenalin, haben einen unspezifischen, mobilisierenden Effekt auf den Körper. Die Herzfrequenz erhöht sich, die Leber setzt Zucker zur Energiebildung frei, die Pupillen weiten sich (wodurch sich zum Beispiel die Sicht bei Dunkelheit verbessert), das Blut gerinnt schneller und wird aus den peripher gelegenen Gefäßen zugunsten des Gehirns und der Muskeln abgezogen. Die Aktivität der weißen Blutkörperchen erhöht sich, um den Körper auf den Notfall vorzubereiten. Dieser Krieg, für den der Körper sich gerüstet hat, findet jedoch vielleicht nie statt, deshalb muß der Alarmzustand so schnell wie möglich wieder aufgehoben werden, andernfalls wird dieser selbst zum Feind. Man vermutet, daß Personen mit Herz-Kreislauf-Erkrankungen, wie Migräne und Bluthochdruck, keine guten «Aufheber» sind. Die verlängerte Streßreaktion ist wahrscheinlich für ihre Krankheit verantwortlich zu machen.

Chronischer Streß verändert die Mechanismen. Das Hauptgewicht wird verlagert auf die Mineralokortikoid- und Glukokortikoidsekretion, die Nebennierenhormone, die der Kontrolle der Hypophysenvorderlappenhormone unterstehen, einschließlich des Adrenalinkortikotropin Hormons (ACTH). Wieder ist es der Hypothalamus – der als Sammelbecken aller bewußten Funktionen gilt –, der die Freisetzung des ACTH beeinflußt.

Wenn der Streß verlängert wird, versuchen die Glukokortikoide (Hydrokortison, Kortikoid und Kortison), die Bereitschaft des Körpers für Kampf und Reparatur aufrechtzuerhalten. Die Neusynthese von Glukose aus nichtzuckerartigen Stoffen wird beschleunigt, und Blutgefäße werden für das

Nebennierenhormon sensibilisiert, so daß trotz Müdigkeit agiert werden kann. Zum großen und endgültigen Schaden des unter Dauerstreß stehenden Individuums ist die primäre Aufgabe des ACTH und auch der Glukokortikoide, entzündliche Prozesse im Körper zu reduzieren, das heißt als Immunkomponenten zu wirken. Was über einen kurzen Zeitraum hinweg heilsam war, kann schließlich zur Ursache jeder denkbaren Krankheit werden, die das Immunsystem betrifft, sei es Krebs, seien es Infektionen und autoimmune Krankheiten wie rheumatische Arthritis und multiple Sklerose. Die massiven Veränderungen, die unter ständigem Streß aufrechterhalten werden, gehen weit über die reine Abwehrtätigkeit des Immunsystems hinaus und beeinträchtigen jede Zelle, die auf das Hypophysenhormon anspricht, sowie all jene, die an der Fortpflanzung, dem Wachstum, an Integrität und Wohlbefinden des Körpers auf der zellularen Stufe beteiligt sind.

Die Verknüpfung von Gedanken, chemischen Vorgängen und Verhaltensweisen ist in Wirklichkeit natürlich sehr viel raffinierter als eben geschildert. Man ist noch dabei, den Feinheiten auf die Spur zu kommen. Die Untersuchungen des Nobelpreisträgers Julius Axelrod legen nahe, daß der Körper mit diversen Streßerregern ganz unterschiedlich umgeht und sich dabei auch unterschiedlicher neurochemischer Bahnen bedient. Sein Bild ist nicht so negativ wie das Selyes, für den mit chronischem Streß unweigerlich der Verfall einhergeht. Axelrod meint, daß es Anzeichen dafür gäbe, daß ein Körper, der unter Dauerstreß steht, sich auf einem niedrigeren Niveau einpegelt, so daß nur noch geringe Mengen der potentiell schädlichen Hormone freigesetzt werden.[29]

Dr. Arthur Samuels, ein Hämatologe und eine Kapazität auf dem Gebiet der Krebsforschung, der mit der University of California in Los Angeles zusammenarbeitet, hat kürzlich eine elegante Erweiterung des Streß-Syndrom-Modells vorgestellt.[30] Er hat bestimmte gemeinsame Ursachen für Krebs, Herzattacken, Schlaganfälle und verwandte thrombotische Leiden ausgemacht. Zu diesen Ursachen gehören ständiger

Streß, persönliche Veranlagung und eine chronische Überaktivität der neuralen, innersekretorischen, immunen, blutgerinnenden und fibrinolytischen Systeme. Wenn die Überbelastung andauert, werden die Gerinnungsmechanismen überaktiv und der fibrinolytische oder lösende Mechanismus, der normalerweise exzessive Blutgerinnung unterbindet, versagt. Die daraus resultierenden Blutgerinnsel schlagen sich in Form von Myokard- und Hirninfarkten (Herz- und Schlaganfall) nieder. Samuels spricht außerdem von «Fibrinkokons», die durch die Gerinnung des Blutes entstehen und zu wahren Tumornestern werden. Sie schützen nämlich die verschleppten Krebszellen nicht nur vor den T-Zellen, den Lymphozyten, die die natürliche Abwehr des Körpers gegen Krebs sind, sondern auch vor Chemotherapie und Bestrahlung, so daß Samuels die Erwartung irgendeines Effekts dieser Methoden auf die Metastasezellen für völlig unhaltbar erachtet, obwohl sie ein Schrumpfen des eigentlichen Tumors bewirken können.[31]

Ob Selyes Modell der chronischen Streßmechanismen umfassend ist oder nicht, darüber läßt sich streiten. Nur wenige würden jedoch der Grundannahme widersprechen, daß der Geist dem Körper Schaden zuzufügen vermag und daß die Streßerreger sehr wohl in der Imagination sitzen können. Die positiven Bahnen, die der Gesundheit erlauben würden, im Kielwasser von Freude und Hoffnung aufzutauchen, sind weniger bekannt und noch weniger akzeptiert. Wir sind jedoch dabei, ein Verständnis für die beteiligten chemischen Vorgänge zu entwickeln. Mehr darüber weiter unten.

Das holographische Gehirn

Es gibt einige Phänomene des Denkens und Fühlens, denen das neuroanatomische Modell in seiner jetzigen Form nicht gerecht werden kann, zum Beispiel:

1. Erinnerungen scheinen nicht in einem einzigen Bereich allein gespeichert zu sein, sondern vielmehr in vielen, sich überschneidenden Arealen. Der Verlust von einzelnen Erinnerungen hängt eher vom Umfang der Gehirnschädigung ab als von einem bestimmten geschädigten Bereich.[32]
2. Die Fähigkeiten, die bei einer Gehirnverletzung durch Schußwunde, Tumor oder Herz-Kreislauf-Versagen (Schlaganfall) zunächst eingebüßt werden, stellen sich oft wieder ein, obwohl man eine speziell neurale Regeneration nicht für möglich hält.
3. Nach dem gegenwärtigen Wissensstand der Neuroanatomie sind paranormale Ereignisse, die das Empfangen, Verarbeiten und Senden von Informationen auf Wegen, die unser Verständnis vom Energietransfer übersteigen, nicht erklärbar. Dazu gehört der Vorstellungstypus der transpersonalen Heilung, der mit schamanischer Tätigkeit, psychischer oder metaphysischer Heilung in Verbindung gebracht wird.
4. Phänomene, wie zum Beispiel die Phantomschmerzen oder die «Auren», die sich über die festkörperlichen Grenzen hinaus erstrecken (durch die Kirlian-Fotografie sichtbar gemacht), stellen nicht nur die Speicherung eines Körperbildes in Frage, sondern werfen auch die Frage auf, wodurch die Grenzen des Körpers denn nun festgelegt werden oder was sie ausmacht.
5. Wenn pro Sekunde nur ein Informationsteilchen vom Gehirn verarbeitet wird, entspräche dies 3×10^{10} Nervenimpulsen pro Sekunde nach dem jetzigen Modell der Erinnerungsspeicherung – eine schier unfaßbare Menge an neuraler Tätigkeit.[33]
6. Die Mechanismen des Bewußtseins, die Fähigkeit des Gehirns zur Selbstanalyse, Gedanken und die Möglichkeit, Vorstellungsbilder zu schaffen und abzurufen – all das entzieht sich der Beschreibung durch pure Kenntnis von Strukturen und deren Funktionen, wie sie in anatomischen Modellen präsentiert werden.

Irgendwo müssen die verschiedenen wissenschaftlichen Beobachtungen übereinstimmen, ob die Daten nun von einem Mikroskop, einem Teleskop, einem Rorschach-Klecksbildertest oder einem Lagerfeuer in Nairobi stammen. Die oben erwähnten Paradoxe sind offensichtlich nicht mit dem gängigen Modell von der Funktionsweise des Gehirns zu vereinbaren. Und doch sind es Fakten menschlichen Lebens, und früher oder später muß ihnen in bezug auf Hirnfunktion und -struktur Rechnung getragen werden.

Um die Kluft zwischen dem anatomischen Modell und den nichtübereinstimmenden Daten zu überbrücken und die scheinbaren Paradoxe ebenfalls zu erfassen, schlug Karl Pribram vor, sich das Gehirn als Hologramm vorzustellen.[34] Das Hologramm ist im wesentlichen nichts anderes als eine besonders bearbeitete fotografische Aufnahme, die ein dreidimensionales Bild hervorbringt, wenn ein Laserstrahl durch sie hindurchgeht. Seine Einzigartigkeit beruht darin, daß jedes einzelne Teilstück des Hologramms das Gesamtbild zu rekonstruieren vermag. Je kleiner das Stück allerdings ist, um so weniger scharf ist die Wiedergabe. Wie das Hologramm, speichert auch das Gehirn Informationen auf redundante Weise. Jeder Teil des Gehirns beinhaltet auch Daten über jeden anderen Teil. Und so wie jedes Stück eines zerbrochenen Hologramms das ganze Bild wiedergibt, haben die Gehirnbereiche, die nach einer Schädigung noch intakt sind, die potentielle Fähigkeit, die fehlenden Areale zu ersetzen bzw. deren Funktion zu übernehmen. Wir haben ja bereits erwähnt, daß der Verlust des Erinnerungsvermögens eher eine Frage des Ausmaßes einer Gehirnverletzung ist als eine Frage des spezifischen Bereichs.

Das von Pribram vorgeschlagene holographische Modell steht nicht in Widerspruch zu der herkömmlichen, traditionellen Beschreibung des Gehirns. Auf keinen Fall sind die Teile des Gehirns gleichwertig oder untereinander austauschbar. Die isolierten Materieklumpen, die wir Strukturen nennen, und die Nervenleitungen haben eigene Funktionen, die nicht übersehen werden dürfen. Pribram behauptet, daß «ein neuraler holographischer oder ähnlicher Vorgang natürlich nicht bedeutet, daß eingehende Informationen nolens volens über die gesamte Tiefe und Oberfläche des Gehirns verbreitet werden».[35] Die eigentliche Herausforderung des holographischen Modells liegt in seiner Methode der Übertragung, Speicherung und des Empfangs von Informationen.

Nach der allgemein üblichen und vielfach bewährten Ansicht transportiert das angeregte Neuron (Nervenzelle) die Information durch den Neurit, an der Nervenendplatte werden Neurotransmitter freigesetzt, die sich über die Synapse verteilen und sodann die Nachbarneuronen aktivieren. Pribram ist nun der Meinung, daß auf diesem Weg Informationen wohl *verteilt* werden, aber nicht notwendigerweise auch Assoziationen entstehen würden. Wenn Assoziationen auf diese Weise zustande kämen, würde die Menge neuraler Übertragungen unsere Vorstellungskraft weit übersteigen – 3×10^{10} Nervenimpulse pro Sekunde, nach den von van Heerden angestellten Berechnungen. Die Arbeit Pribrams fordert dazu auf, daß wir uns erneut und noch ausführlicher mit der Verbindung zwischen den Neuronen, dem synaptischen Spalt, beschäftigen, da dies der Bereich ist, wo die Informationen verarbeitet werden und da dieser Verarbeitungsprozeß möglicherweise dem holographischen Verfahren entspricht.[36]

Da zwischen zwei Neuronen bis zu tausend Synapsen vorkommen können, gibt es unendlich viele Kombinationsmöglichkeiten. Man vermutet jedoch, daß sich Muster vorhersagen lassen, wenn kortikale Bereiche, die man mit bestimmten Arten von Reaktionen assoziiert, wiederholt aktiviert werden. Jeder Teil des Musters ist in der Lage, eine eidetische Empfindung wiederzuerzeugen: Ein einziges Wort kann die Erinnerung an ein Gedicht wiederaufleben lassen; ein Duft kann ein längst vergessenes Erlebnis zurückbringen. Unsere komplexen Verhaltensfunktionen arbeiten fast immer nach diesem Prinzip. Wir brauchen nicht über einzelne Bewegungen und ihre Abläufe nachzudenken, wir führen eingeschliffene Muster aus.

Im Fall einer Gehirnschädigung kann die «Restmasse» mit Hilfe ihrer Informationen das Muster rekonstruieren.

Wie die Informationen an den Neuralverbindungsstellen ver- und entschlüsselt werden, kann nach Pribram auf statistische, diskontinuierliche oder mathematische Art und Weise beschrieben werden. Pribram bevorzugt den holographischen Vergleich einer «augenblicklichen analogen Kreuzkorrelation durch angepaßte Filter».[37] Nach diesem Modell kann das Gehirn augenblicklich eine immense Anzahl gleichzeitiger Berechnungen vornehmen, basierend auf der Häufigkeit von Daten (Ereignissen), die es empfängt. Entsprechend dem holographischen Modell verliert die Speicherung auch ihre Raum-Zeit-Dimension. Die Information ist überall sofort verfügbar.

Mit dem holographischen Modell lassen sich ansatzweise einige der Gehirn- und Verhaltensparadoxe erklären, besonders jene, die mit der wundersamen Speicherung von Erinnerungen und ihrem Abruf zu tun haben. Und sollte das Gehirn tatsächlich wie ein Hologramm funktionieren, wäre es unnötig, ein Bein zu haben, damit das Gehirn «Bein»-Informationen verarbeiten kann. Man muß nur zu irgendeinem Zeitpunkt einmal ein Bein besessen haben oder daran gedacht haben, eines zu besitzen. So oder so wird ein Bein-Muster gebildet und gespeichert. Das Phantomglied hat Empfindungen, und es kommt zu einer Art Kontrolle darüber, die das Gehirn als Bewegung registriert.

Wie steht es dann aber mit dem Paradox der Körpergrenzen? Wo fange ich an, wo höre ich (mein Körper) auf? In gewisser Weise läßt uns das holographische Modell darüber mitentscheiden. Wenn ich daran denke, meinen Mann, der sich etwa siebzig Kilometer von mir entfernt aufhält, zu umarmen, beginnt mein holographisches Gehirn sofort, meine damit verbundenen Erfahrungen mathematisch zu verarbeiten: die physischen Empfindungen, die Emotionen und die Symbole, die ich auf die mir eigene Weise internalisiert habe – all dies ist ohne Bezug zu Zeit und Raum gespeichert. Wenn das Bild in meiner Vorstellung stark genug ist, wird es die gesamte Situation in mir wiedererstehen lassen.

Hologramm, Vorstellungsbild und Gesundheit

Über das Vorstellungsbild sagt Pribram: «Vorstellungsbilder und Gefühle sind wie Geister – doch sie bewohnen meine eigene subjektive Welt und die meiner Patienten. Sie sind unsere ständigen Begleiter, und ich will sie erklären.»[38] Er gibt zu, daß weder das Verhalten noch die Funktion der Sprache ohne Zuhilfenahme einer Anleitung, ohne irgendein Vorstellungsbild also, hinreichend erklärt werden können. Dieses Vorstellungsbild kann unter Bezugnahme auf das holographische Modell der redundanten Speicherung an den Neuralverbindungen und anhand der kalkulierten Häufigkeitswerte beschrieben werden.

Wenn Vorstellungsbilder auf holographische Art und Weise betrachtet werden, ergibt sich ihr allmächtiger Einfluß auf die Funktionen des Körpers fast zwangsläufig. Vorstellungsbild, Verhalten und physiologische Begleiterscheinungen sind Aspekte ein und desselben Phänomens. Das Ausmaß, bis zu dem sich physische Funktionen bewußt beeinflussen und verändern lassen, würde davon abhängen, wie stark die Aktivität ist, die an den Neuralverbindungsstellen auftritt und – konsequenterweise – wie viele Muster aktiviert werden. Deshalb ist der Glaube in Sachen Gesundheit von so entscheidender Bedeutung. Wenn man nicht an die Möglichkeit glaubt, daß körperliche Veränderungen durch die Imagination bewußt herbeigeführt werden können, versucht man es erst gar nicht. Man durchforstet seine gespeicherten Erinnerungen nicht, aktiviert keine Muster, gibt sich nie eine Chance. Heilung ist kein Produkt des Zufalls. Immer erfordert sie entweder zähe geistige Mitarbeit oder den wahrhaft unerschütterlichen Glauben daran, daß das, womit und wie man behandelt wird, die Gesundheit wiederherstellen wird.

Anwendung des holographischen Modells auf die Gesundheit

Wenn man an einer Krankheit leidet, sagen wir an einer hartnäckigen Erkältung, und sie in weniger als sieben Tagen wieder auskurieren möchte, wäre es nach den Prinzipien des holographischen Gehirns vernünftig, so viele neurale Gesundheitsmuster wie möglich zu rekrutieren. Die eine oder andere Methode der geistigen Heilung würde anraten, sich vollkommene Harmonie und Gesundheit vorzustellen. Ich würde raten, sich die beteiligten Körperfunktionen präzise vorzustellen – Heilung des Rachenraums, Reinigung der Lungen, Aktivierung des Immunsystems. Vielleicht ist auch die Einnahme von Vitamin C notwendig (oder einem anderen heilungsfördernden Medikament) sowie die ergänzende Vorstellung, wie es vom Blut aufgenommen wird und so das Immunsystem unterstützt. Tief zu atmen kann Wunder wirken, besonders wenn man das Atmen mit der Vorstellung verbindet, daß die Luft die verstopften Passagen befreit. Die Erinnerung an das Gefühl vollkommener Gesundheit und die Fähigkeit, sich in dieses Gefühl zu versenken, würden noch weitere Systeme für die Gesundheit mobilisieren. Diese Aktivitäten nehmen viel Zeit in Anspruch und erfordern eine Menge Konzentration. Vielleicht läßt man der Krankheit doch lieber ihren natürlichen Lauf.

Andererseits weiß ich aus meiner klinischen Erfahrung, daß ein bißchen Übung ungeahnte Folgen haben kann. Wenn erst einmal eine schwere Krankheit diagnostiziert wurde, hat man kaum mehr den Sinn dafür oder die Kraft, Heilungsmuster zu entwickeln. Wer nichts anderes als den Glauben an die moderne Medizin hat oder hatte, und diese versagt, muß dann entdecken, daß im Gehirn nichts gespeichert wurde, was nun einen gesundheitsfördernden Einfluß auf die Körperfunktionen nehmen könnte.

Die holographische Analogie zusammen mit dem Verarbeitungsmodus der Nervenverbindungsstellen scheinen einige wichtige, breitangelegte Untersuchungen zu bestätigen. Akhter Ahsen zum Beispiel verwendet ein Modell, das viel Ähnlichkeit mit der Holographie hat, um seinen Erkenntnissen über die therapeutischen Prozesse des eidetischen Vorstellungsbildes Rechnung zu tragen. Das eidetische Vorstellungsbild wird als eine kraftvolle Repräsentation beschrieben, die durch entscheidende, formende Ereignisse in der Vergangenheit tief ins Gedächtnis eingeprägt wurde. Der eidetische Vorstellungstypus ist, wie die Definition bereits impliziert, mit physischen Prozessen verknüpft, und ein Großteil seines erheblichen Einflusses auf das Verhalten beruht darauf. Ahsen ist sogar der Meinung, daß er eine dreigeteilte Natur besitzt: die des eigentlichen Vorstellungsbildes (normalerweise als visuelles Bild empfunden), die der somatischen Komponente (eine Reihe von miteinander verbundenen Körperempfindungen) und die der Bedeutungskomponente (kognitiv/interpretativ).[39]

Eidetische Therapie umfaßt die Wiederbelebung des früher Geschehenen, besonders all dessen, was negative Folgen für die Gesundheit und das Wohlbefinden gehabt haben könnte. Durch eine Vielfalt von Verfahrensweisen, die alle sensiblen Einsatz der Phantasie erfordern, leitet der Therapeut den Patienten zu hilfreicheren, gesundheitsfördernderen Vorstellungsbildern. Die Folge wären natürlich entsprechende Veränderungen der somatischen und kognitiven Momente, da sie eine Einheit bilden. Ahsen und seine Kollegen halten dieses Verfahren für nützlich, vor allem in der Psychotherapie, aber auch im Umgang mit physischen Störungen, von denen man annimmt, daß sie eine psychologische Komponente haben.

Biochemie

Zusätzlich zu den Strukturen und Bahnen des Gehirns und der mathematisch begründeten Analogie der holographischen Informationshandhabung gibt die Biochemie noch eine weitere

Beschreibung der Gehirn-Körper-Interaktionen. Teilweise sind wir in anderem Zusammenhang schon darauf gestoßen und haben folgendes festgestellt: Bei der Übertragung von Informationen vom Hypothalamus zur Hypophyse spielen chemische Vorgänge eine große Rolle, ebenso bei der darauffolgenden Freisetzung der Hypophysenhormone und bei der Produktion und Freisetzung weiterer hochaktiver Stoffe aus Drüsen wie zum Beispiel der Nebenniere und den Eierstöcken. Der Pfad der chemischen Zerstörung bei chronischem Streß wurde von Selye und seinen Anhängern eindrucksvoll dokumentiert.

Chemische Stoffe, die an den Endpunkten des Neurits freigesetzt werden, transportieren Informationen von einem Neuron zum nächsten. Es handelt sich dabei unter anderem um Serotonin, Dopamin, Adrenalin, Norepinephrin und Azetylcholin. Die Biochemie des Gehirns wird heutzutage mit derselben Intensität untersucht wie einst Gewebe und Faserstränge. Die vorläufigen Ergebnisse sehen im Hinblick auf die Heilung einer ganzen Reihe von Störungen vielversprechend aus und bewirken ein neues Verständnis auch der Ernährung und ihres Effekts auf die Funktionsweise des Gehirns.[40] Mit großer Wahrscheinlichkeit wird die Beziehung zwischen Transmittersubstanzen und Imagination eine ebenso große Rolle spielen. Die Produktion oder auch die Inhibition von Serotonin wurde bei intensiven Vorstellungszuständen festgestellt, wie etwa im Traumschlaf, bei Schizophrenie und als Reaktion auf Lysergsäurediäthylamid (LSD).

Emotionen, Gedanken und Vorstellungsbilder können tatsächlich die *Ursache* für die Freisetzung von chemischen Substanzen sein, die ihrerseits eine Feedback-Wirkung haben, indem sie selbst auch wieder Gefühlszustände verursachen. Ein chemisches Gleichgewicht ist für die Erhaltung der Gesundheit unerläßlich und kann durch Verhaltensweisen wie Essen und Trinken, sportliche Übungen und Gedanken gestört oder wiederhergestellt werden. Es wurde festgestellt, daß Blutchemie und Hämatologie statistisch mit dem psychologischen

Zustand korrelieren, und man hält sie für entscheidende Faktoren bei der Entstehung von psychischen Erkrankungen wie schwerer Depression, panischer Angst und manischen Zuständen sowie bei Schiozophrenie.[41]

Sowohl bei den präverbalen wie bei den transpersonalen Heilmethoden beeinflussen sich Biochemie, Vorstellungsbilder und Verhalten gegenseitig. Da bei beiden Heiltypen die Genesung in einem veränderten Bewußtseinszustand erfolgt, sollten wir die biochemischen Komponenten dieser Zustände untersuchen. Die Methoden zum Eintritt in diesen veränderten Zustand provozieren nachweislich dramatische Stoffwechsel- oder biochemische Veränderungen (siehe darüber Kapitel 1). Ich fasse hier kurz zusammen, daß die Veränderungen durch Fasten, Entzug von Nahrung, Wasser, Salz und Schlaf sowie sensorische Deprivation, durch extreme Temperaturzustände, Hyper- und Hypoventilation, monotone körperliche Übungen und durch psychoaktive Substanzen herbeigeführt werden. Die Induktion von Stoffwechselveränderungen und extreme körperliche Erschöpfung sind also traditionelle Methoden, um die Imagination von ihren Fesseln zu befreien.

Weitere Methoden, die einen anderen Bewußtseinszustand herbeiführen, wie zum Beispiel bestimmte Meditationsübungen und tiefe Entspannungszustände, erfordern eine hohe Konzentration auf einen Gegenstand, ein Wort, eine Idee und werden mit Veränderungen in der Zusammensetzung des Bluts und der Blutgase in Verbindung gebracht.[42] Eine geringere Sauerstoffverwertung und Kohlendioxydproduktion sowie eine Abnahme des Blutlaktats (ein Stoffwechselabfallprodukt) sind durchweg festgestellt worden. Das, was Benson die Entspannungsreaktion nannte, scheint von ihrer Natur her das genaue Gegenteil der Flucht- oder Kampfreaktion zu sein, die bei so vielen Krankheiten, die auf Streß zurückzuführen sind, auftritt, besonders bei Herz-Kreislauf-Krankheiten. Entspannung, die aus sich selbst heraus diese physischen Veränderungen hervorbringt, hat die Fähigkeit, die physiologische Homöostasis wiederherzustellen, die der Gesundheit entspricht. Die verwendeten Techniken scheinen jedoch eine über die reine Entspannung hinausgehende Wirkung zu haben und werden in der transpersonalen und präverbalen Heilung als Einleitung für die Arbeit mit dem Vorstellungsbild herangezogen.

Auf dem Umweg über viele verschiedene, komplexe Prozesse können also die Filter, die normalerweise den direkten geistigen Zugang zum Körper verhindern, durchlässig gemacht werden. Die meisten dieser Prozesse haben ein Mittel gemeinsam, um die Anforderungen, die die Außenwelt an das Gehirn stellt, entweder aufzuheben, beachtlich zu verändern oder mit ihnen zu konkurrieren. Die unterschiedlichen biochemischen Resultate der verschiedenen Methoden, die wir eben beschrieben haben, lassen den Schluß zu, daß die Wege der Imagination äußerst vielseitig sind und daß die *Art* der auftretenden biologischen Veränderung zweitrangig ist; wichtig ist vielmehr, daß es zu einer Veränderung kommt.

Chemie der Gesundheit

Als letztes wollen wir uns die Chemie der Gesundheit näher betrachten, jene chemischen Ereignisse im menschlichen Körper, die unsere Gesundheit erhalten, Freude auslösen und unser Wohlbefinden steigern. Was sind das für Sekrete, die mit dem Zustand des Glücklichseins in Verbindung gebracht werden? Und hat der Zustand des Glücklichseins tatsächlich etwas mit Genesung und Gesundheit zu tun? Welche Chemikalien ruft der Körper auf den Plan, um sich selbst zu heilen? Wie können wir diese Kräfte willentlich aktivieren? All diese Fragen wird erst die Medizin von morgen wirklich beantworten können (siehe dazu Kapitel 6 über die Immunologie). Über die aufregenden Entwicklungen auf dem Gebiet der Neuroimmunologie hinaus gibt es noch andere chemische Entdeckungen, die berücksichtigt werden sollten, um die vorhandenen wissenschaftlichen Erkenntisse zu vervollständigen.

Neuroregulatoren: Endorphine und Enkephaline

In den Jahren von 1969–1973 gab es zwei Entwicklungen, die zu einer größeren Anerkennung der immanenten Fähigkeiten des menschlichen Körpers führten. Als erstes demonstrierten einige Forscher, daß elektrische Reizungen der um den Aquädukt des Hirns gelegenen Nervenzellenschicht im Gehirn eine Schmerzunempfindlichkeit bewirken, die durch Naloxon, ein Blockierungsmittel, wiederaufgehoben bzw. umgekehrt werden kann (Naloxon blockiert die Wirkung von Opiaten wie Heroin und wird als Gegenmittel bei einer Drogenüberdosis eingesetzt). Zweitens wurden Berichte veröffentlicht, in denen von Opiatrezeptoren im zentralen Nervensystem die Rede war. Warum sollte das Gehirn über eine solche Vorrichtung verfügen, wenn nicht, weil es selbst Opiate produziert? Und in welcher Beziehung könnten die Chemikalien der periaquäduktalen Grauzone zu anderen Arten von Opiaten stehen? Die Überlegungen führten eine Reihe von Wissenschaftlern (hauptsächlich J. Hughes, C. B. Pert, H. L. Li und ihre Mitarbeiter) fast gleichzeitig dazu, die Existenz natürlicher Opiate zu identifizieren. Bezeichnungen, die zur Beschreibung dieser Gruppe von verschiedenen Verbindungen verwendet wurden, lauteten «endogene opiatähnliche Peptide», «Endorphine» und «endogene opiatähnliche Substanzen». Innerhalb dieser Gruppe machte man diverse Arten von Endorphinen, Enkephalinen und Fettaffinen aus. Die meisten wurden in unterschiedlichen anatomischen Bereichen lokalisiert; es handelt sich jedoch bei allen um Peptidketten, die zusätzlich zu ihren speziellen Funktionen auch drogenähnliche Eigenschaften haben. Die Wissenschaftler sind dazu übergegangen, die ganze Familie als «Endorphine» zu bezeichnen.[43]

Endorphine befinden sich in hoher Konzentration im Limbischen System, im Thalamus, in der periaquäduktalen Grauzone, in der gallertartigen Substanz des Rückenmarks – ausnahmslos Bereiche, die an der Übertragung von Schmerzempfindungen beteiligt sind. Sie befinden sich auch in jenen

Gehirnbereichen, die Atmung, Motorik, innere Sekretion und die psychische Grundstimmung regeln. Den Endorphinen schreibt man die erweiterte Schmerztoleranzgrenze zu, die im Krieg, während des Geburtsvorgangs und bei schwer traumatischen Zuständen beobachtet wurde, obwohl es nur wenige direkte Beweise dafür gibt. Man weiß jedoch, daß Streß die Endorphinkonzentration im Blut und im Gehirn erhöht – und somit entsprechende Veränderungen der Schmerztoleranzgrenze bewirkt.

Die pharmakologische Welt setzte große Hoffnungen auf die Möglichkeit, die Endorphine synthetisieren oder extrahieren und präparieren zu können, um sie als starke und ungefährliche Narkotika einzusetzen. Es stellte sich jedoch heraus, daß sie die gleichen Nebenwirkungen wie andere Schmerzmittel hervorrufen. Sie machen süchtig, verursachen Verstopfung, geistige Verwirrung sowie Ausfallserscheinungen bei Lern- und Erinnerungsvermögen; sie erschweren das Atmen, verändern das Gehirnwellenmuster und die Motorik und verursachen Hormonstörungen.[44]

Unsere Handlungen und unsere Imagination sind nicht ohne Einfluß auf die Endorphine. Levine und seine Kollegen demonstrierten beispielsweise, daß hinter dem Mechanismus des Placebo-Effekts niemand anders als die Endorphine stecken.[45] Der Placebo-Effekt ist ein wahrhaft dramatisches Beispiel für die Aktivität der Imagination. Nur aufgrund der Erwartungshaltung, die die Einnahme eines vertrauenswürdigen Medikaments begleitet, kommt es bereits zu einer Schmerzlinderung. Um dies nachzuweisen, wurden Naloxon, Morphium und Placebos an 51 Personen verteilt, denen ein Weisheitszahn gezogen worden war. Die Patienten, denen man Placebos verabreicht hatte, wurden in «Ansprechende» und «Nichtansprechende» eingeteilt. Bei den Ansprechenden führte eine Nachbehandlung mit Naloxon zu erhöhten Schmerzempfindungen – Anzeichen dafür, daß die Wirkung des natürlichen Opiats blockiert worden war.

Ob der Placebo-Effekt auch unter anderen Umständen mit

der Freisetzung von Endorphinen in Zusammenhang gebracht werden kann, wie zum Beispiel bei der Genesung von infektiösen oder anderen schweren Krankheiten, die mit dem Immunsystem verbunden sind, muß noch erforscht werden. Hinweise, die das bestätigen, häufen sich jedenfalls. Für dieses Thema sind die Untersuchungen von Saland und anderen von Bedeutung, die berichteten, daß die Injektion von Endorphinen in die Hirnkammer von Ratten zu einer freßzellenähnlichen zellularen Reaktion führte.[46] Wissenschaftler des Forschungsinstituts der Scripps Clinic fanden heraus, daß das Beta-Endorphin die Fortpflanzungsfähigkeit der T-Lymphozyten enorm erhöht.[47] Und da man weiß, daß das Beta-Endorphin in Streßsituationen von der Hypophyse freigesetzt wird, kann es sein, daß der Krankheitsverlauf dadurch beeinflußt wird – wie und in welche Richtung, ist noch unbekannt.

Weitere Hinweise lassen den Schluß zu, daß «Enkephaline» sogenannte «endogene Immunregulatoren» sind, das heißt, sie unterstützen das Immunsystem im Kampf gegen Krankheiten. Bei Krebspatienten kam es zu einer vermehrten Reaktion der T-Lymphozyten, wenn sie Enkephalinen ausgesetzt wurden – so lautet der Bericht, den N. P. Plotnikoff 1982 der zweiten Internationalen Konferenz über Immunpharmakologie in Washington vorlegte. Und andere Wissenschaftler entdeckten Drogenrezeptoren an den Lymphozyten.[48]

Das Wissen um die Beziehung zwischen den Endorphinen und dem Immunsystem einerseits und den Endorphinen und der Imagination andererseits macht sie zu aussichtsreichen Kandidaten für die Rolle der «Hoffnungschemikalien». Vielleicht sind sie auch für das Gefühl der Freude zuständig. Die gesamte Gruppe der endogenen Opiate hat eine narkotisierende Wirkung, auch wenn ihre anderen Funktionen unterschiedlicher Natur sind. Im menschlichen Körper ist es unmöglich, auf das zentrale Nervensystem einzuwirken, wo die Schmerzempfindungen verarbeitet werden, ohne zugleich auch bis zu einem gewissen Grad Euphorie zu erzeugen. Genau hier liegt die Crux aller schmerzlindernden Medikamente, denn wer ist nicht gern ein bißchen euphorisch – und die Sucht ist dann nur eine Sache von Wochen. Wenn Glücklichsein heilsam und Lachen gesund ist, dann ist der biochemische Mechanismus zweifellos ein Aspekt des Endorphinkomplexes.

Aktivitäten, die in dem Ruf stehen, ein natürliches Hochgefühl zu verursachen, wie etwa Laufen oder bestimmte gymnastische Übungen, werden mit erhöhtem Aufkommen von Endorphinen im Blut in Zusammenhang gebracht. Je intensiver die Übung ist, das heißt, je öfter sie wiederholt wird, um so mehr Endorphine werden freigesetzt.[49]

Goldstein hat als erster darauf hingeweisen, daß auch Musik Veränderungen hervorrufen kann, die mit den Endorphinen in Verbindung gebracht werden. Er untersuchte die erregenden Gefühlssensationen, deren Prickeln und Klingeln die gefühlserregenden Reize begleiten. Etwa die Hälfte von 249 befragten Personen erklärten, daß sie solche Erregungszustände beim Anhören von Musik erlebten. Bei einigen Personen wurde die Empfindung durch Naloxon abgeschwächt. Wie wir in den Kapiteln 1 und 2 erfahren haben, hat Musik bei den traditionellen Heilzeremonien schon immer eine Rolle gespielt. Eine Zeitlang wurde sie auch als Audio-Analgesie eingesetzt, vorwiegend von Zahnärzten. An vielen Universitäten ist Musiktherapie ein anerkanntes Studienfach. Für gewöhnlich ist man der Meinung, daß der Vorteil der Musik für den Patienten einfach darin liegt, daß er von seinen widrigen Krankheitsumständen abgelenkt wird. Goldsteins Arbeit legt nahe, daß die therapeutischen Aspekte der Musik biochemischer Natur sind und daß dieses Gebiet noch sehr viel gründlicher erforscht werden müßte.[50]

Und wer irgendwann einmal seine Sorgen mit einem Stück leckerer Schokoladetorte betäubt hat, der hat am eigenen Leibe erfahren, daß Süßigkeiten imstande sind, Kummer zu lindern. Süßigkeiten sind ein direkter Draht zum Lustzentrum. Was wir schon lange vermuten, wird nun endlich durch einen offiziellen Bericht bestätigt: Süßes steht mit der Freisetzung von Endorphinen *und* mit einer erhöhten Schmerzgrenze in

Zusammenhang.[51] Diese Erkenntnisse lösen einige Rätsel: Warum man eine Ratte so trainieren kann, daß sie für einen Schokoladenkeks oder sogar nur für eine wäßrige Saccharinlösung einfach alles tut; warum Patienten, die unter chronischen Schmerzen leiden, massenhaft Süßigkeiten vertilgen; und warum frustierte Kinder ihr Taschengeld vor allem in Süßigkeiten investieren.

Andere selbstheilende Stoffe schließen das Alpha-Melanozyt stimulierende Hormon ein, ein erst vor kurzem entdecktes Hirnpeptid, das Fieber zum Beispiel 25 000 mal wirkungsvoller bekämpfen kann als Aspirin, und zwar Molekül für Molekül. Man hofft, daß die noch andauernden Forschungsarbeiten von James Lipton, Mark Murphy und Dave Richards an der Health Science Clinic der University of Texas in Dallas schließlich zu einer Alternative für die auf dem Markt erhältlichen fiebersenkenden Mittel führen werden. Man kann bereits jetzt annehmen, daß diese körpereigenen Fiebermittel, wenn sie unter der Kontrolle des Bewußtseins stehen, wahrscheinlich effektiver sein werden als der Gebrauch von Pillen.

Ein weiterer natürlicher Heiler ist das Histamin, ein hochaktiver chemischer Stoff, der freigesetzt wird, um das Immunsystem bei seinen Gegenangriffen zu untersützen. Erröten, Juckreiz, Flecken auf der Brust und im Gesicht bei sexueller Erregung, Ausschläge und Allergien sind Histaminüberreaktionen, aufs engste verbunden mit der Gefühlswelt – und daher, theoretisch, über das Bewußtsein kontrollierbar. Ich bin sicher, daß die Erfolge, die wir mit Temperatur-Feedback bei Personen mit verzögerter Wundheilung erzielt haben, teilweise das Ergebnis ihrer Kontrolle über die Freisetzung von Histamin ist, wodurch die Heilung beschleunigt wurde. (Erhöhte Temperatur ist für gewöhnlich ein Anzeichen für verstärkten Blutfluß; doch auch eine Histaminreaktion würde die Temperatur der Haut leicht ansteigen lassen, da sie ein gefäßerweiterndes Signal gibt.) Es müssen noch sehr viel mehr Forschungen darüber angestellt werden, vor allem im Hinblick auf die Einflußmöglichkeiten des Vorstellungsbildes.

5 Phantasie als Psychotherapie

> «Die zweitausendjährige Geschichte unserer Zivilisation liest sich wie ein Bericht über die Unterdrückung und Verleugnung der Visualisierung, die doch zu den grundlegenden geistigen Prozessen zählt. Denn Denken *ist* Visualisierung. Vor den Worten waren die Bilder.»
>
> Don Gerrard, 1975

Nachdem wir uns einen Überblick über die Forschungsergebnisse der Naturwissenschaften verschafft haben, wollen wir uns nun den Verhaltens- und Sozialwissenschaften zuwenden, um zu sehen, was diese in ihren Untersuchungen über die Bedeutung der Imagination herausgefunden haben. Außerdem werden wir in diesem Kapitel auch die Beobachtungen von Wissenschaftlern vorstellen, die der Meinung sind, daß Struktur und Funktion von subatomaren Teilchen, von Gewebe und von Organen mit dem Verhalten in Beziehung stehen.

Das Vorstellungsbild als hypothetisches Konstrukt

In den Verhaltens- und Sozialwissenschaften wird das «Vorstellungsbild» als ein hypothetisches Konstrukt, eine Arbeitshypothese gleichsam, behandelt, eine zwischen eingehendem Reiz und Reaktion vermittelnde Variable. Als solche befindet es sich in der ehrbaren Gesellschaft der anderen großen (Bildungs-)Themen, die gründlich erforscht wurden: Lernen, Motivation, Gedächtnis und Wahrnehmung. Keines dieser Konzepte wird für «unwirklich» oder der wissenschaftlichen Untersuchung für unwürdig gehalten noch als jenseits verschiedener Interventionsmöglichkeiten betrachtet, obschon auch sie unsichtbar sind. Der «Lernvorgang» oder die «Motivation» lassen sich nicht beobachten – man kann lediglich Veränderungen im

Verhalten als Reaktion auf eine Reizeinwirkung vorhersagen. Trotzdem hat man besondere Gesetzmäßigkeiten entwickelt, um beschreiben zu können, was da geschieht.

Die reduktionistischste aller Wissenschaften schließlich, die Quantenphysik, untersucht letzten Endes nichts anderes als das hypothetische Konstrukt an sich. Man hat subatomare Teilchen konkret noch nie gesehen, man besitzt von ihnen nicht mehr als einVorstellungsbild. Form und Funktion können nur durch die Einführung einer Eingangsvariablen und die Messung der Ausgangsvariablen angenommen werden, daher der Terminus «vermittelnde Variable». Verhaltensforschung und Quantenphysik messen und vermessen gleichsam Geister, mit lobenswerter Präzision allerdings, indem sie frühere und zukünftige Ereignisse quantifizieren, das heißt, in Zahlen und meßbare Größen fassen. Der Geisterstatus der hypothetischen Konstrukte ist möglicherweise nur vorübergehend, da eine technologische Entwicklung bevorsteht, die es ermöglichen könnte, das Phänomen direkter zu beobachten. Wenn allerdings die Imagination die Grundlage jeglicher Form und Materie ist, wie die Quantenphysiker vermuten, dann wird der Geisterstatus wohl erhalten bleiben.

Die Sozial- und Verhaltenswissenschaftler behaupten, um es noch einmal kurz zu wiederholen, daß das Vorstellungsbild ein angenommenes Ereignis ist, welches unter dem Einfluß von Innen- und Außenwelt steht oder in Beziehung zu Reiz und Reaktion. Dieses Schema macht eine Beschreibung des Vorstellungsbildes im phänomenologischen Sinn unnötig. Eine solche wäre etwas aufwendiger (das heißt, sie würde mehr erklärende Variable erfordern) und würde weder zur Vorhersagbarkeit noch zur Kontrollierbarkeit des Enflusses beitragen. Die meisten Verhaltensforscher finden es überflüssig, sich im «Physiologisieren» zu ergehen oder Spekulationen über die neuroanatomischen und biochemischen Entsprechungen des Vorstellungsbildes anzustellen.

Für die Verhaltenswissenschaftler bedeutet das Vorstellungsbild als hypothetisches Konstrukt bzw. als vermittelnde

Variable ein brauchbares Werkzeug, um die tatsächliche Bedeutung eines Sachverhalts so zu rekonstruieren, daß er in Zukunft keinen Schaden mehr anrichten kann. Diese Interpretation impliziert eine angstvermindernde Wirkung sowie generell eine Verminderung von negativen Gefühlsreaktionen und Verhaltensweisen, die als Konsequenz auf angsterregende Situationen eintreten. So gesehen könnte man das innere Bild als ein sehr wichtiges Instrument betrachten bei der Vermeidung von Störungen und Krankheiten, die auf Streß zurückzuführen sind. Heute stellt man praktisch bei jeder Krankheit, die näher beleuchtet wird, fest, daß Streß mit im Spiel ist. Das gilt auch für Herz-Kreislauf-Krankheiten, Arthritis, Krebs, Diabetes, die autoimmunen Störungen – etc. ad infinitum.

Zusätzlich zu der Schuld, die man dem Dauerstreß zuschreibt, kommt die heute vorherrschende Überzeugung, daß andere Verhaltensweisen, wie etwa falsche Ernährungs- und Schlafgewohnheiten, sportliche Übungen, Rauchen und die übermäßige Einnahme toxischer Substanzen, zu vielen somatischen Krankheiten führen, ja, sie geradezu herausfordern. Erweist sich das Vorstellungsbild als taugliches Mittel zur Veränderung von Verhaltensweisen, so ist es ein ideales Manipulations- bzw. Interventionsinstrument. Die Rolle der Imagination als Heilkraft ist damit klar ersichtlich und durch das soziale und Verhaltensparadigma gerechtfertigt, ohne daß zu den reduktionistischen Wissenschaften oder zu übernatürlichen, transpersonalen Erklärungen Zuflucht genommen werden muß.

Die Behandlung von Krankheitserscheinungen und Krankheit

Wenn die behavioristische oder kulturelle Perspektive ins Blickfeld gerückt wird, werden damit einige neue Fragen aufgeworfen, die so lange kein Thema von Bedeutung waren, wie man Heilung als einen Prozeß verstand, der sich auf der zellularen oder der subatomaren Ebene abspielt. Was ist Heilung denn nun wirklich?

Arthur Kleinman führt aus, daß das Wort «Heilung» ein sehr verwirrender Begriff sei, der die archaischen Wurzeln der Medizin enthülle, die seit langem schon von der Fassade der modernen Gesundheitsfürsorge verdeckt werden.[1] Kulturübergreifende Untersuchungen zum Thema Heilen scheitern an eben diesem Punkt: an der Schwierigkeit, «Heilung» in den verschiedenen Traditionen zu definieren. Selbst mit einem weltoffenen, kosmopolitischen medizinischen System ist keine Übereinstimmung darüber zu erzielen, was Heilung wirklich ist, was sie ausmacht, in Gang setzt. Patienten einerseits und Ärzte andererseits halten an zwei unterschiedlichen Arten von Kriterien fest, mit denen sie medizinischen Erfolg beurteilen, wobei die Ärzte sich eher an die biologischen Veränderungen halten, während die Patienten die subjektiven Komponenten des «Sich-besser-Fühlens» für entscheidend halten.[2]

Kleinman beschreibt des weiteren zwei grundlegend verschiedene Aufgaben der Heilmedizin, die sowohl für die traditionelle als auch die heutige Gesundheitsfürsorge typisch sind: 1. die Krankheitskontrolle und 2. die Aufgabe, dem Patienten eine sinnvolle Erklärung für die Erfahrungen, die er während der und durch die Krankheit macht, zu vermitteln. Als nächstes unterscheidet er zwischen Krankheit und Krankheitserscheinungen: «Wir wollen jede primäre Störung von biologischen und psychosozialen Vorgängen Krankheit nennen, und die sekundären, psychologischen und kulturellen Reaktionen auf die Krankheit – das heißt, wie reagiert der Patient selbst, seine Familie und das soziale Netzwerk auf die Krankheit – Krankheitserscheinungen.»[4] Dieser Unterschied zwischen Krankheit und Krankheitserscheinungenn, die Versuche, entweder das eine oder das andere zu behandeln, und eine kulturell zutreffende Definition des Konzepts der Heilung sind meiner Meinung nach die wichtigsten und dennoch am häufigsten übersehenen Aspekte der medizinischen Versorgung.

Jene Systeme also, die die Imagination in ihrem wahren

präverbalen und transpersonalen Sinn einsetzen, würden demnach nicht nur in die biologischen und psychologischen Vorgänge eingreifen, sondern auch in die Krankheitserscheinungen. Ein Stammesführer der Mohawk, Ernie Benedict, drückt dies so aus: «Der Unterschied liegt darin, daß die Medizinen des weißen Mannes mechanistisch sind. Der Kranke wird repariert, aber hinterher ist er nicht besser als vorher. Der indianische Weg macht es ihm möglich, ein besserer Mensch zu werden, wenn er eine Krankheit überstanden hat und mit einer wirklichen Medizin behandelt worden ist.»[5]

Verhaltensforscher und Sozialwissenschaftler beschäftigen sich größtenteils nicht mit der Krankheit, sondern mit den Krankheitserscheinungen, mit den subjektiven (oder psychologischen) Faktoren und mit Verhaltensänderungen.

Verhaltens- und sozialwissenschaftliche Aspekte der Gesundheit

Während ich das Thema Gesundheit erörtere, kämpfe ich ständig mit seiner semantischen und kognitiven Problematik. Aus Physiologie, Biochemie und Quantenphysik wissen wir, daß es keine klare Abgrenzung zwischen psychischen und somatischen Krankheiten gibt und auch, daß Medizin und Sozial/Verhaltenswissenschaften nicht etwa auf unterschiedlichem Terrain operieren. Geistig/körperlich, Körper/Geist sind falsche Dichotomien, charakteristisch für unsere Kultur. Schizophrene leiden an abnormen, biochemischen Veränderungen – ist also die Schizophrenie eine physische oder eine psychische Krankheit? Die psychologischen Korrelate bei Krebs, Diabetes und Herzleiden sind vorhersagbar. In welche Kategorie fallen diese Krankheiten also? Die Zweiteilung wirkt sich noch schädlicher aus, weil die Behandlung wie eine Gratwanderung verläuft, die verschiedene Bereiche oder Systeme streift.

In der verhaltenswissenschaftlichen Literatur wird die Phantasie als am wirksamsten im Bereich der Heilung von imaginären Krankheiten beschrieben – Gedankengebilde, die gegeneinander kämpfen. Die Imagination wird im allgemeinen als Bestandteil eines strukturellen Verarbeitungsmechanismus der Krankheit gesehen. Es überrascht nicht, daß die behavioristischen Untersuchungen des Vorstellungsbildes sich hauptsächlich mit geistigen Störungen beschäftigen. Ausnahmefälle sind Krankheiten mit physischen Symptomen, deren Ursprung man jedoch in der Psyche vermutet, die sogenannten psychosomatischen Krankheiten nämlich, wie Asthma, Migräne, Ausschlag, rheumatische Arthritis, Bluthochdruck etc.

Die Bezeichnung *psychosomatisch* hat manche Wissenschaftler in eine unglückselige Sackgasse geführt. Sie bedeutet, daß sowohl die Psyche als auch der Körper betroffen sind und in einer subtilen Wechselbeziehung zueinander stehen. Lipowski definiert die psychosomatische Medizin als 1. eine wissenschaftliche Disziplin, die sich mit den Zusammenhängen zwischen biologischen, psychologischen und sozialen Determinanten der Gesundheit und der Krankheit beschäftigt; und 2. eine Ansammlung von Postulaten, die einen holistischen Approach zur Medizin verkörpern.[6] Trotzdem hat der Begriff die sehr einseitige Tendenz angenommen, die primären Probleme in der Psyche zu suchen, was ein völlig falsches Licht auf die körperlichen Störungen wirft, die alle «nur im Kopf» oder, noch schlimmer, «ein obskurer Zwitter aus klinischer Denkweise, physiologischer Spekulation und psychoanalytischer Theorie» sind.[7] Autoren wie Pelletier[8] behaupten, daß mindestens 90 Prozent aller Krankheiten psychologische Komponenten aufweisen und daß deshalb entweder das Konzept psychosomatischer Krankheiten in der medizinischen und psychologischen Literatur präziser definiert werden muß oder daß ihnen eine neue Bezeichnung gegeben werden muß (wie zum Beispiel psychophysiologisch), die sofort klarmacht, daß geistige und physische Phänomene in Wechselbeziehung zueinander stehen.

Ein weiterer interessanter Fall ist die «Konversionshysterie». In der Psychoanalyse bezeichnet «Konversion» die «Umwandlung» oder «Umkehrung» von (verdrängten) Triebansprüchen oder Affekten in körperliche Symptome. Im klassischen Fall von Hysterie ist der Betreffende unfähig, sich mit bestimmten psychischen Konflikten auseinanderzusetzen, und überträgt deshalb den Konflikt unbewußterweise auf den Körper. Wenn man den Patienten untersucht, fehlt den Krankheitssymptomen die organische Basis. Indem der Patient in die Rolle des Kranken schlüpft, entflieht er dem unlösbaren psychischen Konflikt. Erblinden, Verlust des Seh- und Hörvermögens oder auch eine teilweise oder totale Lähmung sind typische Symptome.

Die Gestaltung von Untersuchungen

Verhaltens- und Sozialwissenschaftler rücken der Phantasie auf verschiedene Art und Weise zu Leibe. So kann man zum Beispiel das Vorstellungsbild und seine Bedeutung bei der Wahrnehmung und für Verhaltensänderungen untersuchen. Nach einer anderen Methode beobachtet und interpretiert man das Verhalten von Einzelpersonen bei Therapien, die auf die Heilkraft der Imagination setzen. Diese letztgenannte Methode schließt auch Feldforschung mit ein, wo Anthropologen, Psychologen, Soziologen und Psychiater, die ein Interesse an kulturübergreifenden Heilsystemen haben, Analysen erarbeiten, während bei der ersten Methode die Forschungsarbeit in einem Labor oder im Rahmen von klinischen Untersuchungen durchgeführt wird.

Andere Wege, die zunehmend an Einfluß gewinnen, werden von jenen Verhaltensforschern und Sozialwissenschaftlern begangen, die auch am Krankenbett und auf dem Gebiet der physischen Krankheiten arbeiten und die die Körper-Geist-Interaktionen miteinbeziehen. Sie weigern sich, bei der Ursachenforschung und auch bei der Behandlung zwischen «zum Geist gehörend» und «zum Körper gehörend» zu unterscheiden, aber die meisten von ihnen arbeiten im Rahmen des schulmedizinischen Systems und bleiben ihm treu. Man findet sie auf den Rehabilitationsstationen für Herzkranke, in Krebskliniken und bei Schmerzkontrollprojekten wie auch an vielen Stätten der Gesundheitsforschung. Meist gilt ihr Interesse zwar eher der Forschung als der praktischen Heilbehandlung, doch die Liste der Forschungshilfsmittel liest sich sehr krankenbettbezogen – sie umfaßt unter anderem Beratung und Psychotherapie, kognitive Bewältigungsstrategien, Verhaltensänderungen, Biofeedback, Hypnose, Patientenerziehung, Meditation und Entspannungstechniken sowie die Arbeit mit dem Vorstellungsbild. Das Forschungsinteresse der «Verhaltensmedizin» oder «Gesundheitspsychologie» ist weitgespannt und reicht vom Gesundheitsverhalten über psychologische Ursachenforschung und deren Entsprechungen im Krankheitsbild zu Vorsorge und Interventionsstrategien bis hin zur Epidemiologie.

Die holistische Medizin wurde aus verschiedenen Gründen aus dem Gebiet der Verhaltens- und Sozialwissenschaften ausgeklammert. Zunächst einmal dient sie aufgrund ihrer wenig spezifischen Bezeichnung als Auffangbecken für alle möglichen Heiler und Heilmethoden, deren Beschreibung den Rahmen dieses Buches sprengen würde. Und zweitens bezieht die holistische Medizin die Imagination zwar als Heilfaktor in ihre Therapien mit ein, doch ist es ihr bislang nicht gelungen, einen nennenswerten Beitrag zur *wissenschaftlichen Forschung* auf diesem Gebiet zu leisten.

Wachsendes Interesse am Vorstellungsbild

Die forschungsorientierten Verhaltenswissenschaftler haben mit ihren Methoden viel zur Analyse des Vorstellungsbildes beigetragen. Während der vergangenen zwei Jahrzehnte haben sie die präzisesten statistischen Hilfsmittel angewendet und klinische Beobachtungen angestellt, um der Imagination die ihr gebührende Anerkennung zu verschaffen. Die Mitglieder der drei existierenden aktiven nationalen Gesellschaften kennen nur ein einziges Interesse: die Erforschung der Imagination. Im Jahre 1977 wurde das *Journal of Mental Imagery* als ein interdisziplinäres Forum geschaffen, das auch Artikel über die experimentellen, klinischen und theoretischen Aspekte des Vorstellungsbildes veröffentlichen sollte.

Zu den Gruppen, die entweder ein Forschungs- oder ein klinisches Interesse daran haben, gehören vor allem die Psychologen, doch auch Ärzte (vorwiegend Psychiater), Kunst- und Musiktherapeuten, Fachpädagogen, Theologen und Anthropologen. Die Psychologie hat das Vorstellungsbild aus der Sicht der klinischen Arbeit, der Psychopathologie, des Erinnerungs- und Lernvermögens, der Wahrnehmung und der sensorischen Psychologie untersucht. Vor kurzem erst wurden einige hervorragende Arbeiten publiziert, die versuchen, einen Überblick über buchstäblich Tausende von Artikeln und Meinungen zu diesem Thema zu ermöglichen.[9] Das Vorstellungsbild hat sich als ein für die Verhaltenswissenschaften geeignetes und wertvolles Studienobjekt etabliert.

Bei der sorgfältigen Überprüfung der wahrhaft überwältigenden Menge an bereits geleisteter Arbeit ist es um so enttäuschender, daß die Imagination als Heilkraft dabei kaum zur Sprache kommt. Wenn man bei der Definition des Begriffs Gesundheit jedoch auch die Gesundheit des Geistes in seiner ganzen Komplexität miteinschließt – wie etwa die Anpassung an den kulturellen Sittenkodex, den Lernprozeß, die künstlerische Kreativität –, dann allerdings läßt sich fast alles irgendwie verwerten.

Das Vorstellungsbild in der klinischen Umgebung

Der Gebrauch des Vorstellungsbildes in psychotherapeutischen Sitzungen hat nicht nur eine lange Geschichte, sondern ist auch heute gang und gäbe. Anees Sheikh und Charles Jordan haben sich mit dem Thema gründlich auseinandergesetzt und ein beeindruckend umfangreiches Material zusam-

Vorstellungsbild und Psychotherapie

Schule/Technik	*Autor/Datum*
Autogenes Training	Schultz & Luthe (1959)
Autohypnose	Vogt (Jordan 1979)
Autohypnose	Frank (1910)
Verhalten	Anderson (1980)
Kognitive Umstrukturierung	Meichenbaum (1977, 1978)
Bedingte Reflextherapie	Salter (1949)
Umformende Konditionierungstechniken	Cautela (1949)
Vorstellungsbild Tod	Achterberg & Lawlis (1981)
Vorstellungsbild Tod	Sheikh (1979)
Methode des Dialogs	Kretschmer (1969)
Methode des Dialogs	Happich (1932)
Methode des Dialogs	Binet (1922)
Methode des Dialogs	Caslaut (1921)
Gelenkter Traum	A. Freud (Compton 1974)
Gelenkter Traum	Silberer (Kosbab 1974)
Gelenkter Traum	Guillery (1945)
Gelenkter Traum	Clark (1925)
Eidetische Psychotherapie	Ahsen (1965)
Notfallmäßiges Aufdecken	Reyher (1977)
Notfallmäßiges Aufdecken	Horowitz (1968, 1970, 1978)
Aufbaupsychotherapie	Morrison (1980)
Fokus	Gendlin (1978)
Gestalt (humanistisch/transpersonal)	Perls (1979)
Gruppenpsychotherapie	Saretsky (1977)
Geleitetes, affektives Vorstellungsbild	Leuner (1977, 1978)
Geleitete Szintigraphie	Wolpin (1969)
Vorstellungstypus/Diagnose	Yanovski & Fogel (1978)
Vorstellungstypus/Hypnose	Sheehan (1979)
Einsetzung des Vorstellungstypus	Janet (1898)
Überflutung	Rachman (1968)
Überflutung	Stampfl & Lewis (1967)
Technik des inneren Beraters	Jaffee & Bresler (1980)
Intensive Journal	Progoff (1963, 1970)
Traumdrama (Oneirodrama)	Fretigny & Virel (1968)
Traumdrama (Oneirodrama)	Desoille (1965)
Psychoanalyse	Freud (Singer & Pope 1978)
Psychoanalyse	Jung (1960)
Psychoanalyse	Kanzer (1958)
Psychoanalyse	Goldberger (1957)
Psychoanalyse	Kepecs (1954)
Psychoanalyse	Jellinek (1949)
Imaginationspsychotherapie	Schorr (1972)
Psychosynthese	Assagioli (1965)
Rationale Psychotherapie	Ellis (1981)
Rationale Psychotherapie	Lazarus, Abramovitz (1962)
Rekonditionierung	Williams (1923)
Systematische Desensibilisierung	Wolpe (1958, 1969)

Anmerkungen / Anwendungsgebiete

physische Störungen; allgemein übliches psychotherapeutisches Mittel, um die freie Assoziation zu fördern

kräftigende Wirkung; allgemein erhöhte Wirksamkeit

tiefe Entspannung, Schlummern

theoretischer Überblick, Anwendungen

kognitiver Prozeß, um das Verhalten zu beeinflussen; Streßverursachung, Bewältigungsstrategien

krankhafte Angst vor Verhaltenstherapien

nicht reizbedingte und soziale Lernprozesse

Vorstellungsbilder sterbender Patienten

den Tod annehmen

meditative Techniken in der Psychotherapie

therapeutische Methode der Verwendung von im voraus bestimmten Eindrücken

zur Offenlegung unbewußter Subpersönlichkeiten; «provozierte Innenschau»

psychische Entwicklung; außersinnliche Erfahrung

freie und gelenkte Vorstellungsbilder bei Kindern

symbolische Natur der Vorstellungsbilder

gelenkter Traum und neuromuskuläre Veränderung

Zugang zu Kindheitserfahrungen; narzißtische Neurose

Vorstellungsbild, somatische Muster und Bedeutungen

freie Assoziation von Vorstellungsbildern

Vorstellungsbild in der kognitiven Psychologie

Auslösung und Integration von Gefühlen

Anerkennung von Gefühlen, Allgemeinpsychologie und physische Probleme

Phantasie und Psychodrama

Vorstellungstechniken mit einer Gruppe

systematisches, gelenktes Vorstellungsbild

Verhaltenstherapie; ausweichendes Verhalten

Rorschachs visuelle Projektion des Vorstellungsbildes

Literaturüberblick

Überwindung der Hysterie, Ideensubstitution

Auslöschung der Angstreaktion

Auslöschung der Angstreaktion

Anwendung des «inneren Ratgebers» bei der Diagnose, Therapie

innerer Dialog zur Selbstfindung, Veränderung

gelenkte Tagträume

gelenkte Tagträume

physische Störungen, allgemein übliches, psychotherapeutisches Mittel, um die freie Assoziation zu fördern

«aktive Imagination» in der Psychotherapie

Vorstellungsbilder zur Absichtsklärung und um dem Motivationszustand zu folgen

Vorstellungsbilder zur Klärung von Beziehungen zwischen somatischen Empfindungen und Ereignissen des Lebens

Vorstellungsbilder als Möglichkeit, Blockaden in freier Assoziation zu überwinden

Vorstellungsbild als Möglichkeit, sich dem «Unbewußten» entsprechend dessen Spielregeln zu nähern

existentieller und phänomenologischer Approach

eklektisch und humanistisch; symbolische Bedeutung

Arbeit mit irrationaler Angst

Verhaltenstherapie bei kindlichen Ängsten

Verhaltenstherapie

Verhaltensstörungen; Phobien; Gegenkonditionierung

mengetragen, angefangen bei der frühen Arbeit von Freud, Jung und den europäischen analytischen Schulen bis hin zu den Theorien der Therapeuten unserer Tage.[10] Die auf S. 206/7 stehende Übersicht bringt eine kurze Auflistung der Therapiemethoden, die mit dem Vorstellungsbild arbeiten, und zeigt auf beeindruckende Weise die Breite des Anwendungsspektrums.

Die krankhaften Zustände, die von Verhaltensforschern mit Hilfe des Vorstellungsbildes erfolgreich behandelt wurden, sind solche, deren Ursachen im Verhalten selbst oder in kognitiven Problemen lagen. In diese Kategorie fallen Phobien und Ängste (Furcht vor Schlangen, vor dem anderen Geschlecht, Höhenangst, Angst vor weiten Flächen und Plätzen, vor öffentlichem Sprechen, vor Spritzen etc.), Depressionen, krankhafte Fettleibigkeit, Rauchen, Alkohol- und Drogenmißbrauch, Schlaflosigkeit, Impotenz und «psychosomatische» Symptome.

Sheikh und Jordan machen jedoch deutlich, daß die meisten Krankenhausärzte mehr an der praktischen Anwendung des Vorstellungsbildes interessiert sind als an solider, theoretisch fundierter, experimenteller Arbeit. Die Verhaltenstherapeuten haben zwar eine Menge Forschungsarbeit geleistet, aber sie haben es versäumt, eine theoretische Grundlage zu formulieren. Außerdem neigten sie dazu, das Vorstellungsbild des einzelnen zu sehr im gesellschaftlichen Kontext und unter Konditionierungsgesichtspunkten zu sehen.[12]

Wie das Vorstellungsbild das Verhalten verändert

Donald Meichenbaum hat mehrere Techniken entwickelt, um die Imagination als klinisches Mittel einzusetzen, wie zum Beispiel den «Bewältigungsvorstellungstypus» und die «Streßunschädlichmachung». Dementsprechned hat er ein 3-Stufen-Modell formuliert, welches der Wirkung kognitiver Faktoren (wie dem Vorstellungsbild) Rechnung trägt und sie als Medien der Verhaltensänderung einsetzt. In der ersten Phase des

Trainings wird die Bewußtmachung von Verhaltensweisen und inneren Erlebnissen wie Gedanken, Gefühlen und physiologischen Reaktionen geübt. In der zweiten Phase werden neue, zu adaptierende Gedanken (Vorstellungsbilder) eingeführt, die die alten, fehlangepaßten und bedrückenden ersetzen sollen. Und schließlich wird die Person ermutigt, ihre frisch erlernten Denk- und Verhaltensweisen außerhalb der Klinik in Situationen des wirklichen Lebens anzuwenden. Das zugrundeliegende Verhaltensmodell umfaßt wahrscheinlich eine kognitive Umstrukturierung und ist bei den Verhaltenstherapeuten sehr beliebt.[13]

Nach Meinung Meichenbaums, der die Wirkung seiner und anderer Therapien, die ebenfalls auf dem Vorstellungsbild beruhen, erläutert, liegen ihnen folgende Mechanismen zugrunde: 1. ein Gefühl der Kontrolle, das sich bei regelmäßigem Üben des Vorstellungsbildes einstellt; 2. ein veränderter innerer Dialog, der den fehlangepaßten Verhaltensweisen assoziiert ist; und 3. das geistige Üben der zu adaptierenden Reaktionen.[14]

Jerome Singer vertritt die Meinung, daß die Wirkung des Vorstellungsbildes in 1. der Fähigkeit der jeweiligen Person liegt, die Vorgänge imaginativ zu verstehen; 2. den Hilfestellungen, die der Therapeut im Hinblick auf eine schwierige Situation gibt; 3. der Einübung von Alternativen; und 4. im konsequenten Abbau der Angstzustände durch bewußte Konfrontation mit Situationen, die zuvor vermieden wurden.[15] Im allgemeinen gewinnt die Person durch die Anwendung der Vorstellungstechnik mehr Selbstsicherheit.

Vorstellungsstrategien werden auch oft angewendet, um Schmerzen zu bekämpfen, vor allem Kopfschmerzen, Schmerzen in der unteren Kreuzgegend und Zahnschmerzen. Dem Patienten wird empfohlen, sich zu entspannen und sich etwas Erfreuliches vorzustellen. Dabei wird er entweder von seinem Therapeuten angeleitet oder er benutzt seine eigene Phantasie. Viele behaupten, daß das Vorstellungsbild wie ein Zerstreuungs- bzw. Ablenkmechanismus funktioniere, wodurch sich die *Schmerztoleranzgrenze* erhöhe.[16] Andere sehen seine besondere Effektivität in der *Schmerzkontrolle*[17] und der daraus resultierenden Stärkung der körpereigenen Fähigkeiten der Selbstkontrolle.[18]

Das kulturelle Phänomen der Heilung mit Hilfe der Imagination

Wir wenden uns nun einem Gebiet zu, in dem die Heilung mit Hilfe der Imagination im Kontext bestimmter sozialer Systeme stattfindet – dem weiten Gebiet der nichtmedizinischen, kulturellen oder volksheilkundlichen Heilpraktiken nämlich. Ethnopsychiater bieten uns eine Fülle von Erklärungen dafür an, warum diese Techniken funktionieren; ja, sie ziehen manchmal sogar Parallelen zwischen den «primitiven» und den eigenen Techniken. Natürlich konzentrieren sie sich dabei auf die mentalen Aspekte der Krankheit und halten, wie auch die anderen Verhaltensforscher, das Vorstellungsbild für besonders wirkungsvoll bei den imaginären (nichtkörperlichen) Krankheiten oder in seiner Funktion als Bewältigungsmechanismus. Die «nie bewiesenen psychoanalytischen Theorien, die... auf diesem Gebiet für viel Verwirrung gesorgt haben»[19], bleiben in der folgenden Erörterung unberücksichtigt.

Die Untersuchungsmethoden auf diesem Heilsektor beruhen in der Regel auf Beobachtungen, da echte experimentelle Arbeit in diesem Zusammenhang undurchführbar ist und einem sogar irgendwie irrelevant vorkommt. Im allgemeinen gilt hier eine gründliche und objektive Berichterstattung als akzeptable Grundlage für weitere Forschung, so bezieht zum Beispiel Jerome Frank Daten und Angaben, die er für seine Arbeit braucht, aus anthropologischen Werken.

Für mein spezielles Thema werde ich Schamanen, Curanderos, die sogenannten Medizinmänner, die Ärzte der Eingeborenen und auch die modernen religiösen oder Glaubensheiler als «Volksheiler» bezeichnen. Innerhalb bestimmter kultureller Gegebenheiten mögen diese unterschiedlichen Bezeichnungen auch Geschicklichkeitswertungen und ein Hinweis auf den Rang und die Macht des jeweiligen Heilers sein. Dies gilt in hohem Maß für die Schamanen, die aufgrund ihres außerordentlichen Wissens im Umgang mit der Imagination seit jeher eine Sonderstellung einnehmen. Die Verhaltensforscher und die Sozialwissenschaftler machen bei ihrer Untersuchung des Heilungsmechanismus keine Unterschiede im Hinblick auf die Heiler; ihre Beobachtungen bzw. Kommentare sind auf jeden anwendbar, der Heilrituale benutzt, die vermutlich selbst keine aktiven medizinischen Eigenschaften besitzen.

Das Rumpelstilzchenprinzip: Die Diagnose

Heute besitzt auch der nichtmedizinische Heiler das Privileg des Diagnostizierens. E. Fuller Torrey erläutert die Bedeutung dieser Aufgabe und nennt sie das «Rumpelstilzchenprinzip» nach dem Märchen, in dem der richtige Name eine magische Reaktion auslöst. Nach Torrey hat bereits der Akt des Benennens therapeutische Wirkung: Er kommt einer Rückversicherung gleich, daß tatsächlich jemand weiß und versteht, worum es geht. Man glaubt ja allgemein, daß ein Problem, das man verstehen oder dem man einen *Namen geben* kann, sich auch bewältigen läßt. Der Patient fühlt sich erleichtert und kann dem Kommenden mit Ruhe entgegensehen. In jeder Kultur dürfen stets nur Personen, die ein ehrenvolles Amt bekleiden oder in hohem Ansehen stehen, Benennungen vornehmen. Ihre Weltanschauung sollte der des Patienten entsprechen, damit die Benennung eine nachhaltige Wirkung ausüben kann (nach Torrey stellt dies für jeden Versuch kulturübergreifender Psychotherapie ein großes Problem dar, und man kann annehmen, daß dasselbe auch für kulturübergreifende medizinische Behandlung gilt).[20]

Das Rumpelstilzchenprinzip ist für jedes Heilszenarium lebenswichtig. Patienten sehnen sich immer nach einer Diagnose, die sie akzeptieren können, auch wenn sie für die Behandlung selbst völlig belanglos sein sollte.

Hoffnungsspender, Selbstachtung und kulturelle Wiedereingliederung

Das eine große Thema in der einschlägigen Literatur, das auch in unserem Zusammenhang von Bedeutung ist, behandelt den Erfolg des Volksheilers, der in dessen Fähigkeit begründet liegt, Hoffnungen zu entfachen, schwindende Selbstachtung wieder zu festigen und dem aus dem Gleichgewicht geratenen Menschen dabei zu helfen, sich wieder in die Gemeinschaft einzugliedern bzw. von ihr wieder aufgenommen zu werden. Eben diese Qualitäten fehlen bei der Anwendung der üblichen medizinischen Maßnahmen. Deshalb, so sagt man, hat der Volksheiler auch wieder Konjunktur. Außerdem ist man der Ansicht, daß er durch seine Anstrengungen dem Patienten eine neue Richtung weist, ihn sich wohlfühlen läßt, ja sogar sichtbare Veränderungen am feststofflichen Körper bewirkt, das heißt, die Krankheitserscheinungen nehmen ab, möglicherweise bessert sich sogar die Krankheit selbst.[21]

Dr. Ness und Dr. Wintrob sind der Meinung, daß das Geheimnis des Erfolges der Volksheiler in ihrer Fähigkeit liegt, die Gefühlswelt der Patienten zu nutzen, indem sie den Gefühlen der Abhängigkeit, der geringen Selbsteinschätzung und den Ängsten die Hoffnung auf Besserung entgegensetzen. Das therapeutische Ritual ist eine Richtlinie, der die ganze Gemeinschaft folgen kann, und alle Teilnehmer erleben ein Gefühl der Kontrolle und Sinngebung. Die Selbstachtung des Patienten wächst, da er der Mittelpunkt aller Aktivitäten ist. Wenn dann der Heiler die übernatürlichen Kräfte anruft, wird dem Patienten eine weitere wichtige Bestätigung zuteil – er ist es wert, daß für ihn die höchste Form der Heilung angewendet wird.[22]

Weatherhead charakterisiert das Fundament der Glaubensheilung (und damit der Imagination) als einen Zustand des «erwartungsvollen Vertrauens».[23] Volksheiler besitzen die Fähigkeit, solches Vertrauen zu erwecken, indem sie sich als charismatische oder besonders erfolgreiche Persönlichkeiten präsentieren. Wenn die Hoffnung zurückkehrt, fühlt der Patient sich erleichtert, stärker, energischer – diese Faktoren hält man für mitverantwortlich bei beschleunigten Heilungen bzw. Linderung der Krankheitssymptome.[24]

Torrey nennt verschiedene charakteristische Faktoren, die das Vertrauen in einen Heiler wecken können: die Reise – oder Pilgerfahrt – zu ihm (die Entfernung spielt dabei eine große Rolle); der Eindruck, den das Gebäude oder Büro hinterläßt; das Verhalten des Heilers; ihre oder seine Lehren und eine von Kraft, Geheimnis, ja sogar von Furcht bestimmte Atmosphäre.[25] Die Selbstachtung des Patienten steigt, weil er sich in Gesellschaft einer so eindrucksvollen Pesönlichkeit befindet und sogar ihre ungeteilte Aufmerksamkeit genießt. Die Ängste und Sorgen der Verwandten, die meistens auch noch dazu beitragen, daß der Kranke sich krank fühlt, werden abgebaut, denn die Hilfe steht ja kurz bevor.[26] Von einem Schamanen heißt es: «Er ist von den Laien durch seine Schweigsamkeit, seinen feierlichen Gesichtsausdruck, seinen würdevollen Gang und seine Umsicht leicht zu unterscheiden. Diese Eigenheiten scheinen seinen Einfluß noch zu vergrößern, und indem er so eindrucksvoll wirkt und Überlegenheit ausstrahlt, wächst auch seine Macht über den Patienten.»[27]

Wir können hier auf die umfangreiche, fast schon klassisch zu nennende Literatur über «Hilflosigkeit» zurückgreifen, die der gründlichen Forschungsarbeit von Martin Seligman und seinen Kollegen folgte und auch auf die frühen Berichte von Cannon über Voodoo-Todesfälle Bezug nimmt.[28] Hilflosigkeit kann im wahrsten Sinn des Wortes zum Tode führen, abgesehen davon, daß sie für das allgemeine Wohlbefinden und für die Gesundheit eines Menschen sowieso von Übel ist. Bei verschiedenen Tierarten wurden gravierende Verhaltensänderungen festgestellt, wenn sie mit einer Situation, über die sie keine

Kontrolle hatten, konfrontiert wurden. Diese Veränderungen könnten als «aufgeben» bezeichnet werden, sie sind von sichtbaren, körperlichen Verfallserscheinungen begleitet. Hilflosigkeit führt meist zu schweren Depressionen, Apathie und Verlust jeden Antriebs, noch ehe sich wirkliche Krankheitssymptome zeigen. Was nun den Volksheilern am wesentlichsten erscheint, ist die Tatsache, daß jede Wiederherstellung der Hoffnung oder Selbstkontrolle mit physischer Erholung und positiven Verhaltensänderungen einhergeht. Die Hoffnungsspender sind in diesem Fall selbst die Arznei.

Transpersonale/spirituelle Heilung

Verhaltensforscher und Sozialwissenschaftler ignorieren fast immer die transpersonale oder spirituelle Komponente der Volksheilkunde. Gelegentlich werden die Rituale, die mit ihnen assoziiert werden, als psychologische Faktoren beschrieben, welche die innere Einstellung des Patienten positiv beeinflussen sollen. Die dahin gehenden Beobachtungen von Jerome Frank sind typisch: «Die Methoden der primitiven Heilung erfordern ein enges Zusammenspiel von Patient/Heiler, Gemeinschaft und der Welt des Übernatürlichen, um den Patienten in seiner Heilerwartung zu bestätigen. Außerdem hilft es ihm, seine inneren Konflikte zu harmonisieren, in seine Gemeinschaft und in die Geistwelt zurückzukehren, einen begrifflichen Rahmen für all diese Ereignisse zu formulieren, auf den er sich stützen kann, und – es wühlt ihn innerlich auf.»[29] Frank erklärt außerdem, daß mit diesem Vorgang der Demoralisierung des Patienten entgegengewirkt und sein Selbstwertgefühl gehoben wird.

Der spirituelle, transpersonale Aspekt der imaginativen Heilung wird von Günter Risse, einem Medizinhistoriker, etwas anders beurteilt. Er glaubt, daß das «weitgespannte Netzwerk spiritueller Beziehungen, die von der Gemeinschaft geschaffen werden, in der eine solche Heilung stattfindet, eine

Art eingebauter Notausstieg ist, der es den Menschen ermöglicht, den kosmologisch-übernatürlichen Determinismus zu transzendieren.» Er bemerkt weiter, daß sich Menschen in unserer Zeit zum Okkulten hingezogen fühlen, um die Fesseln eines wissenschaftlichen Determinismus zu transzendieren. Rituale, Wahrsagungen und auch therapeutische Prozesse entsprechen, so vermutet er, einer magisch-religiösen Weltsicht. «Sie wirken auf die emotionalen, irrationalen Komponenten der Psyche und befriedigen unsere metaphysischen Bedürfnisse sowie die Produkte unserer Imagination.»[30] Auch durch rein «abergläubische» Verhaltensweisen kann in der problematischen Phase zwischen Behandlung und Genesung die Angst vermindert und Hoffnung geweckt werden, wie verschiedene Testreihen gezeigt haben.[31]

Rituale

Das Wesen der Volksmedizin liegt in ihren Ritualen, nicht in dem, was man schlechthin unter Medizin versteht. Aus diesem Grund haben Sozialwissenschaftler und Verhaltensforscher Rituale beobachtet und versucht, Heilungen zu beschreiben bzw. zu erklären, was für eine Bedeutung Rituale heutzutage haben können.

Die Bedeutung des Rituals liegt nach übereinstimmender Ansicht: 1. in den langwierigen Vorbereitungen, die ein Heilritual für gewöhnlich erfordert und die den Verwandten die Gelegenheit bieten, ihre Sorge, ihr Mitgefühl auszudrücken; 2. in der Teilnahme am Ritual, wodurch der Patient und auch die Gemeinschaft sich als Herren der Lage fühlen können, die zunächst hoffnungslos schien; 3. in der Festigung des Gemeinschafts- und Zusammengehörigkeitsgefühls; 4. in der beruhigenden und ablenkenden Wirkung, die Drama und Ästhetik des Rituals ausüben; 5. in den besonderen Merkmalen des Rituals, die auch die Bande zwischen Patient und Gemeinschaft erneut festigen; 6. in der wiederhergestellten Harmonie mit der Geistwelt, so daß der Druck vom Patienten weicht; 7. in der Interpretation der Bedeutung von Krankheit und Patient-Sein im kulturellen Kontext; 8. in den heftigen Gefühlsregungen, die der Patient aufgrund der Intensität des Rituals erlebt und die seine Hoffnung steigern, daß etwas Entscheidendes geschehen wird; 9. in den Kosten, die für ein Heilritual in den meisten Kulturen beträchtlich sind (einschließlich der westlichen Medizin von heute) und die die Zubereitung eines teuren Essens umfaßt, was wiederum die Selbstachtung, Hoffnung und auch den Stolz des Patienten erhöht; 10. in der Verwendung von psychoaktiven Präparaten oder im Eintritt in einen veränderten Bewußtseinszustand als Folge des Rituals, was einem Machtbeweis seitens des Heilers gleichkommt, der das ganze Glaubenssystem stärkt.

Von Ness und Wintrob stammen interessante Beobachtungen darüber, warum die dissoziierenden Zustände, in die Heiler und zu Heilender eintreten, eine Wirkung erzielen. Sie erklären, daß die Erfahrung den Patienten für die Suggestionen des Heilers empfänglicher mache und daß der dissoziierende Zustand eine kathartische Wirkung haben könne, wenn dem Patienten erlaubt würde, sich so zu verhalten, wie er es normalerweise nie dürfte, weil es unter anderen Umständen sozial nicht statthaft wäre.[32]

Der psychotherapeutische Wert des Rituals wurde von Wolfgang Jilek festgestellt, einem Psychologen und Anthropologen, der in Ostafrika, Haiti, Südamerika, Thailand, bei den Papua auf Neuguinea und unter den Indianern im kanadischen Westen Feldforschung betrieben hat. Obwohl die nachfolgenden Beobachtungen sich auf die Geistertanzzeremonie der Salish von der Westküste Kanadas beziehen, sind sie doch auf fast jedes Heilritual anwendbar. Jilek identifizierte *aktive Komponenten* der *Beschäftigungstherapie* und bemerkte, daß *Gruppentherapie* insofern eine Rolle spielte, als darin das Gefühl der Zusammengehörigkeit und des Zusammenhalts häufig zum Ausdruck kommt. Das Ritual gibt Gelegenheit zu einer *Katharsis*, von der man glaubt, daß sie von angestauten emotionalen Spannungen befreit, indem bestimmte Situationen wiedererlebt werden. Bei vielen Heilritualen spielt das Psychodrama oder das dramatische Ausagieren eine herausragende Rolle – wie ja auch bei den entsprechenden modernen Therapieformen. Und schließlich führt er noch den psychohygienischen Effekt an, den die intensive *physische* Tätigkeit hat. Wie schon die alten Traditionen, so legt auch die neuere Forschung nahe, daß Depressionen durch physische Aktivitäten erfolgreich angegangen werden können, wobei natürlich auch die körperliche Verfassung positiv beeinfluß wird. Zur rituellen Arbeit gehören tagelanges Singen und Tanzen – und im Fall der Geistertänzer dauern diese Zeremonien sogar Monate.[33]

Robert Bergman, ein Psychiater, der an der Navahoschule für Medizinmänner ausgebildet wurde und der auch einige Jahre unter ihnen lebte, bemerkte, daß während ihrer ausgesprochen langen Zeremonien oder «sings» aufgrund des intensiven Kontakts unausweichlich Konflikte aufgedeckt und dann durch geschickte Handhabung gelöst wurden. Er versteht die Rituale als notwendige Zeit der Konfrontation, um anschließend eine neue Harmonie wiederherstellen zu können.[34]

Der Grundtenor, der sich durch die Arbeiten aller Sozialwissenschaftler und Verhaltensforscher zieht, lautet, daß Krankheit sehr oft durch Disharmonie verursacht wird – Disharmonie mit der Natur, mit dem eigenen Wesen und vor allem mit der Gemeinschaft. Wenn nun die ganze Gemeinschaft zum heilenden Netzwerk wird, wenn Zeit darauf verwendet wird, sich ganz auf das Problem zu konzentrieren, und wenn das den Patienten unterstützende System aktiv und sichtbar wird, dann können viele Beschwerden geheilt werden.

6 Die Odyssee der Immunologie: Geist und Krankheit

> «Ich habe wenig Verständnis für Wissenschaftler, die ein Stück Holz betrachten, die dünnste Stelle suchen und dann da viele Löcher bohren, wo das Bohren keine Schwierigkeiten macht.»
>
> Albert Einstein

Das letzte Kapitel dieses Buches beschäftigt sich mit dem Geist: dem Bindeglied zwischen Krankheit und Umwelt, dem Steuermechanismus für das Schutzsystem des Körpers, dem Hort des Geheimnisses von Gesundheit und Krankheit. Die Untersuchung dieser Faktoren ist Gegenstand des faszinierendsten Forschungsgebietes unserer Tage, der *Psychoneuroimmunologie*. Auf diesem Sektor wurde die Bedeutung der Imagination für die Gesundheit aufgrund wissenschaftlicher Ergebnisse besonders klar.

Die Rätsel der entstellenden und tödlichen Krankheiten können gelöst werden, allerdings nicht mittels immer raffinierterer Mikroskope, sondern mit Hilfe jener außergewöhnlichen Menschen, die entweder entgegen allen Erwartungen und Chancen von einer solchen Krankheit genesen sind oder über eine so ungewöhnliche Immunkraft verfügen, daß sie gar nicht erst erkranken. Während die medizinische Wissenschaft im Hinblick auf die Ursachen unheilbarer Krankheiten wie Krebs, Arthritis, Diabetes, multiple Sklerose noch weitgehend im dunkeln tappt, weiß man über das Verhalten von erkrankten Zellen, erkranktem Gewebe und erkrankten Organen bereits eine ganze Menge. Auf diesem Gebiet, der Pathophysiologie, zog man vollen Nutzen aus dem hohen Entwicklungsstand der Technologie. Laser, Computer und Telemetrie sind zu alltäglichen Hilfsmitteln der medizinischen Forschung geworden. Bewaffnet mit ihren Leuchtsonden haben die Wissenschaftler ihre Aufmerksamkeit ganz auf die Beschreibung des Krankheitsverlaufs als einem isolierten Phänomen gerichtet, das sich von seinem «Wirt» schon fast gelöst, sich verselbständigt hat. Diese Art der Untersuchung führte zwar einerseits zu Kenntnissen, die in der Medizingeschichte nicht ihresgleichen haben, wurde aber andererseits mehr und mehr zu einer Sackgasse. Der schon so oft gehörten Versicherung der Forscher, daß man «kurz vor dem entscheidenden Durchbruch» stünde, schenken wir immer weniger Glauben.

Der Blick über das erkrankte Gewebe hinaus, die Untersuchung der vielen Facetten der Psychologie und Physiologie des Menschen, die vielleicht mehr über die tatsächlichen Krankheitsursachen und ihre Heilungsmöglichkeiten verraten würden, war in der Medizin noch nie besonders populär. Es war viel einfacher, zu glauben, daß Bakterien und Viren für die meisten Krankheiten, die uns Erdbewohner plagen, verantwortlich seien und daß es daher genüge, sich auf sie und ihre Zielorgane zu konzentrieren. Außerdem ist die Erforschung von menschlichen Verhaltensweisen natürlich ungleich komplizierter, weil komplexer und schwieriger zu ordnen, als die Erforschung einzelner Zellen. Um mit Einstein zu sprechen: Es gibt zu viele Dünnbrettbohrer in der Wissenschaft.

Claude Bernard, der große französische Arzt, der als Begründer der experimentellen Medizin gilt, empfand ein ähnliches Mißtrauen gegenüber dem einseitigen Eifer der Mikrobenjäger in der Mitte des 19. Jahrhunderts. Er und Pasteur hatten eine Kontroverse, die Jahrzehnte währte und in der Bernard unbeirrbar an seiner Meinung festhielt, daß Krankheiten zwar überall lauerten, aber nur dann «Fuß fassen» könnten, wenn der Körper auf Empfang eingestellt sei. Deshalb müßte auch der Körper im Mittelpunkt der Forschung stehen. Pasteur hielt jedoch wie Koch und andere seiner Generation die Suche nach dem Krankheitserreger und dessen Bekämpfung für die einzige Möglichkeit, die Menschheit vom Joch der Krankheit zu befreien. Es wird jedoch erzählt, daß Pasteur auf dem Sterbebett, als er einem der Krankheitserreger erlag, denen er so verbissen auf der Spur gewesen war, zugegeben haben soll, daß Bernard wohl doch recht hätte: Die Mikrobe sei nichts, ihr «Terrain», der Körper, alles.

Bernard lehrte: «Wenn wir die komplexen Manifestationen von Organismen analysieren, so sollten wir zunächst die komplexen Phänomene trennen und sie auf eine bestimmte Anzahl von einfachen Eigenschaften reduzieren, die den niederen Organismen eigen ist; danach rekonstruieren wir den gesamten Organismus im Geiste wieder, indem wir die niederen Organismen erneut vereinen und ordnen, die wir zunächst unabhängig voneinander und dann in ihrer Wechselbeziehung zueinander betrachtet hatten.»[1] Bernard legte den Hauptakzent stets auf das *milieu interieur*, jene erstaunliche Stabilität der inneren Welt und ihre Fähigkeit, sich selbst vor dem *milieu exterieur*, in dem der Organismus leben muß, zu schützen.

Die Impfung: Konditionierung des Immunsystems

Alle lebenden Wesen (Pflanzen inbegriffen) können sich potentiell gegen Krankheiten zur Wehr setzen. Meistens funktioniert dieses Verteidigungswerk auch erstaunlich gut und vermag den Organismus vor jeder Art von Invasion, die das System durcheinanderbringen könnte, zu schützen. Wenn es nicht funktioniert, zum Beispiel aus genetischen Gründen oder weil es zuviel oder zuwenig Kontakt mit den angreifenden Substanzen erfährt, oder aus einem Mangel an Vitalität, zu dem es wiederum aus vielfältigen Gründen gekommen sein mag (Streß etwa oder körperliche Überanstrengung kann dafür verantwortlich sein), so kann es dennoch darauf trainiert werden, eine kraftvolle und gezielte Attacke zu führen. Die Immunisierung durch Impfung basiert auf dieser natürlichen Lernfähigkeit des Körpers – der Fähigkeit, die Verteidigung zu erlernen. Die Impfstoffe haben der Medizin die wirksamsten Verteidigungsmittel in die Hand gegeben. Schon sehr früh machten Menschen die Entdeckung, daß der – überstandene –

Kontakt mit einer sonst tödlichen Infektion eine seltsame, unerklärliche Widerstandskraft in ihnen zurückließ, die sie bei folgenden Begegnungen mit der Krankheit schützte. Viele Schamanen sind auf diese Weise dem Tod von Angesicht zu Angesicht begegnet, ehe ihre Berufung deutlich wurde. Ohne Zweifel beruht ihre Kraft teilweise auf einer Art von Immunität, die sie durch das Überstehen einer Krankheit erlangt haben.

Schon vor Jahrhunderten wußten Chinesen, Griechen, Türken und Inder, daß die größte Plage von allen, die Pocken, verhindert werden konnte, wenn Gewebestückchen oder der Eiter von einem Opfer dieser Krankheit einem gesunden Menschen injiziert wurden. Die Inder verfeinerten diese Methode, indem sie als Gewebespender nur Personen auswählten, die an einem leichten Fall von Pocken erkrankt oder bereits geimpft waren; oder man verwendete Eiter und Gewebe nur nach einer einjährigen Trocken- und Lagerzeit – erst dann wurde er als Impfstoff freigegeben. Auf diese Weise gelang es, das Risiko, bei der Impfung akute Erreger der Krankheit zu injizieren, beachtlich zu verringern. Als im frühen 17. Jahrhundert Lady Mary Wortley Montagu diese Methode nach England mitbrachte, waren sage und schreibe ein Drittel aller Erwachsenen mit den narbigen Erinnerungen an diese Krankheit gekennzeichnet. Es heißt sogar, daß Mütter ihre Kinder erst nach einer Pockenepidemie zu zählen wagten, da im Schnitt von vierzehn Kindern mindestens eines daran starb. Von den geimpften Kindern überlebten immerhin 99 Prozent. Daß es trotz der Impfung dennoch gelegentlich Todesfälle gab, lag an mangelnder Hygiene, wie etwa unsterilen Nadeln. In England und den Kolonien wurde die Impfung deswegen bald wieder abgeschafft.

Lady Montagu hätte eigentlich als Heilige und Heldin in die Geschichte eingehen müssen – aber Engländer und Europäer waren noch nicht bereit, sich so einfach von den Seuchen kurieren zu lassen. Dazu kam es erst hundert Jahre später. Zu jener Zeit betrat Dr. Edward Jenner den Schauplatz der

Medizin. Als Junge vom Land wußte er, daß Melkmägde und Landarbeiter berühmt waren für ihre makellose Haut. Und er kannte den auf dem Land üblichen Brauch, daß Kinder die Euter von Kühen, die an Kuhpocken erkrankt waren, berühren mußten. Dieser Brauch war nun alles andere als eine abergläubische Geste: Vielmehr wurden die Kinder auf diese Weise immunisiert. Ihrem Immunsystem wurde beigebracht, auf jeden Eindringling, der eine Ähnlichkeit mit dem Erreger von Kuhpocken hatte, zu reagieren und ihn zu töten, Und dazu gehörte auch der Pockenvirus.

Im Jahre 1798 trat Jenner mit seinem Impfstoff, den er von infizierten Kühen gewonnen und mit dem er bereits erfolgreich Menschen geimpft hatte, an die Öffentlichkeit. Heute ist diese Krankheit praktisch besiegt.

Das Prinzip der modernen Impfung beruht auf dieser alten und bewährten Technik der Verwendung von (fast) harmlosen oder geschwächten Mikroorganismen, die das Immunsystem anregen und feinstens abstimmen. Diesem Prinzip verdanken wir den enormen Sprung nach vorn, den wir im Verlauf des vergangenen Jahrhunderts in puncto Gesundheit gemacht haben. Bis zum Jahr 1910 waren Impfstoffe gegen Diphterie, Typhus und Tetanus entwickelt worden. Seither sind auch Kinderlähmung, Masern, Mumps, Röteln, Keuchhusten und viele Formen der Grippe keine tödliche Gefahr mehr – dank der ungeheuren Fähigkeit des Immunsystems, neue Tricks zu lernen.

Was haben Hunde und das Immunsystem gemein?

Das Immunsystem weiß von Natur aus eine ganze Menge über Verteidigung. Ein Teil dieses Wissen ist im genetischen Kode angelegt, ein weiterer Teil wird in der pränatalen Phase erworben bzw. später mit der Muttermilch aufgenommen. Die Hauptakteure des Immunsystems, die weißen Blutkörperchen, haben eine untrügliche Fähigkeit, Freund und Feind voneinander zu unterscheiden.[2] Wenn der Feind identifiziert ist, stehen den weißen Blutkörperchen verschiedene Zerstörungsmechanismen zur Verfügung, wie zum Beispiel Gifte, Eruptionen, Strangulierung und Ruhigstellung. Wenn diese Fähigkeit einmal versagt, kann es zu einer autoimmunen Krankheit wie etwa rheumatischer Arthritis, multipler Sklerose oder Krebs kommen.

Alles, was das Immunsystem noch nicht weiß oder durch Impfung noch nicht gelernt hat, kann es jedoch auch auf andere Art und Weise erlernen. Iwan Pawlow, der große russische Physiologe und Begründer der Reflexlehre, schuf die Basis für unser heutiges Verständnis vom Ablauf des Lernvorgangs bzw. -mechanismus in allen Lebewesen: Hunden, Menschen, sogar einzelnen Zellen und Zellbevölkerungen. Der bekannte Modellversuch mit einem Hund, dessen Speichelfluß nicht nur beim Anblick von Futter, sondern auch beim *bloßen Klang jener Glocke* einsetzte, die ihn sonst zum Fressen rief, hat gezeigt, daß die Verbindung von einem Impuls, der eine Freßreaktion auslöst (Futter), mit einem, der dies nicht tut (die Klingel), bewirkt, daß beide miteinander assoziiert werden. Der Hund hatte schließlich «gelernt», so auf die Klingel zu reagieren, als wäre sie bereits das Futter.

Die Möglichkeit, auf diese Art zu lernen, hat für uns Menschen dramatische Konsequenzen. Unsere Körper lernen, auf Schritte in der Dunkelheit zu reagieren; sie lernen sogar, auf die bloßen Gedanken an Schritte im Dunkeln zu reagieren, als hätte man sie wirklich gehört. Alle biochemischen Abläufe, zu denen es während eines tatsächlichen Erlebnisses kommt, können selbstverständlich auch in einem Phantasieerlebnis auftreten. Die Gedanken an eine leidenschaftliche Begegnung können dieselben Säfte aktivieren wie die tatsächliche Begegnung. Ein Hauch von Lavendel kann Erinnerungen an die gemütliche Stube der Großmutter wiederaufleben lassen und das einstige Gefühl der Geborgenheit hervorrufen.

Seit Jahrzehnten weiß man, daß Herzfrequenz und andere sogenannte autonome oder unwillkürliche Funktionen darauf trainiert werden können, sich auf bestimmte Weise zu verhalten. Robert Ader und seine Kollegen vom Rochester Medical Center haben nun wiederholt Untersuchungen durchgeführt und gezeigt, daß auch die weißen Blutkörperchen, diese Armee zur Verteidigung des Körpers, trainiert und konditioniert werden können wie die Pawlowschen Hunde.[3] Wesentlich an Aders Arbeit, der mit Ratten experimentierte, ist, daß ein «immunsuppressives Agens» (ein chemisches Gift, welches weiße Blutkörperchen zerstört oder ihre Funktion sonstwie beeinträchtigt), gepaart mit einem harmlosen Stimulus, wie zum Beispiel einer Saccharinlösung, die weißen Blutkörperchen so täuscht, daß sie auf das Saccharin reagieren, als wäre es das Gift. Und tatsächlich stand die Sterblichkeitsrate der Ratten in Beziehung zu der – kleineren bzw. größeren – Menge der konsumierten harmlosen Lösung, nur daß sie nun keineswegs mehr als harmlos bezeichnet werden konnte im Hinblick auf die konditionierten weißen Blutkörperchen.

Zur Zeit wird intensiv an einem anderen brennenden Problem gearbeitet: Läßt sich das Immunsystem auf dieselbe Weise aktivieren, bzw. kann seine Funktionsfähigkeit gesteigert werden? Die medizinischen Feinheiten dieser Arbeit wurden anhand einer Testreihe mit neuseeländischen Mäusen deutlich.[4] Diese Mäuse eignen sich besonders gut zur Untersuchung der Schmetterlingsflechte, einer schweren autoimmunen Krankheit, die als unheilbar gilt. Bei vielen autoimmunen Krankheiten, wie auch bei Krebs, ist manchmal eine Behandlung mit Zytotoxinen (Zellgiften) erforderlich. Man vermutet, daß sie die ständige Vermehrung der Angreiferzellen stoppen, die für die Zellgifte empfänglicher sind als die gesunden Zellen. Ader und Cohen mischten Zytotoxinzyklophosphamid mit Saccharin: Die Ergebnisse lassen vermuten, daß die Entwicklung von Komplikationen und die Sterblichkeit bei den Mäusen, die auf Saccharin konditioniert worden waren, als handele es sich um Zyklophosphamide, gebremst wurden. Es ist durchaus denkbar, daß ähnliche Verbindungen auch bei Menschen erfolgreich angewendet werden könnten. Zum Beispiel würde

Chemotherapie, verbunden mit einer neutralen Substanz, den Körper dahin gehend trainieren, auf die neutrale Substanz zu reagieren; dann könnte man diese periodisch anstelle des toxischen Gifts einsetzen. Wenn solch ein Behandlungsplan entwickelt werden könnte, würden sich die toxischen Nebenwirkungen einer Chemotherapie auf ein Mindestmaß reduzieren lassen.

Geist und Immunität

Stephen Locke und Mady Horning-Rohan veröffentlichten eine kommentierte Bibliographie, die über 1300 wissenschaftliche Artikel enthält, die alle im Laufe der letzten zehn Jahre veröffentlicht wurden und sich mit dem Einfluß des Geistes auf die Immunität und das dazugehörige neuroendokrine System befassen.[5] Wie oft bei großen Entdeckungen arbeiteten auch hier viele Wissenschaftler unabhängig voneinander und kamen zu denselben Ergebnissen. Danach dürfen wir uns die Immunität nicht mehr länger als etwas vorstellen, was sich ausschließlich *in vitro* untersuchen läßt, in einem Reagenzglas also oder unter dem Mikroskop, unabhängig vom lebenden Organismus. Das Immunsystem ist viel schlauer. Es reagiert auf Botschaften vom Gehirn und untersteht seiner Kontrolle.

Man hat entdeckt, daß das Gehirn, und da wiederum insbesondere jene Strukturen, die etwas mit unseren Gefühlen zu tun haben (Hypothalamus und Hypophyse) künstlich stimuliert werden können, um die Aktivität des Immunsystems zu steigern oder zu mindern.[6] Wir haben dazu auch in unserem eigenen Labor Versuche angestellt und herausgefunden, daß bereits eine milde Reizung jenes Gehirnbereichs der Ratte, den man den medialen oder Mittlerhypothalamus nennt, ausreicht, um die Tätigkeit der Makrophagen (wörtlich: weiße «Riesenfresser»-Blutkörperchen), die den «Abfall» im Blut beseitigen, zu reduzieren.[7] Einige Wissenschaftler berichten, daß sie durch die Stimulierung anderer Bereiche des Hypothalamus die Aktivität des Immunsystems steigern konnten. Natürlich werden diese Experimente alle im Tierlabor durchgeführt, und die Übertragung der Ergebnisse auf andere Spezies dürfen nur mit größter Vorsicht vorgenommen werden. Im Fall der Säugetiere gibt es jedoch eine beachtliche funktionelle und strukturelle Übereinstimmung etlicher Gehirnbereiche. Beispielsweise sieht der Hypothalamus einer Ratte nicht nur so aus wie der des Menschen, er verhält sich auch so. Er ist beteiligt an der Steuerung der Körpertemperatur, der Nahrungsaufnahme, des sexuellen Verhaltens und der Gefühlsreaktionen sowie an der Aussendung von Signalen an die Hypophyse, jene komplexe, stielähnliche Drüse, die über den Hormonhaushalt wacht. Wir können mit Sicherheit sagen, daß der Hypothalamus bei Mensch und Ratte an der Immunarbeit beteiligt ist.

Man glaubte, daß die Verbindung zwischen Gehirn und dem Immunsystem ausschließlich über das endokrine System liefe, bis im Jahre 1981 Dr. Karen Bullock die Ergebnisse ihrer Forschungsarbeit vorlegte. Da die Thymusdrüse (die die Produktion von T-Lymphozyten stimuliert) von entscheidender Bedeutung ist für die Entwicklung der Hypothalamus-Hypophysen-Achse während der Perinatalzeit sowie auch für die postnatale Entwicklung des Immunsystems, mutmaßte sie, daß es Hinweise auf Nervenbahnen geben müßte, die diese Strukturen miteinander verbinden. Und es gelang ihr schließlich, bei Mäusen und Ratten Nervenbahnen vom Rückenmark zur Thymusdrüse zu identifizieren, die darauf hindeuten, daß diese Strukturen des Zentralen Nervensystems bei der Regulation der Thymusdrüse eine Rolle spielen könnten.[8]

Bis jetzt haben wir nur die Bereiche des sogenannten *Kleinhirns* hinsichtlich ihrer Bedeutung für die Immunität angesprochen. Der *Geist* bzw. was wir mit Geist meinen, ist jedoch vor allem im Kortex, der Großhirnrinde, angesiedelt. Wie kann die Immunität von den vielen Aspekten eines entwickelten Geistes – Sprachvermögen, Speicherkapazität, Fähigkeit zur Reflexion – beeinflußt werden? Wir wollen uns kurz mit den Gehirnstrukturen und -funktionen beschäftigen, die dafür relevant sind. Zunächst einmal ist der Hypothalamus (und wir wissen bereits, daß er eine wichtige Regelfunktion bei der Immunität erfüllt) mit den Bereichen des Gehirns verbunden, die mitverantwortlich sind für unsere Gefühle, das heißt, mit dem Limbischen System. Das Limbische System wiederum ist auf komplexe Weise verbunden mit den Stirnlappen, dem am weitesten entwickelten Teil der Hirnrinde, die man für zuständig hält in Sachen Imagination und Planung. Überhaupt ist das Gehirn ein Netzwerk im wahrsten Sinne des Wortes: Aktivitäten in einemTeil wirken sich immer auf das Ganze aus.

Hinsichtlich der Immunität gibt es einige Indizien dafür, daß wir es mit einer Spezialisierung der kortikalen Hemisphären zu tun haben. Bardos und seine Kollegen haben nachgewiesen, daß bei Mäusen der linken Hemisphäre der Hirnrinde die Kontrolle über die Reaktivierung der Killer-T-Lymphozyten zukommt.[9] Geschwind und Behan haben eine verblüffende Beziehung zwischen Linkshändigkeit (Dominanz der rechten Hirnhemisphäre) und Störungen des Immunsystems identifiziert.[10] Diese Untersuchungen müssen natürlich noch mehrfach wiederholt werden, wie ein Großteil der Experimente auf dem Gebiet der Psychoneuroimmunologie überhaupt, um vernünftige und praktisch verwertbare Schlüsse ziehen zu können. Daß die Hirnrinde eine Rolle bei der Immunreaktion spielt, steht jedoch außer Frage, und das wiederum stützt unsere These, daß nämlich Gehirn und Immunsystem miteinander verknüpft sind.

Von größerem Interesse ist jedoch die Frage, ob Verhaltensweisen oder Ereignisse, von denen man weiß, daß sie von bestimmten Gehirnbereichen gelenkt bzw. beeinflußt werden, auch mit Veränderungen des Immunsystems zu tun haben. Um mehr darüber zu erfahren, wenden wir uns noch einmal den Arbeiten über das Streßsyndrom zu (siehe Kapitel 4): In Zeiten hoher Belastung – zum Beispiel während einer Prüfung oder nach einer langen Phase der Schlaflosigkeit – ist das Immunsystem erstaunlich lahm. Im Jahr nach dem Tod eines geliebten Menschen ist man erwiesenermaßen am anfälligsten für Erkrankungen, und so mancher Zurückgelassene folgt dem Partner schon bald ins Grab. Im Rahmen verschiedener Untersuchungen konnte nun gezeigt werden, daß diese Verwundbarkeit eine sehr reale Basis hat: Nach dem Tod eines geliebten Menschen verliert das Immunsystem oft eine Zeitlang seine Fähigkeit, so zu reagieren, wie es eigentlich sollte, und folglich ist man anfälliger für Krankheiten. Außerdem hat sich immer wieder gezeigt, daß einer schweren Erkrankung oft Wochen oder gar Monate voller Streßsituationen vorausgingen.

Wir haben also Beweise dafür, daß Streß die Funktion des Immunsystems beeinträchtigt, aber noch hat niemand stringent nachgewiesen, daß die Beeinträchtigung des Immunsystems aufgrund dauernder Überbelastung tatsächlich zu physischer Erkrankung führt. Hier hätte die Forschung noch ein weites Feld zu beackern, um die zweifellos bestehende Beziehung Gehirn – Immunität und folglich auch Gehirn – Gesundheit wissenschaftlich-experimentell zu untermauern.

Und nun die gute Nachricht

Die bisherigen Ausführungen klangen für manche vielleicht deprimierend: Ratten, die lernen, wie man erkrankt, und weiße Blutkörperchen, die unter Streß vergessen, was sie zu tun haben. Die Informationen darüber, wie man dieselben mentalen Vorgänge einsetzen kann, um wieder gesund zu werden, sind dagegen eher spärlich zu nennen. Ich wage zu behaupten, daß viele Menschen – Wissenschaftler eingeschlossen – glauben, daß wir uns selbst krank machen, aber einen Arzt aufsuchen müssen, um wieder gesund zu werden. Und doch ist es undenkbar, daß der Mensch auch nur hätte überleben, geschweige denn sich so weit entwickeln können, wenn er nur mit der Gabe, sich selbst krank zu machen, ausgestattet wäre. Wir wollen daher schauen, ob nicht auch der umgekehrte Fall möglich ist: daß unsere Vorstellungen und der von uns gewählte Lebensstil sich positiv auf das Immunsystem auswirken können.

Bestimmte weiße Blutkörperchen, die T-Lymphozyten, sind darauf programmiert, alle Zellen, die sie als Krebszellen identifiziert haben, zu zerstören. Man stelle sich einen mächtigen Zwerg vor, randvoll mit tödlichen Giften, der nach Opfern sucht. Wenn er eine der gefürchteten Krebszellen gefunden hat, dringt er wie ein Geschoß in sie ein und setzt seine Gifte frei. An der Krebszelle bilden sich Blasen, sie sieht aus, als hätte man sie auf einem heißen Rost gegrillt. Die Blasen werden immer größer, und innerhalb einer tausendstel Sekunde explodiert die bösartige Zelle und verschwindet für immer im Land des Vergessens. Die Makrophagen – jene vom Aufräumtrupp im Blut – werden auf den Plan gerufen: Sie schwellen an, vereinigen ihre Stoßkraft und begeben sich an den Ort der Zerstörung, wo sie sämtliche Reste beseitigen.

Man nimmt an, daß sich diese Szene in einem gesunden Körper in schöner Regelmäßigkeit wieder und wieder abspielt. Jede normale Zelle kann aber auch entarten, zu einer anomalen Version ihrer selbst werden, die dann nur noch weiß, wie man sich wild vermehrt – und zwar auf Kosten des Körpers. Genauso, wie wir oft genug Träger für potentielle Streptokokken- und Staphylokokkeninfektionen sind, so beherbergen wir auch vereinzelt bösartige Zellen, die von den T-Lymphozyten und den Makrophagen in Schach gehalten werden. So etwa sieht die «Krebsüberwachungstheorie» aus, die, obwohl nach wie vor umstritten, heute als die plausibelste gilt. Nur wenn die Verteidiger auf ihrem Patrouillengang den Feind nicht erkennen und beseitigen, gelingt es den Krebszellen, sich zu vermehren und zu einer ausgewachsenen Krankheit zu werden. Wenn Krebs sich wieder bessert, so tut er dies aus demselben Grund: Die Verteidiger haben den Tumor erfolgreich umzingelt und erledigt.

Spontanheilungen

In der medizinischen Literatur gibt es zahlreiche dokumentierte Fälle von sogenannten spontanen Remissionen oder Spontanheilungen von Krebs: Eric Peper und Ken Pelletier trugen die Krankengeschichten von über vierhundert Patienten zusammen.[11] Ohne Zweifel gibt es jedoch noch Hunderttausende ähnlicher Fälle, die nie festgehalten und veröffentlicht wurden und von denen nur der Hausarzt weiß.

«Spontanheilung» – was heißt das eigentlich? Nicht mehr und nicht weniger, als daß eine Krankheit ohne jede medizinische Intervention und ohne ersichtlichen Grund wieder verschwindet. In der Medizin gehören Spontanheilungen wie auch der Placebo-Effekt zu jenen erstaunlichen Phänomenen, die zeigen, daß der Körper sich sehr wohl selbst heilen kann. Da der Placebo-Effekt und spontane Remissionen ohne «wirkliche» Medikamente auskommen, wurden sie allerdings nie gebührend beachtet. Und nach wie vor gibt es im Zusammenhang mit spontanen Heilungen eine Menge ungelöster oder nur unbefriedigend gelöster Fragen. Was sind das eigentlich für Menschen? Wie sieht ihr Leben aus? Was passierte mit ihrem Immunsystem, daß es eine solche dramatische Wendung herbeizuführen vermochte?

Bei näherer Betrachtung der verschiedenen Fälle ergeben sich mehrere zumindest plausible Antworten. Elmer und Alyce Green kamen zu dem Schluß, daß der einzige gemeinsame Faktor in allen Fällen die veränderte Haltung des Patienten war: Vor der Heilung war sein Denken bestimmt von Hoffnung, Vertrauen – von positiven Gefühlen und Vorstellungen überhaupt.[12] Einige fanden ein «Heilmittel», an das sie glaubten – egal ob das nun die heilige Kraft von Lourdes oder eine angeblich Wunder wirkende Diät war.

Nach meinen eigenen Beobachtungen haben viele Patienten eine spontane Remission erlebt, nachdem sie sich in unbedingter Gläubigkeit an ein Heilverfahren klammerten, jedwede Bedenken ignorierten und auch gutgemeinte ärztliche Ratschläge in den Wind schlugen. Ich bin überzeugt davon, daß die Erfolgsquote mancher Nicht-Schulmediziner stark übertrieben ist, zweifle aber nicht daran, daß sie eine ganze Reihe von Heilungen zu verzeichnen haben. Offensichtlich kann alles zum Erfolg führen, wenn man nur fest genug daran glaubt, sei es Weizengras, die Sandmalereien der Navaho, Heilquellen, Chemotherapie. (Es gibt keinen vernünftigen Grund, bei Patienten, die gesund werden, nachdem sie – wie in der Chemotherapie der Fall – einem massiven Angriff von Giften ausgesetzt waren, nicht von spontaner Remission zu sprechen. Auch in solchen Fällen könnte man sagen, daß sie aufgrund ihrer Einstellung, *trotz* der Behandlung, wieder gesund wurden.)

Ich hatte das Glück, über viele Spontanheilungen unterrichtet zu werden, und zwar von ehemaligen Patienten, die an unheilbaren Krankheiten gelitten hatten, aber auch von Ärzten. Am Ende meiner Vorlesungen kommen jedesmal einige Zuhörer zu mir und berichten, noch selbst fassungslos über das, was ihnen widerfahren ist, von den Umständen ihrer Heilung. Immer wieder höre ich dabei von Vorstellungstechniken, die viele aus purer Verzweiflung selbst entdeckt und weiterentwikkelt haben. Teils aus Angst vor der Krankheit, teils aus Angst vor der Behandlung wendeten sich diese Menschen nach innen und begannen, sich intensiv mit ihrem Geist auseinanderzusetzen bzw. mit ihm zu arbeiten.

Eine Heiltherapeutin erzählte mir, daß sie kurz vor ihrer Abschlußprüfung plötzlich eine starke Gebärmutterblutung hatte. Alle herkömmlichen Mittel – Hormone, Gebärmuttererweiterung, Ausschabung und Bettruhe – wurden ausprobiert, aber ohne Erfolg. Es fehlte nur noch die Hysterektomie, die Entferung der Gebärmutter, doch diesem schwierigen Eingriff wollte sie sich auf keinen Fall unterziehen, hätte es doch bedeutet, sich in ihrem Alter bereits mit einer kinderlosen Zukunft abzufinden. Sie wußte, daß sich ihr Zustand rapide verschlechtern würde, wenn sie weiterhin so stark blutete. So bat sie den Arzt um eine Woche Bedenkzeit und zog sich völlig zurück. Sie begann, sich ein weißes Licht vorzustellen, das seine heilenden Strahlen auf die Gebärmutter warf. Am Ende der Woche hatte die Blutung vollständig aufgehört. Das war vor fünf Jahren, und seither hat sie nie wieder ähnliche Probleme erlebt. Nur wenigen Menschen hatte sie von ihrer Erfahrung berichtet, zumal sie als medizinisch ausgebildete Frau über die Umstände ihrer Heilung nicht wenig verwirrt war. Auch als sie mit mir sprach, wußte sie noch immer nicht, daß jenes weiße Licht, das sie als Heilkraft gewählt hatte, schon seit Jahrhunderten auf der ganzen Welt zu eben diesem Zweck eingesetzt wird.

Vor etwa zehn Jahren nahm ich an einem Gesundheitsprogramm teil, das die Gemeinde einer Sekte in einem Vorort von Los Angeles anbot. Die Kirche selbst stand in einer wunderschönen Gartenanlage, und der ganze Ort strahlte jene Atmosphäre aus, die ich immer bei den Gemeinden angetroffen habe, die keine Angst davor haben, neue Gedanken zu denken. Als das Hauptprogramm beendet war, erzählte der Prediger von einer Begebenheit, die bis dahin nur wenigen Gemeindemitgliedern bekannt war.

Einige Jahre zuvor plagte ihn eine wunde Stelle im Mund, und er suchte einen Zahnarzt auf, danach einen Chirurgen. Dieser entnahm eine Gewebeprobe, und es wurde eine bösartige Geschwulst festgestellt, die sich ständig vergrößerte. Bei der daraufhin vorgeschlagenen Operation hätte ein Teil des Kiefers entfernt werden müssen. Da war ihm klar, daß er es zunächst auf andere Weise versuchen mußte, und ihm fiel eine bestimmte Stelle an der Küste von Oregon ein, die ihm der richtige Ort zu sein schien, um sich zu sammeln und seine Heilkräfte zu aktivieren. Er *mußte* ganz einfach ungehindert sprechen können, um seinen Beruf weiterhin auszuüben, schließlich hatte er nicht nur eine loyale, wachsende Gemeinde, sondern war auch ein geschätzter Fernseh- und Radiogeistlicher. Der beabsichtigte Eingriff würde all dem ein Ende setzen. Viele Tage verbrachte er nun in tiefer Meditation – beherrscht von dem Gedanken, daß das erkrankte Gewebe in seinem Mund wieder heilen würde. Als er nach Hause zurückkehrte und eine zweite Biopsie vornehmen ließ, war der Befund eindeutig: Die Krankheit war verschwunden.

Kürzlich fand in Dallas ein Seminar mit Dr. Stanley Krippner statt, einem bekannten Wissenschaftler, der sich mit der Untersuchung von ungewöhnlichen Heilerpersönlichkeiten beschäftigt hat. Am Ende seiner Vorlesung wurde er gefragt, welches Ereignis ihn am meisten von der Existenz besonderer Heilkräfte überzeugt hätte. Anstatt nun den Fall irgendeines berühmten Heilers zu nennen, berichtete er von einem persönlichen Erlebnis.

Fünfzehn Jahre zuvor hatte er wegen einer Magensache einen operativen Eingriff vornehmen lassen. Die Inzision brachte jedoch nicht den gewünschten Erfolg, statt dessen kam es zu einer übermäßigen Absonderung von Wundflüssigkeit, die auf eine innere Komplikation schließen ließ. Sein Arzt zeigte sich äußerst besorgt und ordnete bis zur Besserung des Zustands strenge Bettruhe an. Dr. Krippner wendete sich daraufhin an eine Bekannte, eine fähige, wenn auch «unorthodoxe» Diagnostikerin. Sie glaubte, die Ursache für die Absonderung von Wundflüssigkeit läge an vier Fäden, die entweder nicht an der richtigen Stelle angebracht worden waren oder sich auf irritierende Weise verschoben hatten. Er begann, sich vorzustellen, daß die Fäden sich auf die Drainage (Ableitung von Wundflüssigkeit) zubewegten, und zwei Tage später traten plötzlich zwei doppelt geknotete Fäden dort aus, und die Operationswunde begann unverzüglich zu heilen.

Berichte dieser Art belegen meiner Ansicht nach mehr als alle Forschungsarbeiten die Fähigkeit des Menschen, sich selbst zu heilen, wenn nichts anderes zu helfen vermag. Alle diese Fälle könnte man als Spontanheilungen bezeichnen; bei allen war die Imagination beteiligt, und alle Personen erklärten übereinstimmend, daß sie dabei die schwierigste geistige Anstrengung ihres Lebens geleistet hätten.

Eine spontane Remission muß nicht notwendigerweise auf den Einsatz der Imaginationskraft zurückgeführt werden. Sie kann auch infolge von Ereignissen auftreten, die Hoffnung, ja sogar absolutes Vertrauen in einem Patienten hervorrufen, so daß er fest überzeugt ist, schon bald wieder ganz gesund zu werden.

Bruno Klopfer erzählt die erschütternde Geschichte eines Mannes, der erfuhr, daß ein neues Wunderheilmittel namens Krebiozen in dem Krankenhaus getestet wurde, in das man ihn zum Sterben eingewiesen hatte. Zunächst lehnte der Ärzteausschuß ihn als Versuchsperson ab, weil er bereits ein Todeskandidat war und ihre Test-Kriterien nicht mehr erfüllte. Doch weil er so fest davon überzeugt war, daß Krebiozen seine letzte Hoffnung war, ließen sie sich schließlich überreden und stimmten einer Behandlung zu.

Klopfer berichtet: «Ich ahnte ja nicht, was für eine Überraschung uns da bevorstand! Als ich ihn verließ, fieberte er, rang nach Luft – ein todkranker, ans Bett gefesselter Mann. Und nun dies! Er lief auf der Station umher, unterhielt sich mit den Krankenschwestern und erzählte jedem, der es hören wollte, wie gut es ihm ginge. Ich sah mir sofort die anderen Patienten an, die zur selben Zeit wie er ihre Injektion erhalten hatten, mußte aber feststellen, daß bei ihnen keine Veränderung eingetreten war, weder zum Besseren noch zum Schlechteren. Nur unserem Mr. Wright ging es prächtig. Sein Tumor war gleichsam wie Schnee auf einem heißen Ofen hinweggeschmolzen – nur wenige Tage nach Beginn der Behandlung war er auf die Hälfte zusammengeschrumpft. Eine so gründliche und schnelle Rückbildung wäre selbst bei täglicher Intensivbestrahlung unmöglich gewesen, auch nicht bei einem radiosensitiven Tumor. Und sein Tumor war noch nicht einmal mehr für Bestrahlung empfänglich gewesen. Außerdem hatte er mit Ausnahme einer einzigen, unserer Ansicht nach außerdem nutzlosen Injektion keine anderen Arzneimittel erhalten. Als Mr. Wright das Krankenhaus verließ, war er praktisch geheilt und entschwand unseren Blicken im eigenhändig gesteuerten Flugzeug.»[13]

Dann hieß es in einigen Nachrichtensendungen, daß Krebiozen ein höchst umstrittenes Medikament sei. Mr. Wrights Glaube daran kam ins Wanken, und nach zweimonatiger, vollkommener Gesundheit verfiel er wieder in seinen ursprünglichen, hoffnungslosen Zustand. Da die Ärzte annahmen, sie hätten nichts zu verlieren, verabreichten sie ihm eine «doppelte Dosis» – so sagten sie ihm wenigstens. Es handelte sich jedoch um klares, reines Wasser. Und wieder genas er. «Seine zweite Heilung war noch viel dramatischer als die erste. Erneut schmolz der Tumor nur so dahin, er konnte ambulant behandelt werden und flog schon bald wieder nach Hause – ein Ausbund an Gesundheit.»[14] Weitere zwei Monate später gab die American Medical Association bekannt, «landesweite Tests hätten gezeigt, daß Krebiozen in der Krebsbehandlung ein wertloses Arzneimittel ist». Wenige Tage nach dieser Veröffentlichung erlag Mr. Wright seiner Krankheit.

Andere Fälle von spontaner Remission treten auf, wenn Lebensumstände sich drastisch verändern, wenn das Leben wieder voll und ganz bejaht wird – möglicherweise wurde die Krankheit ja überhaupt erst ausgelöst durch Depressionen oder den Verlust an Lebensfreude. Es gibt Zeiten, in denen die Chancen für Krebs oder auch für Herzerkrankungen größer sind als normalerweise, zum Beispiel wenn man in den ersten zwei Jahren nach der Pensionierung das Gefühl hat, ins Leere zu fallen, oder wenn das jüngste Kind das Haus verlassen hat und einem alles öd und sinnlos vorkommt – das Alter des Betreffenden zu so einem Zeitpunkt spielt dabei gar keine Rolle. Wenn wir es zu einem intellektuellen und/oder emotionalen Notstand kommen lassen, beginnt in uns ein anderes, ein tödliches Wachstum. Bei einigen Menschen ist dieser Prozeß jedoch wieder umkehrbar, wenn neue Energie und Kreativität geweckt werden.

Larry LeShan berichtet aus seiner jahrelangen Erfahrung als Wissenschaftler und Therapeut, daß es im wesentlichen drei

Gründe dafür gibt, daß ein Mensch nicht sterben will. Entweder er fürchtet sich vor dem Tod bzw. dem Sterben – dem Schmerz, dem Unbekannten, der Hilflosigkeit; oder er hält sich für unentbehrlich, will die Bedürfnisse und Erwartungen der anderen erfüllen; oder aber er will leben, um sich selbst zu verwirklichen, um sein eigenes Leben zu leben.[15]

LeShan meint dazu: «Aus Gründen, die ich selbst nicht recht verstehe, mobilisiert der Körper seine Ressourcen weder im ersten noch im zweiten Fall. Nur der Wunsch nach Selbstverwirklichung vermag die Fähigkeiten zur Selbstheilung und die Wiederaufbaukräfte im Menschen zu aktivieren. Wenn Personen, die an Krebs erkrankt sind, sich das vergegenwärtigen und versuchen, zu sich selbst zu finden, sich selbst zu erkennen, dann beginnen sie mit einem Mal, sensibler zu werden und positiver zu reagieren...»[16]

Mobilmachung des Verteidigungssystems

Der Körper besitzt hochspezialisierte Mechanismen, mit denen er die allermeisten schweren Erkrankungen selbst erfolgreich bekämpfen kann. Knochen zum Beispiel heilen nach Verabreichung von knochenbildendem Protein. Dieses Protein regt Fibroblasten – Knochenzellen, die bei einem Tumor oder einer Fraktur zur Narbenheilung geführt haben – dazu an, als Chondroblasten (knochenbildende Zellen) oder als normale knorpelbildende Zellen zu agieren. Die Haut und andere Organe haben gelernt, sich ständig zu erneuern oder auch angesichts von Verletzungen zu funktionieren. Das Immunsystem ist genauestens darauf programmiert, alle Eindringlinge und Anomalien zu entdecken und zu beseitigen, Krebszellen eingeschlossen. Alles und jedes, was nicht wie «Selbst» aussieht, wird erbarmungslos angegriffen.

Es sind diese und ähnliche alltägliche Heilmechanismen, die für ungewöhnliche Heilungen verantwortlich sind. Andere sensationelle Heilmechanismen als die, die der Körper schon immer zu seiner Verteidigung aktiviert hat, sind bisher nicht entdeckt worden.

Alexis Carrel, ein scharfer Beobachter der wissenschaftlichen Szene, hat die sogenannten Wunderheilungen von Lourdes untersucht. Die Fälle werden in Lourdes sorgfältig dokumentiert und sind Interessenten zur Überprüfung zugänglich. Ärzte werden sogar aufgefordert, Patienten vor und nach dem Besuch der heiligen Stätten zu untersuchen. Carrel behauptet nun, daß an sich nur sehr wenige der Heilungen mirakulöser Natur seien; die, die man jedoch als Wunder bezeichnen könne, verliefen alle nach demselben Muster: Der kranke, von akuten Schmerzen gequälte Patient ist plötzlich, sozusagen von einer Minute zur anderen, überzeugt, wieder völlig gesund zu sein. Sichtbare Verletzungen heilen auf übliche Weise, aber ungleich schneller. Das Wunder scheint also vor allem in der extremen Beschleunigung der normalen, organischen Heilungsvorgänge zu liegen.[17]

Seine Erfahrungen überzeugten Carrel davon, daß die Medizin nur dann Fortschritte erzielen wird, wenn es ihr gelingt, dahinterzukommen, wie die «inneren Widerstandsmechanismen» funktionieren – mit der phantasielosen Verabreichung von Medikamenten sei es nun mal nicht getan. «Bis jetzt sind wir den leichtesten Weg gegangen. Es ist an der Zeit, daß wir Neuland betreten, sei es auch noch so rauh und steinig. Die Hoffnung für die gesamte Menschheit liegt in der Verhütung von Degenerations- und Geisteskrankheiten, nicht in der Behandlung ihrer Symptome. Künftiger Fortschritt in der Medizin wird nicht durch neue und verbesserte Krankenhäuser entstehen oder größere und effektivere Fabriken zur Herstellung von pharmazeutischen Produkten. Er hängt einzig und allein von der Imagination ab, von der Patientenbeobachtung, von der Meditation und Untersuchungen in der Stille des Labors. Und nicht zuletzt von einer Entschleierung der Organismus und Geist betreffenden Mysterien, die über die Erklärung der chemischen Strukturen hinausgeht.»[18]

Das schrieb er im Jahre 1935 ...

Wie gewöhnlich wurden zunächst jene Leitungen und Bahnen des Immunsystems untersucht, denen man Krankheit und Zerstörung anlasten konnte – lange bevor man sich mit den Heilungsmechanismen des Körpers beschäftigte: den Aktivitäten des Hypothalamus, der Hypophyse und dem dazugehörigen Drüsennetzwerk. Die Beziehung zwischen psychologischem Streß und Schwächung des Immunsystems war, so vermutete man, das Ergebnis exzessiver Hormonsekretion, hier vor allem der Sekretion von Kortison und Hydrokortison, die eine entzündungshemmende (oder immunsuppressive) Wirkung haben. Die wichtige Pionierarbeit, die Hans Selye auf diesem Gebiet geleistet hat, ist gar nicht zu überschätzen.[19]

Erst vor kurzem wurden Belege dafür veröffentlicht, daß es eine Verbindung zwischen positiven geistigen Prozessen und einer Stärkung des Immunsystems gibt. Verschiedene Wissenschaftler haben gezeigt, daß die natürlich vorkommenden, opiatähnlichen Chemikalien des menschlichen Körpers, die Endorphine und Enkephaline, die Euphorie erzeugen und Schmerzen lindern, noch eine weitere Funktion erfüllen: Sie erhöhen die Effektivität des Immunsystems. Im Rahmen einer Testreihe konnte nachgewiesen werden, daß die Beta-Endorphine die Fähigkeit der T-Lymphozyten, sich zu vermehren, erhöhen,[20] und die Enkephaline den Angriff der T-Lymphozyten auf die Krebszellen verstärken.[21] Außerdem trugen die Enkephaline auch dazu bei, den Prozentsatz der aktiven T-Zellen zu erhöhen.[22]

Diese großartigen Substanzen werden in Schmerz- und Streßzuständen automatisch freigesetzt. Man nimmt an, daß sie auch für die natürlichen Ekstasegefühle verantwortlich sind, die man in den verschiedensten Lebenslagen empfinden kann – während einer Geburt zum Beispiel oder wenn einem eine Höchstleistung auf sportlichem oder geistigem Gebiet gelungen ist. So wie der Verlust eines geliebten Menschen das Immunsystem hemmen, ja lähmen kann, vermag eine neue

Liebe physische Veränderungen zu bewirken, die das widerspenstige Immunsystem wieder auf volle Touren bringen. Endorphine und Enkephaline haben mit den biochemischen Prozessen zu tun, die jene Gefühle der Hoffnung und Erleichterung erzeugen, die jede Heilung begleiten und manchmal zu einem verblüffenden Verschwinden der Krankheitssymptome führen.

Die Erforschung dieses faszinierenden Zusammenspiels führt zu folgenden vier Hypothesen hinsichtlich seiner Bedeutung für Leben und Gesundheit des Menschen:

1. Wenn die Aktivitäten von Gehirn und Immunsystem eng miteinander verbunden sind, dann müßten Menschen mit einem gut funktionierenden Immunsystem sich auch psychologisch und/oder durch ihre geistigen Fähigkeiten von den Menschen unterscheiden, deren Immunsystem weniger effektiv arbeitet.
2. Wenn geistige Aktivität und Immunaktivität miteinander verknüpft sind, müßte sich Art und Weise dieser Verbindung durch statistische Zuordnung beider Faktoren aufzeigen lassen.
3. Wenn geistige Phänomene und Immuntätigkeit zusammenhängen und das Immunsystem die Aufgabe hat, Krankheitserreger zu bekämpfen, muß entweder die geistige Verfassung oder die Verfassung des Immunsystems dem Gesundheitszustand entsprechen.
4. Wenn es eine wechselseitige Beziehung zwischen geistiger Aktivität und dem Immunsystem gibt, dann kann man das Verhältnis von Ursache und Wirkung untersuchen, indem man einen Teil stimuliert und die auf die Reizung folgende Reaktion des anderen Teils beobachtet.

Auf den folgenden Seiten schildere ich die Basistests, die im Hinblick auf diese Hypothesen durchgeführt wurden. Die Ergebnisse werden den Lauf der Medizin, so wie sie nach wie vor praktiziert wird, verändern; nicht heute, nicht morgen, aber schon bald. Wenn wissenschaftliche Laien in der Lage wären, die Bedeutung von Forschungsergebnissen für ihr eigenes Leben kritisch zu beurteilen, würden die Veränderungen noch beschleunigt werden. Und wir Wissenschaftler müssen eine interdisziplinäre Sprache lernen, die Medizin, Psychologie, Immunologie, Biochemie und Physik umfaßt.

In der wissenschaftlichen Forschung gehört es zu den Spielregeln, immer wieder klar Schiff zu machen, das heißt, die Ergebnisse wieder und wieder zu überprüfen. Die zu untersuchende Situation muß so unverfälscht wie möglich gehalten werden, damit die Resultate sich unter ähnlichen Gegebenheiten wiederholen bzw. wiedererzielt werden können. Beispielsweise ist es allgemein üblich, nur solche Ergebnisse signifikant – bedeutsam – zu nennen und gelten zu lassen, die in 100 Fällen bis zu fünf Mal und weniger rein per Zufall hätten eintreten können (so wurde es aufgrund einer statistischen Analyse festgelegt) und all jene nicht zu berücksichtigen, die per Zufall sechs Mal und öfter hätten vorkommen können. Oft scheint es widersinnig, jahrelange Forschungsarbeit einfach so zum Fenster hinauszuwerfen, nur weil sie diese doch recht willkürliche Forderung nicht erfüllt; wichtige Erkenntnisse bleiben auf diese Weise ungenutzt. Und dennoch ist es tröstlich zu wissen, daß nur Ergebnisse, die über jeden Zweifel erhaben sind, als signifikant betrachtet werden und somit wilden Schlußfolgerungen ein Riegel vorgeschoben ist. Daß es dennoch, wie vor kurzem mal wieder, an anerkannten Institutionen Skandale um gefälschte Resultate gibt, bleibt die Ausnahme. Die wissenschaftliche Methode ist nach wie vor eine der besten Möglichkeiten, Struktur und Funktion des menschlichen Körpers und Geistes offen und kritisch zu untersuchen.

Nach dem gegenwärtigen Stand der Immunologie ist nichts über einen «Faktor X» bekannt, der für besonders hohe Widerstandsfähigkeit bestimmter Immunfunktionen verantwortlich sein könnte. Bis auf weiteres müssen wir unsere Informationen anderswo suchen.

Bestimmte Bevölkerungsgruppen, die über eine ungewöhnliche Gesundheit verfügen, haben möglicherweise einen speziellen Krankheitsschutz. Adventisten und Mormonen beispielsweise leiden kaum an Herzerkrankungen und Krebs. Mitglieder der Vereinigungskirche erkranken selten, und wenn sie einmal krank geworden sind, werden sie unheimlich schnell wieder gesund.[23] Andere Bevölkerungsgruppen, wie zum Beispiel geistig Behinderte oder verhaltensgestörte Personen, besitzen einen selektiven Schutz vor Krebs und autoimmunen Krankheiten wie rheumatischer Arthritis,[24] sind jedoch nicht gegen Infektionen wie etwa Erkrankungen der oberen Atemwege gefeit.[25] Bei geistig Behinderten macht Krebs als Todesursache nur 4–5 Prozent aus, während von der restlichen Bevölkerung 15–18 Prozent an Krebs sterben. Wenn geistig Behinderte einen relativ normalen IQ erreichen, steigt auch ihre Anfälligkeit für Krebs. Wir führten eine Umfrage in zwei Anstalten durch, die Soziopathen beherbergen, von denen einige die gräßlichsten Verbrechen begangen haben, und fanden heraus, daß sie für Krebs kaum anfällig waren, trotz gesundheitsschädlicher Gewohnheiten wie etwa Kettenrauchen.

Unter sehr alten Menschen findet man oft eine wahre Superimmunität, wie zum Beispiel bei einigen Bewohnern des Andendorfs Vilcabamba im südlichen Ecuador oder im Land der Hunza in Kaschmir, in dem von Pakistan kontrollierten Teil des Karakorumgebirges, und in Abchasien in der südlichen Sowjetrepublik Georgien. Alexander Leaf, Sula Benet, Grace Halsel und andere haben sich eingehend mit diesen Menschen beschäftigt.[26] Sie stimmen ausnahmslos darin überein, daß, obwohl das Alter in einigen Fäller sicherlich übertrieben wird, Gesundheit, Kraft und Vitalität dieser alten Leute beachtlich waren. Man hat sehr genau darüber berichtet und festgestellt, daß viele von ihnen tatsächlich über 100 Jahre alt waren und wurden, ja in einzelnen Fällen angeblich sogar 140 Jahre erreichten.

Es ist schwierig, zwischen so verschiedenen Personenkreisen wie den geistig Behinderten, den Bewohnern entlegener Hochgebirgsgegenden und religiösen Menschen, die gut betucht und Mitglieder einer frommen kirchlichen Gemeinde sind, biologische und psychologische Parallelen zu entdecken. Wahrscheinlich gibt es keine. Ernährung, genetische Faktoren, geographische Lage, Vermeidung von toxischen Substanzen und zur Verfügung stehende moderne medizinische Maßnahmen – diese üblichen Erklärungen für einen außerordentlich guten Gesundheitszustand greifen in den angesprochenen Fällen nicht. Soziopathen und verhaltensgestörte Personen sind oft starke Raucher. Über die Alten wird berichtet, daß sie täglich einem starken, selbstgebrauten Getränk tüchtig zusprechen und für gewöhnlich auch einheimischen, selbstgerollten Tabak rauchen. Die Möglichkeit, moderne medizinische Hilfe in Anspruch zu nehmen, ist in den abgelegenen Dörfern gleich Null. Mormonen legen allerdings großen Wert auf reine Nahrung; daß die Mahlzeiten der betagten Herrschaften aus relativ einfachen, aber sehr hochwertigen Fasern und nur sehr wenig rotem Fleisch bestehen, könnte also für den guten Gesundheitszustand eine Rolle spielen. Andererseits liegt bei den geistig Behinderten gerade die Ernährung oft im argen: Den unterschiedlichen Ernährungsbedürfnissen wird in den Anstalten so gut wie keine Beachtung geschenkt. Geistig Behinderte müssen manchmal über lange Zeiträume hinweg nur von Konserven leben.

Werfen wir nun einen Blick auf die besonderen, unterschiedlichen psychologischen Dispositionen dieser Personen. Die ausgezeichnete Gesundheit der Mormonen und Adventisten beruht wahrscheinlich auf ihren Lebensgewohnheiten, die sie strikt befolgen. Außerdem ist das Gefühl, einer Gemeinschaft anzugehören, die in Krisenzeiten immer für einen da ist – mit finanzieller, emotionaler, geistlicher oder anderweitiger Hilfe –, gewiß beruhigend und somit gesundheitsfördernd.

Für die Mitglieder der Vereinigungskirche oder vergleichbarer Sekten sieht es ähnlich aus. Auch sie messen der Gesundheit im Rahmen der Religion großen Wert bei; sie lehren, daß jeder Mensch ein Teil Gottes ist und fähig, vollkommene Gesundheit zu erlangen und zu erhalten durch ein Leben in Harmonie mit der Schöpfung. Diese Glaubensrichtungen betonen die Heilung mit Hilfe der Imagination und vertreten mit ihrer Lehre die Überzeugung, daß Gesundheit durch die Kraft und Macht des bewußten Gedankens erreicht wird und durch die Verinnerlichung der Vorstellung, daß man selbst Teil einer vollkommenen Schöpfung ist. Nach ihrem Glauben sind Geist, Körper und Seele eine Einheit, wobei die Seele dominiert und der Körper dem Diktat des Geistes folgt. Diese metaphysische Haltung der Gemeinde sowie das Heilamt, das Prediger bzw. Pastor und ausgebildete Lehrkräfte innehaben, tragen ebenfalls zu einer vorbildlichen Gesundheit der Mitglieder bei. Im Gegensatz zu den evangelistischeren Gemeinden veranstalten die Vereinigungskirche und vergleichbare Gruppierungen selten Heil-Sessions von der «Steh auf, nimm dein Bett»-Art, sondern predigen gesunde Lebensführung Tag für Tag und Krankheitsprophylaxe.

Was nun die hochbetagte Bevölkerung in den abgelegenen Gegenden unserer Erde angeht, so ist ihre Immunität sicher eine Kombination aus mehreren Faktoren. Einer dieser Faktoren dürfte der «Genpool» sein. Die drei untersuchten Gruppen leben in ländlichen Hochgebirgsgegenden, in extremer Höhe, haben ein ganz niedriges Einkommen, ihre Mahlzeiten sind arm an Kalorien und tierischen Fetten; ihr Lebensstil erfordert ständig viel körperliche Bewegung. Sie scheinen über ungewöhnliche Kompensationsfähigkeiten zu verfügen, die ihre Gesundheit schützen. Leaf berichtet, daß Dr. David Kakiaschwili, ein georgischer Herzspezialist, glaubt, daß auch die

Abchasier alle möglichen Herz-Kreislauferkrankungen kennen, aber weil die Sauerstoffversorgung der Herzmuskeln immer gesichert ist (möglicherweise aufgrund des lebenslangen Trainings), gibt es, auch wenn eine Arterie durch lokale Verkalkung abgedrückt wurde, stets noch eine ausreichende seitliche Blutzirkulation, die die normale Herztätigkeit aufrechterhält. Aus diesem Grund treten bei diesen Menschen so gut wie keine arteriosklerotischen Symptome auf.[27]

Einer der wichtigsten Faktoren ist jedoch, daß in keiner der drei genannten Populationen ein alter Mensch jemals «pensioniert» wird in dem Sinn, daß er für die Gemeinschaft überflüssig ist. Ihr Selbstverständnis als lebensfähige und nützliche Glieder einer Gemeinschaft bleibt bis zum Tod intakt. Die Alten nehmen eine privilegierte Stellung in ihrer Gemeinschaft ein und erledigen Zeit ihres Lebens wichtige Arbeit im engen Familienkreis. Sie glauben an den Wert einer glücklichen Ehe und heiraten oft nach dem Tod des Partners wieder. Ungeachtet ihres Alters bleiben sie auch auf sexuellem Gebiet aktiv. Diese Lebensweise erleichtert die beiden Lebensphasen, in denen Mitglieder der modernen, westlichen Zivilisation am verwundbarsten sind: Verlust des Partners und Pensionierung. In beiden Grenzsituationen besteht erhöhte Anfälligkeit für Krankheit und Tod.

Und wie steht es nun mit den geistig Behinderten? Wie passen sie in diese Schemata? Sie besitzen, wie wir wissen, keine generelle Immunität, sondern eine spezielle gegen Krebs und vielleicht noch gegen autoimmune Krankheiten wie rheumatische Arthritis; vorläufig können wir nur darüber spekulieren, ob und daß es vielleicht eine Beziehung gibt zwischen den unterschiedlichen Graden der geistigen Behinderung und den Verhaltensstörungen, die beide auf einen Mangel an bewußter, umweltbezogener Informationsverarbeitung hindeuten, und den Immunkrankheiten. Fehlt die Angst oder wird Streß auf eine Weise verarbeitet, die ohne jene chemischen Substanzen auskommt, die das Immunsystem behindern? Soziopathen setzen sich mit Streß auf die ihnen eigene Art auseinander: Sie attackieren das Objekt ihres Unbehagens, und sei diese Reaktion auch noch so unlogisch, und lösen die Kampf/Fluchtreaktion sofort auf. Zorn wird ausagiert, nicht still im Herzen getragen, bis sich die entsprechenden chemischen Substanzen im Gewebe abgelagert haben.

Es gibt, soviel ist wohl deutlich geworden, für den Geist mehr als eine Möglichkeit, das Immunsystem zu beeinflussen, und nicht alle Wege, die er beschreitet, sind erfreulich. Es wäre am nützlichsten, wenn man herausfinden könnte, ob das Immunsystem willentlich mobilisiert (gelenkt) werden kann, da seine Aktivitäten ja sowieso mit der Psyche engstens verknüpft sind. Es gilt also, Belege für diese Möglichkeit zu finden.

Sonderfälle unter den Krebspatienten

Die erste Station unserer wissenschaftlichen Suche soll eine kleine Gruppe von Krebspatienten sein, die Krebs im vierten Stadium, dem Endstadium, hatten. Es handelte sich um Patienten mit Dickdarmkrebs und Metastasen in der Leber; Lungenkrebs, mit Metastasen in der Brust; und Brustkrebs mit Metastasen in der Lunge und den Knochen.[28] Die statistische Lebenserwartung dieser Menschen liegt bei einem Jahr und weniger. Von den Patienten, die ihre Lebenserwartung bereits um ein Jahr oder mehr überschritten hatten, wurden 12 ausgewählt, um deren Persönlichkeitsprofil zu erstellen (basierend auf einer Reihe von psychologischen Tests wie dem Minnesota Multiphasic Personality Inventory (MMPI), einem Multiphasen-Persönlichkeitsfragebogen; dem FIRO-B-Test; Locus of Control Scales; einem Fragebogen über die geschlechtsspezifische Rolle und schließlich einem nach medizinischen und sozialen Aspekten aufgebauten Gespräch). Das Profil der Sonderfälle unter den Krebspatienten wurde mit Profilen von zehn anderen verglichen, auf die die gleiche Diagnose zutraf und die ihrer Krankheit innerhalb des statistischen Zeitraums erlegen waren. Der psychische Unterschied war offensichtlich. Die außergewöhnlichen Patienten waren kreativer, offener für neue Ideen, flexibel und kritisch. Manchmal waren sie auch einfach nur rechthaberisch und zänkisch. Ihr Ego war stark, und sie zeigten Selbstsicherheit und Vitalität. Sie suchten keine Ermutigung von außen, sondern wendeten sich nach innen, ihren eigenen Kraftreserven zu. Sie probierten neue Behandlungsmethoden und Heilverfahren aus und weigerten sich schlicht, das Todesurteil zu akzeptieren, das mit der Diagnose gefällt wurde. Man kann sagen, daß sie in dieser Hinsicht eine Form der Verweigerung praktizierten, ohne jedoch die Krankheit zu verkennen oder zu leugnen – sie lehnten es nur ab, ihr hilfloses Opfer zu werden.

Auch in anderer Hinsicht waren diese Patienten ungewöhnlich. Man konnte sie als gebildete, etablierte weiße Bürger bezeichnen, die im Gegensatz zu den durchschnittlichen Patienten über verschiedene Ressourcen verfügten, die sie anzapfen konnten. Und sie nahmen alle an den Simonton-Krebstherapie-Gruppen teil, was damals ein ausgesprochen hohes psychologisches Bewußtsein voraussetzte. Die Patienten aus der Vergleichsgruppe kamen aus demselben Milieu, hatten also im Prinzip dieselben günstigen Voraussetzungen, doch fehlte ihnen jenes mit Langlebigkeit assoziierte Persönlichkeitsprofil, das auf ein stärkeres Immunsystem hindeutet.

Ein zweiter Typus von außergewöhnlichen Krebspatienten wurde vom Hauptforschungszentrum des Cancer Rehabilitation Projects identifiziert, das vom National Cancer Institute gefördert wird. Die Arbeit wurde am Parkland Memorial Hospital durchgeführt, einer Lehranstalt der Southwestern Medical School in Dallas. Diese Patienten waren Angehörige verschiedener Rassen, waren Sozialhilfeempfänger und hatten nur sehr wenige psychische Reserven, auf die sie zurückgreifen konnten, um ihrer Krankheit zu begegnen. Es gab ein paar, die es schafften, sich zu stabilisieren und ihre täglichen Aufgaben recht gut zu bewältigen, allerdings mit Hilfe ganz anderer adaptiver Mechanismen als die Mitglieder der Simonton-

Gruppe. Für die Mehrheit lautete die Diagnose auf Krebs mit Metastasen in der Brust, Lungenkrebs, oder Magen-Darm-Krebs. Auch ihnen wurden Testbögen ausgehändigt, ähnlich den weiter oben erwähnten, doch häufig mußten sie abgeändert oder gar vorgelesen werden, weil die meisten nur über die Lesefertigkeit von Drittkläßlern verfügten.

Das Profil der Sonderfälle dieser Gruppe zeigte eine Hinwendung nach außen, eine Suche nach äußeren Hilfsmitteln, die ihnen neue Kraft geben sollten. Das konnte eine Person sein oder auch eine Kirchengemeinde oder eine neue Arbeitsstelle. Für die Frauen war eine gute Beziehung zu ihren Ehemännern von entscheidender Bedeutung. Die Frauen, die an der Untersuchung teilnahmen, kamen aus matriarchalischen Subkulturen, wo intakte Ehen eher die Ausnahme sind und eine länger dauernde Ehe bereits eine vielbestaunte, außergewöhnlich stabile Situation darstellt. Geselligkeit war ein weiterer wichtiger Faktor für diese Leute – ganz im Gegenteil zur ersten Patientengruppe, die sich nach innen, sich selbst zuwendete.

Bei beiden Studien unterschieden sich die langfristig und die kurzfristig Überlebenden nicht grundsätzlich voneinander, weder in ihren physischen noch in den demographischen Merkmalen. Die Brustkrebspatienteen des Parkland Hospital hatten alle dieselbe Behandlung erhalten: operativer Eingriff, gefolgt von einer milden Form der Chemotherapie. Die Simonton-Patienten hatten eine entsprechende Behandlung erhalten – was auch immer das zu jener Zeit gewesen sein mochte. Es gibt keine Wunder bei der Behandlung von Krebs; es ist auch kein Mittel bekannt, welches eine dauerhafte, spontane Heilung auslösen oder zu anhaltender Gesundheit führen könnte, was einige dieser Sonderfälle erlebt haben.

Als dieses Buch fast fertiggestellt war, berichteten andere Wissenschaftler von ähnlichen Entdeckungen. Leonard Derogatis und seine Kollegen fanden beispielsweise heraus, daß die langfristig Überlebenden aus einer Gruppe von Krebskranken mit Brustmetastasen ängstlicher und depressiver und mit mehr Schuldgefühlen beladen waren als kurzfristig Überlebende. Die behandelnden Geschwulstspezialisten, die Onkologen, bemerkten, daß diese Leute Schwierigkeiten hatten, ihre Krankheit zu akzeptieren, und oft nicht die beste Meinung über ihre Ärzte besaßen. Die kurzfristig Überlebenden dagegen wurden als weniger feindselig und besser gelaunt charakterisiert.[29]

Die langfristig Überlebenden, jene außergewöhnlichen Patienten, waren Kämpfernaturen. Sollte es da überraschen, daß auch ihr Immunsystem kämpfte? Oder daß ein passiver, liebenswürdiger Mensch, der vor seiner Zeit stirbt, auch ein passives Immunsystem hat?

Ein Psychiater, der viele Jahre mit Krebspatienten in San Francisco gearbeitet hat, glaubt, daß Patienten, die sich gut erholen, die Kunst des Kämpfens bereits beherrschen, bevor man ihnen überhaupt eine Diagnose stellt. Ich teile diese Meinung voll und ganz, obwohl es darüber noch keine systematische Untersuchung gibt. Menschen, die mit vielerlei Schwierigkeiten konfrontiert wurden und sie überwunden haben, haben gelernt, ihre Verteidigungssysteme zu mobilisieren, sie wissen um ihre inneren Kraftreserven. Wer nie gelernt hat zu kämpfen, für den ist es schier unmöglich, es in Angst, Krankheit und Schmerzzuständen zu erlernen. Jene Patienten, die wir als passiv definiert haben, scheinen verwirrt, weil ihre Tugenden, eben jene Eigenschaften, die ihnen im Leben oft zum Vorteil gereichten – Freundlichkeit, Gutherzigkeit, Nachgiebigkeit, eine fröhliche Natur –, im Kampf gegen die Krankheit versagen.

Das Immunsystem des Erwachsenen ist keineswegs ein automatisches Verteidigungssystem, das sich sofort auf jede neue Krankheit stürzt. Die Verteidigung wird erst in der Feindberührung erlernt oder durch eine Impfung, die dem Immunsystem die richtige Reaktion beibringt. Auch die Kämpfer wurden auf besondere Weise konditioniert.

Die nächste Stufe der Forschungsarbeit bemüht sich um die Identifikation von biochemischen Unterschieden – soweit vorhanden –, die mit den psychischen Phänomenen der Spontanheilung in Verbindung gebracht werden können.

Im Jahr 1975, als wir ein Forschungsvorhaben unterbreiteten, in dessen Rahmen die Beziehung zwischen der Zusammensetzung des Blutes und geistigen Vorgängen untersucht werden sollte, gab es nur einen interessierten Geldgeber: das Institute for Noetic Science, eine Organisation, die sich primär der Erforschung parapsychologischer Phänomene widmet. Sie teilten dem Simonton-Krebsberatungs- und Forschungszentrum in Fort Worth 50000 Dollar für die Untersuchung zu. Die Hälfte der Summe ging an einen bekannten Zellbiologen, der die elektromikroskopischen Untersuchungen der weißen Blutkörperchen durchführen und überwachen sollte. Innerhalb von fünf Jahren wandelte sich die Einstellung gegenüber solchen Forschungsunternehmen derart, daß ähnliche Arbeiten dann sogar an großen Universitäten durchgeführt wurden.

Die Forschungsarbeit, die wir mit dem Stipendium des Institute for Noetic Science durchführten, glich einer Gratwanderung. Wichtige Daten gingen verloren, die Geldmittel wollten einfach nicht ausreichen, wir erlebten Teamzwistigkeiten, kurzum, Situationen, die, wie ich gelernt habe, zu den Begleiterscheinungen lohnender Projekte gehören. 126 Personen spendeten Blut und unterzogen sich außerdem einer ganzen Reihe von psychologischen Tests. Bei 90 Prozent dieser Versuchspersonen handelte es sich um Patienten mit Krebsmetastasen oder Krebs im Endstadium, und ihre Bereitschaft, an diesem Projekt teilzunehmen, war besonders anerkennenswert, da es sich um ein wirklich anstrengendes Programm handelte.

Ein Großteil des Blutes war für unseren Zellbiologen bestimmt, der ein paar hundert Kilometer von uns entfernt arbeitete – es mußte ihm geschickt werden. Aus unerfindlichen

Gründen verzögerte sich die erste Sendung derart, daß sie unbrauchbar wurde. Um die Untersuchung noch zu retten, wurde beschlossen, so viele Analysen wie möglich in den lokalen Labors vorzunehmen. Die blutchemischen und hämatologischen Analysen, die wir zu diesem Zeitpunkt durchführten, ergaben ein komplettes Blutbild – Cholesterin, Hydrokortison, freie Fettsäuren, saure und alkalische Phosphatase, laktate Hydrogenase usw. Es war eine gute Entscheidung, denn der Stand der Zellbiologie, die ihre Untersuchungen mit Elektronenmikroskopen durchführte, erlaubte gar keine statistische Korrelation zwischen den Bildern des Immunsystems und den psychologischen Meßwerten. Bestenfalls konnte man bestimmte Komponenten des Immunsystems als «außergewöhnlich» identifizieren, doch die Frage «In welcher wechselseitigen Beziehung stehen das Immunsystem und psychologische Faktoren zueinander?» ließ sich nicht beantworten.

Der erste Schritt war jedoch getan, indem man die Blutwerte verwendete, denen man einen numerischen Wert zuordnen konnte und für die Normalwerte oder Referenzbereiche bekannt waren. Diese wurden mit psychologischen Meßwerten verglichen, die ebenfalls bereits gründlich untersucht und getestet worden waren und ihre Brauchbarkeit bewiesen hatten. Einige dieser Tests habe ich bereits im Zusammenhang mit den Profilen außergewöhnlicher Krebspatienten erwähnt. Die Testreihe wurde ergänzt durch eine Analyse der Vorstellungen, die die Patienten selbst über Krebs und seine Behandlung sowie über das Immunsystem hatten. Diese Vorstellungsanalyse erwies sich als eine der wichtigsten Entdeckungen der Forschung.

Die statistische Auswertung dieser Datenfülle erforderte ein äußerst diffiziles Vorgehen. Dr. G. Frank Lawlis, einer der wenigen Psychologen, die mit dieser Art von Daten umgehen und sie analysieren können (er hatte über dieses Thema bereits ein Buch geschrieben), wurde mir vorgestellt, als wir die Sammlung der Daten abgeschlossen hatten, aber weder weitere Mittel für die erforderliche Auswertung noch Computerzeit hatten. Als neues Mitglied der Fakultät erhielt er ein Stipendium und Computerzeit sowie einen Programmierer als Hilfskraft. Die Ergebnisse der Analyse wurden in einer Statistikzeitschrift veröffentlicht – der einzigen Zeitschrift, die damals Struktur und Analyse der Studie für vernünftig und brauchbar hielt und die Tatsache nicht überbewertete, daß aus den gewonnenen Erkenntnissen ziemlich erstaunliche und kontroverse Schlußfolgerungen gezogen werden müßten, die die gesamte bisherige Krebsbehandlung in Frage stellen würden.

Das wesentliche Ergebnis der Analysen war folgendes: Es ergaben sich drei Persönlichkeitsprofile, bei denen die Zusammensetzung des Blutes und die psychologischen Faktoren einander entsprachen (siehe Anhang F). Das erste Profil nannten wir *Resignation*, basierend auf den negativen, hemmenden Aspekten des Blutbildes und den entsprechenden psychologischen Daten der betreffenden Patienten, die zweite Blut-Psyche-Kombination *ungerichteter Kampf*. Diese Patienten wirkten unzufrieden und besorgt, mühten sich in jeder Hinsicht ab und waren ängstlich: ihr Konflikt war jedoch unspezifisch, ohne Richtung. Die Blutbilder beider Gruppen glichen sich in der Diagnose, die auf makrozytäre, hypochrome Anämie lautete. Das dritte, positivste Profil, nannten wir *zweckmäßiges, zielgerichtetes Handeln*. Sowohl die Blutwerte als auch die psychologischen Faktoren zeigten, daß diese Patienten ihre Krankheit besiegen wollten. Das Blut deutete auf eine kompensatorische, anämische Reaktion bei Hämoglobinmangel hin, mit einer höheren Anzahl weißer Blutkörperchen, wodurch mehr Antikörper verfügbar waren. Man brauchte nicht zu befürchten, daß diese Patienten unter Streß psychologisch dekompensieren würden, sie waren autark und besaßen genügend Selbstvertrauen in ihre eigenen Fähigkeiten, um mit der Situation fertig zu werden.

Die erste, zwingende Schlußfolgerung lautete, daß sich bei dieser Untersuchung drei unterschiedliche psychologische Profile herauskristallisiert haben, beginnend mit der «Ich gebe auf»-Einstellung über eine ambivalente Kampfhaltung hin zum zielgerichteten Bestreben, die Krankheit zu besiegen. Diesen Einstellungen entsprachen charakteristische hämatologische Profile, doch nur im positivsten Fall – zielgerichtete Kampfhaltung – zeigte sich eine größere Aktivität des Immunsystems.[30]

Prognose des Krankheitsverlaufs

Daß es eine Beziehung zwischen der Zusammensetzung des Blutes und den psychologischen Meßwerten gibt, war damit klar – nur, was dies genau für den Verlauf der Krankheit bedeutete, das mußte auf einem anderen Weg herausgefunden werden. Die Daten mußten zu verständlichen Informationsblöcken verdichtet werden, und dazu diente eine Methode, die sich «Faktorenanalyse» nennt. Mit ihrer Hilfe versuchten wir, zwei Dinge herauszubekommen, nämlich die Beziehung zwischen Blut, psychologischen Faktoren und Krankheitszustand 1. zur Zeit der Untersuchung und 2. bei einer Nachuntersuchung zwei Monate später. Der aktuelle Krankheitszustand wurde ermittelt, indem der letzte Krankenbericht des behandelnden Arztes benotet wurde: mit 4, wenn sich der Tumor erheblich vergrößert hatte; mit 3, wenn der Tumor nicht gewachsen war; mit 2, wenn der Tumor sich zurückgebildet hatte; und mit 1, wenn keine Spur der Krankheit mehr vorhanden war. Die Note 5 wurde zusätzlich vergeben, wenn der Patient der Krankheit erlag bzw. erlegen war.

Diese Kategorien und die identifizierten Faktoren wurden nun zueinander in Beziehung gesetzt. Der momentane Krankheitszustand wurde zu fünf Faktoren in Beziehung gesetzt, nämlich zu drei Blutvariablen und zwei psychologischen (siehe oberes Schaubild S. 254). Eine Blutvariable bestand ausschließlich aus weißen Blutkörperchen; die zweite hauptsächlich aus Hydrokortison und Cholesterin, den Hormonen, die an der Streßreaktion beteiligt sind. Zur Gruppe der zweiten Blutfaktoren gehörte auch das Enzym saure Phosphatase, von

BLUTFAKTOREN

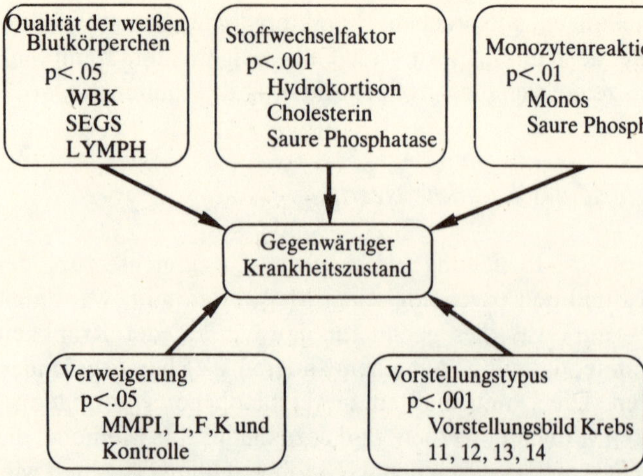

PSYCHOLOGISCHE FAKTOREN

VORHERSAGBARKEIT PSYCHOLOGISCHER FAKTOREN

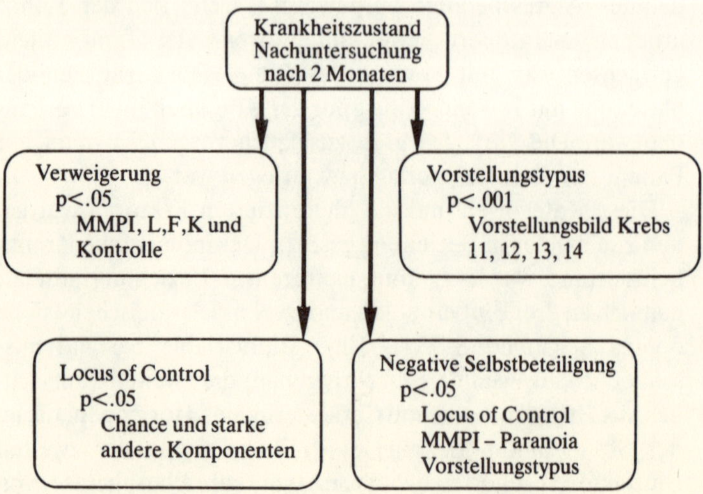

dem man annimmt, daß es einer der vom Immunsystem verwendeten Giftstoffe ist. Psychologisch war damit ein Abwehrfaktor verknüpft (der aus den Meßwerten des MMPI stammte); das weitaus wichtigste Korrelat war jedoch der Vorstellungstypus – die Vorstellungsbilder des Patienten über Krebs, über seine Behandlung und über das Immunsystem –, ermittelt durch ganz spezielle Messungen. Diese fünf Faktoren wurden ebenfalls zu dem Krankheitszustand in Beziehung gesetzt und erwiesen sich im Rahmen der Diagnose als aufschlußreich. Der springende Punkt war jedoch, ob oder ob nicht einer der Faktoren der Krankheit vorausging und wenn ja, gleichsam als Warnung zu betrachten wäre, wenn nicht gar als Auslösefaktor. Jene Faktoren, die Vorhersagen über den Krankheitsverlauf ermöglichen (bei einer zwei Monate später erfolgenden Nachuntersuchung), sind im unteren Schaubild auf S. 254 wiedergegeben. Das Blutbild mit seinen verschiedenen Werten ergab keine Prognosemerkmale; das Blut scheint lediglich den augenblicklichen physiologischen Zustand zu reflektieren. Die Blutfaktoren, besonders jene, die mit dem Immunsystem zu tun haben, sind ständig mit der Reaktion auf vorangegangene Ereignisse beschäftigt. Eine Interpretation der Analyse gleicht einem Blick in den Rückspiegel: Man sieht, wo man war, aber nicht, wo es hingeht.

Die psychologischen Faktoren, anhand derer man eine künftige Entwicklung absehen konnte, waren jene, die mit der Verweigerung zu tun hatten oder mit dem Gefühl, daß alles unter Kontrolle sei, oder mit negativer Selbstbeteiligung – und nicht zuletzt mit dem Vorstellungsbild, das zugleich die meisten Einblicke gewährte. Es sieht also ganz so aus, als reagierten die Blutfaktoren lediglich auf vergangene Ereignisse, während die psychologischen Faktoren Aufschluß über die Entwicklung geben.

Diese Untersuchung wurde von Robert Trestman auf interessante Weise fortgeführt. Er verwendete weitere Blutproben und zusätzliche hämatologische Tests sowie ein breiteres psychologisches Testprogramm und medizinhistorische Variablen.[31] Trestman kam zu ähnlichen Schlußfolgerungen hinsichtlich der gegenseitigen Verkettung der zahlreichen Werte. Er kam außerdem zu der Überzeugung, daß das Vorstellungsbild ein einzigartiges, machtvolles und autarkes Instrument ist und Aufschluß gibt über Bereiche, die andere psychologische Fragebögen und Tests nicht berührten. Die Verbindung zwischen Blut, psychologischen Faktoren und der Immunität sind außerordentlich komplex. Vielleicht waren Trestman und wir sogar ein klein wenig genial in der Wahl unserer Mittel, da wir so viele wechselseitige Beziehungen identifizieren konnten. Noch wahrscheinlicher ist es jedoch, daß alle Aspekte von Geist und Körper sowieso eng miteinander verknüpft sind und wir eines Tages mit unserem immer sensibleren und raffinierteren Instrumentarium herausfinden werden, daß alles mit allem verbunden ist. Jeder Aspekt menschlichen Funktionierens hat eine kleinere oder auch größere Auswirkung auf alle anderen. Was das Immunsystem angeht, so hat die Imagination immer wieder bewiesen, daß sie den größten und direktesten Einfluß ausübt.

Die Imagination als meßbare Größe

Das folgende System, das der Analyse von Vorstellungen über Krebs dient, wurde zum Prototyp für nachfolgende Studien, die sich mit Arthritis, Diabetes, Schmerzen und Beschwerden/Krankheiten beschäftigen und dabei einen Projektionstest einsetzen, den sie «Vorstellungsbild Krebs» nennen, in Anlehnung an die eben erörterten Untersuchungen, die gezeigt haben, daß die Vorstellungsbilder bei der Krankheitsbekämpfung der wichtigste Faktor sind.[32]

Die inneren Bilder der Patienten reflektieren sowohl ihre Einstellung zur Krankheit und zur Behandlung als auch den Glauben an ihre eigene Fähigkeit, die Krankheit zu überwinden, sei es durch Konditionierung des Immunsystems oder andere natürliche Heileigenschaften – im Fall von Krebs repräsentiert durch die weißen Blutkörperchen. Die kraft Imagination erworbenen Einstellungen und Meinungen stimmten manchmal übrigens nicht mit dem überein, was die Patienten zu glauben *vorgaben* – ein Hinweis darauf, daß starke, gedankliche Konzepte nicht immer voll bewußt sind.

Bei der Bewertung der Vorstellungsbilder bittet man die Person zunächst, eine bequeme Lage zu wählen, vorzugsweise eine liegende Position, und spielt ihr vom Band Anweisungen zur Entspannung vor. Es gibt zahlreiche Belege dafür, daß Vorstellungsbilder am ungehindertsten auftauchen, wenn die Motorik gedämpft oder ruhiggestellt ist und nicht um die Aufmerksamkeit des Gehirns buhlt.[33] Dann folgt eine Kurzinformation über den Krankheitsverlauf, über die mögliche, positive Wirkung der Behandlung, und schließlich wird die Verteidigungswaffe, das Immunsystem, vorgestellt. Anschließend wird der Zuhörer gebeten, sich diese drei Faktoren gedanklich «in Aktion» zu vergegenwärtigen. Der Patient wird dabei angeleitet, aber nicht in dem Sinn programmiert, daß ihm bestimmte Bilder vorgegeben werden, etwa als was oder wie er sich die weißen Blutkörperchen oder Krebszellen vorzustellen habe. Das bleibt dem Patienten überlassen. Die Ideen und Vorstellungen, die aus den Tiefen der Psyche auftauchen, werden vom Patienten festgehalten und in einem Gespräch beschrieben, das um Fragen kreist wie zum Beispiel: «Wie sehen die Krebszellen vor Ihrem geistigen Auge aus?» oder «Wie stellen Sie sich den Kampf Ihrer weißen Blutkörperchen vor?»

Das Protokoll eines solchen Gesprächs und die Zeichnungen werden dann auf der Basis eines 14-Punkte-Katalogs bewertet, der durch eine früher erstellte Datenanalyse festgelegt wurde, bei der die verschiedenen Vorstellungskomponenten in Zahlen und meßbare Größen umgesetzt worden waren. Diese Größen umfassen Lebhaftigkeit, Aktivität und Stärke der Krebszelle; Lebhaftigkeit und Aktivität der weißen Blutkörperchen; Vergleich von Größe und Anzahl der Krebszellen in Relation zu den weißen Blutkörperchen; Intensität und Effektivität der medizinischen Behandlung; Symbolik; Integration des Imaginationsprozesses; die Regelmäßigkeit, mit der sich die Patienten einen positiven Krankheitsverlauf- und ausgang vorstellen; und eine gewagte, klinische Stellungnahme zur Prognose anhand der eben aufgezählten Faktoren. Die Ergebnisse lassen sich leicht in ein Bewertungssystem von 1–5 einordnen (von negativ nach positiv).

Der Testrahmen wurde in Gesprächen mit etwa zweihundert Krebspatienten entwickelt, die ihre Vorstellungen schilderten, aus denen man jene Punkte herauszufiltern versuchte, die eine Abweichung von der Prognose andeuteten. Als nächstes wurden Normalisierungsuntersuchungen durchgeführt, und zwar eine Untersuchung mit 58 Patienten des Cancer Counseling Research Center und eine weitere mit 28 Patienten, die an der Cancer Rehabilitation Clinic des Parkland Krankenhauses behandelt wurden. Eine dritte Untersuchung wurde mit Männern durchgeführt, die an Kehlkopfkrebs litten und an einem Projekt des National Cancer Institute am Health Center der Universität von Texas in San Antonio teilnahmen.[34]

Die Testergebnisse zeigten mit hundertprozentiger Genauigkeit, wer im Laufe der zwei Monate bis zur Nachuntersuchung entweder sterben oder bei wem eine Verschlechterung des Krankheitszustandes eintreten würde; und mit dreiundneunzigprozentiger Genauigkeit, wer eine Verbesserung oder Heilung zu erwarten hatte. Es sei daran erinnert, daß die Noten nur ein numerischer Wert waren, den man der Imagination gegeben hatte. Es waren die Vorstellungsbilder selbst, die eine so exakte Vorhersage erlaubten. Bei anderen Untersuchungen wurde die Imagination dazu benutzt, Voraussagen über den Erfolg der Rehabilitation zu machen, wie zum Beispiel die Fähigkeit, nach einer Kehlkopfentfernung die Technik des Sprechens mit der Speiseröhre zu erlernen; oder die Wiedererlangung der körperlichen Kräfte bzw. der vollen Spannweite der Arme nach einer Brustamputation.

Die Vorstellungsbilder der Patienten kündeten von dramatischen Veränderungen, die innerhalb kürzester Zeit stattfinden würden. Solche Ergebnisse mögen für Menschen, die noch nie Zeuge des unberechenbaren Krankheitsverlaufs bei Krebs waren, verwirrend erscheinen. Tumore können sich so schnell wie Eintagsblüten verändern, wachsen, schrumpfen, eine andere Form annehmen. Patienten mit Krebs im Endstadium können durchaus ein aktives Leben führen, frei von Schmerzen und Symptomen, aber auch bettlägerig sein. Sie können innerhalb von wenigen Tagen von einem Zustand in den anderen wechseln und wieder zurück. Einige dieser Veränderungen sind Reaktionen auf bestimmte Therapien, aber die meisten sind Ausdruck der zu- und abnehmenden Krankheitsintensität und der Immunkomponenten. Keiner der Patienten, die an unserer Untersuchung teilnahmen, war zum Zeitpunkt der Befragung im Krankenhaus; die meisten bekamen sogar nur wenig Medikamente, waren munter und aktiv und in der Lage, sich selbst zur Klinik zu begeben, obwohl bei allen die Diagnose auf Krebs im Endstadium lautete.

Trestman entdeckte zwölf Korrelationen zwischen Vorstellungsbildern von Krebs und weißen Blutkörperchen (basierend auf den Messungen des Vorstellungsbildes Krebs) sowie hämatologischen Werten und Blutbild-Variablen. Als er seine eigenen Vorstellungsgrößen miteinbezog, wie zum Beispiel Farbe des Krebses, metaphorische Eigenschaften der ausgewählten Vorstellungsbilder (anstelle dessen, was die Patienten *über* die Vorstellungsbilder zu sagen hatten), wie etwa Gefährlichkeit, Gesamtstärke und aktuelle Aktivität, kamen weitere elf Korrelationen hinzu. Nur eine einzige signifikante Korrelation wurde per Zufall entdeckt (eine Auflistung der Korrelationen findet sich in Anhang G). Trestmans Farbenanalyse war besonders interessant. Von vierzehn Personen mit «guter Verfassung» beschrieben dreizehn ihren Krebs als schwarz oder rot, während acht von elf Personen in vergleichsmäßig schlechterer Verfassung ihren Krebs in helleren Farben beschrieben.

Um zu verstehen, warum die Imagination sich so ausgesprochen gut für die Diagnose eignet, müssen wir einige gemeinsame Faktoren identifizieren, andernfalls bliebe sie eine zu subjektive Angelegenheit, und eine objektive Analyse wäre kaum möglich. Das Vorstellungsbild Krebs lieferte einige dieser gemeinsamen Faktoren, und zwar die *Merkmale* der Symbole (Größe, Aktivität, Anzahl etc.); die *Art* der Symbolik enthielt jedoch keineswegs immer eine Prognose über den Ausgang oder den Erfolg der Behandlung. Trestman testete die metaphorischen Eigenschaften der Symbole, doch war der kulturelle Hintergrund seiner Patienten bei weitem nicht so verschieden wie der unserer Leute. Die Symbole sind Darsteller in einem Schauspiel, dessen kultureller Kontext ihnen ihre Bedeutung verleiht und sie zugleich die Entwicklungsgeschichte der betreffenden Person widerspiegeln läßt. Genau darin liegt ihr großer therapeutischer Wert (ich sollte anmerken, daß es in der Symbolik aller Kulturen verblüffende Übereinstimmungen gibt, die auf ein kollektives Vorstellungsvermögen hinweisen).

Als wir vor einigen Jahren in New York City einen Workshop über die Anwendung des Vorstellungsbildes Krebs abhielten, der als Fortbildungsprogramm im Rahmen der American Psychological Association geplant war, trug sich auch eine ziemlich aggressive Frau in die Teilnehmerliste ein. Wir erfuhren später, daß sie ein «workshop junkie» war mit einem übervollen Terminkalender. Sie erwies sich als ein ausgesprochener Störenfried, verlangte lärmend und wiederholt, daß wir endlich unsere Ausführungen beenden und ihr schnellstens sagen sollten, was sie sich vorstellen müsse, um von ihrem Krebs geheilt zu werden. «Los, sagt's doch schon, ich hab nicht den ganzen Tag Zeit!» rief sie. Fast wünschte ich, es wäre so einfach.

Als Wissenschaftler konnten wir den symbolischen Gehalt der Vorstellungsbilder von weißen Patienten mit höherer

Schulbildung ziemlich präzise bewerten. Aber bei allem, was über bestimmte grundlegende Muster hinausging, waren wir absolut unfähig, zu verstehen, welche Bedeutung zum Beispiel die Symbolik der mexikanischen Patienten oder der schwarzen Wohlfahrtsempfänger haben könnte. Schon die Bezeichnung «weißes Blutkörperchen» wurde als diskriminierend empfunden! Ein oder zwei Patienten lachten und meinten: «Ich denke, ich stelle mir meine schwarz vor.» Eine Frau gab ihrem Krebs die Form einer Zitrone und färbte ihn gelb – «weil er mich an meinen Mann erinnert», sagte sie.

Die hervorgerufenen inneren Bilder waren eine große kreative Leistung. Sie öffneten Kommunikationskanäle und erlaubten und ermöglichten es den Patienten, ihre Geschichte auf völlig neuartige Weise zu erzählen. Während sie sprachen und die Produkte ihrer Imaginationsarbeit zeichneten, konnte ich den schweren Weg der lebensbedrohenden Krankheit ein Stück weit mit ihnen gehen, für einen Moment ihre Metaphern erhaschen, und die Erkenntnis bewegte mich, daß ihre ganze Lebenskraft in diesem Augenblick auf ihre Krankheit gerichtet war. Welche Macht hat doch der Erzfeind Krebs, daß er die menschliche Psyche derart ergreifen und in ihren Grundfesten erschüttern kann.

Die Symbole, die spontan im Bewußtsein auftauchten, wenn entsprechende Fragen gestellt wurden, waren ebenso Bestandteil des Lebens des Patienten, wie sie Bestandteil der Krankheit waren. Die Symptome waren Symbole, die Symbole Symptome (beide Worte haben an sich die gleiche Bedeutung: ein konkretes, erfaßbares Objekt, das für eine nichtfaßbare Idee steht). Beiden müssen wir Beachtung schenken, weil sie den Verlauf des Lebens derart beeinflussen. Der Krebs wurde als feindlicher Eindringling bezeichnet, gelegentlich als Gauner und Schwindler, manchmal als Wunde, die ein vergeudetes, kaputtes Leben geschlagen hatte. Das Immunsystem verkörperte das Selbstbild des Patienten. Wenn die Vorstellung davon stark und rein war, besiegte es die Krankheit.

Ich werde die wenigen Muster, die sich herauskristallisierten, der Vollständigkeit halber anführen, obwohl sie für die Prognose weitaus weniger wichtig sind als die Auswertung des Vorstellungsbildes Krebs. Archetypische Figuren, die für Gott und Vaterland kämpften und die Beschützer ihres Volkes waren, wie Sir Richard, die Ritter der Artusrunde und die unternehmungslustigen und wagemutigen Wikinger, wurden immer mit einem positiven Ergebnis in Verbindung gebracht. Tiere mit einem Killerinstinkt, wie Haie, Bären und Hunde, wurden manchmal, nicht immer, mit einem positiven Ausgang gleichgesetzt. Einige versuchten, diese Bilder zu erzwingen, weil sie dachten, sie würden den Krebs am ehesten besiegen, und waren doch gleichzeitig von den blutigen Assoziationen abgestoßen.

Wurde das Immunsystem mit vagen, schwachen und amorphen Symbolen assoziiert, wie etwa Schneeflocken oder Wolken, waren die erzielten Ergebnisse ebenso schwach und vage. Und fast immer waren die Patienten mit den schlechtesten Aussichten auf Besserung jene, denen im Zusammenhang mit dem Immunsystem einfach nichts einfiel, die weder etwas beschreiben noch zeichnen konnten, dagegen lebhafte Vorstellungen von ihrem Krebs hatten! Die Krebsvorstellungsbilder waren meistens biologisch korrekt und daher weniger symbolisch als die der weißen Blutkörperchen. Ein wahrhaft armseliges Ergebnis war zu erwarten, wenn die Krebszellen als unveränderlich, aggressiv und unausrottbar betrachtet wurden oder wenn sie als ein Stück Kohle, als Krabbe, Ameise oder U-Boote symbolisiert wurden. Ein besseres Ergebnis konnte man erwarten, wenn sie als schwache Tierchen beschrieben wurden oder auch als die Zellen, die sie tatsächlich sind, und wie man sie unter dem Mikroskop sehen würde. Interessanterweise sind Insektenvorstellungsbilder auch im schamanischen System ein düsteres Krankheitsomen.

Heute sind viele der Gesundheitsexperten, die mit Krebs arbeiten, der Ansicht, daß die anfängliche Arbeit mit den Vorstellungstechniken zuviel Wert auf den Haß legte und darauf, den Krebs zu vernichten; sie meinen, daß die Chancen für eine positive Prognose erheblich steigen würden, wenn der Patient lernen könnte, den Krebs als einen Teil seiner selbst zu akzeptieren. Dies mag von Person zu Person verschieden sein, obwohl die Belege von Derogottis und auch aus unserer eigenen Arbeit eher darauf hindeuten, daß ein positives Ergebnis wahrscheinlich eher eintritt, wenn keine allzugroße Akzeptanz und Anpassung an die Krankheit besteht. Die einzige Ausnahme von dieser Beobachtung waren die Patienten des Armenkrankenhauses. Mit ihnen machten wir die Erfahrung, daß eine symbolische positive Einstellung zur Krankheit, zum Krebs, die Chancen für eine Genesung erhöhte.

Krieg den Warzen

Vorstellungsbilder liefern Botschaften, die das Immunsystem versteht. Sie verbinden bewußte Gedanken mit den weißen Blutkörperchen, und zwar so, daß die richtige Kombination und Anzahl herbeigeeilt kommt und auf eine so geschickte, ausgeklügelte und unnachahmliche Art und Weise tätig wird, daß nicht einmal der beste Immunologe imstande wäre, dies nachzuvollziehen. Lewis Thomas verdeutlicht dies in einem geradezu amüsanten Aufsatz über ein seltenes Forschungsobjekt: die Warze.[36]

Eine Warze besteht aus einer Vielzahl von Zellen, die von einem Virus infiziert wurden. Sie tauchen praktisch über Nacht auf, nehmen eine sehr dauerhafte, solide Erscheinung an und verschwinden wieder genauso schnell, wie sie kamen. «Und man kann sie durch einen Akt, den man Denken nennt, oder etwas, das mit dem Denken Ähnlichkeit hat, veranlassen, zu verschwinden. Diese besondere Eigenschaft der Warzen ist absolut erstaunlich; sie überrascht mehr, als es das Klonen oder irgend etwas anderes, was derzeit die allgemeine Aufmerksamkeit erregt, tun könnte.»[37]

Die Kraft der Imagination läßt Warzen verschwinden, ob der Auslöser nun Hypnose heißt oder Suggestion, ob es die Magie einer alten Frau ist, die dir befiehlt, dich in deinem Kämmerchen dreimal im Kreis zu drehen, und dir erklärt, daß eine Woche später alle diese kleinen, lästigen Dinger verschwunden sein werden.

Einmal hatte meine kleine Tochter Warzen, gleich so viele, daß der Dermatologe davon abriet, sie zu vereisen oder operativ entfernen zu lassen, weil diese Verfahren zu viele Narben an ihren kleinen Händen hinterlassen hätten. Er sagte: «Vielleicht verschwinden sie ja von selbst. Versuchen Sie's mal mit ein bißchen Zauberei.» Wir probierten es, aber es half nichts. Dann standen die Sommerferien vor der Tür, und sie freute sich darauf, ihre Großeltern zu besuchen. Dort würde sie auf einem weißen Pferd reiten dürfen – der Traum einer Zehnjährigen sollte in Erfüllung gehen; nie hatte man sie glücklicher gesehen. Bereits am Tag nach der Ankunft waren die Warzen völlig verschwunden. Sie bestand darauf, daß das Pferd dies bewirkt hatte. Durch irgendeinen Mechanismus hatte ihre Freude sich derart auf das Immunsystem niedergeschlagen, daß es die Virusinvasion erkannte und angriff. «Nun gleicht keine mentale Technik, die man gegen Warzen einsetzt, einer anderen, aber es handelt sich dabei nie um jene oft wortreich beschriebenen wirren, unkontrollierten Ausbrüche des Unbewußten.» Dieses Unbewußte verfüge vielmehr über die ausgezeichneten Kenntnisse eines Chirurgen, eines Ingenieurs, eines Managers, eines Geschäftsführers und eines erstklassigen Zellbiologen und sorge auf diese Weise ganz gezielt für die Heilung. Wenn wir herausfinden könnten, wie man eine Warze fortdenkt, dann würden wir auch die Identität der biochemischen Komponenten kennen, die an der Gewebeabstoßung beteiligt sind, und die Natur bestimmter Krankheiten läge offen zutage. «Und was noch großartiger wäre, wir würden etwas über die Superintelligenz in uns herausfinden, die unendlich schlau ist und über ein technisches Know-how verfügt, das unser gegenwärtiges Verständnis weit übersteigt.»[38]

Es mutet alles so obskur an – der Besuch beim Hypnotiseur,

das Vergraben eines Stücks Stoff an einer Kreuzung bei Vollmond; oder die Suche nach einem Lustzentrum. Was wäre, wenn man den weißen Blutkörperchen einfach befehlen könnte, loszumarschieren und dem Eindringling den Garaus zu machen? Nun, wie Thomas bereits anführte, wir wissen einfach nicht, welche Subgruppe wir aufrufen müßten: die T- oder B-Lymphozyten; oder, wenn es die T-Lymphozyten wären, ob die Angreiferzellen oder die Suppressorzellen gefragt sind. Vielleicht sind es die Aufräum- oder Freßzellen, die Neutrophilen oder die Makrophagen. Und wenn wir es wüßten? Könnte die Superintelligenz sie dann unterscheiden und die richtigen Zellen rekrutieren? Wir wollen diese Möglichkeit untersuchen.

Weiße Blutkörperchen

Die Neutrophilen und die Lymphozyten sind die Helden dieser Geschichte. Wir wollen zunächst die Neutrophilen betrachten. Dabei handelt es sich um weiße Blutkörperchen, die im Knochenmark entstehen und die etwa 65 Prozent der gesamten Population der weißen Blutkörperchen ausmachen. Ihre Aufgabe ist die Bekämpfung von Infektionen – eine Aufgabe, die sie rund um die Uhr beschäftigt. Sie zirkulieren pausenlos und halten Ausschau nach Bakterien und anderen Eindringlingen und Abfällen, die nichts im Körper zu suchen haben. Sie sind ein Exekutionskommando par excellence. Wenn am Ort einer Verwundung chemische Substanzen freigesetzt werden, bereiten sie sich auf den Angriff vor und verändern ihre Form, um die Gefäßwände besser durchdringen zu können. Sie haften zunächst an den Kapillarwänden, die aus eben diesem Grund klebrig werden, und strecken durch jeden geeigneten Spalt ein Pseudopodium, ein «Scheinfüßchen». Dann schlüpfen sie aus dem Blutkreislauf, bahnen sich ihren Weg zum Angreifer und beginnen, sobald sie angekommen sind, damit, den Eindringling zu zerstören. Diesen Vorgang nennt man *Phagozytose*. Mit

Hilfe des Zellplasmas, mit dem die Neutrophilen den Fremdkörper erst umspülen und dann in einem Beutel, einem *Phagosom*, isolieren, wird der Eindringling verschlungen und aufgelöst. Dann werden Enzyme in den Beutel abgegeben, die ihn zerstören. Dabei zerstören sich zwar auch die Neutrophilen, doch da pro Tag etwa 100 Milliarden Neutrophile gebildet werden, ist der Verlust normalerweise kaum der Rede wert. Doch dies war nur der Anfang des Aufmarsches: Den Neutrophilen folgen die Spezialeinheiten. Man kann sich die Neutrophilen als die erste aus einer Reihe von Verteidigungslinien vorstellen, die in einer gesunden Person ständig aktiv sind.

B- und T-Zellen werden beide Lymphozyten genannt, weil sie durch die Lymphflüssigkeit zirkulieren. Beide sind so ausgerichtet, daß sie nur auf bestimmte Mikroorganismen ansprechen; sie werden beide im Knochenmark des Embryos gebildet. Später wandern die T-Zellen zur Thymusdrüse, wo sie für ihre Aufgabe aktiviert werden. (Wo die B-Zellen aktiviert werden, ist noch immer ungewiß.) Die T-Lymphozyten warten für gewöhnlich im Lymphgewebe, bis es an der Zeit ist, einem feindlichen Eindringling zu begegnen; dann werden sie durch die klare Lymphflüssigkeit transportiert. Es gibt wenigstens drei Arten von T-Zellen: die *Angreiferzellen*, deren Spezialität die Zerstörung von Viren und Fremdgewebe mittels chemischer Substanzen ist; die *Helfer*, die die B-Zellen dabei unterstützen, ihre hochspezifischen Ziele zu erreichen; und die *Suppressorzellen*, die eine regulative Funktion erfüllen – möglicherweise halten sie das Immunsystem im Zaum und bewahren uns davor, daß es nicht nur «fremd» sondern auch «selbst» angreift. Die T-Angreiferzellen sind an der Verteidigung gegen Krebs beteiligt; die T-Suppressorzellen an der Verhütung von autoimmunen Zusammenbrüchen. Die B-Zellen bilden Proteine, die sogenannten Antikörper, die ihrerseits bestimmte Eindringlinge erkennen und den komplizierten Zerstörungsvorgang in die Wege leiten.

Die im folgenden beschriebenen drei Untersuchungen gehören zu den fortschrittlichsten Forschungsarbeiten in unseren

Tagen. Sie beschäftigen sich mit der Kontrolle der Neutrophilen oder Lymphozyten mit Hilfe eines geistigen Vorgangs. Die erste Studie untersucht die Hypnose; die zweite ein durch Biofeedback verstärktes Entspannungstraining; und die dritte einen Vorstellungstypus, der speziell auf die Kontrolle einer einzigen Funktion des Neutrophils ausgerichtet ist. Mir wurde das Privileg zuteil, diese Forschungsarbeiten eine Zeitlang mitverfolgen zu können – und sie haben meine persönliche Einstellung, meine Ansichten über die Vorstellungs- oder auch Einbildungskraft verändert. Methoden und Vorgehensweise der Wissenschaftler sind unanfechtbar; außerdem haben sie ihre Untersuchungen wieder und wieder überprüft. Erst durch die Zusammenarbeit von Vertretern der Grundlagenforschung und der Verhaltenswissenschaft wurde all dies möglich.

Hypnose und das Immunsystem

Dr. Howard Hall, ein junger Psychologe der Pennsylvania State University, und seine Kollegen, Dr. Santo Longo und Dr. Richard Dixon, wendeten bei gesunden Versuchspersonen verschiedene Hypnosetechniken an und maßen die Auswirkungen auf das Immunsystem.[39] Bevor wir die Studie näher betrachten, möchte ich kurz ein Wort zur Hypnose sagen.

Die Mehrzahl der Hypnotiseure wird bestätigen, daß Hypnose und Imagination eng miteinander verknüpft, ja voneinander abhängig sind. Selbst die einweisenden Instruktionen der Hypnose-Therapeuten gleichen oft denen von Therapeuten, die mit der Technik der gelenkten Vorstellungsbilder arbeiten. In der Vergangenheit bot die Hypnose allerdings wenig Spielraum für den Probanden, seine eigenen inneren Bilder zu schaffen; er überließ sich vielmehr dem Hypnotiseur und dessen Fähigkeit, die geistigen Bilder zu programmieren, die für das zu erzielende, gewünschte Resultat geeignet waren. Es gibt zwar immer noch eine ganze Reihe von autoritären Hypnotiseuren, aber auch eine Menge anderer, zu denen vor allem jene gehören, die Selbst- oder Autohypnose unterrichten. Die Therapeuten neigen entweder zu der Technik der gelenkten Vorstellungsbilder oder der Hypnose. Beide Gruppen sind organisiert und geben entsprechenden Unterricht.

Obwohl die Unterschiede eher theoretischer Natur sind, sind sie dennoch wichtig. Für so manchen Patienten ist das traditionelle, mystische Element, der autoritäre Hypnotiseur, der Glaube, daß er über besondere geistige Kräfte verfügt, und das Programmieren der inneren Bilder viel hilfreicher und effektiver als neuere Methoden. In mancher Hinsicht gleicht die altmodische autoritäre Hypnosetechnik mehr den Techniken des Schamanen als das liberale, tolerantere und erzieherische Vorgehen mittels gelenkter Vorstellungsbilder. Der wahre Schamane weiß, wie auch der erfahrene Hypnotiseur, welche kulturspezifischen Vorstellungsbilder zu programmieren sind, da sie in den alten Gesängen und Kunstformen beschrieben und festgehalten wurden. Andererseits gibt es auch Menschen, die mehr Freiheit brauchen, um ihr eigenes System von Symbolen zu begreifen und für sich selbst zu erschließen und so Zugang zu den verschütteten oder verborgenen Bereichen des Immunsystems zu erlangen. Dies ist allerdings nur eine Vermutung und wäre ein Thema für eine zukünftige Untersuchung. Vorläufig fügt sich die Hypnose problemlos in den Kontext der Heilung mit Hilfe der Imagination ein, unabhängig davon, wie sie praktiziert wird.

Für die Untersuchung rekrutierten Hall und seine Mitarbeiter zwanzig Freiwillige, gesunde Männer und Frauen im Alter von 22 bis 85. Vor der Hypnose wurde eine Aufzeichnung über die Lymphfunktionen erstellt. Dann wurden die Versuchspersonen mittels einer Entspannungsübung hypnotisiert und aufgefordert, sich eine ruhige Szene vorzustellen. Danach zählte der Experimentleiter bis zwanzig, um die Entspannung zu vertiefen, und forderte dann die Versuchspersonen auf, sich vorzustellen, daß sie auf einer Wolke nach unten schweben würden. Als nächstes wurden sie aufgefordert, ihre weißen Blutkörperchen anzuschauen und zu fühlen, wie sie sich vermehren, wie sie wie kräftige Haie umherschwimmen und geschwächte und entartete Kranheitserreger angreifen. Diese Vorstellung mußte fünf Minuten lang aufrechterhalten werden. Den Versuchspersonen wurde nun mitgeteilt, daß die Haie ihre Verteidigungsarbeit auch dann fortsetzen würden, wenn sie nicht mehr daran dächten. Sie erhielten schriftliche und mündliche Anweisungen zur Selbsthypnose und die Aufgabe, eine Woche lang zweimal täglich zu üben. Nach der ersten Sitzung wurde, ergänzend zur Aufzeichnung der Grundfunktionen vor der Hypnose, eine Blutprobe genommen; und noch einmal nach der zweiten Sitzung, eine Woche später. Alle Versuchspersonen wurden auf ihre Hypnotisierbarkeit hin getestet, und zwar anhand des sogenannten Stanford Hypnotic Susceptibility Scale.

Die Blutproben wurden nach unterschiedlichen Methoden analysiert; zum Beispiel wurde eine genaue Zählung der weißen Blutkörperchen, der Lymphozyten sowie der B- und T-Zellen durchgeführt und Tests über das Funktions- und Reaktionsvermögen bzw. Verhalten der T- und B-Zellen. Um die Wirkung richtig einschätzen zu können, wurden die Versuchspersonen in eine jüngere und eine ältere Gruppe eingeteilt (unter und über fünfzig Jahre). Bei drei Tests, bei denen unter anderem die T-Zellen mit einem Mitogen stimuliert wurden, zeigte die jüngere Gruppe bereits eine Woche nach Aufnahme der Behandlung eine statistisch signifikante Steigerung der Immunaktivität. Bei der Gruppe der älteren Probanden war kein Anstieg zu verzeichnen, was auf die Hemmung des Immunsystems, die mit fortschreitendem Alter auftritt, zurückgeführt wurde. (Diese Folgerungen sind jedoch ein statistisches Artefakt: In der jüngeren Gruppe hätte das Ergebnis nur fünfmal unter hundert Fällen zufällig auftreten dürfen, und daher schien das Resultat signifikant. In der älteren Gruppe hätte es nur zehnmal in hundert Fällen per Zufall auftreten dürfen; als gewissenhafter Forscher mußte Hall seine Ergebnisse wohl oder übel unter den Tisch fallen lassen, obwohl es grundsätzlich Anzeichen dafür gab, daß es auch bei ihnen zu einer Wirkung gekommen war.)

Die Forscher waren jedoch der Meinung, daß ihre wichtigsten Erkenntnisse die Beziehung zwischen Immunität und Hypnotisierbarkeit betrafen. Basierend auf dem Stanford-Test wurden gut und weniger gut hypnotisierbare Gruppen gebildet. In der gut hypnotisierbaren Gruppe konnte bereits eine Stunde nach dem Hypnosevorgang ein beachtlicher Anstieg in der Anzahl der Lymphozyten verzeichnet werden; eine Woche später zeigte keine der beiden Gruppen eine Erhöhung.

Entspannung durch Biofeedback und die Immunfunktion

Für ihre Dissertation beschäftigte sich Dr. Barbara Peavey mit der Wirkung eines auf Biofeedback basierenden Entspannungsprogramms auf die Funktionen des Immunsystems. (Im Jahr 1984 präsentierten sie und ihre Ko-Autoren, Dr. G.F. Lawlis und A. Goven, eine Beschreibung dieser Arbeit vor der Biofeedback Society of America anläßlich der Jahresversammlung ihrer Mitglieder; sie wurde als die bemerkenswerteste wissenschaftliche Arbeit des Jahres ausgezeichnet.)[40]

Dr. Peavey hatte zunächst eine Gruppe von sechzehn Personen zusammengestellt, von denen jeder einzelne unter großem Streß stand und ein geschwächtes Immunsystem aufwies. Dies war mittels einer Zählung der weißen Blutkörperchen und eines Tests festgestellt worden, der die Fähigkeit der Neutrophilen zur Phagozytose untersuchte sowie die Fähigkeit, Abfallprodukte zu verwerten. Die eine Hälfte der Versuchspersonen wurde sodann der Kontrollgruppe zugeteilt, die andere der Biofeedbackgruppe. Diese erhielt Anweisungen für die Biofeedbackübungen; mittels der technischen Biofeedbackausstattung wurden Entspannungsgrundlinien ermittelt; danach wurde zweimal pro Woche eine individuelle Übungsstunde abgehalten. Unerläßlicher Bestandteil des Trainings waren die Hausaufgaben, das heißt die Entspannungsübungen, die nach den Anweisungen von einer Kassette ausgeführt wurden, die auch Informationen über Streß enthielt. Die

Versuchspersonen übten mit einem Muskelkontrollgerät (EMG) und mit Temperaturbiofeedback, bis sie jenen Zustand erreichten, der von Wissenschaftlern zuvor als Entspannungszustand festgelegt worden war.

Dieses Verfahren ist eines der beliebtesten bei den Biofeedbacktherapeuten und wird häufig angewendet, um den Patienten beizubringen, wie sie sich entspannen und die physischen Wirkungen des Stresses reduzieren können. Um die Versuchspersonen identifizieren zu können, wurde ihnen anfänglich Blut entnommen, wie bereits erwähnt; dann wieder zu Beginn jeder Biofeedbackentspannungssitzung und noch einmal, nachdem die Versuchsperson den angestrebten Entspannungszustand erreicht hatte.

Wenn man das Blutbild dieser Personen mit ihren eigenen Werten vor der Therapie und denen der Kontrollgruppe, die an keiner Therapie teilgenommen hatte, verglich, zeigte sich, daß ihre Neutrophilen nach der Therapie erheblich besser funktionierten. Die *Anzahl* der weißen Blutkörperchen blieb unverändert, das heißt, die Wirkung beschränkte sich auf die *Funktionsweise*. Die Versuchspersonen wurden weder über das Immunsystem noch über den Zweck der Untersuchung aufgeklärt. Als jedoch diese reichlich gestreßten Personen lernten, sich unter den vorsichtigen Anweisungen von Dr. Peavey zu entspannen, hatte dies einen direkten, wenn auch selektiven Effekt auf ihre Immunität.

Andere Wissenschaftler haben herausgefunden, daß Entspannung allein keine ausreichende Maßnahme ist, um das Immunsystem zu beeinflussen, sondern daß es einer zusätzlichen Vorstellungs- bzw. Visualisierungstechnik bedarf.[41] Im Rahmen der folgenden Untersuchungen wurde dann jedoch nur eine einzige Übungsstunde angeboten, was ohne große Wirkung blieb. Oft genug braucht man mehrere Sitzungen, um das Sich-Entspannen überhaupt erst einmal zu erlernen. Dr. Peavey arbeitete allerdings mit einem langfristigen, umfassenden Ansatz zur Streßkontrolle – dies mag der Grund für ihre differenzierten Ergebnisse sein. Streß als ein Hemmfaktor des

Immunsystems ist wohlbekannt, der Zusammenhang gründlich erforscht worden. Es ist also nur logisch, daß jede Therapie, die den Streß vermindert, dazu beiträgt, die Integrität des Immunsystems wiederherzustellen.

Die Hallsche Studie und auch die Arbeit Peaveys versuchen beide nicht, bestimmte Blutkörperchen oder deren Tätigkeit zu kontrollieren. Ihre Arbeit ist deshalb so vielversprechend, weil sie demonstriert, daß durch bewußte Anstrengung das Immunsystem dazu gebracht werden kann, auf eine gesundheitsfördernde Weise zu funktionieren. Immerhin machen die Untersuchungen auf eine implizite Kontrollmöglichkeit aufmerksam, die darin besteht, für die dem Körper innewohnende Superintelligenz die geeigneten Bedingungen zu schaffen, um gesündere Wege einzuschlagen. Möglicherweise haben die Therapien der beiden eine größere Wirkung auf das Immunsystem, als sie selbst herausfinden konnten, weil sie nur eine begrenzte Anzahl von Blutanalysen vornehmen konnten.

Vorstellungsbild und Neutrophil

Wo liegen die Grenzen unserer Kommunikationsfähigkeit mit den Körperfunktionen? Vor zwanzig Jahren veröffentlichte J. V. Basmajian, ein Arzt und Wissenschaftler, in der Zeitschrift *Science* einen Artikel, in dem er Belege dafür anführte, daß es Menschen möglich ist, bewußte Kontrolle über eine einzelne Zelle zu erlangen. Wenn einer motorischen Nervenzelle winzigste Elektroden eingepflanzt werden, die die elektrische Aktivität einer Zelle messen können, und wenn man dieser Person außerdem immer dann, wenn die Zelle sich entlädt, hörbare Rückmeldungen gibt, lernt sie bald, willentlich eine Entladung herbeizuführen. Sie lernt sogar, verschiedene Entladungsmuster zu produzieren, zum Beispiel lange, anhaltende Ausbrüche, die über Lautsprecher wie Trommelwirbel klingen, oder kurze Ausbrüche, oder auch andere Rhythmen, die ihr einfallen.[42]

Die Studie Basmajians, die Forschungsergebnisse von Barbara Brown und Joe Kamiya und vielen Laboratorien in den Vereinigten Staaten, die zeigten, daß die Gehirnwellen auf ähnliche Weise kontrolliert werden können, wenn man für Rückmeldungen sorgt, sowie physiologische Untersuchungen der indischen Yogis, die tatsächlich zu erstaunlichen Leistungen fähig sind – all dies widersprach dem, was hartnäckig über das menschliche Nervensystem behauptet wurde: daß nämlich Funktionen, die man für absolut außerhalb der bewußten Kontrolle hielt, mittels besonderer Techniken durchaus kontrollierbar sind, und im allgemeinen schien es sich bei diesen Techniken um eine der möglichen Spielarten von Feedback zu handeln. Lernen ohne Rückmeldung, egal welcher Art, ist schier unmöglich. (Wie sonst sollte man erfahren, ob man etwas richtig oder falsch gemacht hat?) In den modernen Industriegesellschaften sind es hochspezialisierte Apparate und technische Vorrichtungen, die für Feedback sorgen, indem sie physiologische Messungen vornehmen und die Information auf tausend verschiedenen Wegen rückmelden: Licht, Digitalanzeigen, Summ- und Pieptöne, oder gar Computergraphiken. Biofeedback hat die ihm entsprechende Ausdrucksform gefunden.

Es gibt keine einzige Körperfunktion, die nicht bis zu einem bestimmten Grad kontrolliert werden könnte, wenn sie einmal «abgehört» worden ist und die Versuchsperson mittels Feedback Informationen erhalten hat. Das Immunsystem sollte dabei keine Ausnahme bilden. Die Fähigkeit, alle Infektionskrankheiten sowie Krankheiten, die auf ein Versagen des Immunsystems zurückzuführen sind, zu besiegen, sollte als Begleiterscheinung aus der Entwicklung der Technologie, die eine solche Überwachung ermöglichen würde, erwachsen. Es gibt jedoch zwei retardierende Momente: Erstens verfügen wir noch nicht über eine ungefährliche Methode, mit der wir das Blut dauernd überwachen könnten, und zweitens tappen wir hinsichtlich der Meßwerte und Komponenten des Immunsystems im Kampf gegen Krankheiten noch im dunkeln.

Neueste Forschungen haben ergeben, daß Überwachung und Feedback möglicherweise überflüssige Hilfsmittel bei der Kommunikation mit dem Immunsystem sein könnten und daß durch die Anwendung von Vorstellungstechniken ebenfalls gewünschte und hochspezifische Veränderungen bewirkt werden können. Dieser Hoffnungsschimmer zeigte sich bereits in der Anfangsphase der Biofeedbackarbeit. Barbara Brown berichtete von ihrer Überraschung, als sie entdeckte, daß ihre Probanden auch ohne die Feedbackapparate Alphagehirnwellenmuster erzeugen konnten, wenn sie dazu aufgefordert wurden – allerdings nachdem sie einige Zeit am Elektroenzephalogramm geübt und gelernt hatten, bestimmte Gefühlszustände (oder Vorstellungen) mit der Erzeugung von Alpha zu verbinden. Sie stellten dann einfach den bekannten geistigen Zustand wieder her – und es wurden Alphawellen erzeugt.[43] Yogis brauchen kein elektronisches Feedback. Nach jahrelangem, aufmerksamem und ruhigem In-sich-Hineinhören haben sie sich auf die eigene Funktionsweise eingestimmt, deren Kontrolle dann fast zwangsläufig erfolgt. In jedem von uns schlummert die Fähigkeit, unser Gehirn genauso zu schulen, es zum besten aller möglichen Biofeedbackinstrumente zu entwickeln. Zeit und Engagement, die für die Durchführung einer solchen Aufgabe nötig sind, erfordern schon eine fast religiöse Hingabe. Und für die Yogis ist die Kontrolle über die Physiologie Ausdruck ihrer Spiritualität.

An der Michigan State University haben verschiedene Forscher, unter anderen C. Wayne Smith und John Schneider, wiederholt die Beziehung zwischen Imagination und Immunsystem getestet. Nach ihren Erkenntnissen ist es mit der Imagination allein bereits möglich, bestimmte Funktionen der Neutrophilen zu kontrollieren – und das ohne jahrelanges, diszipliniertes Meditationstraining.[44]

Ihre erste Untersuchung führten sie mit acht Männern und acht Frauen durch, die größtenteils Medizin oder Psychologie studierten. Nur Personen, die glaubten, daß sie in der Lage wären, ihr Immunsystem zu kontrollieren, wurden als Versuchspersonen genommen. Außerdem mußten sie völlig gesund sein und sich von vornherein zur Teilnahme an sechs Sitzungen verpflichten. Während der ersten Sitzung wurde ihnen zweimal Blut abgenommen (zur Bestimmung der Grundwerte), und sie füllten Fragebögen zur Person aus. In der zweiten Sitzung gab es eine Diskussion über die weißen Blutkörperchen; es wurden Dias von Neutrophilen gezeigt, die später in die Vorstellungstechnik integriert wurden. Im Verlauf der dritten Sitzung wurde eine Kassette mit Anweisungen zur Entspannung und allgemeinen Information über das Vorstellungsbild abgespielt. Die vierte und fünfte Sitzung waren ausgesprochene Übungsstunden: Grundprinzip sowie Sinn und Zweck der Untersuchung wurden erklärt; es wurden Anregungen für eine effektive Vorstellungsarbeit gegeben. Sodann wurde das Imaginieren geübt, anschließend wurden die Vorstellungen gezeichnet und nach besonderen Kriterien ausgewertet.

Die Gruppe wurde angewiesen, sich vorzustellen, wie die Neutrophilen ihre Form verändern, wie sie an der Gefäßwand haften, durch sie hindurchgleiten und sich daranmachen, die Abfallprodukte zu beseitigen. Die weißen Blutkörperchen wurden als Müllsammler bezeichnet, die den Körper von Abfällen befreien. Dieser Vorstellungsvorgang dauerte zwanzig Minuten. Den Versuchspersonen wurde vorgeschlagen, ihre Vorstellungskraft ruhig auch spielerisch einzusetzen und den Prozeß nach ihrem Gutdünken abzuändern. Sie erhielten einige Artikel über das Vorstellungsbild und die Funktionsweise der weißen Blutkörperchen, die sie zu Hause lesen sollten.

In der sechsten Sitzung wurde ihnen wieder Blut abgenommen; die Entspannungs- und Vorstellungsanweisungen wurden wiederholt, und dann wurde noch einmal Blut abgenommen. Die Vorstellungsbilder wurden von drei Personen ausgewertet, die die Ergebnisse der Blutuntersuchung nicht kannten. Das Bewertungssystem war einer anderen Studie entnommen, in der zahlreiche Wechselwirkungen zwischen dem Blut und den

Größen festgestellt worden waren, die vom Vorstellungsbild Krebs abgeleitet und in leicht veränderter Form übernommen worden waren.

Die Anzahl der weißen Blutkörperchen war nach der Sitzung beachtlich gesunken im Vergleich zur Zählung vor der Sitzung (von 8200 ± 1500 auf 6400 ± 1300). Dieses Ergebnis hätte es nur ein einziges Mal unter zehntausend Fällen zufällig geben dürfen. Aber *alle* sechzehn Versuchspersonen wiesen ein Absinken der weißen Blutkörperchen auf, und im Durchschnitt verblieben 60 Prozent der Neutrophilen im Blutkreislauf. Noch überraschender war jedoch, daß die Abnahme der weißen Blutkörperchen fast ausschließlich den Neutrophilen zuzuschreiben war, andere weiße Blutkörperchen traten nicht aus dem Blutkreislauf aus. Das Vorstellungsbild wirkte anscheinend speziell auf die Neutrophilen.

Es wurde jedoch auch festgestellt, daß die Neutrophilen teilweise ihre Haftfähigkeit eingebüßt hatten. Die Forscher waren darüber zunächst reichlich verwundert, da sie den Versuchspersonen ja eigentlich eingeschärft hatten, sich eine verbesserte Haftfähigkeit vorzustellen. Dann spekulierten sie angesichts des auffallenden Rückgangs zirkulierender Neutrophilen über die Möglichkeit, daß alle reaktionsfähigen Zellen den Blutkreislauf bereits verlassen hatten. Man führte also dieselbe Untersuchung noch einmal mit einer weiteren Gruppe durch und schärfte den Teilnehmern diesmal ein, sich vorzustellen, daß die Neutrophilen im Blutkreislauf bleiben und auch ihre Haftfähigkeit behalten sollten. Diesmal *stieg* die Haftfähigkeit während des Imaginationsprozesses an. Nach dem ersten Experiment lag die durchschnittliche Haftfähigkeit bei 28 Prozent, diesmal bei 56 Prozent.

Die Autoren überprüfen diese Ergebnisse wieder und wieder, mit immer strikteren Kontrollen. Auch in verschiedenen anderen Laboratorien wurden die Testreihen wiederholt. Die Schlußfolgerungen haben sich bisher nicht verändert, ebenso sind die Auswirkungen konsistent in ihrem Auftreten und übertreffen bei weitem jede Zufallserwartung. Vorstellungsbilder scheinen einen direkten Zugang zu den Neutrophilen zu haben – zumindest bei denen, die daran glauben.

Epilog

Nach der gemeinschaftlichen Anstrengung, die unternommen wurde, um die Imagination im Dienst der Wiederherstellung und Erhaltung der Gesundheit einzusetzen, verschwinden physische Empfindungen und Wortgebilde, die Gehirnwellenmuster gehen vom halbwachen Alphaniveau in tiefere Zustände über. Die vorstellungslose, wortlose Leere wird als ein Zustand der Einheit empfunden, der göttlichen Harmonie gleichsam. Das Streben nach Gesundheit erscheint unerheblich angesichts des großen Plans; Magie bleibt Magie; der Geist triumphiert.

Und schließlich sollte die Imagination nicht als Allheilmittel für alle Schmerzen und Wehwehchen der Menschheit betrachtet werden – es sei denn, wir sind der tiefen Überzeugung, daß es keine Grenzen des Bewußtseins und seiner immanenten Fähigkeit gibt, Dinge und Zustände zu verändern.

Dank

Ich widme dieses Buch meinem Mann Frank Lawlis, der nicht nur die Idee dazu hatte, sondern mir auch während der Entstehung mit Rat und Tat zur Seite stand. Daß ich zum Berichterstatter des Abenteuers wurde, lag an den Umständen. Reisen durch die Welt der Schamanen, wissenschaftliche Prinzipien, die wir gemeinsam formulierten, um unsere Erkenntnisse und Daten zu untermauern, die klinische Bestätigung von Material, das nur wenig mit heutiger Psychologie und Medizin zu tun hat – all dies war Teil unserer engen beruflichen und privaten Beziehung. Frank ist, wie auch ich, in erster Linie Wissenschaftler, und unsere intensive Beschäftigung mit der Rolle des Schamanen entsprang dem Wunsch nach tiefer wissenschaftlicher Einsicht. Ich bewundere sein außerordentliches Geschick als Statistiker und sein klares Urteilsvermögen als Arzt, habe aber mindestens ebensolches Vertrauen in meine eigenen Fähigkeiten zur Beobachtung. Wir ermutigen und unterstützen uns gegenseitig darin, in noch nicht sanktionierte Bereiche des Bewußtseins vorzudringen, und sind zuversichtlich, daß die eingeschlagene Richtung stimmt.

Mein Dank gilt auch all denen, die mich während der vergangenen Jahre immer wieder unterstützt haben, damit ich mir den Luxus der Forschungsarbeit und des Schreibens zeitlich leisten konnte. Ich werde immer voll dankbarer Erinnerungen an jene Zeiten sein, in denen ich wie besessen arbeitete und schrieb und Termine einhalten mußte – und den Wechsel der Jahreszeiten nur dann bemerkte, wenn ich die Arbeit einmal kurz unterbrach, um in unseren herrlichen Wäldern Entspannung zu suchen. Es war eine ungewöhnlich reiche, schöne Zeit.

Meinen Kindern möchte ich für ihren Beitrag zum Entstehen des Buches ganz besonders danken: Barry, der mich über die aktuellen Geschehnisse auf dem laufenden hielt und großes Verständnis für meine Geistesabwesenheit in den Dingen des täglichen Lebens aufbrachte; und Lee Ann, die die zähe und wenig dankbare Arbeit der Erstellung der Bibliographie übernahm. Und nicht zuletzt weiß ich die Korrekturarbeiten am Manuskript und die emotionale Unterstützung von Barbara Peavey und Maggie Marrero zu würdigen.

Mein Dank gilt weiterhin dem Department of Rehabilitation Science, das mir seine Hilfsmittel zur Verfügung stellte. In vielerlei Hinsicht ist es eine Bastion klassischer akademischer Freiheit geblieben, die leider so selten geworden ist. Im Umgang mit Menschen, die oft genug als hoffnungslose Fälle abgestempelt werden, Menschen, deren ganzes Leben von einem körperlichen Gebrechen verändert wird, darf keine Theorie als ungeeignet gelten, die ihre Situation verbessern könnte. Eine besondere Hilfe waren mir die Studenten, die jederzeit bereit waren, zuzuhören, Kommentare abzugeben und Teile des Manuskripts zu lesen. Ich möchte Nan Wells und David Casey für ihre großen Bemühungen danken und sie anderen Wissenschaftlern als Mitarbeiter empfehlen.

Weiterhin möchte ich drei Personen, die einen starken Einfluß nicht nur auf meine Arbeit, sondern auf kulturelle Entwicklungen überhaupt hatten, besonders erwähnen.

Von Huston Smith, einem echten Philosophen und hervorragenden Lehrer, lernte ich, wie wichtig es ist, über den kleinlichen, doktrinären Unterschieden zu stehen, wenn man die Wahrheit und Gültigkeit einer spirituellen Sehweise entdecken will, ja, daß wir als Wissenschaftler bei der Ausübung unseres Handwerks die Relevanz einer solchen Anschauung einfach nicht verkennen können.

Des weiteren habe ich während der letzten zehn Jahre unzählige Anstöße für mich persönlich und für meine Forschungsarbeit erhalten – und wo auch immer mich eine neue Richtung hinführte, stets begegnete ich dort Larry LeShan, mit vor der Brust baumelnder Brille, schmunzelnd, sein scharfer Verstand gleich einer Machete bereit, einen Pfad durch den Dschungel zu schlagen.

Und schließlich trat vor kurzem Michael Harner in unser Leben und half mit seiner phantastischen, experimentellen, akademischen Art der Annäherung an uralte Wissensschätze, viele Details zusammenzufügen. Und von ihnen allen habe ich möglicherweise die wichtigste Lektion überhaupt gelernt: die Notwendigkeit, in der göttlichen Ordnung den Humor zu entdecken.

Mein besonderer Dank gilt auch Virginia Hine, meiner Freundin und Mentorin, deren unaufdringliche Gegenwart ebenfalls großen Einfluß auf meine Gedankenwelt ausübt.

Das Konzept dieses Buches entstand aus nächtelangen Diskussionen und einer Unmenge von Briefen, die nicht unbedingt etwas mit Wissenschaft, Schamanismus und Medizin zu tun hatten – so dachten wir wenigstens. Sie hatten vielmehr mit den Beziehungen von Menschen zu tun, die eine besondere Liebe und Zuneigung füreinander empfanden, wie es bei Frank und mir der Fall war, oder auch bei Virginia und ihrem Mann. Wir nannten es ein *«holobond»*, und es entstand ein Netzwerk von gleichgesinnten Seelen, angeführt von Virginia, Kulturanthropologin mit Leib und Seele.

Das schmerzliche, ekstatische Entfalten und Umhüllen des eigenen Selbst in Wechselbeziehung zum anderen, die Erkenntnis, daß wir alle aus demselben Holz geschnitzt sind, und das Wissen um eine ewige, untrennbare Verbundenheit, führten uns dazu, unser Realitätsverständnis neu zu überdenken – bestärkt und angetrieben durch Mythen und Legenden, die großen Menschheitslehren über die Seele und neue wissenschaftliche Erkenntnisse bzw. Entwicklungen. Was wir dabei entdeckten, betrachten wir als entscheidend für die Untersuchung.

Anhang A

Vorstellungsprotokoll von Samuels und Bennett

«Schließen Sie Ihre Augen. Atmen Sie tief und langsam, ganz regelmäßig, ein und aus. Entspannen Sie Ihren ganzen Körper, nach der Methode, die Ihnen am meisten zusagt und die bei Ihnen am besten funktioniert. Lassen Sie nun Ihre Vorstellungen, die Sie über alle Ihre Krankheitssymptome haben ... in Ihrer Phantasie bewußt zu Seifenblasen werden. Nun stellen Sie sich vor, daß diese Blasen aus Ihrem Geist, Ihrem Körper, Ihrem Bewußtsein fortgepustet werden, so weit weg, bis Sie sie weder sehen noch riechen können. Schauen Sie ihnen nach, wie sie immer kleiner werden und am Horizont verschwinden.

Stellen Sie sich nun vor, daß Sie an einem Ihrer Lieblingsorte sind. Vielleicht am Strand, oder in den Bergen, in einer Wüstengegend oder wo immer Sie sich wohl, lebendig und gesund fühlen. Stellen Sie sich Ihre Umgebung hell erleuchtet vor, erfüllt von einem klaren Licht. Gestatten Sie dem Licht, in Ihren Körper einzudringen, ihn zu erhellen, mit gesunder Energie zu erfüllen. Genießen Sie es, in diesem Licht zu baden ...»[1]

Anhang B

Irving Oyles Vorstellungsprotokoll

Die grundlegenden Anweisungen lauten wie folgt:

1. Finden Sie einen ungestörten Ort, machen Sie es sich bequem, schließen Sie Ihre Augen.

2. Konzentrieren Sie sich auf die Atmung; atmen Sie ein, und zählen Sie 1000, 2000, 3000, 4000; atmen Sie aus, und zählen Sie rückwärts, 4000, 3000, 2000, 1000.

3. Stellen Sie sich beim Einatmen vor, daß in Ihrem Körper vorn eine Welle der Energie aufsteigt und sich nach oben bewegt; beim Ausatmen stellen Sie sich vor, daß die Welle Ihren Kopf erreicht, sich über ihn hinweg nach hinten und am Rücken entlang wieder abwärts bewegt und an Ihren Fersen austritt.

4. Stellen Sie sich einen wunderschönen Ort mit all seinen Charakteristika vor, Laute und Gerüche usw., und stellen Sie sich weiterhin vor, wie sich Ihr Körper in dieser Umgebung fühlt. Fahren Sie mit der Atemübung fort, lassen Sie die Energie ungehindert fließen, und verweilen Sie in Ihrer Phantasie ca. fünfzehn Minuten an diesem Ort. Lassen Sie nicht in Ihrer Konzentration auf die Atmung nach, und lassen Sie die Energie fließen.

5. Schauen Sie sich an diesem schönen Ort nach einer Kreatur um, es könnte ein Tier, ein Mensch oder auch eine Pflanze sein. Dieses Lebewesen ist Ihr Verbündeter, Ihr Geistführer, Ratgeber, Psychoanalytiker.

6. Schließen Sie Freundschaft mit ihm, fragen Sie nach seinem Namen, lassen Sie dabei nicht in der Atemkonzentration nach. Verbringen Sie einige Zeit mit diesem imaginären Wesen, besprechen Sie ihr Problem mit ihm, und hören Sie auf seinen Rat.

7. Fragen Sie, ob es Sie täglich treffen möchte.

8. Um die Abmachung zu besiegeln, verlangen Sie einen Machtbeweis – entweder in Form einer Erleichterung der Symptome oder der Antwort auf eine Frage.[2]

Die Instruktionen, die Oyle «Bedienungsanleitung für den Biocomputer» nennt, gehören zu den frühesten und vertrauenswürdigsten Heilmethoden, die der Menschheit bekannt sind. Sie sind in den Höhlen dargestellt, die unsere Vorfahren während des Paläolithikums bewohnten, und wurden uns in Liedern und Totems überliefert. Aus eigener Erfahrung möchte ich Ihnen raten, diese Übung nicht leichtfertig auszuführen. Ein etwas verändertes Sensorium als Folge der Atemübungen, die verschiedenen Wirklichkeitsstufen, die die Psyche in das Zwielicht des Bewußtseins einwebt, und all die Dinge, die ins Bewußtsein rücken, nachdem sie in den Tiefen des Unterbewußtseins eingebettet lagen (manchmal aus gutem Grund) – dies sind die Ingredienzen für eine manchmal erschreckende, immer hochemotionale Erfahrung. Vielleicht möchten Sie ähnlich wie die Indianer verfahren, die die Authentizität des Verbündeten auf die Probe stellen: Fordern Sie ihn/sie auf, in den nächsten Tagen in irgendeiner Form in der alltäglichen Wirklichkeit zu erscheinen.

Anhang C

Entspannung, Vorstellungstechnik und Prä-Biofeedback-Protokoll

Der Zweck dieser Kassette ist es, Entspannung zu erlernen und jegliche Art von Schmerz oder Furcht, die Sie verspüren, zu vermindern. Ehe ich jedoch beginne, bitte ich Sie, sich hinzusetzen, auf einen Stuhl oder aufs Bett, möglichst so, daß Sie sich vollkommen entspannen können und sich wohl fühlen.

Beginnen Sie nun mit der Atemkonzentration – einatmen, ausatmen, denken Sie dabei immer: «Ich bin entspannt.» Einatmen. Ausatmen. Wieder ... und noch einmal. Wann immer Sie im Verlauf dieser Übung Spannungen oder Schmerzen oder Ängste empfinden, atmen Sie tief, und sagen Sie sich: «Ich bin entspannt.» Einatmen, ausatmen. Entspannen. Wenn sich störende Gedanken breitmachen wollen, während wir entspannen, schließen wir sie in eine Blase ein und lassen sie davonschweben.

Konzentrieren Sie sich nun ausschließlich auf den Klang meiner Stimme, und lassen Sie sich ein paar Minuten Zeit, in völlig entspanntem Zustand zu verharren. Schließen Sie langsam die Augen, und während ich von zehn bis eins zurückzähle, entspannen Sie sich mehr und mehr ... alle Anspannung und allen Streß lassen Sie aus sich herausströmen. Ihre Entspannung vertieft sich immer mehr, sie wird so tief, wie sie es bisher noch nie war: zehn, neun, acht, sieben, sechs, fünf, vier, drei, zwei, eins, null. Sehr gut.

Und nun wollen wir in der Phantasie durch Ihren Körper reisen, um auch noch die versteckteste Anspannung zu finden.

Beginnen Sie bei den Füßen: Sie werden schwerer, entspannter, wärmer, sie sinken ab. Zuerst der rechte Fuß, dann der linke. Werden Sie sich Ihrer Zehen bewußt, jeder einzelnen ...

sie beginnen zu kribbeln. Stellen Sie sich einfach vor, wie alle Spannung durch Ihre Füße den Körper verläßt; erlauben Sie den Muskeln, zu entspannen, locker und glatt zu werden, prickelnd warm.

Denken Sie nun an Ihre Beine, die Waden, besonders an die rechte Wade: Stellen Sie sich jeden Muskel, der sich knotig, verkrampft anfühlt, vor, und fühlen Sie, wie er glatt und warm wird. Nun die linke Wade. Die Schenkel ... der rechte, der linke ... die Muskeln entkrampfen sich, strecken sich, fühlen sich warm an, die Anspannung läßt nach, entweicht aus ihnen.

Konzentrieren Sie sich auf die Hüften, die Spannung läßt nach, löst sich auf; und nun auf Ihren Unterleib. Viele Muskeln sind im Unterleib vor lauter Streß völlig verspannt. Lassen Sie sie los, befreien Sie sie.

Denken Sie nun kurz an Ihren Rücken ... an all die unzähligen Muskeln, die auf und ab verlaufen. Lassen Sie sie los, sie erwärmen sich, und das tut gut.

Nun die Schultern, lassen Sie sie leicht fallen, damit die Belastungen von Ihnen abfallen können. Sie fühlen sich nun sehr wohl.

Ich möchte, daß Sie an Ihren rechten Arm denken, den Oberarm, den Unterarm, die rechte Hand. Befreien Sie sie von jeglicher Verantwortung, lassen sie sie los, entspannen Sie sie. Linker Arm, zuerst der Oberarm, dann der Unterarm, dann die Hand.

Wandern Sie nun in Gedanken zu den Nackenmuskeln hinauf und in sie hinein. Umkreisen Sie im Geiste Ihren Nacken, alle Anspannung löst sich auf.

Konzentrieren Sie sich einen Augenblick lang auf den Kiefer. Klappen Sie ihn leicht herunter, es geht ganz von selbst, lassen Sie ihn so entspannt wie möglich werden.

Konzentrieren Sie sich auf die rechte Gesichtshälfte, entspannen Sie sie, sie wird glatt und warm, und nun die linke Gesichtshälfte. Entspannen Sie sie, Sie fühlen sich mittlerweile richtig wohl.

Nun kommen wir zu den Augenmuskeln. Entspannen Sie

sie, den ganzen Kopf, den Scheitel, den Hinterkopf. Beobachten Sie, wie die Verspannungsknoten sich lösen, wie Anspannungen und Ängste austreten.

Nehmen Sie sich nun einen Augenblick Zeit, um ein zweites Mal durch Ihren Körper zu reisen, wir wollen noch einmal nach einer eventuell übriggebliebenen Verspannung suchen. Lassen Sie sie sich auflösen. Erlauben Sie es sich, in völlig neue Tiefen der Entspannung zu versinken, Wohlbefinden zu erleben. Und denken Sie daran, wenn Sie sich so entspannen, beginnt der Körper damit, sich selbst zu heilen, und Sie laden sich mit der Energie auf, die Sie zur Bewältigung Ihrer Aufgaben benötigen.

Während der nächsten Minuten werden Sie Meeresrauschen hören – fahren Sie fort, sich zu entspannen, gestatten Sie sich nun, völlig sorgenfrei zu sein, und geben Sie Ihrem Körper die Möglichkeit, sich selbst zu heilen.

Anhang D

Körper-Geist-Vorstellungstypus – Eine geistige Reise: die Krankheit

Lassen Sie Ihren Geist schweifen, zensieren Sie die aufsteigenden Bilder nicht. Einige werden wie von selbst auftauchen, andere werden entstehen, wenn Sie sie im Geiste mit Ihrer Imagination bewußt formen. Konzentrieren Sie sich auf die Körpergegend Ihrer Beschwerden. Weichen Sie sie rundherum auf, lassen Sie Ihren Geist eindringen. Bleiben Sie weich und entspannt. Greifen Sie nun nach dem, was Sie quält, und berühren Sie es. Fühlen Sie seine Oberfläche. Riechen Sie es, machen Sie sich den Duft bewußt. Hören Sie zu, es wird Ihnen etwas sagen. Öffnen Sie die Augen Ihrer Imagination. Bewegen Sie sich durch Ihr Problem hindurch, umkreisen Sie es. Denken Sie daran, nicht kritisch zu werden. Wenn Sie möchten, seien Sie verspielt. Gestatten Sie der Form, die Sie gebildet, geschaffen haben, sich frei zu bewegen. Geben Sie ihr einen Namen. Beobachten und erfühlen Sie Ihren Gemütszustand.

Persönliche Verteidigung

Lassen Sie diese Bilder nun verschwinden. Atmen Sie sich in einen noch tieferen Entspannungszustand hinein. Sie wissen, daß das Potential, mit dem Sie sich von fast allen Krankheiten heilen können, in Ihnen schlummert. Lassen sie dieses Potential Form annehmen. Vielleicht ist es Ihr Immunsystem, oder es ist ein Netzwerk von hochspezialisierten Reparaturmechanismen oder eine strukturelle Veränderung. Beobachten Sie es. Finden Sie Ihre Mitte, versenken Sie sich in Ihren Körper, bis Sie es sehen und hören. Erzeugen Sie die Bilder, wenn sie nicht von allein kommen. Arbeitet das Verteidigungssystem? Wenn ja, wie? Stellen Sie Fragen, und hören Sie zu. Lassen Sie Ihre Verteidigungsmechanismen auf sich zukommen, in welcher Form auch immer. Prägen Sie sich ihre Form ein.

Behandlung

Lassen Sie die Bilder nun verblassen. Wenn Sie in medikamentöser Behandlung stehen, stellen Sie sich nun vor, daß Sie Ihr Medikament einnehmen. Beachten Sie, was passiert, nachdem Sie es eingenommen haben, wohin es in Ihrem Körper wandert. Beobachten Sie seine Form und Farbe. Fühlen Sie, wie es auf Ihre Zellen einwirkt; was bewirkt es? Verweilen Sie an dieser Stelle. Wenn man Ihnen mehr als ein Medikament verordnet hat, stellen Sie sich vor, daß Sie auch die anderen einnehmen. Beobachten Sie Ihren Gemütszustand, während alle diese Dinge in Ihnen passieren und aufeinander reagieren. Werden Sie nicht skeptisch. Haben Sie Vertrauen zu sich selbst. Vertrauen Sie der ältesten Diagnose- und Heilmethode, die wir kennen.

Anhang E

Visualisierungsanweisungen für Patienten mit schweren Verbrennungen

Machen Sie es sich auf dem Bett oder in einem Sessel bequem. Lassen Sie alle Gedanken beiseite ... Schließen Sie die Augen, sie werden ruhig, während Sie zuhören; entspannen Sie sich, und hören Sie zu. Sie können ruhig auch ein bißchen schläfrig werden. Fühlen Sie sich einfach nur wohl. Schließen Sie die Augen. Atmen Sie tief. Atmen Sie alles aus. Lassen Sie sich zurücksinken ... fühlen Sie sich gut ... immer besser.

Während ich von zehn bis eins rückwärts zähle, entspannen Sie sich bei jeder Zahl noch ein bißchen mehr: zehn, neun, acht, sieben, sechs, fünf, vier, drei, zwei, eins.

Entspannen Sie nun Ihre Füße. Sie werden warm und fühlen sich angenehm an. Entspannen Sie die Beine, sie liegen ruhig da, ohne Schmerzen. Nun fühlen sie sich schwerer an. Entspannen Sie sich, lassen Sie alle Spannung aus dem Magen entweichen. Entspannen Sie Ihre Hüften, immer mehr, immer tiefer. Atmen Sie tief ein, aus. Lassen Sie alle Anspannungen entweichen. Entspannen Sie Ihren Rücken ... aufwärts, abwärts. Den Nacken, die Schultern. Der rechte Arm entspannt sich, nun die rechte Hand. Sie fühlen sich immer friedlicher, ruhiger. Linker Arm und linke Hand entspannen sich. Tiefer ... es fühlt sich gut an, sie zu entspannen ... ruhig zu werden ... immer noch ein bißchen mehr. Nun Gesicht und Kopf ... entspannen, tiefer und tiefer. Der Kopf fühlt sich schwer an, schwer und warm.

Ich zähle jetzt bis drei, lassen Sie bei drei alle noch vorhandenen Anspannungen los: eins, zwei, drei.

Sie fühlen sich wohl, vielleicht ein bißchen schläfrig. Augen geschlossen. Während ich nun über Ihre Behandlung spreche, bleiben Sie ganz entspannt. Denken Sie daran, immer wenn Sie sich ein wenig angespannt fühlen oder ängstlich werden, atmen Sie tief ein und denken Sie: «Entspannen, Friede, Ruhe.» Halten Sie die Angst nicht fest, lassen Sie sie los.

Stellen Sie sich nun vor, daß es Zeit ist, sich auszuziehen und unter die Dusche zu gehen. Stellen Sie es sich im Geist bis ins Detail genau vor. Entspannen Sie sich immer mehr, atmen Sie tief, jedesmal wenn Sie beginnen, sich unwohl zu fühlen. Nun kommt die Krankenschwester herein und beginnt, die Verbände abzunehmen. Stellen Sie es sich genau vor. Immer, wenn sich ein Gefühl des Unwohlseins einstellt, atmen Sie tief, entspannen Sie sich. Fühlen Sie, wie die Krankenschwester Ihre Verbände aufschneidet und abnimmt und wie die kühle Luft sich auf Ihrer Haut anfühlt. Lassen Sie es geschehen. Jedes Gefühl des Unwohlseins verschwindet. Atmen Sie ganz tief. Lassen Sie Ihr Unwohlsein los. Sie bleiben ganz ruhig und entspannt, ruhig verlassen Sie Ihr Bett . . . vielleicht sogar aus eigener Kraft. Sie sind entspannt und ruhig und fühlen sich wohl. Stellen Sie sich nun vor, daß Sie zur Tür gehen, den Gang entlang zum Badezimmer. Sie spüren die Kühle, aber keine Schmerzen. Sie atmen tief und regelmäßig, mit jedem Schritt trainieren Sie Ihre Muskeln . . . ein bißchen länger und stärker . . . Atmen Sie weiter . . . Trainieren Sie mit jedem Atemzug Ihre Lungen. Denken Sie daran, immer vollständig auszuatmen, sich zu entspannen.

Ich zähle jetzt bis drei; bei drei lassen Sie jegliche Spannung los, die noch irgendwo in Ihrem Körper festsitzt: eins, zwei, drei.

Beobachten Sie sich selbst, wie Sie in Richtung Badezimmer gehen. Vergegenwärtigen Sie sich die Person, die Ihnen dort helfen wird, wenn Sie Hilfe benötigen. Sie steigen ins Bad, spüren das Wasser. Zunächst haben Sie eine starke Empfindung . . . nach und nach wird die Empfindung angenehmer. Langsam beginnt Ihre Haut, sich unter Wasser richtig wohl zu fühlen . . . sauber und beruhigt. Die tote, verbrannte Haut muß nun entfernt werden, damit die neue Haut wachsen kann.

Wenn sich dies unangenehm anfühlt, atmen Sie tief durch, und lassen Sie es vorübergehen... bleiben Sie entspannt, ruhig, richten Sie Ihre Aufmerksamkeit auf das gute Gefühl unter Wasser.

Entspannen Sie sich weiter, immer wieder, immer mehr; freuen Sie sich auf Ihr Bett, vielleicht auf ein Schläfchen.

Nun sehen Sie sich aus dem Bad steigen und sich sanft abtrocknen; Sie kleiden sich an und kehren zum Bett oder Sessel zurück, entspannt und ruhig; lassen Sie auch das kleinste Gefühl von Unwohlsein los. Wenn Sie warten müssen, nutzen Sie diese Zeit, um weiter zu entspannen... so wie eben – vielleicht dösen Sie ein wenig vor sich hin. Wenn Sie zu frösteln beginnen, so ist das normal und wird vorbeisein, sobald die Bandagen wieder angelegt sind. Sie fühlen sich richtig wohl, entspannen sich mehr und mehr. Nun kommt die Krankenschwester mit den neuen Verbänden. Zunächst wird die Haut mit schmerzlindernder Salbe versorgt. Es ist ein gutes, angenehmes Gefühl. Sobald sie mit der Haut in Berührung kommt, fühlt es sich gut an. Nun wird dünne Gaze über die Salbe gelegt, und auch der letzte Rest von Unwohlsein verschwindet. Neue Binden werden angelegt. Mit jeder Minute wird Ihnen wärmer. Jedes Gefühl von Unwohlsein verschwindet.

Denken Sie daran, die Behandlung zu unterstützen, indem Sie entspannt bleiben, sich wohl fühlen und tief atmen. Immer wenn das Unwohlsein sich einstellen will, atmen Sie ein, aus, ein, vollkommen aus. In den folgenden Minuten stellen Sie sich vor, daß Sie gesund sind und sich an dem schönsten Ort befinden, den Sie sich vorstellen können. Atmen Sie auch weiterhin tief: einatmen und ausatmen, entspannen, entspannen, entspannen.

Rangordnung der signifikant abhängigen Werte von Schmerz- und Angstmessungen bei Patienten mit schweren Verbrennungen

ABHÄNGIGE VARIABLE	Kontroll-gruppe	Entspan-nung	Entspan-nungsvor-stellungs-technik	Entspan-nungsvor-stellungs-technik/ Bio-feedback
Peripheres Temperaturtraining	1	4	4	4
Elektromyelographbehandlung Halbzeit	1	2	4	3
Subjektive Einheiten des Unwohlseins Training	1	1	4	4
Subjektive Einheiten des Unwohlseins Behandlung	1	2	4	4
Spielbergers Angstzustand				
nach dem Training	1	4	4	4
nach der Behandlung	1	2	4	4
Leichte Schmerzmittel	1	1	4	3
Beruhigungs-mittel	1	2	4	3

(Behandlungsmethoden, die der gleichen Rangordnung zugeteilt wurden, waren nicht signifikant verschieden)
4 = größte Verbesserung
1 = kleinste Verbesserung

Anhang F

Zielgerichtetes Handeln

(+) positiver Vorstellungstypus
(+) Hysterie (MMPI)
(+) Kontrolle (MMPI)
(+) Angst (POMS)
(−) ausgesprochene Inklusion (FIRO)
(−) gewollte Inklusion (FIRO)
(−) Chance (Locus of Control)

(+) Rote Blutkörperchen
(+) Weiße Blutkörperchen
(−) Hämoglobin

Ungerichteter Kampf

(+) Psychasthenie (MMPI)
(+) F
(−) Chance (Locus of Control)
(−) Affektion (FIRO)
(+) Depression (POMS)
(+) Psychopath. (MMPI)
(−) Hysterie (MMPI)
(+) starke andere Komponenten (Locus of Control)

(+) Rote Blutkörperchen
(−) Hämoglobin
(+) mittleres Blutkörperchenvolumen (MCV)
(+) mittlere Blutkörperchenzählung (MCC)

Resignation

(+) Depression (MMPI)	(+) Rote Blutkörperchen
(+) Spannung (POMS)	(−) Hämoglobin
(−) Hysterie (MMPI)	(+) MCV
(−) Schizophrenie (MMPI)	(+) MCC
	(−) SEGS
	(−) Lymphozyten

Anhang G

Signifikante Korrelationen zwischen ausgewähltem Vorstellungsbild Krebs sowie hämatologischen Werten und Blutbild-Variablen

Variable	Vorstellungsbild Krebs				Metaphorischer Vorstellungstypus			
	Krebs		WBK		Krebs		Krebs	
	Akt.	St.	Akt.	St.	Fa.	Gefäh.	St.	Akt.
Blutwerte:								
RBK			29	32		33		30
HGB			30	27		35*		31
HCT		– 30				36*	25	42*
Blutplättchen			28			29		
WBK								25
Protein						26		
Phosphor			– 25	– 32				
Harnsäure			29					
Kreatinin				25				
alkalische Phosphatase	37*				35			
SGOT	26							

* $p<0.01$; alle anderen signifikant bei $p<0.05$

Akt.	= Aktivität	WBK	Zahl der weißen Blutkörperchen
St.	= Stärke	RBK	Zahl der roten Blutkörperchen
Fa.	= Farbe	HGB	Hämoglobin
Gefäh.	= Gefährlichkeit	SGOT	saure Glutamat-Oxalat-Transaminase

Anmerkungen

Zu Kapitel 1

1 R. F. Kraus, «A Psychoanalytic Interpretation of Shamanism», S. 19–32.
2 R. L. Bergman, «A School for Medicine Men», S. 663.
3 J. Rothenberg, *Technicians of the Sacred.*
4 W. LaBarre, «Shamanic Origins of Religion and Medicine», S. 7–11.
5 M. Eliade, *Shamanism: Archaic Techniques of Ecstasy.*
6 Ebd.
7 L. G. Peters und D. Price-Williams, «Towards an Experiential Analysis of Shamanism», S. 398–418.
8 J. A. Wike, «Modern Spirit Dancing of Northern Puget Sound».
9 Siehe 5.
10 M. J. Harner, *The Way of the Shaman.*
11 G. Majno, *The Healing Hand.*
12 A. S. Lyons und R. J. Petrucelli, *Medicine: An Illustrated History.*
13 W. B. Cannon, «Voodoo Death», S. 182–190; S. C. Cappannari u. a., «Voodoo in the General Hospital», S. 938–940; J. R. Saphir u. a., «Voodoo Poisoning in Buffalo, New York», S. 437–438.
14 W. LaBarre, *The Peyote Cult.*
15 M. J. Harner, *Way of the Shaman.*
16 J. Frank, *Persuasion and Healing.*
17 A. Johannes, «Many Medicines in One», S. 43–70.
18 R. Grossinger, *Planet Medicine,* S. 13; ebd. S. 23.
19 L. Jilek-Aall, *Call Mama Doctor.*
20 V. Garrison, «Doctor, Espirista or Psychiatrist?», S. 65–180.
21 M. J. Harner, *Way of the Shaman,* S. 45
22 L. Kendall, «Supernatural Traffic: East Asian Shamanism», S. 180.
23 Siehe 1.
24 L. Kendall, «Supernatural Traffic», S. 171.

25 S. Rogers, «Shamans and Medicine Men», S. 1202–1223.
26 R. H. Lowie, *Primitive Religion;* D. Landy, *Culture, Disease and Healing;* M. Eliade, *Shamanism.*
27 J. Halifax, *Shamanic Voices,* S. 11.
28 A. A. Popov, «How Sereptic Djarvoskin of the Nganasans (Tavgi Samoyeds) Became a Shaman».
29 W. G. Jilek, *Indian Healing,* S. 64; ebd., S. 66; ebd.
30 Ebd., S. 73; ebd., S. 73–74.
31 G. B. Risse, «Shamanism: The Dawn of a Healing Profession», S. 22.
32 C. Castaneda, *The Teachings of Don Juan; A Seperate Reality.*
33 A. Hultkrantz, «A Definition of Shamanism», S. 25–37.
34 C. T. Tart, *States of Consciousness.*
35 Siehe 7.
36 E. Underhill, *Mysticism;* W. James, *The Variety of Religious Experience.*
37 L. LeShan, *Medium, Mystic and Physicist.*
38 Siehe 7.
39 L. LeShan, *Medium, Mystic and Physicist,* S. 42.
40 Ebd., S. 108
41 L. LeShan, *Medium, Mystic and Physicist;* F. Capra, *The Turning Point.*
42 J. Kamiya, Auszüge aus Arbeiten, die er im Februar 1984 der Internationalen Konferenz über Wissenschaft und Schamanismus am Esalen Institute in Big Sur, Kalifornien, präsentierte.
43 C. T. Tart, «A Psychophysiological Study of Out-of-the-Body Experiences in Selected Subjects», S. 1–16.
44 C. Castaneda, *The Teachings of Don Juan.*
45 P. Suedfeld, *Restricted Environmental Stimulation.*
46 W. Heron, «The Pathology of Boredom», S. 52–56; J. Zubek, C. Welch und M. Saunders, «Electroencephalographic Changes During and After 14 Days of Perceptual Deprivation», S. 490–492.
47 Siehe 45.
48 P. Suedfeld und R. A. Borrie, «Altering States of Consciousness through Sensory Deprivation
49 J. C. Lilly, *The Center of the Cyclone; The Deep Self.*
50 M. Zuckerman, «Hallucinations, Reported Sensations, and Images».

51 P. Suedfeld, *Restricted Environmental Stimulation,* S. 44.
52 C. Wissler, *The American Indian;* E. M. Loeb, «The Shaman of Niue», S. 393–402; P. Radin, *Primitive Religion.*
53 G. Devereux, *Basic Problems of Ethnopsychiatry;* J. Silverman, «Shamanism and Acute Schizophrenia», S. 21–31.
54 W. G. Jilek, *Indian Healing,* S. 35.
55 R. Noll, «Shamanism and Schizophrenia», S. 443–459.
56 Siehe 5.
57 Siehe 10.
58 R. Noll, «Shamanism and Schizophrenia», S. 452.
59 K. Wilber, *The Atman Project;* E. Green und A. Green, *Beyond Biofeedback;* J. Hillman, *Re-Visioning Psychology.*
60 R. D. Laing, *The Politics of Experience;* J. W. Perry, «Reconstitutive Process in the Psychopathology of the Self», S. 853–876.
61 I. Oyle, *Magic, Mysticism and Modern Medicine.*
62 Siehe 5.
63 Wilber, *Atman Project,* S. 152; ebd., S. 158; ebd., S. 159.
64 C. Blacker, *The Catalpa Bow.*
65 A. Lommel, *Shamanism,* S. 60.
66 M. Eliade, «Some Observations on European Witchcraft».
67 W. Y. Evans-Wentz, *Tibetan Yoga and Secret Doctrines.*
68 H. C. Guyton, *Human Physiology and Mechanisms of Disease.*
69 Die beste Informationsquelle über Arbeiten auf diesem Gebiet ist das vierteljährlich erscheinende Journal *Biofeedback and Self-Regulation.*
70 M. J. Harner, *The Way of the Shaman.*
71 O. Nordland, «Shamanism as an Experience of the ‹Unreal›», S. 174.
72 M. J. Harner, *Hallucinogens and Shamanism;* R. G. Wasson, *Divine Mushroom of Immortality;* W. LaBarre, *The Peyote Cult;* P. T. Fürst (Hrsg.), *Flesh of the Gods.*
73 D. C. Noel, *Seeing Castaneda.*
74 Aus einem Interview mit Sam Keen, veröffentlicht in D. C. Noel, *Seeing Castaneda.*
75 J. Siskind, «Visions and Cures Among the Sharanahua».
76 M. J. Harner, *Hallucinogens and Shamanism,* S. 172.
77 Von Prem Das, zitiert von J. Halifax, *Shamanic Voices,* Frontispiz.
78 Ebd.

79 R. G. Wasson, *Divine Mushroom of Immortality.*
80 H. Munn, «The Mushrooms of Language».
81 Ebd., S. 88.
82 Ebd., S. 95.
83 M. J. Harner, *Hallucinogens and Shamanism;* Eliade, «European Witchcraft».
84 J. de Bergamo (c. 1470–71), «Quaestio de Strigis», S. 199.
85 Siehe 70.
86 R. Grossinger, *Planet Medicine,* S. 42–43.
87 D. K. Stat, «Ancient Sound: The Whistling Vessels of Peru», S. 2–7.
88 R. L. Bergman, «School for Medicine Men», S. 663–666.
89 N. Drury, *The Shaman and the Magician.*
90 Quellen: Kassetten mit schamanischem, rituellem Trommeln können bezogen werden über: Center for Shamanic Studies, Box 673, Belden Station, Norwalk, Conn., 06852; Indianische Gesänge und Lieder können bezogen werden über: Del Enterprise, Inc., Box 248, Mission, S. Dak., 57555.
91 Drury, *Shaman and Magician,* S. 8.
92 Siehe 68.
93 R. Melzack und P. D. Wall, «Pain Mechanism: A New Theory», S. 971–979.
94 A. Neher, «Auditory Driving Observed with Scalp Electrodes in Normal Subjects», S. 449–451; «A Physiological Explanation of Unusual Behavior in Ceremonies Involving Drums», S. 151–160.
95 A. Green und E. Green, *Beyond Biofeedback.*
96 W. G. Jilek, *Indian Healing.*
97 E. D. Adrian und B. H. C. Matthews, «The Berger Rhythm», S. 355–395; F. Morrell und H. H. Jasper, «Electrographic Studies of the Formation of Temporary Connections in the Brain», S. 201–215; u. v. a.
98 E. R. John und K. F. Killam, «Electrophysiological Correlates of Avoidance Conditioning in the Cat», S. 252–274.
99 H. Benson, *The Relaxation Response;* H. Bonson, J. F. Beary und M. P. Carol, «The Relaxation Response», S. 37–46.
100 H. Benson, *Relaxation Response.*
101 C. Blacker, *Catalpa Bow.*
102 A. Balikci, «Shamanistic Behavior among the Netsilik Eskimos».
103 R. G. Wasson, *Divine Mushroom of Immortality.*

104 W. LaBarre, *Shamanic Origins.*
105 M. J. Gage, *Women, Church and State,* S. 281.
106 Siehe 5.
107 S. Krippner und A. Villoldo, *The Realms of Healing.*
108 R. F. Kraus, «Psychoanalytic Interpretation of Shamanism», S. 26.
109 R. Noll, «Shamanism and Schizophrenia», S. 445.
110 M. P. Rogers, «Shamans and Medicine Men».
111 T. T. Waterman, «The Paraphernalia of the Cuwamish ‹Spirit Canoe› Ceremony».
112 J. H. Tenzel, «Shamanism and Concepts of Disease in a Mayan Indian Community», S. 372–380.
113 E. R. Service, *A Profile of Primitive Culture.*
114 W. Wildschut, «Crow Indian Medicine Bundles».
115 G. A. Reichard, *Navaho Religion.*
116 R. L. Bergman, «School for Medicine Men», S. 666.
117 R. Grossinger, *Planet Medicine,* S. 97.

Zu Kapitel 2

1 R. Grossinger, *Planet Medicine.*
2 A. S. Lyons und R. J. Petrucelli, *Medicine: An Illustrated History,* S. 170.
3 Aus Phillimores Apollonius of Tyans, 2. Buch, Kap. XXXVII.
4 Drei ausgezeichnete Quellen zur Geschichte der Medizin in dieser Zeit sind: G. A. Binder, *Great Moments in Medicine;* W. Osler, *The Evolution of Modern Medicine;* Lyons und Petrucelli, *Medicine.*
5 M. J. Gage, *Women, Church and State,* S. 241.
6 Ebd. S. 242.
7 Ebd. S. 243.
8 M. Murray, *The Witch Cult in Western Europe.*
9 M. Eliade, «Some Observations on European Witchcraft», S. 41.
10 Aus der persönlichen Korrespondenz mit M. J. Harner, 1982; Harner (Hrsg.), *Hallucinogens and Shamanism.*
11 M. J. Harner, *Hallucinogens and Shamanism.*
12 M. B. Kreig, *Green Medicine: The Search for Medicines that Heal.*
13 E. Maple, *Magic, Medicine and Quackery.*

14 Ebd. S. 43.
15 A. S. Lyons und R. J. Petrucelli, *Medicine.*
16 Zit. von E. Maple, *Magic, Medicine and Quackery,* S. 67.
17 B. Ehrenreich und D. English, *Witches, Midwives and Nurses.*
18 Zit. von H. R. Trevor-Roper, *The European Witch-Craze of the Sixteenth and Seventeenth Centuries and Other Essays,* S. 142.
19 G. Zilboorg, *The Medicine Man and the Witch During the Renaissance,* S. 62.
20 M. Harris, *Cows, Pigs, Wars and Witches.*
21 M. Daly, *Gyn/Ecology: The Metaethics of Radical Feminism.*
22 S. Gage, *Women, Church and State;* Kosten für die Verbrennung einer Hexe in Frankreich.
23 Zit. von F. Capra, *The Turning Point.*
24 F. Capra, *Turning Point,* S. 56.
25 W. Osler, *Modern Medicine,* S. 187.
26 A. M. Stoddart, *Life of Paracelsus,* S. 213.
27 E. Hartman, *Paracelsus: Life and Prophecies,* S. 111–112.
28 C. E. McMahon, «The Role of Imagination in the Disease Process», S. 181.
29 F. Sommers, «Dualism in Descartes».

Zu Kapitel 3

1 N. Cousins, *The Healing Heart,* S. 16.
2 J. Achterberg, I. Collerain und P. Craig, «A Possible Relationship between Cancer, Mental Retardation and Mental Disorders», S. 135–139.
3 D. Costa, E. Mestes und A. Coban, «Breast and Other Cancer Deaths in a Mental Hospital», S. 371–378.
4 Siehe S. E. Locke und M. Hornig-Rohan, *Mind and Immunity;* kommentierte Bibliographie zu diesem Thema.
5 J. W. Berg, B. Ross und H. B. Latourette, «Economic Status and Survival of Cancer Patients», S. 467–477.
6 J. Frank, *Persuasion and Healing.*
7 Ebd., S. 138.
8 M. Lorr, D. M. McNair und G. H. Weinstein, «Early Effects of Librium Used With Psychotherapy», S. 257–270.
9 F. A. Volgyesi, «School for Patients», S. 8–17.

10 S. Wolf, «Effects of Suggestion and Conditioning on the Action of Chemical Agents in Human Subjects», S. 100–109.
11 Cousins, *Human Options,* S. 19–20.
12 J. Achterberg und G. F. Lawlis, *Bridges of the Bodymind;* L. Le-Shan, *The Mechanic and the Gardener;* L. Dossey, *Space, Time and Medicine;* J. D. Goldstritch, *The Best Chance Diet;* D. Ornish, *Stress, Diet and Your Heart;* O. C. Simonton, S. Simonton und J. Creighton, *Getting Well Again.*
13 J. H. Schultz und W. Luthe, *Autogenic Training.*
14 G. Dick-Read, *Childbirth Without Fear,* S. 14.
15 D. Brook, *Naturebirth,* S. 133; ibid., S. 127.
16 C. Garfield, «Beyond the Relaxation Response».
17 D. Brook, *Naturebirth,* S. 130.
18 Aus den Demographischen Jahrbüchern; die Statistiken wurden von den Vereinten Nationen veröffentlicht.
19 D. Haire und J. Haire, «The Cultural Warping of Childbirth».
20 J. E. Johnson, «Effects of Accurate Expectations about Sensations on the Sensory and Distress Components of Pain», S. 261–275; Johnson u. a., «Sensory Information Instruction in a Coping Strategy, and Recovering from Surgery», S. 4–17.
21 D. Krieger, *Therapeutic Touch.*
22 J. Achterberg und G. F. Lawlis, *Imagery of Cancer.*
23 Diese Arbeiten wurden von Dr. Heidt anläßlich der Zweiten Jahreskonferenz über den Prozeß der Imagination der Phantasie im November 1978 präsentiert; Fallstudien wurden von J. Achterberg und G. F. Lawlis in *Bridges of the Bodymind* veröffentlicht.
24 J. Achterberg und G. F. Lawlis, *Bridges of the Bodymind.*
25 M. Samuels und H. Bennett, *Be Well,* S. 144.
26 M. Samuels und N. Samuels, *Seeing With the Mind's Eye;* Samuels und Bennett, *The Well Body Book; Be Well.*
27 I. Oyle, *Magic, Mysticism and Modern Medicine,* S. 11.
28 Ebd., S. 34.
29 I. Oyle, *The New American Medical Show,* S. 149.
30 J. Segal, «Biofeedback as a Medical Treatment», S. 149.
31 Aufschlußreiche Nachschlagewerke über die technischen Aspekte von Biofeedback sind: E. Green und A. Green, *Beyond Biofeedback;* K. R. Gaarder und P. Montgomery, *Clinical Biofeedback: A Procedural Manual;* B. Brown, *New Mind, New*

Body; Stress and the Art of Biofeedback; D. S. Olton und A. R. Noonberg; *Biofeedback: Clinical Applications in Behavioral Medicine;* J. V. Basmaijian, *Muscles Alive;* R. J. Gatchel und K. P. Price (Hrsg.), *Clinical Applications of Biofeedback.*

32 J. Achterberg, P. McGraw und G. F. Lawlis, «Rheumatoid Arthitis: A Study of Relaxation and Temperature Biofeedback as an Adjunctive Therapy», S. 207–223.

33 Untersuchung, Anwendung und wissenschaftliche Belege für eine Reihe von besonderen Störungen wurden ausführlich in J. Achterberg und G. F. Lawlis, *Bridges of the Bodymind,* dargestellt.

34 Statistische Diagnoseverfahren finden sich in J. Achterberg und G. F. Lawlis, *Imagery in Disease;* hier werden die Arbeiten aus *Imagery of Cancer* wieder aufgegriffen, es finden sich aber auch Bewertungsmaßstäbe für Diabetes und Rückenschmerzen (Institute for Personality and Ability Testing, 1984). Eine kurze Besprechung der Entwicklung des Image-CA-Verfahrens erfolgt in Kap. 6.

35 E. Kiester, «The Playing Fields of the Mind», S. 20.

36 J. Achterberg, C. Kenner und G. F. Lawlis, «Biofeedback, Imagery and Relaxation»; C. Kenner und J. Achterberg, «Non-Pharmacologic Pain Relief for Patients».

Zu Kapitel 4

1 M. S. Gazzaniga und J. E. Ledoux, *The Integrated Mind.*

2 A. Luria, *The Mind of a Mnemonist.*

3 T. X. Barber, H. H. Chauncey und R. A. Winer, «Effects of Hypnotic and Nonhypnotic Suggestion on Paratid Gland Response to Gustatory Stimuli», S. 374–380; K. D. White, «Salivation: The Significance of Imagery in its Voluntary Control», S. 196–203.

4 A. E. Kazdin und L. A. Wilcoxin, «Systematic Desensitization and Nonspecific Treatment Effects», S. 5; E. L. Digiusto und N. Bond, «Imagery and the Automatic Nervous System», S. 427–438.

5 K. L. Lichstein und E. Lipshitz, «Psychophysiological Effects of Noxious Imagery», S. 339–345.

6 W. A. Shaw, «The Relaxation of Muscular Action Potentials to Imaginal Weight Lifting», S. 247–250.

7 T. X. Barber, «Psychological Aspects of Hypnosis», S. 390–419; *Hypnosis: A Scientific Approach;* «Hypnosis, Suggestions and Psychosomatic Phenomena», S. 13–27.
8 J. Schneider, C. W. Smith und S. Whitcher, «The Relationship of Mental Imagery to White Blood Cell (Neutrophil) Function«; H. R. Hall, «Hypnosis and the Immune System», S. 92–103.
9 A. E. Kazdin und L. A. Wilcoxin, «Systematic Desensitization».
10 C. S. Jordan und K. T. Lenington, «Physiological Correlates of Eidetic Imagery and Induced Anxiety», S. 31–42.
11 G. E. Schwartz, D. A. Weinberger und J. A. Singer, «Cardiovascular Differentiation of Happiness, Sadness, Anger and Fear: Imagery and Exercise», S. 343–364.
12 R. W. Sperry und M. S. Gazzaniga, «Language following Surgical Disconnection of the Hemispheres», S. 108–121; J. E. Bogen, «The Other Side of the Brain», S. 135–162.
13 M. S. Gazzaniga und J. E. Ledoux, *Integrated Mind;* J. E. Bogen, «Other Side of the Brain»; J. Levy, C. Trevarthen und R. W. Sperry, «Perception of Bilateral Chimeric Figures following Hemispheric Deconnection», S. 61–78.
14 D. Galin und R. Ornstein, «Individual Differences in Cognitive Style», S. 367–376.
15 M. A. Safer und H. Leventhal, «Ear Differences in Evaluating Emotional Tones of Voice and Verbal Content», S. 75–82; D. M. Tucker u. a., «Right Hemisphere Activation during Stress», S. 697–700.
16 B. Lyman, S. Bernardin und S. Thomas, «Frequency of Imagery in Emotional Experience», S. 1159–1162.
17 P. Bakan, «Imagery, Raw and Cooked»; J. Head, *Aphasia and Kindred Disorders of Speech,* Bd. 1.
18 I. M. Lesser, «A Review of the Alexithymia Concept», S. 531–543.
19 W. J. H. Nauta, «Some Efferent Connections of the Prefrontal Cortex in the Monkey».
20 C. F. Jacobsen, «Studies of Cerebral Functions in Primates», S. 3–60.
21 A. Meyer und E. Beck, *Prefrontal Leucotomy and Related Operations.*
22 B. Milner, «Interhemisperic Differences in the Localization of Psychological Process in Man», S. 272–277.

23 M. E. Humphrey und O. L. Zangwill, «Cessation of Dreaming after Brain Injury», S. 322–325.

24 M. Critchley, *The Parietal Lobes.*

25 B. Milner, «Brain Mechanisms Suggested by Studies of Temporal Lobes»; E. DeRenzi, «Nonverbal Memory and Hemispheric Side of the Lesion», S. 181–189.

26 J. H. Jackson, «On Right- or Left-Sided Spasm at the Onset of Epileptic Paroxysms, and on Crude Sensation Warnings and Elaborate Mental States», S. 192–206.

27 W. Penfield und P. Perot, «The Brain's Record of Auditory and Visual Experience», S. 595–596.

28 H. Selye, *The Stress of Life.*

29 W. Herbert, «Elaborating the Stress Response».

30. A. Samuels, «Beyond the Relaxation Response».

31 H. F. Dvorak u. a., «Fibrin Gel Investment Associated With Line 1 and Line 10 Solid Tumor Growth, Angiogenesis, and Fibroplasia in Guinea Pigs», S. 1458–1472.

32 K. Lashley, «In Search of the Engram», S. 425–482.

33 P. J. van Herden, *The Foundation of Empirical Knowledge.*

34 K. Pribram, *Languages of the Brain;* «Problems Concerning the Structure of Consciousness»; K. Wilber, *The Holographic Paradigm and Other Paradoxes;* M. Ferguson, *Karl Pribram's Changing Reality.*

35 K. Pribram, *Languages of the Brain,* S. 157.

36 K. Pribram, «What the Fuss is All About», S. 32.

37 K. Pribram, *Languages of the Brain,* S. 152.

38 Ebd. S. 100

39 A. Ahsen, «Neural Experimental Growth Potential for the Treatment of Accident Traumas, Debilitating Stress Conditions, and Chronic Emotional Blocking», S. 1–22.

40 S. Weisburd, «Food for Mind and Mood», S. 216–219.

41 J. Achterberg u. a., «Psychological Factors and Blood Chemistries as Disease Outcome Predictors for Cancer Patients», S. 107–122; R. L. Trestman, «Imagery, Coping, and Physiological Variables in Adult Cancer Patients».

42 H. Beson, *The Relaxation Response.*

43 Siehe D. D. Barchas u. a., «Behavioral Neurochemistry», S. 964–973; ein ausgezeichneter Überblick über die Verhaltensneurochemie, die die Endorphine als Neuroregulatoren sieht.

44 M. W. Adler, «Endorphins, Enkephalins, and Neurotransmitters», S. 71–74.
45 J. D. Levine, N. C. Gordon und H. L. Fields, «The Mechanism of Placebo Analgesia», S. 654–657.
46 L. C. Saland u. a., «Acute Injections of Opiate Peptides into the Rat Cerebral Ventrical», S. 523–528.
47 S. C. Gilman u. a., «Beta-Endorphin Enhances Lymphocyte Proliferative Responses», S. 4226–4230.
48 E. Hazum, K. J. Chang und P. Cuartrecasas, «Specific Monoplate Receptors for Beta-Endorphin», S. 1033–1035.
49 E. W. D. Colt, W. Wardlaw und A. G. Frantz, «The Effect of Running on Plasma Beta-Endorphin», S. 1637.
50 A. Goldstein, «Thrills in Response to Music and Other Stimuli», S. 126–129.
51 S. Steinberg, «Endorphins: New Types and Sweet Links», S. 136.

Zu Kapitel 5

1 A. Kleinman und L. H. Sung, «Why Do Indigenous Practitioners Successfully Heal?», S. 7–26.
2 Ebd.
3 A. Kleinman, «Some Issues for a Comparative Study of Medical Healing».
4 A. Kleinman und L. H. Sung, «Indigenous Practitioners», S. 8.
5 E. Benedict und T. Porter, «Native Indian Medicine Ways», S. 7.
6 Z. J. Lipowski, «Psychosomatic Medicine in the Seventies», S. 233–238.
7 Zit. ebd., S. 233.
8 K. Pelletier, *Mind as Healer, Mind as Slayer*.
9 J. L. Singer und K. S. Pope, Herausgeber, *The Power of the Human Imagination;* A. Sheikh. *Imagery: Current Theory, Research and Application;* J. E. Shorr u. a. (Hrsg.), *Imagery: Its Many Dimensions and Applications*.
10 A. Sheikh und C. S. Jordan, «Clinical Uses of Mental Imagery».
11 Ebd., S. 423.
12 K. D. Strosahl und J. C. Ascough, «Clinical Uses of Mental Imagery», S. 422–438.
13 D. Meichenbaum, *Cognitive-Behavioral Modification*.

14 D. Meichenbaum, «Why Does Using Imagery in Psychotherapy Lead to a Change?».

15 J. S. Singer, *Imagery and Daydream Methods in Psychotherapy and Behavior Modification.*

16 C. Philips und M. Hunter, «The Treatment of Tension Headache», S. 499–507; N. Spanos, C. Horton und J. Chaves, «The Effects of Two Cognitive Strategies on Pain Threshold», S. 677–681; J. J. Horan, F. C. Layne und C. H. Pursell, «Preliminary Studies of ‹In Vivo› Emotive Imagery on Dental Discomfort», S. 105–106.

17 F. H. Kanfer, «The Many Faces of Self-Control».

18 M. D. Avia und F. H. Kanfer, «Coping With Aversive Stimulation», S. 73–81; E. L. Worthington, Jr., «The Effects of Imagery Content, Choice of Imagery Content, and Self-Verbalization on the Self-Control of Pain», S. 225–240.

19 A. Kleinman und L. H. Sung, «Indigenous Practitioners», S. 7.

20 E. F. Torrey, «What Western Psychotherapists Can Learn From Witchdoctors», S. 69–76.

21 J. Frank, *Persuasion and Healing;* A. Kleinman und L. H. Sung, «Indigenous Practitioners», S. 7–26.

22 R. C. Ness und R. M. Wintrob, «Folk Healing».

23 L. D. Weatherhead, *Psychology, Religion and Healing.*

24 J. Frank, *Persuasion and Healing.*

25 Siehe 20.

26 G. B. Risse, «Shamanism: The Dawn of a Healing Profession», S. 18–23.

27 J. Maddox, *The Medicine Man,* zit. von E. F. Torrey, «What Western Psychiatrists Can Learn», S. 73.

28 M. E. P. Seligman, *Helplessness;* W. B. Cannon, «Voodoo Death», S. 182–190.

29 J. Frank, *Persuasion and Healing.*

30 G. B. Risse, «Shamanism», S. 22; ebd.

31 J. Deese und S. H. Hulse, *The Psychology of Learning.*

32 R. C. Ness und R. M. Wintrob, «Folk Healing».

33 W. G. Jilek, *Indian Healing.*

34 R. L. Bergman, « A School for Medicine Men», S. 663–666.

Zu Kapitel 6

1 C. Bernard, *An Introduction to the Study of Experimental Medicine,* Erstveröffentlichung im Jahre 1865, Neubearbeitung und Übersetzung im Jahre 1957, S. 73.

2 J. Page, *Blood: The River of Life.*

3 R. Ader (Hrsg.), *Psychoneuroimmunology.*

4 R. Ader und N. Cohen, «Behaviorally Conditioned Immunosuppression and Murine Systemic Lupus Erythematosus», S. 127–128.

5 S. E. Locke und M. Horning-Rohan, *Mind and Immunity.*

6 M. P. Rogers, D. Dubey und P. Reich, «The Influence of the Psyche and the Brain on Immunity and Disease Susceptibility», S. 147–165; M. Stein, R. Schiavi und M. Camerino, «Influence of Brain and Behavior on the Immune System», S. 435–440.

7 E. Harrell, P. Lambert und J. Achterberg, «The Effects of Electrical Stimulation of the Hypothalamus on Macrophagic Activity in the Rat», S. 193–196.

8 K. Bulloch und R. Y. Moore, «Innervation of the Thymus Gland by Brainstem and Spinal Cord in Mouse and Rat», S. 157–166.

9 P. Bardos u. a., «Neocortical Lateralization of NK Activity in Mice», S. 609–611.

10 N. Geschwind und P. Behan, «Left-Handedness: Association with Immune Disease, Migraine, and Developmental Learning Disorder», S. 5097–5100.

11 Die Bibliographie wurde von der Reynolds Foundation in Auftrag gegeben und in Umlauf gebracht, 1976.

12 E. Green und A. Green, *Beyond Biofeedback.*

13 B. Klopfer, «Psychological Variables in Human Cancer», S. 344.

14 Ebd., S. 339.

15 L. LeShan, *The Mechanic and the Gardener,* S. 139.

16 Ebd.

17 A. Carrel, *Man the Unknown.*

18 Ebd., S. 314.

19 H. Selye, *The Stress of Life.*

20 S. C. Gilman u. a., «Beta-Endorphin Enhances Lymphocyte Proliferative Responses», S. 4226–4230.

21 Die Studie wurde von Plotnikoff, Miller und Murgo an der Oral

Roberts School of Medicine in Tulsa, Oklahoma, durchgeführt; *Science News,* Bd. 122, 24. 7. 1982, berichtete darüber.

22 J. Wyblan u. a., «Suggestive Evidence for Receptors for Morphine and Methionine-Enkephalin on Normal Human Blood T-Lymphocytes», S. 1068–1070.

23 H. Newman, «Health Attitudes, Locus of Control and Religious Orientation».

24 D. Gregg, «The Paucity of Arthritis among Psychotic Patients», S. 853–854; T. L. Pilkington, «The Coincidence of Rheumatoid Arthritis and Schizophrenia», S. 604–607.

25 J. Achterberg, I. Collerain and P. Craig, «A Possible Relationship between Cancer, Mental Retardation, and Mental Disorders», S. 135–139.

26 A. Leaf, «Every Day Is a Gift When You are Over 100», S. 93–118; S. Benet, *Abkhasians;* G. Halsel, *Los Viegos.*

27 A. Leaf, «Every Day is a Gift».

28 J. Achterberg, O. C. Simonton und S. Simonton, «Psychology of the Exceptional Cancer Patient», S. 416–422.

29 R. Derogatis, M. D. Abeloff und N. Melisaratos, «Psychological Coping Mechanisms and Survival Time in Metastatic Breast Cancer», S. 1504–1508.

30 Diese und folgende Untersuchungen finden sich in den nachstehend aufgeführten Veröffentlichungen: J. Achterberg u. a., «Psychological Factors and Blood Chemistries as Disease Outcome Predictors for Cancer Patients», S. 107–122; J. Achterberg und G. F. Lawlis, «A Canonical Analysis of Blood Chemistry Variables Related to Psychological Measures of Cancer Patients», S. 1–10. Dort kann der weitergehend interessierte Leser auch die Erklärung und Aufschlüsselung der in den Schaubildern und Tabellen oft nur in abgekürzter Form angeführten Untersuchungen und Tests finden. Ein noch detaillierteres Eingehen auf Einzelheiten hätte den Rahmen dieses Buches gesprengt.

31 R. L. Trestman, «Imagery, Coping, and Physiological Variables in Adult Cancer Patients».

32 Diese Studie findet sich in J. Achterberg und G. F. Lawlis, *Imagery of Cancer: A Diagnostic Tool for the Process of Disease*; 1978 von IPAT veröffentlicht und 1984 neu überarbeitet, um neue Erkenntnisse über Diabetes und Schmerzen berücksichtigen zu können. Neuer Titel: *Imagery and Disease.*

33 P. Bakan, «Imagery, Raw and Cooked».

34 Über die Ergebnisse aus den gewonnenen Erkenntnissen der Krebs-Rehabilitations-Klinik wird ausführlich berichtet in: Final Report, Cancer Rehabilitation Demonstration Project, NCI # NO1-CN-45133, National Cancer Institute, National Institute of Health, Washington, D. C., 1977. Über die Ergebnisse bei Kehlkopfentfernung wird im Final Report, Comprehensive Rehabilitation of the Laryngectomee, NCI # R18-CA-18629, National Cancer Institute, National Institute of Health, Washington, D. C., 1979, berichtet.

35 M. J. Harner, Privatkorrespondenz.

36 L. Thomas, «On Warts».

37 Ebd., S. 62.

38 Ebd., S. 63–64; S. 65.

39 H. R. Hall, «Hypnosis and the Immune System: A Review with Implications for Cancer and the Psychology of Healing», S. 92–103; H. R. Hall, S. Longo und R. Dixon, «Hypnosis and the Immune System: The Effect of Hypnosis on T and B Cell Function».

40 B. S. Peavey, «Biofeedback Assisted Relaxation: Effects on Phagocytic Immune Function».

41 C. W. Smith u. a. «Imagery and Neutrophil Function Studies».

42 J. V. Basmajian, «Control of Individual Motor Units», S. 440–441.

43 B. Brown, *New Mind, New Body*.

44 J. Schneider, C. W. Smith und S. Whitcher, «The Relationship of Mental Imagery to White Blood Cell (Neutrophil) Function».

Zum Anhang

1 M. Samuels und H. Bennett, *Be Well,* S. 284.

2 I. Oyle, *The New American Medical Show.*

Bibliographie

Achterberg, J.; Collerain, I.; und Craig, P. «A Possible Relationship Between Cancer, Mental Retardation, and Mental Disorders.» *Journal of Social Science and Medicine* 12 (Mai 1978): 135–139.

–; Kenner, C.; und Lawlis, G. F. «Biofeedback, Imagery, and Relaxation: Pain and Stress Intervention for Severely Burned Patients.» Vortrag anläßlich der Jahresversammlung der Biofeedback Society of America in Chicago, Ill., März 1982.

–, und Lawilis, G. F. *Imagery of Cancer: A Diagnostic Tool for the Process of Disease* Champaign, Ill.: Institute for Personality and Ability Testing, 1978.

–, und –. «A Canonical Analysis of Blood Chemistry Variables Related to Psychological Measures of Cancer Patients.» *Multivariate Experimental Clinical Research*, Bd. 4 (1979): 1–10.

–, und –, *Bridges of the Bodymind: Behavioral Approaches to Health Care.* Champaign, Ill.: Institute for Personality and Ability Testing, 1980.

–, und –. «Imagery and Terminal Care: The Therapist as Shaman.» In *Behavior Therapy in Terminal Care*, hrsg. von D. Sobel. Cambridge, Mass.: Ballinger, 1981.

–, und –. *Imagery and Disease*. Champaign, Ill.: Institute for Personality and Ability Testing, 1984.

–; –; Simonton, O. C.; und Simonton, S. «Psychological Factors and Blood Chemistries as Disease Outcome Predictors for Cancer Patients.» *Multivariate Experimental Clinical Research* 3 (1977): 107–122.

–; McGraw, P.; und Lawlis, G. F. «Rheumatoid Arthritis: A Study of Relaxation and Temperature Biofeedback as an Adjunctive Therapy.» *Biofeedback and Self-Regulation* 6 (1981): 207–223.

–; Simonton, O. C.; und Simonton, S. «Psychology of the Exceptional Cancer Patient: A Description of Patients Who Outlive Predicted Life Expectancies.» *Psychotherapy: Theory, Research, and Practice* 14 (Winter 1977): 416–422.

Ader, R. (Hrsg). *Psychoneuroimmunology*. New York: Academia Press, 1981.

–, und Cohen, N. «Behaviorally Conditioned Immunosuppression and Murine Systemic Lupus Erythematosus.» *Psychosomatic Medicine* 44 (1982): 127–128.

Adler, M. W. «Endorphins, Enkephalins, and Neutrotransmitters.» *Surgical Rounds*, Juni 1983: 71–74.

Adrian, E. D., und Matthews, B. H. C. «The Berger Rhythm, Potential Changes from the Occiptal Lobes in Man.» *Brain* 57 (1934): 355–385.

Ahsen, A. *Basic Concepts in Eidetic Psychotherapy*. New York: Brandon House, 1968.

–. «Eidetics: Neural Experimental Growth Potential for the Treatment of Accident Traumas, Debilitating Stress Conditions, and Chronic Emotional Blocking.» *Journal of Mental Imagery* 2 (1978).

Anderson, M. P. «Imaginal Process: Therapeutic Applications and Theoretical Models.» In *Psychotherapy Process: Current Issues and Future Trends,* hrsg. von M. J. Mahoney. New York: Plenum, 1980.

Aristoteles, *Naturgeschichte*, Paderborn 1959 u. ö.

Assagioli, R. *Psychosynthesis: A Collection of Basic Writings*. New York: Viking, 1965 (dt. *Handbuch der Psychosynthesis. Angewandte Transpersonale Psychologie,* Freiburg i. Br. 1978).

Avia, M. D., und Kanfer, F. H. «Coping with Aversive Stimulation: The Effects of Training in a Self-Management Contest.» *Cognitive Therapy and Research* 4 (1980): 73–81.

Bakan, P. «Imagery, Raw and Cooked: A Hemispheric Recipe.» In *Imagery*, hrsg. von J. E. Shorr; G. E. Sobel; P. Robin; und J. A. Connella. New York: Plenum Press, 1980.

Balikci, A. «Shamanistic Behavior among the Netsilik Eskimos.» In *Magic, Witchcraft and Curing*, hrsg. von J. Middleton. New York: The Natural History Press, 1967.

Barber, T. X. «Psychological Aspects of Hypnosis.» *Psychological Bulletin* 58 (1961): 390–419.

–. *Hypnosis: A Scientific Approach*. New York: Van Nostrand, 1969.

–. «Hypnosis, Suggestions and Psychosomatic Phenomena: A New Look from the Standpoint of Recent Experimental Studies.» *The American Journal of Clinical Hypnosis* 21 (1978): 13–27.

–; Chauncey, H. H.; und Winer, R. A. «Effects of Hypnotic and Nonhypnotic Suggestions on Paratid Gland Response to Gustatory Stimuli.» *Psychosomatic Medicine* 26 (1964): 374–380.

Barchas, D. D.; Akil, H.; Elliott, G. R.; Holman, R. B.; und Watson, S. J. «Behavioral Neurochemistry: Neuroregulators and Behavioral States.» *Science* 200 (1978): 964–973.

Bardos, P.; Degenne, D.; Lebranchu, Y.; Biziere, K.; und Renoux, G. «Neocortical Lateralization of NK Activity in Mice.» *Scandinavian Journal of Immunology* 13 (1981): 609–611.

Bartrop, R. W.; Luckhurst, E.; Lazurus, L.; Kiloh, L. G.; und Penny, R. «Depressed Lymphocyte Function after Bereavement.» *Lancet* 1 (1977): 834–836.

Basmajian, J. V. «Control of Individual Motor Units.» *Science* 141 (1963): 440–441.

–. *Muscles Alive: Their Functions Revealed by Electromyography,* Baltimore: Williams & Wilkins, ^{3}1979.

Beck, A. R. «Role of Fantasies in Psychotherapy and Psychopathology.» *Journal of Nervous and Mental Diseases* 150 (1970): 3–17.

Benedict, E., und Porter, T. «Native Indian Medicine Ways.» *Monchanin Journal* 10 (1977): 11–22.

Benet, S. *Abkhasians*. New York: Holt, Rinehart and Winston, 1974.

Benson, H. *The Relaxation Response*. New York: Morrow, 1975.

–; Beary, J. F.; und Carol, M. P. «The Relaxation Response.» *Psychiatry* 37 (1974): 37–46.

Berg, J. W.; Ross, R.; und Latourette, H. B. «Economic Status and Survival of Cancer Patients.» *Cancer* 39 (1977): 467–477.

Bergamo, J. de. (c. 1470–1471.) «Quaestio de Strigis.» Unveröffentlichtes Manuskript, Bibliothèque National, Paris. Zitiert von Joseph Hanse, in *Quellen und Untersuchungen zur Geschichte des Hexenwahns und der Hexenverfolgung im Mittelalter,* S. 195–200. Bonn: Carl Georgi, 1901 (1905).

Bergman, R. L. «A School for Medicine Men.» *American Journal of Psychiatry* 130, 6 (Juni 1973): 663–666.

Bernard, C. *An Introduction to the Study of Experimental Medicine.* New York: Dover Publications, Inc., 1957.

Binder, G. A. *Great Moments in Medicine*. Detroit: Parke-Davis, 1966.

Binet, A. *L'Etude Experimental de l'Intelligence*. Paris: Costes, 1922.

Blacker, C. *The Catalpa Bow*. London: Allen & Unwin, 1975.

Bogen, J. E. «The Other Side of the Brain: An Oppositional Mind.» *Bulletin of the Los Angeles Neurological Society* 34 (1969): 135–162.
Brook, D. *Naturebirth*. New York: Pantheon Books, 1976.
Brown, B. *New Mind, New Body*. New York: Harper & Row, 1974.
–. *Stress and the Art of Biofeedback*. New York: Harper & Row, 1977.
Bulloch, K., und Moore, R. Y. «Innervation of the Thymus Gland by Brainstem and Spinal Cord in Mouse and Rat.» *American Journal of Anatomy* 161 (1981): 157–166.

Cannon, W. B. «Voodoo Death.» *Psychosomatic Medicine* 19 (1957): 182–190.
Cappannari, S. C.; Rau, B.; Abram, H. S., u. a. «Voodoo in the General Hospital: A Case of Hexing and Regional Enteritis.» *Journal of the American Medical Association* 232 (1975): 938–940.
Capra, F. *The Turning Point*. New York: Simon & Schuster, 1982 (dt. *Wendezeit. Bausteine für ein neues Weltbild*, Bern/München/Wien 1983 u. ö.)
Carrel, A. *Man the Unknown*. New York: Harper & Row, 1935 (dt. *Der Mensch, das unbekannte Wesen*, Stuttgart/Berlin 1936).
Castaneda, C. *The Teachings of Don Juan: A Yaqui Way of Knowledge*. Berkeley und Los Angeles: University of California Press, 1968 (dt. *Die Lehren des Don Juan. Ein Yaqui-Weg des Wissens*, Frankf.a.M. 1984 u. ö.)
–. *A Separate Reality: Further Conversations with Don Juan*. New York: Simon & Schuster, 1971 (dt. *Eine andere Wirklichkeit. Neue Gespräche mit Don Juan*, Frankf.a.M. 1984 u. ö.).
Cautela, J. R. »Covert Conditioning: Assumptions and Procedures.» *Journal of Mental Imagery* 1 (1977): 53–64.
Clark, P. «The Phantasy Method of Analyzing Narcisstic Neurosis.» *Psychoanalytic Review* 13 (1925): 225–232.
Colt, E. W. D.; Wardlaw, W.; und Frantz, A. G. «The Effect of Running on Plasma Beta-Endorphin.» *Life Science* 28 (1981): 1637.
Costa, D.; Mestes, E.; und Coban, A. «Breast and Other Cancer Deaths in a Mental Hospital,» *Neoplasma* 28 (1981): 371–378.
Cousins, N. *Human Options*. New York: W. W. Norton & Co., 1981.
–. *The Healing Heart*. New York: W. W. Norton & Co, 1983 (dt. *Der Arzt in uns selbst*, Reinbek 1984).
Crampton, M. *An Historical Survey of Mental Imagery Techniques in Psychotherapy and Description of the Dialogic Imaginal Integra-*

tion Method. Montreal: Quebec Center for Psychosynthesis, 1974.

Critchley, M. *The Parietal Lobes*. London: Esward Arnold, 1953.

Daly, M. *Gyn/Ecology: The Metaethics of Radical Ferminism*. Boston: Beacon Press, 1978 (dt. *Gyn/Ökologie. Die Metaethik des Radikalen Feminismus*, München 1981).

Deese, J., und Hulse, S. H. *The Psychology of Learning*. New York: McGraw Hill, 1967.

DeRenzi, E. «Nonverbal Memory and Hemispheric Side of the Lesion.» *Neuropsychologia* 6 (1968): 181–189.

Derogatis, R.; Abeloff, M. D.; und Melisaratos, N. «Psychological Coping Mechnisms and Survival Time in Metastatic Breast Cancer.» *Journal of the American Medical Association* 242 (5. Okt. 1979): 1504–1508.

DeSoille, R. *The Directed Daydream*. New York: Psychosynthesis Research Foundation, 1965.

Devereux, G. *Basic Problems of Ethnopsychiatry*. Chicago: University of Chicago Press, 1980 (dt. *Normal und anormal. Aufsätze zur allgemeinen Ethnopsychiatrie*, Frankf.a.M. 1982).

Dick-Read, G. *Childbirth without Fear*. New York: Harper & Row, 1953 (dt. *Mutterwerden ohne Schmerz*, Hamburg o. J.).

DiGuisto, E. L., und Bond, N. «Imagery and the Autonomic Nervous System: Some Methodological Issues.» *Perceptual and Motor Skills* 48 (1979): 427–438.

Dossey, L. *Space, Time and Medicine*. Boulder, Co: Shambhala, 1982 (dt. *Die Medizin von Raum und Zeit. Ein Gesundheitsmodell*, Basel 1984).

Drury, N. *The Shaman and the Magician*. London, Boston und Henley: Routledge & Kegan Paul, 1982.

Dvorak, H. F.; Dvorak, A. M.; Manseau, B. J.; Wiberg, L.; und Churchill, W. H. «Fibrin Gel Investment Associated with Line 1 and Line 10 Solid Tumor Growth, Angiogenesis, and Fibroplasia in Guinea Pigs: Role of Cellular Immunity, Myofibroblasts, Microvascular Damage, and Infarction in Line 1 Tumor Regression.» *Journal of the National Cancer Institute* 62 (1978): 1458–1472.

Ehrenreich, B., und English, D. *Witches, Midwives, and Nurses: A History of Women Healers*. New York: The Feminist Press, 1973 (dt. *Hexen, Hebammen und Krankenschwestern*, München 1975).
Eliade, M. *Shamanism: Archaic Techniques of Ecstasy*. New York: Pantheon Books, Bollingen Foundation, 1964 (dt. *Schamanismus und archaische Ekstasetechnik,* Frankf.a.M. 1975).
–. «Some Observations on European Witchcraft.» *Occultism, Witchcraft, and Cultural Fashions*. Chicago: Chicago University Press, 1976.
Ellis, A. *Rational-Emotive Therapy and Cognitive Behavior Therapy*. New York: Springer, 1981 (dt. *Die rational-emotive Therapie),* München ^{3}1982).
Evans-Wentz, W. Y. *Tibetan Yoga and Secret Doctrines*. London: Oxford University Press, 1967 (dt. *Yoga und Geheimlehren Tibets*, München-Planegg 1937).

Ferguson, M. «Karl Pribam's Changing Reality.» *Re-Vision*, 3/4 (1978): 8–13.
Ferguson, W. K., und Bruun, G. *A. Survey of European Civilization*. Boston: Houghton Mifflin Co., 1958.
Frank, J. *Persuasion and Healing*. Baltimore und London: John Hopkins University Press, 1974 (dt. *Die Heiler. Vom Schamanismus bis zu den modernen Therapien*, Stuttgart 1981).
Frank, L. *Die Psychoanalyse*. München: E. Reinhardt, 1910.
Fretingny, R., und Virel, A. *L'Imagerie Mentale*. Genf: Mont Blanc, 1968.
Fürst, P. T. (Hrsg.). *Flesh of the Gods: The Ritual Use of Hallucinogens*. New York: Doubleday/Natural History Press, 1972.

Gaarder, K. R., und Montgomery, P. *Clinical Biofeedback: A Procedural Manual,* Baltimore: Williams & Wilkins, ^{2}1982.
Gage, M. J. *Women, Church and State*. Veröffentlicht in Chicago, Ill. 1893.
Galin, D., und Ornstein, R. «Individual Differences in Cognitive Style, I: Reflective Eye Movements.» *Neuropsychologia* 12 (1974): 367–376.
–, und –. «Lateral Specialization of Cognitive Modes: An EEG Study.» *Psychophysiology* 9 (1976): 412–418.
Garfield, C. «Beyond the Relaxation Response.» Forschungsmate-

rial, präsentiert im Februar 1983 an der University of California in Los Angeles.

Garrison, V. «Doctor, Espiritista, or Psychiatrist? Health-Seeking Behavior in a Puerto Rican Neighborhood of New York City.» *Medical Anthropology* 1 (1977): 65–180.

Gatchel, R. J., und Price, K. P. (Hrsg.). *Clinical Applications of Biofeedback: Appraisal and Status*. New York: Pergamon, 1979.

Gazzaniga, M. S., und LeDoux, J. E. *The Integrated Mind*. New York: Plenum Press, 1978 (dt. *Neuropsychologische Integration kognitiver Prozesse*, Stuttgart 1983).

Gendlin, E. T. *Focusing*. New York: Everest House, 1978 (dt. *Focusing. Technik der Selbsthilfe bei der Lösung persönlicher Probleme*, Salzburg 1981).

Gerrard, D. Vorwort zu *Seeing with the Mind's Eye*, von M. und N. Samuels. New York: Random House, 1975.

Geschwind, N., und Behan, P. «Left-Handedness: Association with Immune Disease, Migraine, and Developmental Learning Disorder.» *Proceedings of the National Academy of Sciences* 79 (1982): 5097–5100.

Gillin, J. «Magical Fright.» *Psychiatry* 11 (1948): 387–400.

Gilman, S. C.; Schwarts, J. M.; Milner, R. J.; Bloom, F. E.; und Feldman, J. D. «Beta-Endorphin Enhances Lymphocyte Proliferative Responses.» *Proceedings of the National Academy of Sciene* 79 (Juli 1982): 4226–4230.

Goldstein, A. «Thrills in Response to Music and Other Stimuli.» *Physiological Psychology* 8 (1980): 126–129.

Goldstritch, J. D. *The Best Chance Diet*. Atlanta: Humanics Limited, 1982.

Green E., und Green, A. *Beyond Biofeedback*. New York: Delta, 1977 (dt. *Biofeedback – Eine neue Möglichkeit zu heilen*, Freiburg i. Br. 1978).

Greeg, D. «The Paucity of Arthritis Among Psychotic Patients.» *American Journal of Psychiatry* (1939): 853–854.

Grossinger, R. *Planet Medicine: From Stone Age Shamanism to Post-Industrial Healing*. Garden City, New York: Anchor Press/Doubleday, 1980 (dt. *Wege des Heilens. Vom Schamanismus der Steinzeit zur heutigen alternativen Medizin*, München 1985).

Guillerey, M. «Medicine Psychologique.» In *Medecine Officielle et Medecine Heretique*. Paris: Plon, 1945.

Guyton, H. C. *Human Physiology and Mechanisms of Disease*. Philadelphia: W. B. Saunders Co., ^{3}1982.

Haire, D., und Haire, J. «The Cultural Wapring of Childbirth.» *Special News Report*. International Childbirth Education Association, 1972.

Halifax, J. *Shamanic Voices: A Survey of Visionary Narratives*. New York: E. P. Dutton, 1979 (dt. *Die andere Wirklichkeit der Schamanen. Erfahrungsberichte von Magiern, Medizinmännern und Visionären*, Bern/München/Wien 1984).

Hall, H. R. «Hypnosis and the Immune System: A Review with Implications for Cancer and the Psychology of Healing.» *Journal of Clinical Hypnosis* 25, 2/3 (1982–1983): 92–103.

–; Longo, S.; und Dixon, R. «Hypnosis and the Immune System: The Effect of Hypnosis on T and B Cell Function.» Vortrag auf der 33. Jahresversammlung und wissenschaftlichen Tagung der Gesellschaft für medizinische und experimentelle Hypnose in Portland, Oregon, Oktober 1981.

Halsel, G. *Los Viegos*. Emmaus: Rodale Press, 1976.

Happich, C. «Das Bildbewußtsein als Ansatzstelle psychischer Behandlung.» Zbl. *Psychotherapie* 5 (1932): 663–667.

Harner, M. J. (Hrsg.). *Hallucinogens and Shamanism*. New York: Oxford University Press, 1973.

–. *The Way of the Shaman: A Guide to Power and Healing*. San Francisco: Harper & Row, 1980 (dt. *Der Weg des Schamanen. Ein praktischer Führer zu innerer Heilkraft,* Interlaken 1982).

Harrell, E.; Lambert, P.; und Achterberg, J. «The Effects of Electrical Stimulation of the Hypothalamus on Macrophagic Activity in the Rat.» *Physiological Psychology*, 9,2 (1979): 193–196.

Harris, M. *Cows, Pigs, Wars and Witches: The Riddles of Culture*. New York: Vintage Books, 1978 (dt. *Kannibalen und Könige. Aufstieg und Niedergang der Menschheitskulturen*, Frankf.a.M. 1978).

Hartmann, F. *Paracelsus: Life and Prophecies*. Blauvelt, N. Y.: Rudolf Steiner, 1973 (dt. *Theophrastus Paracelsus von Hohenheim*, München 1977).

Hazum, E.; Chang, K. J.; und Cuartrecasas, P. «Specific Monoplate Receptors for Beta-Endorphins.» *Science* 205 (1979): 1033–1035.

Head, J. *Aphasia and Kindred Disorders of Speech*, Bd. 1, Cambridge: Cambridge University Press, 1926.

Heidt, P. «Patients Tell Their Stories.» Vortrag auf der 2. Jahreskonferenz über den Vorstellungs- und Fantasieprozess, New York, 1978.

Herbert, W. «Elaborating the Stress Response.» *Science News* 24 (1983): 84.

Heron, W. «The Pathology of Boredom.» *Scientific American* 196 (1957): 52056.

Hillman, J. *Re-Visioning Psychology*. New York: Harper & Row, 1975 (dt. *Die Suche nach Innen. Die Begegnung mit sich selbst: Psychologie und Religion,* Zürich 1981).

Horan, J. J.; Layne, F. C.; und Pursell, C. H. «Preliminary Studies of in Vivo Emotive Imagery on Dental Discomfort.» *Perceptual and Motor Skills* 42 (1976): 105–106.

Horowitz, M. H. «Visual Thought Images in Psychotherapy.» *American Journal of Psychotherapy* 12 (1968): 55–75.

–. *Image Formation and Cognition*. New York: Appleton, 1970.

–. «Controls of Visual Imagery and Therapeutic Intervention.» In *The Power of Human Imagination*, hrsg. von J. L. Singer und K. S. Pope. New York: Plenum, 1978.

Hultkrantz, A. «A Definition of Shamanism.» *Temenos* 9 (1973): 25–37.

Humphrey, M. E., und Zangwill, O. L. «Cessation of Dreaming after Brain Injury.» *Journal of Neurology, Neurosurgery, and Psychiatry* 14 (1951): 322–325.

Ingelfinger, F. J. «The Physicians Contribution to the Health System.» *New England Journal of Medicine* 295 (2. Sept. 1976): 565–566.

Jackson, J. H. «On Right or Left-Sided Spasm at the Onset of Epileptic Paroxysms, and on Crude Sensation Warnings and Elaborate Mental States.» *Brain* 3 (1980): 192–206.

Jacobsen, C. F. «Studies of Cerebral Function in Primates: 1: The functions of the frontal association areas in monkeys.» *Comparative Psychology Monographs* 13 (1936): 3–60.

Jacobsen, E. «Electrical Measurements of Neuromuscular States During Mental Activities: Imagination of Movement Involving Skeletal Muscle.» *American Journal of Physiology* 91 (1929): 597–608.

Jaffe, D. T., und Bresler, D. E. «Guided Imagery: Healing Through the Mind's Eye.» In *Imagery: Its Many Dimensions and Applications*, hrsg. von J.E. Shorr; G.E. Sobel; P. Robin; und J.A Connela. New York: Plenum, 1980.

James, W. *The Varieties of Religious Experience*. New York: Collier Books, 1961 (dt. *Die Vielfalt religiöser Erfahrung*, Olten 1979).

Janet, P. *Nervoses et Idees Fixes*. Paris: Alcan, 1898.

Jellinek, A., «Spontaneous Imagery: A New Psychotherapeutic Approach.» *American Journal of Psychotherapy* 3 (1949): 372–391.

Jilek, W. G. *Salish Indian Mental Health and Culture Change: Psycho Hygienic and Therapeutic Aspects of the Guardian Spirit Ceremonial.* Toronto und Montreal: Holt, Rinehart & Winston of Canada, 1974.

–. *Indian Healing*. Blaine, Wash.: Hancock House, 1982.

Jilek-Aall, L. *Call Mama Doctor*. Seattle, Wash.: Hancock House, 1979.

Johannes, A. «Many Medicines in One: Curing in the Eastern Highlands of Papua New Guinea.» *Culture, Medicine, and Psychiatry* (4. März 1980): 43–70.

John, E. R., und Killam, K. F. «Electrophysiological Correlates of Avoidance Conditioning in the Cat.» *Journal of Pharmacology and Experimental Therapeutics* 125 (1959): 252–274.

Johnson, J. E. «Effects of Accurate Expectations about Sensations on the Sensory and Distress Components of Pain.» *Journal of Personality and Social Psychology* 27 (1973): 261–275.

–; Rice, V. H.; Fuller, S. S.; und Endress, M. P. «Sensory Information Instruction in a Coping Strategy, and Recovery from Surgery.» *Research in Nursing and Health* 1, 1 (1978): 4–17.

Jordan, C. S. «Mental Imagery and Psychotherapy: European Approaches.» In *The Potential of Fantasy and Imagination*, hrsg. von A. A. Sheikh und J. T. Shaffer. New York: Brandon House, 1979.

–, und Lenington, K. T. «Psychological Correlates of Eidetic Imagery and Induced Anxiety.» *Journal of Mental Imagery* 3 (1979): 31–42.

Jung, C. G. *Die Dynamik des Unbewußten,* Bd. 8 der *Gesammelten Werke,* Olten ³1979.

Kamiya, J. Forschungsmaterial, präsentiert auf der Internationalen Konferenz über Wissenschaft und Schamanismus am Esalen Institute, Big Sur, California, im Februar 1984.

Kanfer, F. H. «The Many Faces of Self-Control: or Behavior Modification Changes its Focus.» In *Behavioral Self Management: Strategies, Techniques and Outcomes*, hrsg. von R. B. Stuart. New York: Brunner/Mazel, 1977.

Kazdin, A. E., und Wilcoxin, L. A. «Systematic Desensitization and Non-Specific Treatment Effects: A Methodological Evaluation.» *Psychological Bulletin* 83 (1975): 5.

Kazner, M. «Image Formation During Free Association.» *Psychoanalytic Quarterly* 27 (1958): 465–484.

Kendall, L. «Supernatural Traffic: East Asian Shamanism.» *Culture, Medicine, and Psychiatry* 5 (1981): 171–191.

Kenner, C., und Achterberg, J. «Non-Pharmacologic Pain Relief for Patients.» Vortrag auf der Jahresversammlung der American Burn Association, New Orleans, La., April 1983. (Ausgezeichnet mit dem John A. Moncrief Preis für die beste wissenschaftliche Arbeit, Allied Health Category).

Kiester, E. «The Playing Fields of the Mind.» *Psychology Today* 18 (Juli 1984): 18–24.

Kleinman, A. «Some Issues for a Comparative Study of Medical Healing.» *International Journal of Social Psychiatry* 19, 159 (1973): 159.

–, und Sung, L. H. «Why Do Indigenous Practitioners Successfully Heal?» *Social Sciences and Medicine* 13 B (1979): 7–26.

Klopfer, B. «Psychological Variables in Human Cancer.» *Journal of Projective Techniques* 21 (1957): 331–340.

Kosbab, F. P. «Imagery Techniques in Psychiatry.» *Archives of General Psychiatry* 31 (1974): 283–290.

Kraus, R. F. «A Psychoanalytic Interpretation of Shamanism.» *The Psychoanalytic Review* 591 (1972): 19–32.

Kreig, M. B. *Green Medicine: The Search for Medicines that Heal.* New York: Bantam, 1966.

Kretschmer, W. «Meditative Techniques in Psychotherapy.» In *Altered States of Consciousness*, hrsg. von C. Tart. New York: Wiley, 1969.

Krieger, D. *Therapeutic Touch: How to Use Your Hands to Help or Heal.* Englewood Cliffs, N. J.: Prentice-Hall, 1979.

Krippner, S., und Villoldo, A. *The Realms of Healing*. Milbrae, Ca.: Celestial Arts, 1976.

LaBarre W. *The Ghost Dance: Origins of Religion*. New York: Delta, 1972.
–. *The Peyote Cult*. New Haven: Yale University Press, 1938.
–. «Shamanic Origins of Religion and Medicine.» *Journal of Psychedelic Drugs* II, 1–2 (1979): 7–11.
Laing, R. D. *The Politics of Experience*. New York: Ballantine, 1967 (dt. *Phänomenologie der Erfahrung*, Frankf.a.M. 1975).
Landy, D. (Hrsg.). *Culture, Disease and Healing: Studies in Medical Anthropology*. New York: Macmillan, 1977.
Lashley, K. «In Search of the Engram.» *Symposium for the Society of Experimental Biology* 4 (1950): 425–482.
LaViolette, F. E. *The Struggle for Survival: Indian Cultures and the Protestant Ethic in British Columbia*. Toronto: University of Toronto Press, 1961.
Lazarus, A. A., und Abramovitz, A. «The Use of ‹Emotive Imagery› in the Treatment of Children's Phobias.» *Journal of Mental Science* 108 (1962): 191–195.
Lea, H. C. *Materials Toward a History of Witchcraft,* 3 Bde. hrsg. von Arthur C. Howland. New York: Thomas Yoseloff, 1957.
Leaf, A. «Every Day is a Gift When You Arer Over 100.» *National Geographic Magazine* 143 (1973): 93–118.
LeShan, L., *The Medium, the Mystic, and the Physicist.* New York: Ballantine Books, 1975 (dt. *Meditation als Lebenshilfe*, Rüschlikon-Zürich 1977).
–. *The Mechanic and the Gardener.* New York: Holt, Rinehart & Winston, 1982.
Lesser, I. M. «A Review of the Alexithymia Concept.» *Psychosomatic Medicine* 32 (1981): 531–543.
Leuner, H. «Guided Affective Imagery: An Account of Its Development.» *Journal of Mental Health 1* (1977): 73–92.
–. «Basic Principles and Therapeutic Efficacy of Guided Affective Imagery.» In *The Power of Human Imagination*, hrsg. von J. L. Singer und K. S. Pope. New York: Plenum, 1978.
Levine, J. D.; Gordon, N. C.; und Fields, H. L. «The Mechanism of Placebo Analgesia.» *The Lancet*, 23. Sept. 1978: 654–657.
Levy, J.; Trevarthen, C.; und Sperry, R. W. «Perception of Bilateral Chimeric Figures Following Hemispheric Deconnection.» *Brain* 95 (1972): 61–78.
Lichstein, K. L., und Lipshitz, E. «Psychophysiological Effects of

Noxious Imagery: Prevalence and Prediction.» *Behavior Reserarch and Therapy* 20 (1982): 339–345.

Lilly, J. C. *The Center of the Cyclone: An Autobiography of Inner Space*. New York: Julian, 1972 (dt. *Das Zentrum des Zyklons. Eine Reise in die inneren Räume*, Frankf.a.M. 1984).

–. *The Deep Self*. New York: Simon and Schuster, 1977.

Lipkin, S. «The Imagery Collage and its Use in Psychotherapy.» *Psychotherapy: Theory, Research, and Practice* 2 (1970): 238–242.

Lipowski, Z. J. «Psychosomatic Medicine in the Seventies: An Overview.» *The American Journal of Psychiatry* 134: 3 (1977): 233–238.

Locke, S. E. «Stress Adaptation and Immunity: Studies in Humans.» *General Hospital Psychiatry* 4 (1982): 49–58.

–, und Horning-Rohan, M. *Mind and Immunity: Behavioral Immunology. An Annotated Bibliography 1976–1982*. New York: Institute for the Advancement of Health, 1983.

Loeb, E. M. «The Shaman of Niue.» *American Anthropologist* 26 (1924): 393–402.

Lommel, A. *Shamanism*. New York: McGraw Hill, 1967 (dt. *Schamanen und Medizinmänner,* München 1980).

Lorr, M.; McNair, D. M.; und Weinstein, G. H. «Early Effects of Librium Used with Psychotherapy.» *Journal of Psychiatric Research* 1 (1962): 257–270.

Lowie, R. H. *Primitive Religion*. London: Routledge & Sons, 1925.

Luria, A. *The Mind of a Mnemonist*. New York: Basic Books, 1968.

Luthe, W. *Autogenic Therapy,* 7 Bde. New York: Grune & Stratton, 1969.

Lyman, B.; Bernardin, S.; und Thomas, S. «Frequency of Imagery in Emotional Experience.» *Perceptual and Motor Skills* 50 (1980): 1159–1162.

Lyons, A. S., und Petrucelli, R. J. *Medicine: An Illustrated History*. New York: Harry N. Abrams, Inc., 1978 (dt. *Die Geschichte der Medizin im Spiegel der Kunst,* Köln 1980).

Majno, G. *The Healing Hand: Man and Wound in the Ancient World*. Cambridge: Harvard University Press, 1975.

Maple, E. *Magic, Medicine, and Quackery*. New York: A. S. Barnes & Co., 1968 (dt. *Hexensabbat, Schwarze Kunst und Zauberei im Spiegel der Jahrtausende,* Eltville/Rh. 1978).

McMahon, C. E. «The Role of Imagination in the Disease Process: Pre-Cartesian History.» *Psychological Medicine* 6 (1976): 179–184.
Meichenbaum, D. *Cognitive-Behavioral Modification: An Integrative Approach.* New York: Plenum, 1977 (dt. *Kognitive Verhaltensmodifikation*, München 1979).
–. «Why Does Using Imagery in Psychotherapy Lead to Chance?« In *The Power of Human Imagination*, hrsg. von J. L. Singer und K. S. Pope. New York: Plenum, 1978.
Melzack, R., und Wall, P. D. «Pain Mechanism: A New Theory.» *Science* 150 (1965): 971–979.
Meyer, A., und Beck, E. *Prefrontal Leucotomy and Related Operations: Anatomic Aspects of Success or Failure.* Springfield, Ill.: Charles C. Thomas, 1954.
Milner, B. «Brain Mechanisms Suggested by Studies of Temporal Lobes.» In *Brain Mechanisms Underlying Speech and Language,* hrsg. von F. L. Darley. New York: Grune & Stratton, 1968, pp. 122–145.
–. «Interhemispheric Differences in the Localization of Psychological Process in Man.» *British Medical Bulletin* 27 (1971): 272–277.
Morrell, F., und Jasper, H. H. «Electrographic Studies of the Formation of Temporary Connections in the Brain.» *Elctroencephalography and Clinical Neurophysiology* 8 (1956): 201–215.
Morrison, J. K, «Emotive Reconstruction Therapy. A Short-Term Psychotherapeutic Use of Mental Imagery.» In *Imagery: Its Many Dimensions and Applications*, hrsg. von J. E. Shorr; G. E. Soble; P. E. Robin; und J. A. Connella. New York: Plenum, 1980.
Munn, H. «The Mushroom of Language.» In *Hallucinogens and Shamanism,* hrsg. von M. J. Harner. New York: Oxford University Press, 1973.
Murray, M. *The Witch Cult in Western Europe.* Oxford: Oxford University Press, 1921.

Nauta W. J. H. «Some Efferent Connections of the Prefrontal Cortex in the Monkey.» In *The Frontal Granular Cortex and Behavior,* hrsg. von J. M. Warren und K. Akert. New York: McGraw-Hill, 1964.
Neher, A. «Auditory Driving Observed with Scalp Electrodes in Normal Subjects.» *EEG and Clinical Neurophysiology* 13 (1961): 449–451.

–. «A Physiological Explanation of Unusual Behavior in Ceremonies Involving Drums.» *Human Biology* 34 (1962): 151–160.

Ness, R. C., und Wintrob, R. M. «Folk Healing: A Description and Synthesis.» *American Journal of Psychiatry* 138: 11 (1981), 1477–1481.

Newman, H. «Health Attitudes: Locus of Control and Religious Orientation.» Magisterarbeit, University of Texas Health Science Center, School of Allied Health Sciences, Dallas, 1983.

Noel, D. C. *Seeing Castaneda: Reactions to the «Don Juan» Writings of Carlos Castaneda.* New York: G. P. Putnam's Sons, 1976.

Nolen, W. *Healing: A Doctor in Search of a Miracle.* New York: Random House 1974.

Noll, R. «Shamanism and Schizophrenia: A State-Specific Approach to the ‹Schizophrenia Metaphor› of Shamanic States.» *American Ethnologist* 10, 3 (1983): 443–459.

Nordland, O. «Shamanism as an Experience of the ‹Unreal›.» In *Studies of Shamanism,* hrsg. von C. M. Edsman. Stockholm: Almquist & Wiksell, 1967.

Olton, D. S., und Noonberg, A. R. *Biofeedback: Clinical Applications in Behavioral Medicine.* Englewood Cliffs: Prentice Hall, 1980.

Ornish, D. *Stress, Diet and Your Heart.* New York: Holt, Rinehart & Winston, 1982.

Osler, W. *The Evolution of Modern Medicine.* New Haven: Yale University Press, 1921.

Oyle, I. *Magic, Mysticism and Modern Medicine.* Millbrae, Ca.: Celestial Arts, 1976.

–. *Time, Space and the Mind.* Millbrae, Ca.: Celestial Arts, 1976.

–. *The New American Medical Show.* Santa Cruz: Unity Press, 1979.

Page, J. *Blood: The River of Life.* Washington, D. C.: U. S. News Books, 1981.

Peavey, B. S. «Biofeedback Assisted Relaxation: Effects on Phagocytic Immune Function.» Diss. North Texas State University 1982.

Pelletier, K. *Mind as Healer, Mind as Slayer.* New York: Dell, 1977.

Penfield, W., und Perot, P. «The Brain's Record of Auditory and Visual Experience.» *Brain* 86 (1963): 595–596.

Perls, F. *Gestalt Therapy Verbatim.* New York: Bantam, 1970 (dt. *Gestalt-Therapie in Aktion,* Stuttgart 1979).

Perry, J. W. «Reconstitutive Process in the Psychopathology of the Self.» *Annals of the New York Academy of Sciences* 96 (1962): 853–876.

Peters, L. G., und Price-Williams, D. «Towards an Experiential Analysis of Shamanism.» *American Ethnologist* 7 (1980): 398–418.

Philips, C., und Hunter, M. «The Treatment of Tension Headache – II. EMG ‹Normality› and Relaxation.» *Behavioral Reserarch and Therapy* 19 (1981): 499–507.

Pilkington, T. L. «The Coincidence of Rheumatoid Arthritis and Schizophrenia.» *Journal of Nervous and Mental Disease* 124 (1956): 604–607.

Popov. A. A. «How Sereptic Djarvoskin of the Nganasans (Tavgi Samoyeds) Became a Shaman.» Übers. von Stephen P. Dunn. In *Popular Beliefs and Folklore Tradition in Siberia,* hrsg. von Vilmos Diozeg. Bloomington, Ind.: Indiana University Press, 1968.

Pribram, K. *Languages of the Brain.* Monterey, Ca.: Brooks/Cole Pub, Co., 1971.

–. «Problems Concerning the Structure of Consciousness.» In *Consciousness and the Brain*, hrsg. von G. G. Globus u. a. New York: Plenum, 1976.

–. «What the Fuss is All About.» In *The Holographic Paradigm and Other Paradoxes*, hrsg. von K. Wilber, Boulder: Shambhala, 1982 (dt. «Worum geht es beim holographischen Paradigma?», in *Das holographische Weltbild,* Bern/München/Wien 1986, S. 27–36).

Progroff, I. *The Symbolic and the Real.* New York: Julian Press, 1963.

–. «Waking Dream and Living Myth.» In *Myths, Dreams and Religion,* hrsg. von J. Campbell. New York: Dutton, 1970.

Rachman, S. *Phobias: Their Nature and Control*. Springfield, Ill.: Thomas, 1968 (dt. *Angst. Formen, Ursachen, Therapie,* München 1975).

Radin, P. *Primitive Religion.* New York: Viking, 1937 (dt. *Die religiöse Erfahrung der Naturvölker,* Zürich 1951).

Reed, G. F. «Sensory Deprivation.» In *Aspects of Consciousness,* hrsg. von G. Underwood und R. Stevens. London: Academic Press, 1986.

Reichard, G. A. *Navaho Religion.* New York: Pantheon Books, Bollingen Foundation, 1950.

Reyher, J. «Spontaneous Visual Imagery: Implications for Psychoanalysis, Psychopathology and Psychotherapy.» *Journal of Mental Imagery* 2 (1977): 253–274.

Risse, G. B. «Shamanism: The Dawn of a Healing Profession.» *Wisconsin Medical Journal* 71 (1972): 18–23.

Rogers, M. P.; Dubey, D.; und Reich, P. «The Influence of the Psyche and the Brain on Immunity and Disease Susceptibility: A Critical Review.» *Psychosomatic Medicine* 41 (1979): 147–165.

Rogers, S. «Shamans and Medicine Men.» *CIBA Symposia* 4 (1942): 1202–1223.

Rothenberg, J. (Hrsg.). *Technicians of the Sacred: A Range of Poetries From Africa, America, Asia, and Oceania.* Garden City, N. Y.: Doubleday, 1968.

Safer, M. A., und Leventhal, H. «Ear Differences in Evaluating Emotional Tones of Voice and Verbal Content.» *Journal of Experimental Psychology: Human Perception and Performance* 3 (1977): 75–82.

Saland, L. C.; van Epps, D. E.; Ortiz, E.; und Samora, A. «Acute Injections of Opiate Peptides into the Rat Cerebral Ventricle: A Macrophagelike Cellular Response.» *Brain Research Bulletin* 10 (1983): 523–528.

Salter, A. *Conditioned Reflex Therapy*. New York: Farrar & Straus, 1949.

Samuels, A. «Beyond the Relaxation Response: Self-Regulation Mechanisms and Clinical Strategies.» Forschungsmaterial, präsentiert auf einer Konferenz an der UCLA Extension in Los Angeles, California, vom 26.–28. Okt. 1984.

Samuels, M., und Bennett, H. *The Well Body Book*. New York: Random House-Bookworks, 1973 (dt. *Das Körperbuch*, St. Augustin ^{7}1983).

–, und –. *Be Well*. New York: Random House-Bookworks, 1974.

–, und Samuels, N. *Seeing with the Mind's Eye*. New York: Random House-Bookworks, 1975.

Saphir, J. R.; Gold A.; Giambrone, J. u. a. «Voodoo Poisoning in Buffalo, New York.» *Journal of the American Medical Association* 202 (1967): 437–438.

Saretsky, T. *Active Techniques and Group Psychotherapy*. New York: Jason Aronson, 1977.

Schleifer, S. J.; Keller, S. E.; McKegney, F. P.; und Stein, M. «Bereavement and Lymphocyte Function.» Vortrag anläßlich der Jahresversammlung der *American Psychiatric Association* in San Francisco, 1980.
Schneider, J.; Smith, C. W.; und Whitcher, S. «The Relationship of Mental Imagery to White Blood Cell (Neutrophil) Function: Experimental Studies of Normal Subjects.» Michigan State University, College of Medicine, East Lansing, Mich., 1983.
Schultz, J. H., und Luthe, W. *Autogenic Training: A Physiological Approach to Psychotherapy*. New York: Grune & Stratton, 1969 (dt. Schultz, *Das autogene Training,* Stuttgart 1982).
Schwartz, G. E.; Weinberger, D. A.; und Singer, J. A. «Cardiovascular Differentiation of Happiness, Sadness, Anger, and Fear: Imagery and Exercise.» *Psychosomatic Medicine* 43 (1981).
Segal, J. «Biofeedback as a Medical Treatment.» *Journal of the American Medical Association* 232 (14. April 1975): 179–180.
Seligman, M. E. P. *Helplessness*. San Francisco: W. H. Freeman & Co., 1975. (dt. *Erlernte Hilflosigkeit,* München ^{2}1983).
Selye, H. *The Stress of Life*. New York: McGraw-Hill, 1956 (dt. *Stress*, Reinbek 1977).
Service, E. R. *A Profile of Primitive Culture*. New York: Harper & Brothers, 1958.
Shaw, W. A. «The Relation of Muscular Action Potentials to Imaginal Weight Lifting.» *Archives of Psychology* (1940): 247–250.
Sheehan, P. W. «Hypnosis and Processes of Imagination.» In *Hypnosis: Developments in Research and New Perspectives*, hrsg. von E. Fromm und R. E. Shor. New York: Aldine, 1979.
Sheikh, A. (Hrsg.). *Imagery: Current Theory, Research and Application.* New York: Wiley, 1983.
–, und Jordan, C. S. «Clinical Uses of Mental Imagery.» In *Imagery: Current Theory, Resarch and Application,* hrsg. von A. Sheikh. New York: Wiley, 1983.
–, und Shaffer, J. T. (Hrsg.). *The Potential of Fantasy and Imagination*. New York: Brandon House, 1979.
Sherrington, C. S. *Man on His Nature*. London: Cambridge University Press, 1940 (dt. *Körper und Geist*, Bremen 1964).
Shorr, J. E. *Psycho-Imagination Therapy: The Integration of Phenomenology and Imagination*. New York: Intercontinental Medical Book Corp., 1972 (dt. *Psychoimagination*, Hamburg 1981).

–, Sobel, G. E.; Robin, P.; und Connella, J. A. (Hrsg.) *Imagery: Its Many Dimensions and Applications*. New York: Plenum, 1980.
Silverman, J. «Shamanism and Acute Schizophrenia.» *American Anthropologist* 69 (1967): 21–31.
Simonton, O. C.; Simonton, S.; und Creighton, J. *Getting Well Again*. Los Angeles 1978. (dt. *Wieder gesund werden*, Reinbek 1982).
Singer, J. S. *Imagery and Daydream Methods in Psychotherapy and Behavior Modification*. New York: Academic Press, 1974. (dt. *Phantasie und Tagtraum. Imaginative Methoden in der Psychotherapie,* München 1978)
–, und Pope, K. S. (Hrsg.). *The Power of the Human Imagination*. New York: Plenum, 1978.
Siskind, J. «Visions and Cures among the Sharanahua.» In *Hallucinogens and Shamanism*, hrsg. von M. Harner. New York: Oxford University Press, 1973.
Smith, C. W.; Schneider, J.; Minning, C.; und Whitcher, S. «Imagery and Neutrophil Function Studies: A Preliminary Report.» Vorveröffentlichung und privater Briefwechsel. Michigan State University, Dept. of Psychiatry, 1981.
Sommers, F. «Dualism in Descartes: The Logical Ground.» In *Descartes*, hrsg. von M. Hooker. Baltimore: John Hopkins University Press, 1978.
Spanos, N.; Horton, C.; und Chaves, J. «The Effects of Two Cognitive Strategies on Pain Threshold.» *Journal of Abnormal Psychology* 84 (1975): 677–681.
Sperry, R. W., und Gazzaniga, M. S. «Language Following Surgical Disconnection of the Hemispheres.» In *Brain Mechanisms Underlying Speech and Language*, hrsg. von F. L. Darley. New York: Grune & Stratton, 1967: 108–121.
Sprenger, J., und Institoris, H. *Der Hexenhammer (Malleus maleficarum)*, übers. u. eingel. von J. W. R. Schmidt, München 1982.
Stampfl, T., und Lewis, D. «Essentials of Therapy: A Learning Theory-Based Psychodynamic Behavioral Therapy.» *Journal of Abnormal Psychology* 72 (1967): 496–503.
Stat, D. K. «Ancient Sound: The Whistling Vessels of Peru.» *El Quarterly Journal of the Museum of New Mexico* 85 (1979): 2–7.
Stein, M.; Schiavi, R.; und Camerino, M. «Influence of Brain and Behavior on the Immune System.» *Science* 191 (1976): 435–440.

Steinberg, S. «Endorphins: New Types and Sweet Links.» *Science News* 124 (1983): 136.

Stoddart, A. M. *Life of Paracelsus*. London 1911.

Strosahl, K. D., und Ascough, J. S. «Clinical Uses of Mental Imagery: Experimental Foundations, Theoretical Misconceptions, Research Issues.» *Psychological Bulletin* 89 (1981): 422–438.

Suedfeld, P. *Restricted Environmental Stimulation*. New York: Wiley-Interscience, 1980.

–, und Borrie, R. A. «Altering States of Consciousness through Sensory Deprivation.» In *Expanding Dimensions of Consciousness*, hrsg. von A. A. Sugerman und R. E. Tarter. New York: Springer, 1978.

Suskind, J. «Visions and Cures Among the Sharanahua.» In *Hallucinogens and Shamanism,* hrsg. von M. Harner. New York: Oxford University Press, 1973.

Tart, C. T. «A Psychophysiological Study of Out-of-the-Body Experiences in Selected Subjects.» *Journal of the American Society for Physical Research* 62 (Jan. 1968): 1–16.

–. *States of Consciousness*. New York: E. P. Dutton, 1975 (dt. *Transpersonale Psychologie,* Olten 1978).

Tenzel, J. H. «Shamanism and Concepts of Disease in a Mayan Indian Community.» *Psychiatry* 33 (1970): 372–380.

Thomas, L. «On Warts.» Kapitel aus *The Medusa and the Snail*. Toronto, New York und London: Bantam Books, 1980 (dt. *Die Meduse und die Schnecke,* Köln 1981).

Torrey, E. F. «What Western Psychotherapists Can Learn from Witchdoctors.» *American Journal of Orthopsychiatry* 42, 1 (1972): 69–76.

Trestman, R. L. «Imagery, Coping Physiological Variables in Adult Cancer Patients.» Diss., University of Tennessee, Knoxville, Tenn., 1981.

Trevor-Roper, H. R. *The European Witch-Craze of the Sixteenth and Seventeenth Centuries and Other Essays*. New York: Harper Torch Books, 1969.

Tucker, D. M.; Roth, R. S.; Arneson, B. A.; und Buckingham, T. M. «Right Hemisphere Activation during Stress.» *Neuropsychologia* 15 (1977): 697–700.

Underhill, E. *Mysticism*, London: Methuen and Co., [4]1912 (dt. *Mystik,* Bietigheim 1973).

Van Heerden P. J. *The Foundation of Empirical Knowledge*. N. V. Uitgeverij Wistik-Wassenaar, Niederlande, 1968.

Volgyesi, F. A. «School for Patients. Hypnosis-Therapy and Psychoprophylaxis.» *British Journal of Medical Hypnosis* 5 (1954): 8–17.

Wasson, R. G. *Divine Mushroom of Immortality*. Ethno-Mycological Studies 1. New York: Harcourt, Brace, Jovanovich, 1968.

Waterman, T. T. «The Paraphernalia of the Cuwamish ‹Spirit-Canoe› Ceremony.» *Indian Notes*, Museum of the American Indian, 1930.

Weatherhead, L. D. *Psychology, Religion and Healing*. New York: Abingdon-Cokesbury Press, 1951 (dt. *Glauben und Heilen,* Konstanz o. J.).

Weisburd, S. «Food for Mind and Mood.» *Science News* 125 (1984): 216–219.

Wheeler, J.; Thorne, K. S.; und Misner, C. *Gravitation*. San Francisco: Freeman, 1973.

White, K. D. «Salivation: The Significance of Imagery in its Voluntary Control.» *Psychophysiology* 15, 3 (1978): 196–203.

Wike, J. A. «Modern Spirit Dancing of Northern Puget Sound.» Unveröffentlichte Magisterarbeit, University of Washington, Dept. of Anthropology, Seattle, Wash., 1941.

Wilber, K. *The Atman Project.* Wheaton, Ill.: Quest, 1980.

– (Hrsg.). *The Holographic Paradigm and Other Paradoxes*. Boulder: Shambhala, 1982 (dt. *Das holographische Weltbild,* Bern/München/Wien 1986).

Wildschut, W. «Crow Indian Medicine Bundles.» In *Museum of the American Indian,* hrsg. von J. C. Ewers. New York: Heye Foundation, 1975.

Williams, T. A. *Dreads and Besetting Fears.* Boston: Little, Brown, 1923.

Wissler, C. *The American Indian*. New York: Oxford University Press, 1931.

Wolf, S. «Effects of Suggestion and Conditioning on the Action of Chemical Agents in Human Subjects: The Pharmacology of Placebos.» *Journal of Clinical Investigation* 29 (1950): 100–109.

Wolpe, J. *Psychotherapy by Reciprocal Inhibition.* Stanford: Stanford University Press, 1958.

– *The Practice of Behavior Therapy.* New York: Pergamon, 1969 (dt. *Praxis der Verhaltenstherapie,* Stuttgart 1974).

Wolpin, M. «Guided Imagining to Reduce Avoidance Behavior.» In *Psychotherapy: Theory, Research and Practice* 6 (1969): 122–124.

Worthington, E. L., Jr. «The Effects of Imagery Content, Choice of Imagery Content, and Self-Verbalization on the Self-Control of Pain.» *Cognitive Therapy and Research* 2 (1978): 225–240.

Wybran, J.; Appelbrrom, T.; Famaey, J. D., u. a. «Suggestive Evidence for Receptors for Morphine and Methionine-Enkephalin on Normal Human Blood T-Lymphocytes.» *Journal of Immunology* 123 (1979): 1068–1070.

Yanouski, A., und Fogel, M. L. «Some Diagnostic and Therapeutic Implications of Visual Imagery Reactivity.» *Journal of Mental Imagery* 2 (1978): 301–302.

Zilboorg, G. *The Medicine Man and the Witch during the Renaissance.* New York: Cooper Square, 1969.

Zubek, J.; Welch, C.; und Saunders, M. «Electroencephalographic Changes During and After 14 Days of Perceptual Deprivation.» *Science* 139 (1963): 490–492.

Zukerman, M. «Hallucinogens, Reported Sensations, and Images.» In *Sensory Deprivation: Fifteen Years of Research,* hrsg. von J. P. Zubek. New York: Appleton-Century Crofts, 1969.

Personen- und Sachregister

Die sieben Zentren der Lebensenergie – die Chakras als Schaltstellen für unser körperlich-seelisches Wohlergehen.

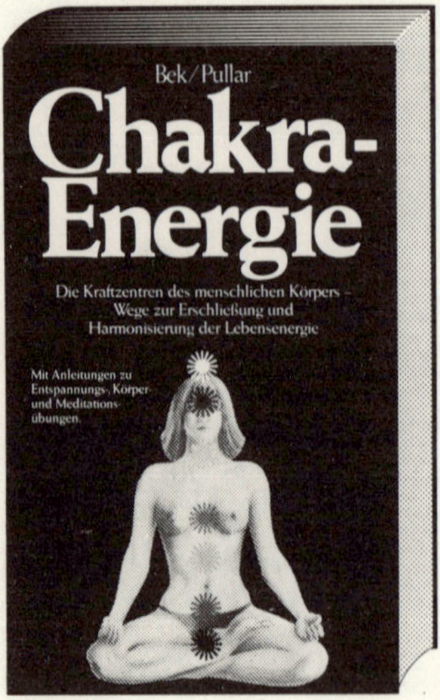

Scherz

160 Seiten/ Leinen

Chakras, die Zentren der Lebensenergie im menschlichen Körper, regeln den für Gesundheit und Wohlbefinden grundlegenden Energiefluß. Dieses Buch zeigt, wie Störungen auf der energetischen Ebene durch einfache Entspannungs-, Körper- und Meditationsübungen ausgeglichen und die lebenswichtigen Energien harmonisiert werden können.